더미를 위한

디지털 마케팅

더미를 위한
디지털 마케팅

라이언 다이스, 러스 헨베리 지음
고동우, 박아름 옮김

더미를 위한
디지털 마케팅

발행일 2018년 6월 20일 1쇄 발행
지은이 라이언 다이스, 러스 헨베리
옮긴이 고동우, 박아름
발행인 강학경
발행처 시그마북스
마케팅 정제용, 한이슬
에디터 권경자, 김경림, 장민정, 신미순, 최윤정, 강지은
디자인 최희민, 김문배

등록번호 제10 - 965호
주소 서울특별시 영등포구 양평로 22길 21 선유도코오롱디지털타워 A404호
전자우편 sigma@spress.co.kr
홈페이지 http://www.sigmabooks.co.kr
전화 (02) 2062 - 5288~9
팩시밀리 (02) 323 - 4197
ISBN 978 - 89 - 8445 - 990 - 8 (04320)
        978 - 89 - 8445 - 962 - 5 (세트)

이 도서의 국립중앙도서관 출판예정도서목록(CIP)은 서지정보유통지원시스템 홈페이지(http://seoji.nl.go.kr)와
국가자료공동목록시스템(http://www.nl.go.kr/kolisnet)에서 이용하실 수 있습니다.
(CIP제어번호: CIP2018011701)

* 시그마북스는 ㈜시그마프레스의 자매회사로 일반 단행본 전문 출판사입니다.

가장 중요한 것은

고객이 어디로 움직일 것인가를 예측해서

바로 그곳 앞에 자리를 잡는 것이다.

– 필립 코틀러

들어가는 글

축하한다! 이 책을 구매함으로써 여러분은 디지털 마케팅을 활용하여 리드(lead, 제품이나 서비스에 관심 있는 잠재고객-역주) 및 판매 창출, 고객 참여를 이끌기 위한 큰 걸음을 내딛게 되었다.

이 책은 새로운 비즈니스를 시작하거나 기존 사업을 온라인화하려는 사람들에게 유용한 통찰력 및 전략을 제공한다. 또한 이 책은 디지털 마케팅 기술을 익히고 디지털 마케팅 전략 및 자원에 대한 최신 정보를 얻고자 하는 사람들에게도 적합하다.

온라인 마케팅 시장은 빠르게 변화하고 있다. 관련 도구 및 응용 프로그램은 매달 증가하고 있다. 블로그 마케팅이 한때 인기를 끌었지만 금세 그 열기가 식었다. 그렇다면 디지털 마케팅 관련 책은 잉크가 마르기도 전에 구식이 되는 것을 어떻게 피할 수 있을까? 간단하다. 디지털 마케팅의 기술적인 측면보다는 디지털 마케팅의 근본 원리에 중점을 두는 것이다.

인터넷은 소매 의류에서부터 택시 서비스에 이르기까지 모든 산업에 영향을 미치고 있다. 그러나 시간이 지남에 따라 디지털 마케팅의 근본 원리가 필수 요인으로 부상하고 있다. 이 책은 도구, 전술 또는 응용 프로그램보다는 디지털 마케팅의 근본적인 요소들에 대해 설명하고 있다.

이 책에 대하여

성공적인 디지털 마케팅을 위해서는 지나치게 기술적일 필요도, 마술이나 속임수도 필요 없다. 여러분이 이미 시장에서 원하는 제품이나 서비스를 제공하고 있다면, 이

책에서 배운 기술을 적용함으로써 온라인 성과를 발견하게 될 것이다.

이 책은 마케팅, 디지털 또는 기타 최신 기술에 대해 과장하지 않는다. 대신 기업들이 기업 목표를 달성하기 위한 콘텐츠 마케팅, 소셜 미디어 마케팅, 이메일 마케팅과 같은 디지털 마케팅의 기본 원리를 다루고 있다. 이러한 기본 원리에는 신규 리드 및 고객 확보, 기존 리드 및 고객을 기반으로 한 수익화, 브랜드 지지자 및 기획자들의 커뮤니티 구축 방법 등이 포함되어 있다.

독자에게 드리는 말씀

우리는 이 책을 집필할 때 몇 가지 가정을 했다.

» **여러분은 훌륭한 제품을 가지고 있다** : 훌륭한 마케터라 할지라도 장기적으로 형편없는 제품이나 서비스를 판매할 수 없음을 기억하라. 특히 디지털 세계에서 입소문은 눈 깜짝 할 사이 전 세계 곳곳으로 퍼질 수 있다.

» **여러분은 지나치게 기술적이지 않다** : 디지털 마케팅은 여러분이 원한다면 기술적으로 접근할 수 있다. 웹 서버의 작동 방식이나 PHP 코드 작성 방법을 배우고 싶을 수 있다. 그러나 마케팅 분야에서 성공하기 위해서는 코드가 아닌 마케팅을 이해하는 것이 필요하다. 기술적인 측면은 코드를 이해하는 전문가에게 맡기자.

» **실행하고 조정할 의향이 있다** : 결과를 얻으려면 얻고자 하는 지식에 맞게 행동해야 한다. 인쇄, 텔레비전 및 라디오 마케팅과 달리 디지털 마케팅은 몇 분 만에 아이디어를 실행으로 옮길 수 있다. 마케팅 캠페인은 디지털 형식으로 되어 있기 때문에 즉각적으로 모든 것을 변경할 수 있다.

아이콘 설명

이 책은 여러분들이 알기 쉽게 다음과 같이 3가지 친숙한 아이콘을 제공하고 있으니 주의 깊게 살펴보자.

더미를 위한 팁

성공적인 디지털 마케팅을 위한 빠른 길과 팁들을 제공한다.

체크포인트

디지털 마케팅의 기본 원칙을 의미한다. 여러분이 추구하는 것이 기본 원칙이라면 각 장에서 이 아이콘을 살펴보자.

경고메시지

성공적인 디지털 마케팅을 위해 실수를 피하기 위한 방법들을 제공한다.

책 이외의 자료
- - - - - - - - - - - - - - - -

우리는 이 책에서 찾을 수 없는 많은 콘텐츠를 추가적으로 작성했다. www.digitalmarketer.com/dmfd에 접속해보라. 그리고 아래의 내용을 찾아보자.

> » **고객 아바타 워크시트** : 여러분의 이상적인 고객이 누구인지, 그들이 어디에 있는지, 그들이 무엇을 구매하길 원하는지 이 워크시트를 다운로드하여 작성해보자. 콘텐츠 및 검색 마케팅부터 디지털 광고 및 이메일 홍보에 이르기까지 모든 것을 운영하기 위해 이상적인 고객에 대해 여러분이 배운 모든 것을 사용하라. 고객 아바타는 마케팅 도구로서 맥가이버 칼과 같다.

> » **고객 이동 워크시트** : 고객이 여러분의 비즈니스를 인지하지 못한 상태에서부터 여러분의 브랜드, 제품, 서비스의 열렬한 지지자가 되기까지 고객이 따라가야 할 경로를 명확히 하기 위해 고객 여정 워크시트를 다운로드

하여 작성하라.

- » **CHEAT SHEET** : CHEAT SHEET는 성공적인 디지털 마케팅 캠페인을 개발하고 실행하는 방법에 대한 간략한 지침을 제공하고 있다. www. dummies.com을 방문하여 Digital Marketing For Dummies Cheat Sheet를 검색하라.
- » **이 책에 대한 업데이트** : http://www.dummies.com를 확인하라.

나아갈 방향

제1장에서부터 이 책을 시작하고 순서대로 읽을 필요는 없다. 이 책의 각 부분은 독자 중심으로 작성되었으므로 디지털 마케팅 캠페인을 수행할 때 이 책을 가까운 곳에 두고 자주 참고하라. 그러나 만약 시간이 충분히 있다면 처음부터 끝까지 읽기를 권한다.

만약 디지털 마케팅의 성과를 얻으려고 고군분투하고 있거나 디지털 마케팅에 막 입문했다면, 여러분의 비즈니스 목표에 긍정적인 영향을 미칠 수 있는 마케팅 전략을 확인하기 위해 제1부를 먼저 읽으라. 제2부에서는 여러분이 실행하는 모든 디지털 마케팅 캠페인에 영향을 미치는 기본 원칙인 콘텐츠 마케팅에 대해 알아본다. 만약 더 많은 웹 사이트 트래픽을 발생시키는 것이 무엇인지 알기 위해서는 제3부를 참조하라. 제3부는 검색 및 소셜 미디어 마케팅, 이메일 마케팅 및 디지털 광고에 대한 통찰력을 제공한다. 제4부는 디지털 마케팅 캠페인의 측정 및 최적화에 대해 설명한다. 제5부에서는 여러분이 디지털 마케팅을 성공적으로 수행하기 위해 가장 흔히 저지르는 10가지 실수를 피하는 방법을 제공하고 있다. 또한 디지털 마케팅에서 가장 이슈가 되고 있는 기술들과 디지털 마케팅 캠페인을 실행하는 데 필요한 도구에 대해 배울 수 있다.

디지털 마케팅의 특정 이슈에 관심이 있을 경우 차례에서 문제를 해결할 수 있는 부분을 찾아보라.

그럼 성공적인 디지털 마케팅을 시작해보자!

차례

PART **1**

디지털 마케팅 시작하기

제1부 미리보기

Q 🖥 📶 ⚙

- 디지털 마케팅의 역할에 친숙해지고 시장에 제공할 가치에 대해 명확히 한다. 고객이 누구인지, 그리고 고객이 고객 여정의 어느 단계에 있는지 주시한다.

- 6가지 일반적인 디지털 마케팅 목표와 3가지 중요한 디지털 마케팅 유형을 활용하는 방법에 대해 알아본다.

- 잠재고객, 신규 고객 및 재방문 고객에게 제공할 수 있는 것은 무엇인지, 그리고 이를 위한 적절한 순서가 무엇인지 알 수 있다.

chapter

01

고객의 여정을 이해하기

제1장　미리보기

- 이상적인 고객에 대해 명확하게 이해한다.
- 시장에 제공할 가치가 무엇인지 이해한다.
- 잠재고객을 열광하는 팬으로 만드는 방법을 배운다.

여러분이 마지막으로 구매한 것에 대해 생각해보자. 여러분은 자동차를 구입했을 수도 있고, 베이비시터를 고용하거나 사무실의 커피 공급 업체를 바꿨을 수도 있다. 아마도 여러분은 구매하기 전에 인터넷을 통해 리뷰를 읽고, 페이스북과 같은 소셜 사이트에서 친구와 가족으로부터 추천을 받고, 제품 또는 서비스의 기능, 옵션 및 가격을 따져볼 것이다. 오늘날 구매 및 구매 결정은 점차 온라인을 통해 이루어지고 있다. 따라서 판매하는 제품이 무엇인지에 상관없이 이러한 트렌드를 이용하려면 온라인에 진출해야 한다.

이러한 새로운 디지털 환경은 리드(lead, 제품이나 서비스에 관심 있는 잠재고객-역주)와 판매 관련 부서뿐만 아니라 조직 전반에 영향을 미치고 있다. 선도적인 회사는 그들이 제공하는 것에 대한 인지도와 관심을 유도하기 위해 인터넷을 사용한다. 뿐만 아니라 일반 구매자들을 브랜드 지지자로 전환시키기 위해 인터넷을 사용한다. 브랜드 지지자들은 일반 구매자들보다 더 많이 구매하고 네트워크 회원에게도 더 많이 구매하도록 격려하는 역할을 한다.

여러 측면에서 마케팅 관점에서의 변화는 없다. 마케팅은 잠재고객, 리드 및 고객들과의 상호 이익이 되는 관계를 발전시켜가는 것이다. 우리는 이 관계의 발전을 '고객 여정'이라고 부른다. 이 장에서는 고객 여정 개발과 디지털 마케팅이 고객 여정에서 어떤 역할을 수행하는지에 대해 학습한다. 이 책의 나머지 부분은 고객들이 여러 단계의 고객 여정을 이동할 수 있도록 여러분에게 제안 및 마케팅 캠페인을 작성하고 실행하는 데 필요한 도움을 준다.

디지털 마케팅의 역할은 잠재고객, 리드 또는 고객을 고객 여정의 현재 단계에서 다음 단계로 이동시키기 위한 것이다.

고객 아바타 만들기

마케팅의 역할은 고객 여정의 여러 단계를 거쳐 잠재고객을 여러분 회사의 열렬한 팬과 지지자로 이동시키는 것이기 때문에 먼저 여러분은 이상적인 고객의 특성을 명확하게 이해해야 한다. 여러분은 그들의 목표에 대해 명확하게 이해하고, 목표를 달성하기 위해 직면한 도전 과제와, 그들이 어디서 정보 및 엔터테인먼트를 소비하는지 알고 싶을 것이다. 고객 아바타를 만들면 이러한 것들을 명확하게 알 수 있다. 고객 아바타는 구매자 페르소나, 마케팅 페르소나, 타깃 고객 등으로 불리기도 하지만 이 책에서는 고객 아바타라는 용어를 사용한다.

고객 아바타는 이상적인 고객을 표현함에 있어 가상적이고 일반화된 표현 방법이다. 실질적으로 여러분의 제품이나 서비스가 틈새시장에 적합하지 않다면, 각 캠페인마다 다양한 고객 아바타를 만들어야 할 것이다. 나이, 성별, 인종, 종교적 배경, 직업 등으로 사람을 표현하기에는 한계가 있다. 그렇기 때문에 광범위한 일반 마케팅 캠페인은 일반적으로 여러분의 잠재고객을 잘 전환시키지 못하고, 여러분의 고객과 공감하기 힘들다. 여러분이 고객의 아바타를 이해하고 최대한 구체적으로 만드는 것은 상당히 중요하다. 그래야만 고객의 관심을 이끌어 내거나 그들의 문제를 해결할 수 있는 개인화된 콘텐츠, 제안 및 마케팅 캠페인을 만들 수 있다. 실제로, 고객 아바타를 만드는 것은 아래와 같이 여러분의 거의 모든 마케팅 종류에 영향을 미친다.

» **콘텐츠 마케팅** : 아바타를 유인하고 그들의 마음을 바꾸기 위해 어떤 블로그 게시물, 비디오, 팟캐스트 등을 만들어야 하는가?

» **검색 마케팅** : 구글, 유튜브, 빙과 같은 검색 엔진에서 여러분의 아바타는 어떤 해결책을 찾는가?

» **소셜 미디어 마케팅** : 아바타가 어떤 소셜 미디어 사이트에서 시간을 소비하는가? 아바타는 어떤 주제로 토론하는 것을 좋아하는가?

» **이메일 마케팅** : 어떤 아바타가 특정 이메일 마케팅 캠페인을 받아야 하는가?

» **유료 트래픽** : 어떤 광고 플랫폼에서 트래픽을 구매해야 하며, 어떻게 아바타를 타깃팅할 것인가?

» **제품 제작** : 아바타가 해결하려고 하는 문제는 무엇인가?

» **카피라이팅** : 아바타가 제품이나 서비스를 구매하도록 만들기 위해서 어떻게 이메일 마케팅, 광고 및 판매 서신을 제공해야 하는가?

여러분의 고객 아바타에 대해 명확하게 알게 되면 고객과의 접점인 마케팅과 판매 프로세스의 모든 부분이 향상된다. 결과적으로 여러분의 제품과 서비스를 구매하려는 진짜 고객을 목표로 삼을 수 있으며, 고객의 특성을 명확히 이해하면 그 고객이 행동으로 옮기도록 만드는 메시지를 발견하고 제시할 수 있다.

고객 아바타에 포함할 내용

고객 아바타는 5가지 주요 구성 요소를 가지고 있다.

» **목표와 가치** : 아바타가 달성하고자 하는 것을 결정한다. 그들은 어떤 것에 가치를 두고 있는가?

» **정보의 출처** : 아바타가 정보를 위해 어떤 서적, 잡지, 블로그, 뉴스 방송국 및 기타 자원을 참고하는지 파악한다.

» **인구 통계** : 나이, 성별, 결혼 유무, 민족성, 소득, 고용 유형, 국적 및 정치

성향을 만든다.

> **도전과 고통 포인트** : 아바타가 목표를 달성하지 못하게 하는 요인들은 무엇인가?

> **거부** : 아바타가 여러분의 제품이나 서비스를 구매하지 않는 이유는 무엇인가?

여러분의 고객 아바타를 구체화하기 위해서 기존 고객과 대화하거나 설문 조사를 하라. 또는 이미 이상적인 고객의 특성을 잘 알고 있을 수 있다. 어쨌든 앞으로 나아가라. 여러분의 첫 번째 아바타를 만들기 위해 설문조사나 인터뷰가 진행되기를 기다리지 말라. 그 대신, 데이터나 피드백 없이 가정을 만들어 나가라. 그리고 해야 할 일 목록에 여러분의 이러한 연구를 완성하는 것을 넣으라. 그동안 여러분이 만든 아바타로부터 혜택을 얻을 수 있다.

고객의 아바타에 실제 이름을 부여하면 가상의 인물을 생생하게 표현할 수 있다. 게다가 팀 구성원은 각 아바타를 언급할 수 있는 방법을 갖게 된다.

이 절에서 설명한 5가지 요소를 사용하여 새로운 고객 아바타를 만들 때마다 완료되는 워크시트를 만들었다. 워크시트는 여러분이 이상적인 고객을 만나고 올바른 메시지를 전달할 수 있도록 도와준다. 다음 절에서는 이 워크시트에 대해 자세히 설명하여 실제 비즈니스에 활용하는 법을 제시한다.

에릭 소개하기 : 고객 아바타 예제

2015년 4월, DigitalMarketer는 새로운 제안을 발표했다. 우리는 새로운 종류의 디지털 마케팅 교육 프로그램인 자격증을 받을 수 있는 강좌를 시작했다. 이 새로운 강좌는 시험, 자격증, 배지가 포함되며 그것들은 새로운 고객이 매력을 느낄 만한 요소들이다. 물론 새로운 고객을 확보한다는 것은 새로운 고객 아바타를 만들어야 한다는 것을 의미한다. 다음과 같이 우리는 회사의 자격증 및 교육에 관심이 있는 4가지 구매자 유형의 페르소나를 정의했다.

> **마케팅 프리랜서** : 자신이 시장에서 경쟁하고 있는 다른 프리랜서와 차별화되길 원한다.

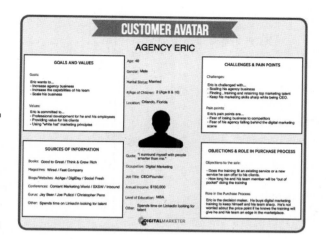

그림 1-1

에이전시 에릭
은 DigitalMar-
keter에서 자
격증 강좌를 구
매한 고객 아바
타다.

» **마케팅 대행사 소유주** : 고객에게 제공할 수 있는 서비스를 추가하고 직원
들이 마케팅 스킬을 연마하길 원한다.

» **직원** : 자신의 직장에서 승진하거나 새로운 직업을 찾거나 직장에서 자신
을 차별화하길 원한다.

» **사업주** : 자신의 마케팅 기술과 내부의 마케팅 팀 구성원의 기술을 연마하
길 원한다.

구매자 페르소나에 대한 4명의 새로운 고객 아바타가 탄생했다. 우리는 이 새로운
아바타 중 그림 1-1의 아바타를 에이전시 에릭이라고 부른다.

다음 절에서는 고객 아바타를 정의할 수 있도록 고객 아바타 워크시트의 각 절을 작
성하는 법에 대해 소개한다.

목표 및 가치에 대해 명확히 이해하기

고객 아바타 생성 프로세스는 이상적인 고객 중 한 사람의 목표와 가치를 파악하는
것으로부터 시작된다. 여러분이 제공하는 제품 및 서비스와 관련된 목표 및 가치를
기록하라. 고객 아바타의 목표 및 가치에 대해 인지하고 있으면 여러분이 아래와 관
련된 의사결정을 내리는 데 도움이 된다.

▌ » **제품 개발** : 고객 아바타의 목표를 충족시키는 것을 돕기 위해 여러분은

그림 1-2
아바타의 목표
와 가치를 이해
하는 것은 중요
하다.

목표와 가치

목표
-대행 사업 향상
-팀 능력 향상
-사업 규모 확장

가치
-직원들의 전문성 개발
-고객에게 가치 제공
-올바른 마케팅 원리 사용

어떤 제품과 서비스를 개발할 수 있는가?

» **광고** : 광고 및 판매 사본에 무엇을 제공하는지에 대해 어떻게 설명할 수 있는가?

» **콘텐츠 마케팅** : 고객 아바타는 어떤 블로그 게시물, 팟캐스트, 뉴스레터 및 기타 콘텐츠물에 반응할 것으로 예상되는가?

» **이메일 마케팅** : 여러분은 어떻게 아바타의 목표와 일치하도록 이메일 제목과 본문을 작성하겠는가?

DigitalMarketer인 에릭의 아바타는 디지털 마케팅 대행사를 소유하고 고객에게 서비스를 제공하는 마케팅 팀을 관리한다. 에릭의 목표 중 하나(그림 1-2 참조)는 팀의 능력을 향상시키는 것이다. 에릭은 팀이 보다 유능해질수록 고객을 좀 더 만족시킬 것이라는 것을 알고 있다.

에릭은 이러한 목표를 가지고 있기 때문에 그는 아래와 같이 콘텐츠 마케팅 자격 부여라는 제목의 홍보 이메일을 열고 응답할 가능성이 높다.

콘텐츠 마케팅 교육이 필요하십니까?

정보 및 엔터테인먼트 소스 찾기

고객 아바타 워크시트와 관련해서 고객 아바타가 온라인과 오프라인 중 어디에서 시간을 보내는지 결정하는 것은 중요하다. 그는 어떤 책을 읽는가? 어떤 유명인을 팔로잉하는가? 어떤 블로그를 읽는가? 이러한 정보는 어디에 광고할지 그리고 해당 광고를 어떻게 타깃팅할 것인지를 결정할 때 상당히 중요하다. 제10장에서는 디지털 광고 및 광고 타깃팅에 대해 다룬다.

고객이 어디서 정보를 얻고 재미를 느끼는지 진정으로 이해하는 것이 중요한 이유는 이를 통해 틈새시장을 찾을 수 있기 때문이다. 이러한 틈새시장을 식별하는 것은 "그러나 아무도 그렇지 않다."트릭을 사용하면 상당히 간단하다. 이 트릭을 사용하려면 다음과 같은 문장을 완성하라.

> » 나의 고객은 [책]을 읽지만, 다른 누구도 그 책을 읽지 않을 것이다.
> » 나의 고객은 [잡지]를 구독하지만, 다른 누구도 그 잡지를 읽지 않을 것이다.
> » 나의 고객은 [회의]에 참석하지만, 그 누구도 그 회의에 참석하지 않을 것이다.

다른 사람은 관심 없지만 여러분의 고객이 관심 있어 할 만한 틈새시장에 해당하는 책, 잡지, 블로그, 회의, 유명 인사 및 기타 관심사를 찾아라. 예를 들어 여러분이 골프 제품을 판매한다면 타이거 우즈를 유명인으로 지정하지는 않을 것이다. 왜냐하면 타이거 우즈는 여러분의 고객 아바타가 팔로잉할 정도로 유명인이지만 타이거 우즈에 관심이 있는 대부분의 사람들은 골퍼가 아니며 골프 제품을 구매할 가능성이 없기 때문이다.

대신 로리 맥길로이와 같은 덜 대중적인 골퍼를 선택하면, 여러분의 이상적인 고객에 집중하고 여러분의 제품에 가치를 느끼지 못하는 사람들은 배제할 수 있다. 페이스북과 같은 광고 플랫폼에서 트래픽을 구매할 때 만약 이러한 틈새시장을 발견할 수 있다면(제10장 참조), 여러분은 이러한 틈새시장에 관심을 가질 만한 잠재고객에 초점을 맞춤으로써 잠재고객을 끌어들이는 반면 관심 없어 하는 잠재고객은 배제할 수 있다.

나이 : 40	좋아하는 문구 : 나는 나보다 더 똑똑한 사람들에 둘러싸여 있다.
성별 : 남자	
결혼유무 : 결혼함	직업 : 디지털 마케터
자녀 수/나이 : 2명(8세, 10세)	직위 : 대표이사/설립자
위치 : 플로리다, 올란도	연봉 : 15만 불
학력 : 대학 졸업	기타 : 링크드인에서 많은 시간을 보냄

그림 1-3

인구통계학적 정보는 고객 아바타를 현실성 있게 만들어준다.

인구통계학적 정보에 집중하기

인구통계학적 정보를 적용하여 고객의 아바타를 생생하게 만들자. 이 절에서는 나이, 성별, 결혼 유무 및 위치와 같은 정보를 아바타에 추가하라.

일반적인 인구통계학적 정보도 중요하지만 '좋아하는 문구' 항목(그림 1-3 참조)을 작성하는 것 역시 특히 이상적인 고객을 알아가는 데 큰 도움이 될 수 있다. '좋아하는 문구' 필드를 작성함으로써 아바타가 누구인지 한 문장으로 표현하거나 아바타 삶의 모토를 쉽게 표현할 수 있다. 예를 들어, 에릭은 다음과 같은 문장으로 표현될 수 있다. "나는 나보다 더 똑똑한 사람들에 둘러싸여 있다." 이 문장은 우리의 마케팅 강좌를 구매하려는 아바타의 성격과 동기에 대해 많은 것을 말해주고 있다.

팀 또는 여러분의 비즈니스를 잘 아는 사람이나 팀과 함께 아바타의 성격이나 특징을 한 문장으로 만들어보자.

고객 아바타의 인구통계학적 정보는 페이스북과 같은 광고 플랫폼에서 타깃팅을 위한 조건들을 선택하는 데 유용하다. 특정 인물을 모방해서라도 가능한 한 아바타를 현실성 있게 표현하라. 마치 아바타가 테이블 건너편에 앉아 있는 사람만큼 현실성 있게 느껴진다면 여러분이 콘텐츠, 이메일 또는 판매 사본을 작성할 때 유용할 수 있다. 연령, 성별, 지역과 같은 인구통계학적 정보는 여러분의 페르소나를 현실성 있게 표현하도록 도와준다.

도전 과제 및 문제점 추가

이 절은 새로운 제품 또는 서비스 개발을 촉진하는 데 도움이 될 수 있다. 또한 이상적인 고객이 제품이나 서비스를 구매하도록 유인하는 광고 카피를 작성하는 데도 유용하다. 카피(copy)는 광고, 이메일, 웹 페이지, 소셜 미디어 게시물 또는 블로그 게시물을 구성하는 언어다. 광고 크리에이티브는 이미지, GIF(그래픽 교환 형식), 동영상, 인포그래픽, 밈(meme) 또는 메시지를 전달하기 위해 사용하는 아트워크의 다른 형태로 정보를 전달하는 객체다. 여러분은 잠재고객을 불러 모으고 사람들의 관심을 끌기 위해서 또는 여러분이 제공하는 제품이나 서비스가 고객들이 겪고 있는 어려움이나 문제를 어떻게 해결함으로써 그들의 삶에 가치를 제공하는지를 설명하기 위해서 카피 및 광고 크리에이티브를 사용한다.

예를 들어, 에릭에게 자격증을 판매할 때 회사는 마케팅 메시지에 그가 겪고 있는 문제점과 어려움을 해결할 수 있는 방안을 제공하고 있다는 것을 언어로 잘 표현하는 것이 중요하다. 예를 들어, 그 아바타는 다음과 같은 판매 카피에 반응할 것이다.

제안을 실패하는 것에 지쳐 있습니까? 고객에게 콘텐츠 마케팅 서비스를 제공하지 않았기 때문입니다. 여러분의 팀에게 DigitalMarketer의 콘텐츠 마케팅 마스터 강좌와 자격증을 획득할 수 있는 기회를 드립니다.

이와 같은 카피는 경쟁 업체에게 비즈니스를 빼앗기는 것에 대한 고객의 어려움이나 문제점을 해결해줄 수 있다는 것을 암시하기 때문에 에릭은 이러한 카피에 반응한다 (그림 1-4 참조).

그림 1-4
고객의 도전과제와 문제점을 이해하는 것 자체가 여러분이 마케팅에 노력을 기울이고 있다는 것이다.

도전과제 및 문제점

도전과제
- 대행사 사업 확장
- 최고의 마케팅 인재 발견, 교육, 유지
- CEO로 있는 동안 그의 마케팅 능력 유지

문제점
- 경쟁사에게 사업을 빼앗기는 것에 대한 두려움
- 디지털 마케팅 흐름에 뒤쳐져 그의 대행사가 실패하는 것에 대한 두려움

거부에 대한 준비

고객 아바타 워크시트의 마지막 절에서는 고객 아바타가 왜 여러분의 제품이나 서비스 구매를 거부할지 그 이유에 대해 고민해보고자 한다. 아바타가 구매하지 않는 이유를 '거부'라고 하며 마케팅에서 이것을 설명해야 한다. 예를 들어, 에릭이 그의 팀원이 사무실 밖에 오래 있게 되거나 교육받는 동안 일할 수 없는 시간에 대해 고민이라고 예상된다면, 다음과 같은 제목의 이메일을 보낼 수 있다.

콘텐츠 마케팅 강좌를 신청하세요(단 하루)

여러분은 지금까지 우리가 논의했던 것처럼 고객 아바타를 준비할 수 있다. 아래 사이트에서 DigitalMarketer에서 제공하는 관련 정보를 확인하라. www.digitalmarketer.com/customer-avatar

제공하는 가치에 대한 명확한 이해

성공적인 디지털 마케팅을 계획하는 데 있어 중요한 점은 여러분이 시장에 어떤 가치를 제공하는지 이해하는 것이다. 여러분의 회사가 제공하는 가치는 판매하는 제품이나 서비스 그 이상의 것을 의미한다. 사실 고객들은 제품이나 서비스를 구매한다기보다는 제품이나 서비스 사용으로 인한 결과를 구매한다고 하는 것이 정확하다.

어떤 이유로 불만이 있는 그룹을 상상해보자. 이 그룹의 사람들은 '구매 전' 상태라고 부른다(그림 1-5 참조). 판매 중인 제품이 무엇인지에 상관없이 '구매 전' 상태에 있는 잠재고객 그룹에 접근하기 위해서 '구매 전' 잠재고객을 묘사하는 형용사를 다음과 같이 작성해보자. 그녀는 슬픈가? 아픈가? 지루한가?

잠재고객이 여러분의 제품이나 서비스를 경험한 이후를 상상해보자. 그녀의 '구매 후' 상태는 어떠한가? 그녀는 어떻게 바뀌었는가? 그녀의 구매 전 상태와 구매 후 상태에 대해 메모해보자. 그녀는 더 행복한가? 더 건강한가? 더 즐거워하는가?

구매 전 상태에서 구매 후 상태로의 전환은 고객이 구매한 것이다. 이 변화(또는 결과)

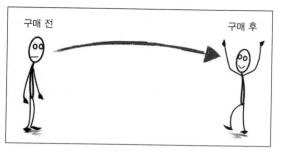

그림 1-5
비즈니스는 잠재고객을 '구매 전' 상태에서 '구매 후' 상태로 이동하게 함으로써 가치를 제공한다.

출처 : https://www.digitalmarketer.com/
customer-value-optimization/

가 바로 여러분이 시장에 제공한 가치다. 그리고 마케팅의 역할은 구매 전 상태에서 구매 후 상태로의 전환을 명확하게 설명하는 것이다.

구매 전에서 구매 후로 전환하는 것에 대한 이해는 '가치 진술'을 정교하게 하도록 해준다. 이 가치 진술은 여러분의 제품이나 서비스의 가치를 요약한 것이기 때문에 중요하다. 여러분의 가치 진술을 작성하려면 그림 1-6에 표시된 문장의 빈칸을 채워 보자.

마케팅의 역할은 잠재고객, 리드 또는 고객을 고객 여정에서 그다음 단계로 이동하도록 도와주는 것이다. 고객 여정을 시작할 때, 여러분의 고객은 구매 전 상태다. 그리고 결국, 여러분은 그 고객을 고객 여정의 구매 후 상태로 만들 것이다.

가치 진술

_____ 은/는
(제품명)

_____ 이/가 _____ 을/를
(고객명)

경험하는 것을 가능하게 하다.

그림 1-6
가치 진술의 빈칸을 채우라.

출처 : http://www.digitalmarketer.com/
launching-a-business/

고객 여정의 단계 파악하기

단일 고객을 확보했다면 일종의 고객 여정이 시작되는 것이다. 아마 이 고객 여정은 의도적으로 만들어지지 않겠지만 분명히 존재한다. 그렇지 않으면 여러분은 고객 여정을 '마케팅' 또는 '판매 채널'과 같은 다른 용어로 부를지도 모른다.

뭐라고 부르던 간에 이 여행을 통해 잠재고객, 리드 및 기존 고객이 고객 여정의 다음 단계로 의도적으로 이동하게 하는 것이 마케팅의 목적이다. 여러분이 이상적인 고객 여정을 적절하게 도표화하면 잠재고객을 리드로, 리드를 고객으로, 고객을 열렬한 팬으로 이동시키는 데 발생되는 병목현상을 빠르게 해결할 수 있다.

우리는 특히 디지털 마케팅 분야에서 순서의 중요성을 아무리 강조해도 지나치지 않다. 잠재고객을 고객 여정의 다음 단계로 이동시키는 것은 매끄럽고 미묘하게 이루어져야 한다. 여러분은 완전히 낯선 사람을 하룻밤 사이에 브랜드 옹호자로 바꿀 수는 없다. 그러나 점차적으로 잠재고객을 다음 단계로 이동시킬 수 있다. 고객 여정의 여러 단계를 거쳐 사람들을 이동시키려면 다음의 8단계를 수행하라. 그림 1-12의 워크시트는 이 장의 마지막 절에서 제공된다.

1단계 : 인지도 창출

여러분 비즈니스의 재구매 고객이나 열혈 팬은 예전에는 회사를 완전히 모르는 사람이었다. 여러분이 해결하고자 하는 문제가 무엇인지, 어떤 제품을 판매하는지, 여러분의 브랜드가 무엇을 의미하는지 전혀 알지 못했다. 잠재고객에서 열혈 팬이 되는 고객 여정의 첫 단계는 인지다. 이 책의 뒷부분에서 자세한 내용을 다루겠지만, 인지가 중요하다면 다음과 같은 디지털 마케팅 전술을 활용해야 한다.

» **광고** : 온라인 및 오프라인 광고는 인지를 높이기 위한 신뢰할 수 있고 효과적인 방법이다.

» **소셜 미디어 마케팅** : 수십억 명의 사람들이 페이스북, 트위터, 링크드인과 같은 소셜 미디어 사이트에 매일 접속한다. 소셜 미디어 마케팅은 인지도를 높이는 저렴한 방법이다.

그림 1-7
인지도를 높이는 것에 중점을 둔 페이스북 광고

> » **검색 마케팅** : 구글 및 빙과 같은 사이트에서 수십억 건의 웹 검색이 매일
> 처리된다. 기본적인 검색 마케팅 기술은 여러분의 웹 사이트로 트래픽의
> 일부를 안내한다.

그림 1-7은 잠재고객을 만든 사람들이 창업한 회사인 트랜스퍼와이즈의 인지도를 높이기 위한 캠페인이다. 트랜스퍼와이즈는 자금 이체 사업을 이제 막 시작한 회사이며, 페이스북의 광고 플랫폼을 사용하여 서비스에 대한 인지도를 높이고 있다. 이 광고에서 고객에게 트랜스퍼와이즈가 무엇이고, 서비스를 사용하면 어떤 이점이 있는지에 대해 어떻게 표현하고 있는지에 주목하라.

2단계 : 참여 이끌기

잠재고객이 여러분의 비즈니스, 제품 및 브랜드를 인지하는 것만으로는 충분하지 않다. 여러분은 잠재고객의 관심을 사로잡고 그들을 참여시키기 위해서 마케팅을 설계해야 한다. 디지털 마케터에게 블로그 게시물, 팟캐스트, 온라인 비디오와 같이 자유롭게 이용 가능하게 만들어진 가치 있는 콘텐츠는 참여의 주된 형태이다.

> » 블로그 게시물
> » 팟캐스트
> » 온라인 비디오

예를 들어, 식료품점 홀푸드는 수백 개의 공급업체로부터 조달받은 신선한 유기농 식품을 판매하는 데 자부심을 갖고 있다. 슈퍼마켓 체인의 온라인 전략에는 회사가 판매하는 제품과 관련된 콘텐츠로 고객을 참여시키는 홀 스토리 블로그가 있다. "여러분이 올여름 반드시 먹어볼 신선한 여름 음료"와 같은 블로그 기사(그림 1-8 참조)는 기존 고객이나 잠재고객에게 홀푸드에서 판매하는 제품을 어떻게 이용해야 하는지 알려준다.

잠재고객, 리드 또는 고객은 이 고객 여정의 특정 단계에서 몇 분 또는 몇 년까지 머무를 수 있다. 예를 들어, 잠재고객은 여러분의 블로그를 인지하고 여정의 다음 단계로 이동하는 데 1년 또는 그 이상 걸릴 수 있다. 다른 사람들은 몇 분 안에 고객 여정의 여러 단계를 통과할 수도 있다. 유망한 비즈니스는 항상 고객 여정의 모든 단계에서 여러 사람들의 그룹을 가지고 있다.

그림 1-8
홀푸드 블로그의 매력적인 블로그 게시물

출처 : https://www.wholefoodsmarket.com/blog/9-refreshing-summer-drinks-you-need-try-right-now

3단계 : 구독자 만들기

고객 여정의 다음 단계는 잠재고객을 '단순히 인식하고 참여하는' 단계에서 구독자 또는 리드로 움직이게 하는 것이다. 구독자는 여러분에게 그와 대화할 수 있는 권한을 부여한 사람이다. 정통한 디지털 마케팅 담당자는 페이스북 및 트위터와 같은 사이트에서 소셜 미디어 관계를 구축하고 아이튠즈 및 스티쳐와 같은 서비스에서 팟캐스트 구독자를 끌어들이고, 웨비나('웹'과 '세미나'의 합성어로, 대개 인터넷이 연결된 컴퓨터와 마이크나 전화를 이용해 강사와 참석자 간에 실시간, 양방향으로 세미나가 진행된다-역주) 등록을 통해서 구독자를 생성함으로써 구독자 목록을 만든다.

오프라인 회사는 잠재고객이 참여하고 인지할 수 있도록 온라인 구독을 구축할 수 있다. 이메일은 잠재고객을 고객 여정의 나머지 단계로 이동시키는 가장 저렴하고 효과적인 전환 방법이다. 세계 최대의 가구 소매 업체인 이케아에서 제공하는 효과적인 이메일 마케팅 캠페인의 예를 살펴보자. 이메일 마케팅에 대해서는 추후 더 자세히 다룬다.

이케아는 페이스북, 트위터, 핀터레스트의 소셜 미디어 구독자를 만들고 있다. 그러나 이케아의 디지털 마케팅 노력의 초점은 이메일 구독자를 확보하는 데 있다. 이케아 웹 사이트를 방문하면 여러 곳에서 이케아의 이메일 목록에 참여하라는 메시지가

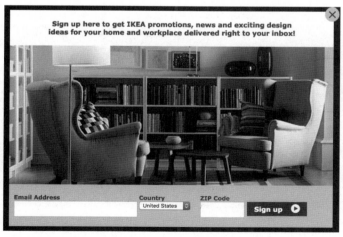

그림 1-9
가구 소매 업체 이케아의 이메일 가입 제안

출처 : http://www.ikea.com/us/en/

나타난다. 그림 1-9는 이케아 웹 사이트의 이메일 옵트인 양식(기업과 같은 단체가 광고를 위한 이메일을 보낼 때 수신자의 동의를 얻어야 이메일을 발송할 수 있도록 하는 방식-역주)을 보여준다.

4단계 : 전환 증가시키기

이 단계에서의 목표는 여러분의 회사에 시간이나 비용을 좀 더 투자하도록 요청하여 잠재고객이 좀 더 헌신하도록 만드는 것이다. 낮은 단계의 제품 또는 서비스, 웨비나 및 제품 데모는 이 단계에서 제안할 수 있는 좋은 예다.

이 시점까지 고객 여정의 3단계를 통과한 잠재고객과의 관계는 수동적이었다. 4단계의 목표는 수익성이 아니라 잠재고객과 여러분 회사 간의 연결 정도를 높이는 것이다. 연결 정도를 높이는 데 성공한 회사인 GoDaddy는 여러분이 웹 사이트를 위한 도메인 이름을 등록하고 여러분의 사업을 위해 호스팅하고 디자인하도록 도와준다. GoDaddy는 고객을 확보하고 약정 수준을 높이기 위해 2년짜리 상품 구매 시 저렴한 도메인 등록 서비스를 사용한다(그림 1-10 참조).

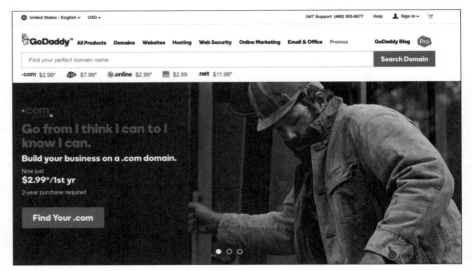

그림 1-10
저렴한 금액의 도메인 회사인 GoDaddy

출처 : https://www.godaddy.com/?isc=gofd2001sa&ci=

5단계 : 자극하기

마케팅은 4단계에서 확보된 리드나 고객이 수락한 제안을 의도적으로 고객이 사용하도록 권장해야 한다. 잠재고객이 제안을 활용하도록 하는 비즈니스 용어는 커스터머 온보딩이다(customer onboarding : 신규 사용자가 제품이나 서비스를 적절히 사용하기 위해 필요한 지식/기술/행동 등을 얻는 것을 의미한다-역주). 4단계에서의 전환이 시간과 비용의 헌신이었는지의 여부와 관계없이, 고객이나 잠재고객과의 관계는 만약 고객이 거래를 통해 가치를 얻었다면 성공 가능성이 훨씬 더 높아진다.

DigitalMarketer는 Digital Marketer Lab이라는 커뮤니티를 구성했다. 이 커뮤니티는 수천 명의 기업가, 프리랜서, 중소기업 대표들로 구성되며, 이 멤버들은 온보딩 패킷을 받게 된다(그림 1-11 참조). 새로운 제품 구매를 어떻게 할 수 있는지에 대해 알려주기 위해 메일로 멤버들 각각에게 온보딩 패킷을 보낸다. 이 패킷은 회원이 됨으로써 얻는 모든 혜택을 설명하고, 그 혜택을 받는 방법을 정확하게 제시한다. 이는 고객들을 설레게 만들고 고객들에게 이러한 혜택 정보를 제공함으로써 취소율을 크게 감

그림 1-11
이 온보딩 패킷은 멤버 혜택을 제공함으로써 고객들에게 설렘과 제품 정보를 제공한다.

소시켰다.

여러분이 고객에게 제공하고 있는 것의 가치는 여러분의 고객이 지불한 가격 이상이어야 한다. 훌륭한 제품과 서비스를 제공하고 그러한 제품과 서비스의 사용을 권장하는 마케팅 캠페인을 만들라. 고객이 여러분의 제품이나 서비스를 사용하지 않는다면, 다른 사람에게 여러분의 브랜드를 홍보하거나 구매할 가능성이 없기 때문이다.

6단계 : 핵심 제안 판매 및 그 이상 만들기

이번 단계까지 오면서 잠재고객은 여러분의 브랜드와 관계를 형성했다. 그들은 여러분에게 좀 더 많은 시간과 비용을 투자했다. 또한 좀 더 복잡하고 비싸며 위험한 제품이나 서비스를 구매할 가능성이 훨씬 크다. 우리는 이와 같이 수동적 잠재고객에서 구매자로의 이동을 상승(ascension)이라고 부른다.

불행히도, 이 단계는 대부분의 사업이 마케팅을 시작하고 끝내는 곳이다. 어떤 이들은 잠재고객에게 그들이 아무것도 모르는 회사에 시간과 비용을 투자하도록 요구한다. 이것은 첫 데이트에서 누군가에게 결혼을 제안하는 것과 같이 성공률은 상당히 낮다. 또 다른 브랜드들은 특정 고객이 자사의 제품을 구매한 후에 그들과 지속적으로 관계를 맺거나 그들을 반복 구매자로 전환시키려고 노력하지 않고 그 시점에 마케팅을 멈춘다.

상승 단계에서의 고객 또는 잠재고객들은 높은 가격의 제품 또는 서비스를 구매하거나 월 단위로 요금을 청구하는 구독 수익 모델 결제에 가입하거나 충성도가 높은 구매자가 되거나 재구매 고객이 된다. 고객 여정의 1~5단계에서 여러분이 최선을 다했다면 리드나 고객 중 일부는 더 구입하고 반복적으로 구매할 준비가 되어 있을 것이다. 왜냐하면 여러분이 그들에게 제공할 가치가 무엇인지에 대해 효과적으로 전달했고 그들과 관계를 형성했기 때문이다. 이 순서대로 고객에게 마케팅을 하면 그들은 브랜드 지지자 및 옹호자가 될 수 있다(7과 8단계에 대한 다음 절 참조). 우리는 이익 극대화를 위해 기존 고객에게 더 많은 것을 판매하기 위한 다양한 전략에 대해서는 제3장에서 논의한다.

7단계 : 브랜드 지지자 개발

브랜드 지지자들은 브랜드에 대한 멋진 경험에 대해 평가한다. 그들은 여러분 회사의 팬이며 소셜 미디어 채널에서 브랜드를 옹호하고 옐프나 아마존과 같은 사이트에 여러분의 제품이나 서비스에 대한 좋은 리뷰를 남긴다.

브랜드 지지자를 형성하는 능력은 여러분이 리드와 구매자들과 어떤 관계를 맺는지에 달려 있다. 이 단계에 도달하게 되면 여러분이 고객과 관계를 유지하기 위해 시간과 노력이 필요하다는 점에서 가까운 친구 관계와 같다.

여러분은 제품을 통해 고객에게 가치를 전달하고(실제로 여러분이 주장하는 것을 수행하는 것을 의미함), 빠른 고객 서비스로 고객과의 관계를 구축한다. 지속적으로 양질의 제품과 서비스를 제공함으로써 그들을 브랜드 지지자로 전환하고 궁극적으로 마지막 단계인 브랜드 홍보자로 전환시킬 수 있다.

8단계 : 브랜드 홍보자를 증가시키기

브랜드 홍보자들은 옹호를 뛰어 넘어 자신의 가슴에 여러분의 로고를 문신하고(할리 데이비슨을 생각해보라), 자유 시간에 블로깅을 하고, 소셜 미디어를 사용하며, 온라인에서 여러분의 브랜드에 대한 사랑을 전하는 일에 헌신한다. 지지자(7단계)들과의 다른 점은 홍보자들은 여러분의 브랜드에 대해 적극적으로 입소문을 퍼뜨리는 반면 지지자들은 이에 소극적이다.

브랜드 홍보자들에게 있어 여러분의 회사는 이미 그들 삶의 일부가 되었다. 그들은 여러분의 브랜드가 신뢰하고 의존할 수 있는 브랜드임을 알고 있다. 브랜드 홍보자들은 여러분의 브랜드와 제품이 계속해서 탁월한 가치를 제공했기 때문에 여러분을 믿는다. 그들은 그들의 비용뿐만 아니라 그들의 시간도 여러분에게 헌신하고 있다.

고객 여정 로드맵 준비

성공적인 비즈니스를 위한 고객의 여정은 우연히 발생하지 않는다. 뛰어난 디지털 마케팅 담당자는 잠재고객, 리드 및 고객을 의도적으로 한 단계에서 그다음 단계로 이동시키기 위한 마케팅 캠페인을 작성한다. 여러분의 이상적인 고객 여정을 알게 된 후 사용해야 할 전술(이 책의 나머지 장에서 제공함)은 명확하다.

예를 들어, 가입자 모집에 대해 고민하고 있다면(고객 여정의 3단계), 여러분은 이메일 발송(제3, 11장 참조) 및 소셜 미디어를 통한 관계 형성(제9장 참조)을 활용하여 그다음 고객 여정 단계를 이동시키는 전략을 원할 것이다.

이 장의 이전 절에서 다루었던 고객 여정 로드맵은 8가지 단계에 대해 명확하게 설명하고 있다(그림 1-12 참조). 이 방법은 잠재고객을 브랜드 홍보자로 이동시키기 위한 방안을 계획하고 시각화하는 효율적인 방법이다. 여러분 회사의 이해 관계자를 모으고 여러분의 주요 제품 또는 서비스 중 적어도 하나에 대한 고객 여정 로드맵을 작성하라. 사람들에게 여러분 제품을 인지시키고 그들을 '구매 후' 상태로 이동시키기 위해 고객 여정의 각 단계에서 사용할 캠페인 및 제안 사항을 브레인스토밍 해보라.

www.digitalmarketer.com/customer-journey의 DigitalMarketer의 자료를 사용하여 자신만의 고객 여정 로드맵을 만들어보라.

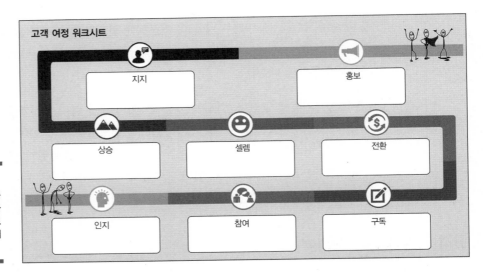

그림 1-12
여러분 제품 중 최소 하나만이라도 고객 여정 로드맵을 작성해 보자.

올바른 마케팅 캠페인 선택

디지털 마케팅은 페이스북에 여러분의 제품 이미지를 게시하는 것부터 검색 엔진 트래픽에 최적화된 이메일 제목을 만드는 것까지, 모든 것을 의미하는 광범위한 용어이다. 디지털 마케팅은 겉으로 보기에는 많은 단절된 전술을 포함하고 있는데, 이 점이 바로 이 장이 중요한 이유이다.

이 장은 마케팅 캠페인이 무엇인지 이해하는 데 도움이 된다. 3가지 유형의 캠페인이 무엇이며, 이것을 언제 어떻게 사용해야 하는지 설명하여 여러분이 디지털 마케팅 캠페인 수행 시, 이러한 전략을 효과적으로 사용할 수 있도록 도와준다.

모든 비즈니스는 리드 형성, 판매, 고객 보유, 그리고 회사의 제품과 서비스를 더 많이 판매하는 것에 관심이 있다. 이 각각의 목표를 달성하기 위해서는 각각 다른 접근법이 필요하다. 이 장에서는 비즈니스 목표를 식별하여 여러분이 원하는 디지털 마케팅이 무엇인지 결정하는 데 도움을 준다. 여러분의 목표가 무엇이냐에 따라 여러분이 만들어야 할 캠페인과 궁극적으로 여러분이 활용할 전술을 달리 결정해야 하기 때문이다.

마케팅 목표 수립

블로그를 시작하거나 핀터레스트 계정을 만들거나 이메일 주소를 수집하기 전에 비즈니스 목표를 설정해야 한다. 성취하고자 하는 것이 무엇인지를 알고 있을 때, 올바른 마케팅 캠페인에 여러분의 에너지를 온전히 쏟을 수 있으며 원하는 비즈니스 매트릭스로 움직일 수 있는 마케팅 전술을 사용할 수 있을 것이다.

여러분의 디지털 마케팅 전략이 영향을 미칠 수 있는 6가지 일반적인 목표가 있다.

> » **문제와 솔루션에 대한 인지를 높이기** : 온라인 마케팅을 통해 잠재고객이 자신이 필요로 하는 것, 즉 '문제 인식'을 할 수 있도록 도와준다. 마케팅은 잠재고객이 여러분이 제공하는 솔루션이 문제를 해결한다는 것을 인지할 수 있도록 도와준다. 우리는 이것을 해결책 인지라고 부른다. 여러분의 목표는 문제가 있는 '구매 전' 상태에서 긍정적인 해결책을 얻은 '구매 후' 상태로 여러분이 잠재고객을 이동시킬 수 있다는 것을 그들에게 인지시키는 것이다(제1장 참조).

> » **새로운 리드 및 고객 확보** : 좀 더 많은 리드 및 고객을 확보하는 것은 대부분의 비즈니스에서 가장 중요한 목표다. 새로운 리드와 고객을 창출하지 않으면 현재의 비즈니스가 결코 성장하지 못할 것이다. 사업 확장을 위해 새로운 리드와 고객을 확보해야 한다.

> » **리드 및 고객 활성화** : 몇 달 이상 비즈니스를 해왔다면 아직 구매하지 않았거나 잠시 동안 구매하지 않은 리드 및 고객이 있을 가능성이 크다. 여러분은 최초의 구매를 권장할 뿐만 아니라 최근에 제품을 구매하지 않은 과거 고객에게 여러분이 제공한 가치와 그들이 왜 제품을 구매했는지 다시 상기시킬 수 있는 디지털 마케팅 캠페인을 실행할 수 있다. 그 디지털 마케

팅 캠페인을 통해 그들이 다시 구매할 수 있도록 하고 여러분의 사업을 인지할 수 있도록 도와줄 수 있다.

» **기존 리드 및 고객을 통한 수익 창출** : 새로운 리드 및 고객 확보는 많은 비용과 시간이 소요된다. 새로운 리드 및 고객에게 더 많은 제품과 서비스를 판매하기 위한 의도로 디지털 캠페인을 만드는 것을 잊지 말라. 수익 창출 캠페인은 고가의 제품 판매(upsell), 교차 판매(cross-sell) 및 여러분의 리드 및 고객에게 더 많은 것을 판매하기 위한 다른 유형의 제안을 제공한다.

» **신규 리드 및 커스터머 온보딩** : 새로운 리드 및 고객은 신규 고객이기 때문에 특별한 대우를 받을 자격이 있다. 그들은 여러분이 누구인지, 그리고 그들이 구입한 것들을 잘 사용하는 방법을 배울 필요가 있다. 이러한 목표를 달성하려면 환영 이메일이나 환영 패킷과 같은 콘텐츠를 만들어 그들에게 제품이나 서비스를 사용하는 방법, 그들이 예상할 수 있는 것들 또는 구매를 위해 도움을 받을 수 있는 위치 정보를 알려준다.

» **커뮤니티 및 지지자 구축** : 잠재고객, 리드 및 고객을 단순한 거래 이상의 단계로 이동시키기 위해서는 지지자 커뮤니티 및 브랜드 홍보 커뮤니티를 만드는 캠페인을 만들어야 한다. 가장 효과적인 방법 중 하나는 페이스북 그룹이나 트위터 페이지와 같은 소셜 미디어를 이용하는 것이다. 여기에서 사람들은 제품이나 서비스에 대해 찬사를 보내거나 질문을 하는 경우 서로 연락을 취할 수 있다. 커뮤니티를 만듦으로써 여러분의 고객을 기반으로 한 커뮤니티가 성장할 수 있도록 도와주고, 이는 고객들의 만족도와 충성도를 높일 수 있다. 제9장에서 소셜 미디어 전술에 대해 자세히 알아보라.

디지털 마케팅 캠페인 정의하기

여러분의 비즈니스 목표를 달성하고 고객을 고객 여정(제1장에서 논의)의 잠재고객에서 열광적인 팬으로 이동시키라. 이를 수행하기 위한 적절한 방법이 바로 캠페인이다. 이 책에서 정의한 바에 의하면 디지털 마케팅 캠페인은 다음과 같은 특징을 가지고 있다.

- » **목표 중심** : 디지털 마케팅 캠페인은 특정 비즈니스 목표를 달성하기 위한 의도되고 계획된 조치들이다.
- » **다중 경로** : 모든 디지털 마케팅 캠페인은 이메일 소프트웨어 또는 웹 양식과 같은 도구는 물론 콘텐츠 및 방문 페이지와 같은 자산이 필요하다. 그러나 이러한 자산은 캠페인을 성공적으로 수행하기에 충분하지 않다. 이러한 자산을 가시화할 수 있는 능력이 필요하다. 즉, 트래픽이 필요하다. 캠페인의 일부분은 측정 가능하여 여러분이 그것을 어떻게 측정할지 결정할 수 있다.
- » **매끄럽고 섬세함** : 여러분이 고객 여정을 통해 점차적으로 걸어가고 있다면 이러한 다양한 마케팅 캠페인이 가장 성공적일 것이다(고객 여정에 대한 자세한 내용은 제1장 참조). 고객 여정의 경로를 안내하기 위해 캠페인은 행동 요구 문안(call to action, CTA)을 포함시켜야 한다. CTA는 즉각적인 반응을 유도하기 위해 고안된 안내문과 같은 것이다. 일반적으로 CTA에는 '지금 구입', '여기를 클릭하라', '오늘 구매하세요', '이 동영상 보기', '전화하기' 또는 '가까운 상점 방문'과 같이 긴급함을 전달하는 동사가 포함된다. 그다음으로, 유망한 마케팅 캠페인은 잠재고객과 잠재고객이 원하는 행동 사이의 마찰을 제거하는 것이다. 극단적 예로는 제품을 구매할 가망성이 없는 잠재고객에게 10,000달러 제품이나 서비스를 사달라고 요청하는 것이다. 이러한 전략은 매끄럽지도 섬세하지도 않다. 다음 장에서는 잠재고객을 재구매자 및 고액 상품 구매자로 전환시키기 위한 캠페인을 구성하는 방법에 대해 알아본다.
- » **유동성** : 캠페인이라는 단어는 종종 수명이 짧은 이니셔티브를 의미하는 경우가 많지만 이 책에서 정의한 캠페인은 하루 정도로 짧거나 또는 몇 년 동안 운영할 수 있는 것을 모두 의미한다. 다이렉트 메일 캠페인과 같은 물리적 캠페인에 비해 디지털 캠페인의 장점은 디지털 환경에서 약간의 수정이나 전반적인 수정도 훨씬 간단하다는 것이다. 따라서 최상의 결과를 얻기 위해 디지털 마케팅 캠페인을 즉시 최적화할 수 있다.

이 절에서 가장 중요한 것은 캠페인은 단일 이벤트가 아니라 여러 단계와 절차가 있는 프로세스라는 것이다. 디지털 마케팅 캠페인은 여러분에게 복잡해 보일지 모르지만 나머지 부분은 매우 간단하다. 이 책은 자산 생성에서 트래픽 및 측정에 이르기까지 모든 것을 다룬다.

【 훌륭한 디지털 마케팅 캠페인을 함께 묶기 】

LasikPlus와 회사의 디지털 마케팅 캠페인을 고려해보자. 이 캠페인은 시력을 위해 올바른 라식 수술을 제공한다. 대부분의 회사들처럼, LasikPlus는 새로운 리드와 고객들을 확보하는 데 관심이 있다.

이 회사의 마케팅 캠페인에서, 잠재고객은 처음으로 아래와 같은 배너 광고의 형태를 보게 될지 모른다.

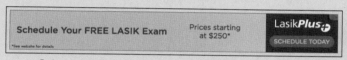

출처 : http://www.menshealth.com/sex-women/boyfriend-voice?utm_source=t.co&utm_medium=Social&utm_term=593110700&utm_campaign=Men%27s%20Health

이 광고를 클릭하게 되면 잠재고객은 방문 페이지로 이동하게 된다. 그 페이지는 LasikPlus를 하면 얻게 되는 혜택을 설명하고 있으며, 상담을 잡기 위한 행동 유도 문안을 제공하고 있다.

출처 : http://www.lasikplus.com/lasik-affordable-250_quiz

고객이 약속을 잡도록 하기 위한 행동 유도 문안을 선택하는 것은 잠재고객을 방문 페이지로 이동시키는 것이다. 잠재고객은 방문 페이지에서 상담을 받기 위한 가장 편리한 장소를 선택할 수 있다. 또한 잠재고객은 아래 보여진 것처럼 스케줄 페이지에서 상담을 받기 위한 시간대를 선택할 수 있다. 약속을 잡기 위한 마지막 단계는 약속 확인을 위한 이름, 이메일, 핸드폰 번호, 생일을 입력하는 것이다.

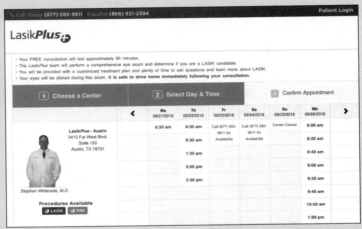

출처 : Source: https://www.lasikplus.com/am/#/Austin/schedule?
latitude=30.352204&longitude=−97.7504

그러나 거기서 멈추지 않는다. 이 캠페인은 이메일을 통해 계속된다. 각각의 이메일은 약속을 확인하기 위해 고객에게 발생되고, 잠재적 라식수술 후보자들에게 수술 절차에 대해 알려주며, 그들의 약속에 대해 다시 한 번 상기시켜준다. 또한 광고를 본 후에 즉각적으로 사람들의 관심을 유도하기보다는 잠재고객에게 상담을 받아보라고 권유한다. 이 캠페인은 사람들을 부드럽고 교묘하게 잠재고객으로 전환시킨다.

3가지 주요 유형의 캠페인 이해하기

디지털 마케팅을 통해 영향을 미치고 싶은 비즈니스 목표가 많지만, 디지털 마케팅 캠페인의 3가지 범주인 획득, 수익 창출, 참여라는 일반적인 목표를 달성할 수 있음을 알 수 있을 것이다.

이러한 유형의 디지털 마케팅 캠페인은 다음과 같이 여러분의 비즈니스에서 매우 구체적인 역할을 수행한다.

> » 획득 캠페인은 새로운 잠재고객과 고객을 확보한다.
> » 수익 창출 캠페인은 기존 리드 및 고객으로부터 수익을 창출한다.
> » 참여 캠페인은 브랜드 지지자 및 홍보를 위한 커뮤니티를 만든다.

다음 절에서는 이러한 유형의 캠페인에 대해 자세히 설명한다.

새로운 리드 및 고객을 창출하는 캠페인

만약 여러분의 목표가 여러분이 제공하는 해결책이나 고객들이 가지고 있는 문제에 대한 인식을 제고하는 것이라면, 또는 새로운 리드 및 고객을 확보하는 것이라면 획득 캠페인이 필요하다.

마케팅의 역할은 잠재고객, 리드 또는 고객을 고객 여정의 인식 단계에서 브랜드 홍보자로 이동시키는 것이다. 여러분은 잠재고객을 인지에서 전환으로 이동시키기 위해서, 즉 고객 여정의 처음에서 끝으로 이동시키기 위해서는 획득 캠페인을 사용하라(그림 2-1 참조).

획득 캠페인의 고객 여정의 단계는 다음과 같다.

> » **인지** : 새로운 리드와 고객을 유치하기 위해서는 낯선 사람에게 도달하기 위해 충분히 노력해야 한다. 여러분이 제공하는 해결책이나 여러분이 해결하는 문제에 대해 알지 못하는 잠재고객에게 도달하기 위해서는 획득 캠페인을 활용해야 한다.
> » **참여** : 인지에서 참여로의 전환은 종종 무언가를 사거나 상당한 시간을 요

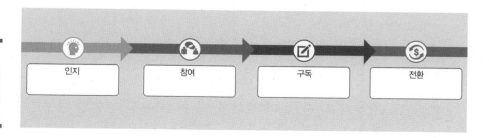

그림 2-1

획득 캠페인은 잠재고객을 인지에서 전환단계로 이동시킨다.

| 인지 | 참여 | 구독 | 전환 |

청하기 전에 잠재고객에게 엔터테인먼트, 영감 또는 교육 콘텐츠의 형태로 가치를 제공함으로써 성취된다. 이것은 콘텐츠 마케팅으로 알려져 있는데, 즉 가치 있고 관련성이 높으며 일관성 있는 자료를 작성 및 배포하여 고객을 유치하고 유지하며 궁극적으로 수익성 있는 행동으로 유도하는 전략적 마케팅 방법이다. 콘텐츠 마케팅은 블로깅, 동영상, 소셜 미디어 업데이트, 이미지 등 다양한 유형의 활동 및 유형으로 구성된다. 제4장에서 콘텐츠 마케팅에 대해 자세히 설명한다.

» **구독** : 이 단계에서 잠재고객은 여러분에게 그에 대한 접근을 허락하였다. 즉, 최소한 그는 소셜 채널(페이스북, 링크드인 및 기타)을 통해 여러분과 연결되어 있거나 이메일 구독자라는 의미다. 구독 상태는 이제 더 많은 콘텐츠와 제안으로 대화를 계속할 수 있기 때문에 관계를 형성할 수 있는 중요한 단계다.

» **전환** : 거의 관심이 없거나 구독하는 정도의 잠재고객이 전환단계로 이동하는 것은 획득 캠페인의 마지막 단계다. 이 시점에서 잠재고객은 상당한 시간이나 비용을 들여가며 여러분의 조직에 대한 신뢰를 쌓는다. 마케팅은 점진적이고 원활하게 이루어져야 하며, 특히 온라인으로는 실제로 만난 적이 없는 사람과 신뢰를 쌓아야 한다는 점을 잊지 말라. 획득 캠페인의 마지막 단계에는 판매가 포함되어 있다. 이것은 위험한(비싸거나 복잡하다고 생각하는) 구매여서는 안 된다. 여기서 목표는 잠재고객에서 고객으로의 관계를 간단히 변화시키는 것이다.

획득 캠페인은 수익에 관한 것이 아니다. 전환 단계에서 판매를 하고 있을지라도 판매 목표는 투자 수익(ROI)이 아니라 리드 및 구매자 확보다. 이것은 역설적으로 보일 수 있지만, 고객 및 리드 획득은 수익 창출과 다르다는 점을 명심하라. 이 두 캠페인 유형은 목표, 전술, 측정 항목이 다르다.

새로운 리드 및 고객을 확보하기 위해 만든 대부분의 캠페인은 여러분의 제품을 구매한 적이 없거나 한동안 구매하지 않은 리드 및 구매자가 다시 제품을 구매하도록 하는 것이다. 이와 같은 캠페인을 활성화 캠페인이라고 한다. 유망한 비즈니스는 최근에 많이 구매하거나 잦은 구매자를 보유하고 있다. 활동하지 않는 구독자나 구매자를 다시 구매하도록 하기 위한 캠페인을 하기 위해서는 시간과 노력을 들여야 한다.

제3장에서 이러한 리드 및 구매자를 활성화할 수 있는 다양한 제안 유형에 대해 자세히 알아보자.

기존 리드 및 고객으로 수익을 창출하는 캠페인

여러분의 비즈니스 목표가 기존 고객에게 더 많은 것을 판매하거나 고액의 복잡한 제품 및 서비스를 판매하거나 수익 극대화라면(제3장 참조), 수익 창출 캠페인이 필요하다. 다시 말해, 수익 창출 캠페인의 목표는 획득 캠페인을 통해 확보한 리드 및 고객에게 수익성 높은 판매를 가능하게 하는 것이다.

여러분의 비즈니스에 리드, 구독자 또는 기존 고객이 없는 경우라면 처음부터 수익 창출 캠페인을 만들지 말라. 수익 창출 캠페인은 여러분의 비즈니스를 이미 알고 있고, 좋아하고 신뢰하는 사람들에게 더 자주 또는 더 자주 판매하기 위한 것이다.

수익 창출 캠페인의 고객 여정 단계는 그림 2-2와 같다.

- » **자극하기** : 수익 창출 캠페인은 이미 여러분의 비즈니스에서 뭔가를 구입한 고객이나 여러분의 제품이나 서비스에 대해 알기 위해 시간을 소비한 고객들을 목표로 한다. 현명한 디지털 마케팅 담당자는 이미 여러분과의 거래를 통해 상호 작용을 했던 고객들이나 잠재고객이 가치를 얻도록 장려하는 캠페인을 만든다.
- » **고객을 상승시키기** : 제품을 구매하는 모든 그룹의 사람들 중 일부는 기회가 주어진다면 좀 더 많이, 좀 더 자주 구매할 것이다. 예를 들어, 롤렉스

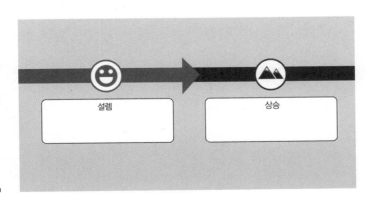

그림 2-2
수익 창출 캠페인은 설렘을 유발하고 기존 리드 및 고객을 더 높은 수준의 구매를 할 수 있도록 상승시킨다.

시계 구매자 중 일부는 두 번째(또는 세 번째 또는 네 번째!) 시계를 구매하거나 기회가 있는 경우 가장 비싼 롤렉스 시계를 구입한다. 이 개념은 디지털 마케팅뿐만 아니라 비즈니스 목표에서도 중요하다. 수익 창출 캠페인은 현재 리드나 고객들의 가치를 증가시키는 제안을 함으로써 이 개념을 활용해야 한다.

참여도를 높이는 캠페인

비즈니스 목표가 성공적으로 신규 고객을 확보하고 새로운 리드와 고객을 잠재고객에서 브랜드 팬으로 만들기 위한 것이라면 또는 여러분의 회사나 브랜드, 제안과 관련한 커뮤니티를 구축하려는 것이라면 여러분은 참여 캠페인이 필요하다. 가장 사랑받는 회사는 고객과 잠재고객이 서로 상호 작용하고 브랜드와 상호 작용할 수 있는 온라인 기회를 제공한다. 고객이 마케팅 활동에 참여할 수 있는 기회를 만드는 회사는 상품 및 서비스 구매와 같은 단순한 거래를 뛰어 넘는 고객 상호 작용의 이점을 누리고 있다. 고객 여정의 단계는 참여 캠페인으로 완성되고 그림 2-3에 제시된 것과 같다.

» **지지자**(advocate) : 고객이 추천 및 고객 사례를 통해 다른 사람에게 여러분의 비즈니스를 추천할 수 있는 마케팅 캠페인을 만들 수 있다. 이러한 지지자들은 소셜 미디어에서 여러분의 브랜드를 지지하고 메시지가 표시되면 친구나 가족에게 제품과 서비스를 추천한다.

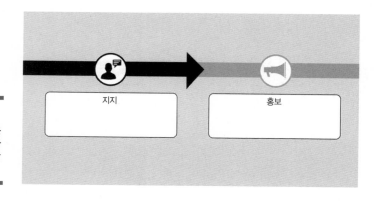

그림 2-3
참여 캠페인은 브랜드 지지자 및 홍보자를 만든다.

» **홍보** : 적극적으로 여러분의 비즈니스를 홍보하고자 하는 고객은 금과 같은 가치가 있다. 그들은 여러분의 제품 및 서비스에 대한 블로그 및 유튜브 동영상을 만드는 고객이다. 또한 소셜 채널을 통해 여러분의 브랜드와 성공 스토리를 전달하고 여러분이 고객에게 제공하고자 하는 가치에 대해 긍정적인 의견을 퍼뜨린다. 이 사람들은 여러분의 브랜드 홍보자다.

브랜드 지지자 및 홍보자를 만드는 것은 뛰어난 제품 또는 서비스와 함께 고객 서비스 경험으로부터 시작한다. 입소문은 디지털 세상에서 빠르게 퍼져나가며, 만약 여러분이 고객에게 가치를 제공하지 못했다면 지지자 및 홍보자와는 정반대의 역할을 하는 사람들이 활동하게 될 것이다. 또한 불만족 경험에 대한 정보가 빠르게 확산될 것이다. 참여 및 커뮤니티를 구축하기 전에 고객에게 제공하는 가치를 최적화하라.

획득, 수익 창출 및 참여 캠페인이 올바르게 실행되면 고객의 이동 경로를 통해 사람들이 원활하게 이동하게 된다. 이 3가지 전략은 문제가 있었던 '구매 전' 상태의 사람들을 제품 또는 서비스를 통해 긍정적인 결과를 얻은 '구매 후' 상태로 이동시킨다(우리는 고객의 여정에 대해 제1장에서 자세히 논의했다). 그림 2-4는 고객이 지나가게 되는 모든 고객 여정의 단계를 보여준다. 이 장에서 논의된 획득, 수익 창출 및 참여 전략을 사용하여 사람들을 이 경로를 따라 이동할 수 있도록 하라.

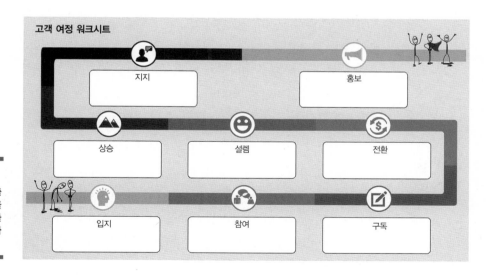

그림 2-4
획득, 수익 창출 및 참여 전략을 사용하여 사람들을 이 경로를 따라 이동시키라.

마케팅 캠페인 일정 조정

여러분은 "어떤 캠페인을 실행해야 할까?"라고 생각할 수도 있다. 그러나 이것은 잘 못된 질문이다. 올바른 질문은 "지금 시점에서 어떤 캠페인을 실행해야 할까?"이다. 모든 비즈니스는 각기 다른 시간에 각각 다른 유형의 캠페인을 적합한 고객에게 실 행해야 한다. 다음 몇 가지 질문을 생각해보자.

> » 귀사의 비즈니스에 더 많은 리드와 고객을 원하는가?
> » 보유한 고객에게 더 많은 것을 판매하거나 잠시 동안 구매하지 않은 고객 및 리드가 다시 여러분의 제품을 구매하도록 하고 싶은가?
> » 여러분의 제품을 구매하고 싶어 하는 열성 팬으로 고객을 전환시키고 그 고객이 다른 사람에게 여러분의 제품을 추천하길 원하는가?

대답은 물론 모든 경우에 '예'다.

그러나 다음 사항을 이해하는 것이 중요하다. 한 캠페인은 다른 캠페인을 대체하거 나 다른 역할을 할 수는 없다. 획득 캠페인은 수익 창출 캠페인의 역할을 할 수 없다. 마찬가지로 수익 창출 캠페인은 참여 캠페인의 역할을 할 수 없다. 각 캠페인은 특정 목표만을 달성할 수 있다. 건전하고 지속 가능한 비즈니스를 유지하려면 3가지 주요 캠페인 유형 모두에 대해 시간을 할당해야 한다.

만약 획득 캠페인 이외에 어떤 캠페인도 실행하지 않는다면, 수익이 발생하지 않을 것이다. 만약 수익 창출 캠페인만 실행하면 새로운 리드와 고객을 확보하지 못할 것 이다. 마찬가지로 참여 캠페인만 실행한다면 충성도 높은 잠재고객을 확보할 수 있 지만 잠재고객을 고객으로 전환시키지 못할 것이다.

소셜 미디어, 인기 블로그, 또는 다운로드가 많은 팟캐스트 등의 소셜 미디어에서 많 은 팔로우를 가지고 있으나 판매는 발생하고 있지 많다면, 여러분은 참여 캠페인을 성공적으로 수행하기 위한 방법을 마스터한 것이다. 이는 디지털 마케팅에서 가장 어려운 부분 중 하나인 잠재고객 구축을 성공적으로 수행했다는 것을 의미한다. 획 득 및 수익 창출 캠페인을 여러분의 마케팅 믹스에 추가하면, 여러분은 잠재고객을 수익성 높은 고객으로 전환시킬 수 있다.

지금 필요한 캠페인 선택하기

이 장에서는 여러분의 사업을 위해 획득, 수익 창출, 참여라는 3가지 캠페인 유형 모두가 필요하다는 점을 강조한다. 지속 가능하고 건전한 비즈니스를 운영하려면 새로운 리드 및 고객을 확보하고 수익을 창출하며 브랜드를 지지하고 홍보하는 고객들의 참여가 필요하다. 즉, 디지털 마케팅 캠페인을 처음 실행한다면 먼저 하나의 캠페인을 실행하는 데 집중해야 한다.

> » 새로운 비즈니스를 시작하거나 기존 리드나 가입자가 없는 경우 획득 캠페인을 실행하라.
> » 기존 리드 및 고객이 있지만 여러분이 원하는 만큼 충분히 구매하지 않는다면, 수익 창출 캠페인을 실행하라.
> » 많은 리드 및 구독자가 있고 수익에 만족하면, 참여 캠페인을 실행하라.

어디서부터 시작해야 할지 모르는 경우 획득 캠페인부터 시작하라. 모든 사업은 새로운 리드를 확보하고 새로운 구매자를 전환하는 방법을 이해하는 것이 필요하기 때문이다. 이 책의 다음 장에서 우리는 브랜드, 제품 및 서비스에 대한 고객들의 인지도를 높이기 위한 방법을 제안하고 그 인지를 리드 및 고객으로 전환하는 다양한 방법을 제공한다.

캠페인 렌즈를 통한 디지털 마케팅 들여다보기

이제부터는 획득, 수익 창출, 참여의 3가지 주요 마케팅 목표에 따른 디지털 마케팅 전략 및 전술을 계획하라. 궁극적인 목표 없이 새로운 소셜 미디어 계정을 만들지 말라. 디지털 마케팅 때문에 좌절하는 대부분의 기업가와 마케터는 큰 그림을 보지 못한다.

예를 들어, 블로깅은 인지도를 높이기 위한 탁월한 전략이지만 수익 창출을 할 수는 없음을 마케터들이 이해하지 못하고 마케팅을 실행했을 때 좌절하게 된다. 그들은 비즈니스 페이스북 페이지에서 게시물을 올리고 의사소통하는 것이 참여 커뮤니티를 창출할 수 있지만 리드 및 고객을 창출하는 데 더 효과적인 방법이 있다는 것을 인식하지 못한다.

이 책의 나머지 부분에서는 특정 디지털 마케팅 전술에 대해 다룬다. 우리는 여러분의 비즈니스 목표와 이러한 목표를 달성하기 위한 캠페인이 무엇인지 염두에 두도록 계속 상기시킬 것이며, 디지털 마케팅을 숙달하도록 여러분의 비즈니스 성장을 위해 무엇이 진짜 문제인지 집중할 수 있도록 할 것이다.

03

승리하는 제안 만들기

제3장 미리보기

● 조건적 제안을 배치하여 더 많은 리드를 확보한다.

● 리드를 고객으로 전환한다.

● 높은 선택 및 전환율을 확보하기 위한 체크리스트를 작성한다.

● 최종 수익을 증가시킨다.

사람들에게 무언가를 구매하라고 하거나, 여러분에게 연락처를 제공하게 하거나, 여러분의 블로그를 읽는 데 시간을 보내게 하기 위해서 여러분은 무엇인가를 그들에게 제공한다. 여러분이 제공하는 방식은 – 그리고 아마도 더 중요한 것은 여러분이 제공하는 순서다 – 온라인일 것이다.

여러분의 가족이나 친구와의 관계를 발전시키는 것과 같은 방식으로 고객과의 관계를 형성하고 발전시켜야 한다고 생각하라. 여러분의 사업은 B2B(business to business) 또는 B2C(business to consumer) 방식으로 판매할지 모르지만, 모든 사업은 인간 대 인간 관계로 판매하게 된다(human to human, H2H). 진짜 현실에서는 개개인이 제품과 서비스를 구매한다.

서로 남남인 사람들이 어떻게 결혼하여 한 쌍의 부부가 되는지 생각해보자. 결혼 제안은 일련의 다른 제안이 만들어지고 양 당사자에 의해 그 모든 제안이 받아들여진 후에 가능하다. 물론 처음에 간혹 결혼 제안이 이루어지기도 하지만 대부분의 관계는 일정 기간 동안 긍정적인 상호작용의 연속으로 시작된다.

대부분의 사람들은 첫 데이트에서 결혼을 제안할 가능성은 없지만, 많은 기업은 그들의 잠재고객에게 위와 같이 하기도 한다. 그들은 잠재고객에게 그들과의 관계가 준비가 되기도 전에 비싼 티켓이나 복잡하고 위험한 제품과 서비스를 사달라고 요청한다. 반면에 일정 기간 동안 여러분의 제품으로부터 엄청난 가치를 얻은 고객은 비싼 제품이나, 복잡하거나 위험한 제품에 대해 구매를 할 가능성이 훨씬 크다.

이 장에서는 여러분이 고객에게 제공하고자 하는 다양한 유형의 제안 그리고 그 제안의 목표 및 잠재고객, 신규 고객 및 충성고객에게 제공해야 하는 순서를 설명한다. 이 장에서 설명하는 제안은 획득 및 수익 창출 캠페인에 중점을 둔다(제2장 참조).

미리 가치 제공하기

온라인으로 비즈니스를 하는 것은 직접 또는 전화로 비즈니스를 수행하는 것과는 다르다. 많은 경우 잠재고객은 온라인에서 제공되는 것보다 여러분의 비즈니스에 대한 정보를 가지고 있지 않다. 새로운 리드와 고객을 확보하기 위해서 잠재고객이나 고객과의 관계를 형성하기 위해 신뢰를 구축하고 가치를 창출해야 한다.

성공적인 관계는 양방향적인 성격을 가지고 있어야 한다. 양쪽 당사자 모두 관계에서 이익을 얻어야만 한다. 즉, 여러분의 회사는 잠재고객과 새로운 관계를 시작하기를 원하고 누구보다 먼저 고객에게 가치를 제공길 원하기 때문이다. 따라서 잠재고객에게 구매를 요청하기 전에 먼저 신뢰를 구축하거나 가치를 제공하지 않으면 잠재고객은 충성고객이 되지 않는다. 다행인 것은 고객들의 문제를 해결하는 데 도움을 줄 수 있는 통찰력 있고 유익한 블로그 게시물이나 팟캐스트와 같은 간단한 방법으로 이러한 가치를 제공할 수 있다는 것이다. 여러분은 이러한 가치를 무료로 제공하고, 유익하고 상호호혜적인 관계를 아무런 조건 없이 시작할 수 있다.

가치 진입 포인트 제안(entry point offers) 또는 EPO를 우리는 '획득 제안'이라고 부른다. 데이트 관계에 있는 EPO는 누군가에게 커피 한잔을 사겠다는 제안과 같다. 이러한 커피 제안은 건전한 데이트 관계를 시작하도록 돕고, 상대적으로 위험 부담이 없는 제안이다. 여러분의 목표가 고객을 얻는 것이면, EPO는 많은 잠재고객이 위험 없이 여러분의 비즈니스를 알고, 좋아하고, 신뢰하도록 하는 방법이다.

EPO에는 3가지 유형이 있다.

> **무조건적 제안** : 일반적으로 블로그 게시물, 비디오 또는 팟캐스트 형태로 제공되는 유형이며, 고객의 연락처 정보나 구매를 요구하지 않는다.
> **조건적 제안** : 고객들에게 가치를 제공하는 대신 그들에게 연락처 정보(이름, 이메일, 주소 등)를 요구하는 것이다.
> **파격 할인** : 일반적으로 50퍼센트 또는 그 이상의 파격 할인을 통해 고객의 구매를 유도하는 것이다.

잠재고객의 신뢰를 얻고자 한다면 그들에게 뛰어난 가치를 제공하라. 이는 투자에 대한 즉각적인 수익을 얻지 못하기 때문에 일부 사람들은 이러한 디지털 마케팅에 의구심을 품을 수 있다.

여러분의 마케팅 목표는 제품이나 서비스에 대해 전혀 알지 못하는 사람들을 여러분의 제품과 서비스를 홍보하는 팬으로 전환시키는 것이다. 고객과의 관계 형성은 고객들의 구매 전에 고객에게 가치를 제공하는 것을 바탕으로 한다.

무조건적 제안 설계하기

고객과의 견고한 관계를 형성하기 위한 가장 좋은 방법은 잠재고객의 입장에서 위험성 없는 제안을 하는 것이다. 유익한 기사, 비디오 또는 팟캐스트와 같이 고객 연락처 정보나 구매를 요구하지 않고 가치를 제공하는 것이 무조건적 제안(ungated offer)이다. 하지만 이것도 역시 잠재고객의 시간과 가치를 교환한다는 측면에서 다른 제안들과 다름없다. 많은 사람에게 시간은 다른 어떤 자원보다도 귀중하다.

여러분이 고객에게 제공하는 가치는 일반적으로 블로그 게시물, 소셜 미디어 업데이트 또는 비디오와 같은 콘텐츠를 사용하는 잠재고객이 이용할 수 있도록 만들어진다. 성공적인 디지털 마케팅 담당자는 다음 가치 중 하나를 제공하여 무료로 이용할 수 있는 콘텐츠를 제공한다.

» **엔터테인먼트** : 사람들은 즐겁게 놀기 위해 많은 돈을 지불하고 사람을 웃게 만드는 콘텐츠는 여러 사람에게 기억될 가능성이 많다. 그것이 광고가 여러분을 웃게 만들려고 하는 이유다. 모든 소음을 차단하고 고객들이 여러분의 제품이나 서비스를 기억하도록 하기 위한 시간은 30~60초뿐이다. 푸푸리의 유튜브 동영상 광고 및 프리스키와 버즈피드의 "Dear Kitten" 캠페인은 메시지를 전달하기 위해 재미있는 콘텐츠를 제공하는 마케팅의 대표적인 사례다.

» **영감** : 사람들은 그들이 무엇인가를 느끼게 하는 콘텐츠에 의해 마음이 움직인다. 스포츠 및 피트니스 업계는 나이키의 "Just do it"과 같은 태그 라인을 사용하거나 Fitbit를 사용하여 일반인들이(유명 인사 및 프로 운동선수와는 대조적으로) 매일 그들의 목표를 달성하는 것을 보여주는 Fitbit 캠페인을 통해 이러한 감정을 자극한다. 체중 감량을 위한 사업은 또한 성공적인 고객 평가 및 '이전' 및 '이후' 이미지를 사용하여 영감을 주는 콘텐츠를 사용할 수 있다.

» **교육** : 사용법에 대한 비디오를 시청하기 위해 유튜브를 이용해본 적이 있는가? DIY 프로젝트부터 자동차 엔진을 재구성하는 방법에 이르기까지 온라인 교육 콘텐츠를 쉽게 찾을 수 있다. 사람들은 지식을 원하고 지식을 제공하면 신뢰를 구축하는 데 도움이 된다. 블로그, 사이트, 유튜브 채널 및 사업은 사람들을 교육하는 것을 기반으로 하고 있다. 위키피디아가 한 달에 약 160억 페이지 뷰를 얻을 수 있는 이유도 바로 이 때문이다.

처음 2가지 가치 제안(오락과 영감)은 실행하기가 어려울 수 있다. 그러나 세 번째는 모든 회사들이 잘 알고 있는 부분이다. 제4, 5장에서 생산될 수 있는 서로 다른 유형의 '무조건적 제안' 콘텐츠의 형태와 기능에 대해 자세히 설명한다.

브랜드들은 사상 최고치의 콘텐츠를 생산하고 있다. 블로그, 유튜브 채널 및 소셜 미디어 사이트에서 매일 콘텐츠가 생성되고 있다. 즉, 무조건적인 콘텐츠에 대한 수요는 여전히 많다. 이 콘텐츠가 무료이기 때문에 시간과 에너지를 쓸 가치가 없다고 생각하는 실수를 저지르지 말라. 이러한 종류의 제안은 대부분 잠재고객이 여러분의 회사와 처음으로 하는 거래이며, 여러분은 이를 성공적으로 만들어야 한다.

조건적 제안 설계하기

잠재고객의 단계에서 리드로 전환시키기 위해, 여러분은 잠재고객이 가치를 얻기 위해 그들의 연락처 정보를 제공하도록 하는 유형의 제안이 필요하다. 조건적 제안은 특정 시장에 대한 특정 문제를 해결하도록 도움으로써 그들에게 가치를 제공하고 대가로 잠재고객의 연락처 정보를 교환한다. 이러한 연락처 정보는 일반적으로 이메일 주소다. 이 장 앞부분의 데이트 관계에 대해 설명했던 부분으로 돌아가 보자면, 제시한 제안은 첫 번째 데이트와 같다. 연락처 제공을 요청하는 유형의 제안은 백서, 사례 연구 또는 웨비나의 형태를 만들 수 있다. 예를 들어 그림 3-1은 고객이 그들의 연락처를 제공하도록 오픈마켓이 유용한 정보 형태인 백서를 제공하는 방법을 보여준다.

고객에게 연락처 정보를 요청하는 유형의 제안은 고객에게 제공하는 가치와 연락처를 교환하는 것이다. 이는 어떤 돈으로도 대신할 수 없다. 대신 여러분은 새로운 리드에게 미래에 그들과 접촉할 수 있는 권리와 가치를 교환한다. 이러한 조건적 제안은 무료이기 때문에 이러한 유형의 제안 시 제공되는 제품이나 서비스가 고품질일 필요가 없다는 것이 디지털 마케팅 담당자들의 일반적인 생각이다. 하지만 이는 잘못된 생각이다. 무료는 낮은 품질을 의미하지 않는다. 누군가가 그의 연락처 정보를 제공하고 그들에게 연락을 취할 수 있는 권한을 주었을 때는 여러분에게 가치를 부여한 것이며 거래가 이루어진 것이다. 이 리드는 그의 시간과 관심의 일부를 여러분에게 쏟았다. 평생 고객을 만들기 위해 필요한 관계를 구축하기를 원한다면 그 가치를 되찾을 필요가 있다. 조건적 제안의 최종 목표는 리드를 확보하여 시간이 지남에 따라 그들을 고객으로 전환하는 것이다.

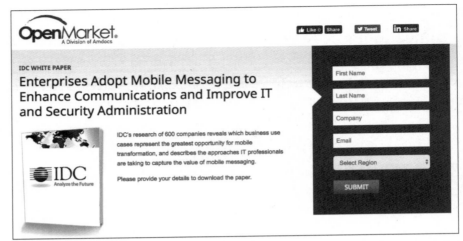

출처 : http://www.openmarket.com/download/idc-mobile-security/

조건적 제안의 정의를 살펴보라("특정 시장에 대한 특정 문제를 해결하도록 도움으로써 그들에게 가치를 제공하고 그 대가로 잠재고객의 연락처 정보를 교환하는 것") – '특정' 부분에 특히 주의하라. 잠재고객과의 관련성이 높은 유형의 제안을 제공하기 위해서는 특이성이 성공의 핵심이다. '뉴스 레터 구독'이란 제목의 양식은 특정 문제를 해결하지 못하기 때문에 높은 전환율을 얻을 수 있는 제안이 아니다. 이 장의 다음 절에서는 고객 연락처를 요청하는 유형의 제안을 만드는 방법에 대해 논의한다. 특히, 문제 해결 측면에서 잠재고객에게 더 관련성 있게 만들어 리드를 전환하기 위한 방법에 대해 설명한다.

무엇이 문제인지에 대해 중점을 두기

앞에서는 고객에게 특화되어 있고 관련성이 높은 조건적 제안은 고객들이 옵트인을 하는 데 효과적이라는 것을 설명했다. 그러나 무엇이 그러한 제안을 구체적이고 관련성 있게 만드는 걸까? 전환율이 높은 조건적 제안은 다음과 같은 다섯 가지 형태 중 하나 또는 두 가지가 조합되어 제공된다.

>> 약속
>> 예제
>> 지름길

> » 해결책
>
> » 할인

이 다섯 가지 항목 중 적어도 하나를 포함하면 전환율에 도움이 된다. 다음 절에서는 위의 각 항목을 살펴본다.

구체적인 약속 만들기

약속을 하는 것은 조건적 제안을 통해 획득한 리드의 수를 증가시키기 위해 여러분이 할 수 있는 가장 간단한 방법 중 하나다. 여러분이 제공하는 제안을 살펴보고 제안의 이점을 보다 분명하게 나타낼 수 있는 방법에 대해 생각해보라. 잠재고객의 특정 최종 결과에 대해 어떻게 이야기할 수 있는지 생각해보라.

명확한 약속을 세운 다음, 그 내용이 조건적 제안의 제목에 포함되어 있는지 확인하라. 너무 일반적이고 전문적인 제목은 여러분이 제안한 제안의 전환율을 낮춘다. 많은 마케팅 담당자는 여러분의 타깃 고객이 이해하기 힘든 전문 용어나 업계 특수 용어가 들어간 제목을 사용하는 실수를 하게 된다. 제안 제목에서는 여러분의 제품에

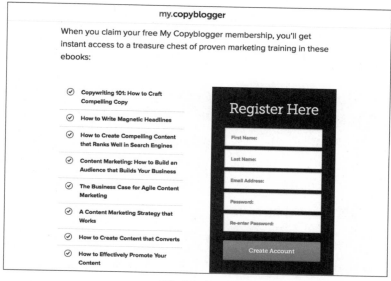

그림 3-2
카피블로거의 제안은 고객들이 연락처 정보를 입력함으로써 획득할 것으로 예상되는 내용을 명확히 제시하고 있다.

출처 : http://my.copyblogger.com/free-membership/

대해 더 적게 얘기하고 타깃 고객에 대해서는 좀 더 자세히 이야기하라. 제안의 제목에 대상 고객에게 제공하는 혜택을 구체적으로 전달한다. 비즈니스 테이블 주변에 있는 대화가 아니라 고객의 마음속에 있는 대화에 대해 이야기하라. 여러분의 타깃 고객의 우려, 두려움, 욕망은 무엇인지 스스로에게 물어보라. 고객이 원하는 최종 결과를 생각한 다음 이를 제목에 넣어라. 그림 3-2는 시장이 원하는 구체적인 약속을 제안하는 것을 보여주고 있다.

특정 예제 제공

우리의 경험에 따르면, 여러분의 제안에 구체적인 예시를 제공하는 가장 좋은 방법은 사례 연구의 형태로 전달하는 것이다. 여러분의 제품과 서비스로 문제를 해결한 고객이나 리드의 사례를 가지고 있다면, 그러한 사례를 제안에 넣어 사용하는 것이 효과적이다.

예를 들어, 여러분의 회사가 대학에 감시 카메라를 판매하는 경우, '대학 캠퍼스 범죄의 73퍼센트 감소'라는 제목으로 성공 사례를 만들 수 있다. 이를 통해 대학이 캠퍼스에서 발생하는 범죄를 줄이기 위해 감시 카메라 기술을 어떻게 사용했는지에 대해 자세히 소개하라. 이 광고 제목은 명확하게 그 혜택을 명시하고 있으며, 회사의 제안에 고객과 관련된 특수성을 추가하여 사용한 사례다.

특정 목적에 부합하는 지름길을 제공하기

사람들의 시간을 절약할 수 있는 제안은 그들의 관심을 끌고 고객으로의 원활한 변환을 촉진한다. 예를 들어, 하루 동안 사람들이 먹을 수 있는 건강에 좋은 간식 목록을 제공하는 유형의 제안은 영양가가 더 좋은 음식을 먹고자 하는 사람들에게 유용하다.

특정 질문에 답변하기

고객에게 구체적인 제안을 하기 위한 네 번째 방법은 특정 질문을 제기하고 답변하는 것이다. 질문에 대한 대답이 가치가 있는 경우, 잠재고객은 특정 질문에 대한 답변을 얻는 것을 선택하고, 여러분이 질문에 답한 후에 약속을 이행하게 되면 여러분은 그 분야의 권위가 만들어진다. 이를 통해 결국 신뢰를 쌓고 기업은 잠재고객을 고객으로 전환할 수 있다.

특정 할인 제공하기

가격 할인은 판매를 촉진하는 좋은 방법일 수 있으며, 많은 기업은 구매 열풍을 일으키기 위해 가격을 할인하는 쿠폰을 제공한다. 그러나 할인을 제공하는 대신 잠재고객에게 할인 혜택을 받도록 요청하는 것을 고려해보자. 예를 들어, 다음과 같이 "우리의 할인 클럽에 가입하고, 10퍼센트 할인쿠폰을 받으세요."라고 고객에게 제안을 할 수 있다. 이 방법은 잠재고객이 얼마나 할인받을 수 있는지 구체적으로 알려주기 때문에 효과적이다.

교육용 콘텐츠로 리드 끌어들이기

이 절에서는 조건적 제안에서 사용할 수 있는 다섯 가지 형식에 대해 설명한다. 이러한 유형의 제안은 여러분의 브랜드와 관련된 특정 주제에 대해 리드를 교육함으로써 가치를 제공하고 여러분이 제공하는 솔루션, 제품 또는 서비스의 기능을 강조하라.

연락처 정보 제공 요청 제안은 톨스토이 소설만큼 길 필요는 없다. 초특급 제공을 제외하고는 쉽게 글을 소비할 수 있을 정도의 간단한 유형이어야만 한다. 이러한 제안은 14일 코스나 300페이지 분량의 책으로 사용해서는 안 된다. 가능한 한 빨리 리드에게 가치를 제공해야 하기 때문에 고객이 그러한 제안을 빠르게 소비하는 것이 중요하다. 제공하는 제안이 빨리 소비되면 될수록 리드는 더 빨리 고객이 된다. 대부분의 제안은 디지털 방식으로 전송될 수 있기 때문에 즉각적으로 전달될 수 있다. 즉, 리드가 여러분이 제공하는 제안의 가치를 신속하게 받을 수 있게 된다. 잠재고객은 여러분에게 본인의 연락처를 제공한 후 그에 대한 대가로 여러분이 제공한 제안으로부터 가치를 얻게 된다. 신속하게 가치를 제공함으로써 리드와 긍정적 관계를 구축할 뿐만 아니라 고객 여정에서 그들이 다음 단계로 신속하게 움직일 수 있도록 도와준다(고객 여정에 대한 더 자세한 정보는 제1장 참조).

무료 보고서

보고서(가이드라고도 함)는 가장 일반적인 조건적 제안 유형 중 하나이며, 일반적으로 대부분 텍스트와 이미지다. 보고서는 일반적으로 업계 및 타깃 시장과 관련된 사실, 뉴스 및 성공 사례를 제공한다. 보고서를 사용할 경우 주의할 사항이 있다. 보고서가 길고 복잡할 경우, 고객들이 그것을 소비하는 데 더 많은 시간이 걸리게 되며, 이는 보고서를 통해 가치를 전달하는 데 시간이 오래 걸린다는 것을 의미한다. 따라서 보고서를 가능한 간결하고 구체적으로 유지하여 가치를 신속하게 제공하고 리드가 고객과 긍정적인 관계를 만들거나 강화할 수 있도록 하라.

백서

보고서와 마찬가지로 백서는 복잡한 문제에 대해 독자가 이해하기 쉽도록 간략하게 알려주고, 문제를 해결하며 결정을 내리는 데 도움이 되는 신뢰할 수 있는 가이드다. 백서는 잠재고객을 교육하는 데 도움이 되며 비즈니스 제품이나 서비스를 홍보하는 데도 도움이 된다. 백서는 종종 B2B에서의 리드를 생성하는 데 매우 효과적일 수 있다.

기초 연구

기초 연구는 여러분 또는 비즈니스를 위해 여러분이 자료를 수집하는 조사로, 인터뷰와 관찰을 포함할 수 있다. 여러분이 새로운 연구를 진행하고, 이를 서비스로 제공하면 다른 사람들은 그들이 직접 기초 조사를 할 필요가 없다. 이것이 바로 사람들이 여러분이 제공하는 제안을 선택하는 이유다.

웨비나 교육

여러분이 특정 분야의 전문가이거나 전문가인 파트너와 협력할 수 있는 경우, 브랜드와 타깃 고객 모두에게 관련된 주제를 가르치거나 보여주는 웨비나를 통해 온라인 교육을 진행할 수 있다. 여러분은 잠재고객이 웨비나 등록 신청서를 작성하도록 요구할 수도 있다. 이를 통해 잠재고객의 연락처 정보를 수집할 수 있으며, 웨비나 후에도 그들과 연락할 수 있다.

판매 자료(영업 자료)

어떤 경우에는 제품 또는 서비스에 대한 가격과 설명이 여러분의 시장에 가장 바람직한 정보가 될 수 있다. 이 정보는 제품 또는 서비스를 구매하려는 사람들이 정보에 입각한 의사결정을 내리도록 도움을 준다. 판매 자료를 텍스트와 이미지, 또는 비디오와 같은 콘텐츠 예제로 제공하면 다른 형태보다 더 긴 경향이 있다. 그러나 일반적으로 구매가 이루어지기 전에 더 많은 정보가 필요하기 때문에, 특히 고가 상품일 경우에는 길이가 길 필요가 있다. 이러한 정보를 선택하는 사람들은 리드가 될 가능성이 높다는 것을 의미한다. 이러한 리드는 제품 또는 서비스 구매에 관심이 있기 때문에 제품이나 서비스에 대한 더 많은 정보를 적극적으로 찾는다(그렇지 않은 고객은 아직 구매할 마음이 없거나 여러분의 회사가 제공하는 것에 대해 확신이 없거나 다른 것을 찾고 있을 것이다).

이케아는 판매 자료를 제공하는 대가로 고객 정보를 요청하는 조건적 제안의 좋은 사례다. 스칸디나비아 체인점들은 카탈로그를 제공하는 대가로 고객들의 연락처 정

그림 3-3
이케아의 판매 카탈로그는 판매 자료를 제공한 좋은 사례다.

출처 : https://info.ikea-usa.com/signup

보를 수집한다. 그림 3-3은 이케아의 판매 자료 제공 사례를 보여주고 있으며, 디지털 방식으로 카탈로그를 전달하기 때문에 새로운 리드에게 가치 전달을 빠르게 할 수 있다.

도구를 이용하여 리드 생성하기

도구는 이전 절에서 설명한 교육용 제공물보다 훨씬 빨리 가치를 제공하게 만든다. 백서, 보고서 및 사례 연구 제공물은 사람들이 가치를 얻기 위해 시간을 투자하도록 요구하는 반면 툴은 즉각적으로 유용한 도구다.

유인물 또는 치트 시트

무료 보고서와 유사할지라도 유인물과 치트 시트(cheat sheet)는 잠재고객에게 다른 가치를 제공한다. 유인물이나 치트 시트는 일반적으로 짧고(1페이지 정도) 정보를 쉽게 이해할 수 있도록 바로 핵심을 제공한다. 여러분은 유인물과 체크리스트, 마인드맵 또는 '청사진'과 같은 치트 시트를 제공할 수 있다. 그림 3-4는 유인물 제공 사례를 보여준다.

자원 목록

여러분이 전문가라고 생각하는 분야를 배우는 사람들이 있다면, 그들은 여러분이 어떤 툴을 사용하고 있는지를 알고 싶어 할 것이다. 이러한 유형의 제안은 새로운 리드

그림 3-4
유인물은 고객에게 유용한 콘텐츠를 제공함으로써 고객 정보를 획득할 수 있는 대표적인 사례다.

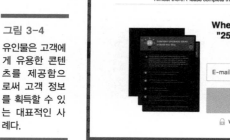

출처 : https://www.leadpages.net/blog/blogging-
for-businessesshould-you-blog/

또는 잠재고객이 사용할 수 있는 도구 또는 자원(앱, 실제 제품, 하드웨어 또는 기타 항목) 목록을 제공한다. 툴킷 또는 자원은 리드가 더 많은 정보를 계속 검색할 필요가 없도록 그 목록들을 집계한다.

템플릿

템플릿은 더 나은 결과를 제공하고 엄청난 제안을 할 수 있는 검증된 완벽한 사례다. 템플릿에는 성공을 위한 입증된 패턴이 포함되어 있으며 이를 사용하는 사람의 작업량을 덜어준다. 비즈니스 비용을 계산하기 위한 사전 구성된 스프레드시트 형태 또는 고객의 집을 디자인하기 위한 레이아웃과 같은 것이다. 템플릿은 잠재고객이 그 것을 즉시 사용할 수 있기 때문에 효과적이다.

소프트웨어

소프트웨어도 조건적 제안을 위한 효과적인 방법일 수 있다. 예를 들어, 여러분이 개발한 소프트웨어 무료 평가판에 대한 사용(14일 동안)을 대가로 이메일 주소를 획득할 수 있다. 소프트웨어 회사는 종종 자신의 소프트웨어에 대한 무료 평가판을 제공한다. 소프트웨어 사용을 대가로 정보를 요청하는 방식은 위험 없이 제품을 구매하고자 하는 리드를 확보하고, 이 방법은 회사가 그 리드에게 지속적으로 접근할 수 있는 방법이다.

할인 및 쿠폰 클럽

할인 및 쿠폰 클럽은 예외적인 저축 및 판매에 대한 빠른 접근을 제공한다. 이것은 고객의 연락처 정보를 수집하기 위한 효과적인 방법이며, 회원들에게 제공되는 특별 혜택 및 보상을 상기시킴으로써 지속적으로 여러분이 고객과 대화할 수 있는 효과적인 유형이다.

퀴즈 및 설문 조사

퀴즈와 설문 조사는 사람들이 재미있어 하고 참여할 수 있으며, 새로운 리드를 창출할 수 있는 좋은 방법이다. 예를 들어, 미용 회사는 "여러분의 피부 타입은 무엇입니까" 퀴즈를 진행할 수 있다. 이러한 유형의 콘텐츠는 퀴즈 또는 설문 조사의 결과를 알고 싶어 하기 때문에 여러분의 회원에게 흥미로운 요소다. 퀴즈 또는 설문 조사의 결과를 얻기 위해서 잠재고객은 먼저 이메일 주소를 입력해야 한다. 퀴즈 또는 설문 조사 결과가 시장에 가치를 제공한다면, 퀴즈 및 설문조사 방법은 효과적일 수 있다.

평가

특정 주제에 대한 잠재고객을 평가하거나 테스트하는 유형의 제안을 실행할 수 있다. 평가 후에는 잠재고객에게 그들을 향상시킬 수 있는 행동에 대한 점수 및 정보를 제공한다. 이는 여러분이 제공하는 도구 또는 서비스에 대한 정보일 가능성이 크다. 예를 들어, 그 평가는 블로그 게시물 평가를 위한 기준으로 사용될 수 있다. 그림 3-5의 수년간 마케팅 소프트웨어를 판매하는 회사 허브스팟은 이러한 평가 제안을 통해 리드를 확보해온 방법을 보여준다. 리드는 허브스팟의 평가를 사용하여 마케팅 스킬을 평가하고 더 향상시킬 수 있다.

조건적 제안 체크리스트 작성하기

우리는 많은 다른 틈새시장에서 고객정보를 요청하는 유형의 제안들을 테스트했으며 보다 좀 더 효과적인 제안을 함으로써 전반적으로 성공 수준을 향상시킬 수 있는

그림 3-5
허브스팟은 '웹사이트 등급' 평가를 제공함으로써 리드를 확보한다.

출처 : https://website.grader.com/

요소에 대한 8가지 체크리스트를 개발했다. 체크리스트의 모든 요소를 점검할 필요는 없지만, 여러분이 제공하는 제안이 이러한 기준을 거의 충족시키지 못한다면, 그 원인이 있을 것이다.

다음 절에서 8가지 체크리스트 요인에 대해 살펴보자.

포인트 1 : 구체적인가?

여러분이 고객에게 제공하고자 하는 제안이 구체적일수록 그 약속을 이행한 후에 더 나은 결과를 얻을 수 있다. 여러분이 약속을 지킴으로써 고객에게 가치를 제공하는 것이다. 물론, 여러분의 약속이 여러분이 접근하고자 하는 시장에서 중요한 것이라는 가정하에 가능하다. 여러분의 제안이 모호하지 않으면 그것이 특정 시장에 특정 해결책을 제공하는지 확인하라.

포인트 2 : 너무 많은 것을 제공하고 있지는 않은가?

믿거나 말거나 여러분이 고객에게 제공하는 제안은 제공하는 수보다 '하나의 큰 것'으로 전달할 때 더 효과적일 것이다. 우리는 멀티태스킹 환경에 살고 있으므로, 여러분이 제공하는 제안이 하나의 주제 또는 특정 주제에 초점을 맞추고 있는지 확실히 하길 바란다. 너무 많은 경로 또는 제안을 실행하면, 여러분의 리드는 산만해지고 그로 인하여 여러분이 제공하는 제안을 선택하지 않을 수도 있다. 가능하다면, 여러 문제에 대한 다양한 해결책을 제시하기보다는 단 하나의 문제에 대한 하나의 해결책을 제시하라.

포인트 3 : 고객들이 얻을 수 있는 최종 결과에 대한 정보를 제공하는가?

고객들은 해결책을 찾고 있다. 여러분의 고객이 정말로 원하는 것은 무엇인가? 그 해결책을 제공하기 위한 제안을 설계하고 있다면, 여러분의 잠재고객은 기꺼이 자신의 연락처 정보(및 관심)를 줄 것이다.

포인트 4 : 고객에게 즉각적인 만족감을 전달하는가?

여러분의 시장은 해결책을 원하며 그것을 당장 원한다. 여러분의 제안을 통해 가치를 소비하고 얻는 데 얼마나 오래 걸리는지 시간을 계산하고 그것을 잠재고객에게 알려줘라. 그래야만 그들이 가치를 획득하는 데 어느 정도 시간이 걸리는지 예측할 수 있다. 만약 며칠 또는 몇 주가 걸리는 경우, 여러분의 제안은 즉각적인 만족감을 전달하지 못한다.

포인트 5 : 관계를 변화시키는가?

여러분이 제공하는 제안은 정보 전달 이상의 역할을 한다. 제안은 실제로 여러분의 잠재고객의 상태와 마음가짐을 변화시켜 그들이 여러분의 회사와 사업에 참여하도록 준비하고 있다. 리드는 여러분이 제공한 제안을 획득한 후에 실질적으로 가치를 획득함으로써 그들이 여러분을 얼마나 신뢰하고 왜 제품을 구매해야 하는지를 결정한다. 예를 들어, 만약 여러분이 원예 도구 및 소모품을 판매하는 경우, '성공적인 컨테이너 가든을 만드는 데 필요한 15가지 도구'라는 체크리스트는 잠재고객에게 필요한 도구를 알려주는 동시에 그들이 제품을 구입할 수 있는 쪽으로 이동시킨다.

포인트 6 : 고객들이 인지할 때 높은 가치를 제공하고 있는가?

여러분이 제공하는 조건적 제안이 무료라고 해서 그것의 디자인이 엉성하게 보여도 된다는 것을 의미하지는 않는다. 전문적인 그래픽과 이미지를 사용하여 훌륭한 디자인을 만들라.

포인트 7 : 실질적으로 높은 가치를 제공하고 있는가?

적시에 적절한 정보 제공은 무엇과도 비교할 수 없을 만큼 중요하다. 이러한 중요한 제안은 매우 높은 전환율을 발생시킬 수 있다. 만약 여러분이 가치를 제공하겠다고 약속했다면, 이를 반드시 제공해야 한다. 이러한 제안은 상품을 제공하면서 약속을 지킬 때 높은 실제 가치를 지니고 있다.

포인트 8 : 고객들이 빨리 소비할 수 있는가?

여러분은 고객이 되기 위한 고객 여정에서 여러분이 제공한 제안이 걸림돌이 되는 것을 원하지 않는다. 고객은 제품을 구매하기 전에 여러분의 제안으로부터 가치를 제공받기를 원한다. 여러분은 조건적 제안을 통해 리드가 고객 여정의 다음 단계로 나아갈 수 있기를 바란다. 그렇기 때문에 그 제안은 즉각적으로 가치를 제공해야 한다. 즉, 가치를 제공하는 데 며칠 또는 몇 달이 걸리는 긴 전자책이나 강의는 피하라.

왜 우리는 여러분의 제안이 신속하고 쉽게 소모되어야 한다고 계속 주장할까? 여러분의 제안을 고객들이 소비한 후에, 여러분은 가능한 한 고객에게 그다음 제안을 하기를 원한다. 누군가가 여러분의 제안을 소비한 직후에 제안을 하는 것만큼 더 좋은 시간은 없다. 그러나 만약 여러분이 제공한 마지막 제안으로부터 아무런 가치를 느끼지 못했다면 여러분의 제품을 구매할 사람은 거의 없을 것이다. 그러므로 여러분의 제안이 신속하게 가치를 제공하고 있는지 확인하라. 가치를 제공하고 있다면, 다음 절에서 논의하고자 하는 고객이 제품을 구매하게 하기 위한 방법을 살펴보자.

파격 할인 제안을 설계하기

리드를 얻는 것은 앞에서 논의한 제안의 목표다. 하지만 어떻게 구매자를 확보할 것인가? 온라인 성공의 열쇠는 새로운 리드와 고객에게 여러분이 제공하는 제안의 순서라는 것을 기억하라. 구매자를 확보하는 가장 좋은 방법은 거부하기 어려운 파격 할인 혜택을 제공하는 것이다. 파격 할인 제안은 고객들이 저항하기 힘든 제안이며, 리드 및 잠재고객을 구매자로 변환시키기 위한 간단한 방법이다.

파격 할인 제안의 목표는 수익이 아니다. 실제로, 파격 할인을 제공하면 회사는 손실을 감수해야만 할 것이다. 따라서 파격 할인 제공은 비상식적으로 보일 수 있지만 이러한 유형의 제안 목표는 구매자를 확보하는 것이다. 파격 할인 제공은 관계를 변화시킨다. 그것은 잠재고객을 고객으로 전환시키며, 그것이 바로 목표다. 잠재고객이 여러분의 회사로부터 성공적인 구매를 했다면 재구매 가능성이 크다. 파격 할인 행사는 여러분이 잠재고객을 반복 구매자로 만들고, 심지어는 열광적인 팬으로 전환하고자 하는 목표를 달성할 수 있도록 도와준다.

다음 절에서는 6가지 유형의 파격 할인 제안에 대해 논의한다.

물리적 프리미엄 사용하기

이름에서 알 수 있듯이, 물리적인 프리미엄은 물리적인 상품을 의미한다. 여러분의 고객이 바라는 무엇인가를 제공하고, 그것을 파격적으로 할인하라. DIY 및 홈인테리

출처 : https://nationalcraftssociety.org/products/1sc/best-diy-beaded-bracelet-kit/

그림 3-6
'무료 배송' 제
안은 전형적인
파격 할인 제안
유형 중 하나다.

어 분야 기업인 DIY Ready는 무료로 19달러짜리 팔찌 키트를 제공한다. 새로운 고객은 팔찌 키트의 배송 및 취급 비용을 지불하기 위해 신용카드 정보만 입력하면 된다. 이것은 DIY 수요자들이 매우 바람직하다고 생각하는 물리적인 제품이다. 그림 3-6은 DIY Ready가 제공하는 물리적 프리미엄 제공 방식이 무엇인지 보여준다.

책을 활용하기

종이책은 훌륭한 파격 할인 제안 중 하나다. 책은 고객이 많은 가치를 제공한다고 인지하며 실제로 가치가 매우 높다. 만약 여러분이 권위와 신뢰를 확립해야 한다면, 좀 더 복잡하거나 높은 가격의 제안을 하기 전에 책을 활용한 파격 할인 제공 방식을 사용해보라. 파격 할인된 가격으로 책을 제공하거나 무료 배송으로 도서를 제공하는 것을 고려하라. 비록 리드를 확보하기 위해서 종이책 또는 전자책이 효과적이지 않을지라도 잠재고객과 리드를 고객으로 전환하는 데 매우 효과적인 방법이다. 파격 할인 혜택의 목적은 리드가 잠재고객과의 관계를 바꾸고 그들을 고객으로 전환시키는 것이다.

웨비나 활용

웨비나는 디지털 마케팅 담당자가 가장 다양하게 활용할 수 있는 방법 중 하나다. 여러분은 리드를 확보하기 위해서 무료 웨비나를 실행할 수 있으며 웨비나를 제품으로 제공할 수도 있다. 요금을 부과할 때, 특히 웨비나에 대해 요금을 부과하고자 한다면 여러분은 비용을 청구한 것 이상의 가치를 제공해야 한다.

웨비나를 파격 할인 제공 방법으로 활용하고자 한다면, 여러분은 웨비나라는 용어를 사용하고 싶지 않을 수도 있다. 사람들은 일반적으로 그 용어가 무료를 의미한다고 생각한다. 파격 할인 제공 웨비나 대신 텔레클래스, 온라인 교육 또는 부트 캠프라는 용어로 사용하고 이를 실시간 또는 사전녹음 방식으로 실행하는 것이 좋다.

소프트웨어 판매하기

소프트웨어 및 응용 프로그램 플러그인은 효과적인 파격 할인 제안 방법 중의 하나다. 소프트웨어는 사람들의 시간과 에너지를 절약하도록 도와주고 이러한 제품은 매우 인기 있는 필수품이기 때문이다. 여러분이 소프트웨어를 파격 할인 제안 방법으로 사용할 때, 파격 할인 가격은 '구매 열풍'을 일으킬 가능성이 많으며, 매우 성공적인 구매 캠페인이 될 것이다.

부분 서비스 제공하기

여러분의 비즈니스가 고가 제품 또는 서비스라면, 여러분은 그 제품을 작은 조각으로 나누고, 단품으로 판매할 수 있다. 이것의 핵심은 믿을 수 없을 정도로 저렴한 가격으로 온전한 서비스를 제공하는 것이다.

예를 들어, 이 방법을 사용한 피버는 전자상거래에서 5달러부터 시작하는 작업과 서비스를 제공하였다. 그림 3-7은 비즈니스 로고를 만드는 등의 피버 서비스 중 하나를 제시하고 있다. 이것은 파격 할인된 가격으로 매우 인기 있는 서비스의 일부를 제공함으로써 리드를 고객으로 전환하고 궁극적으로 더 많은 판매로 이끄는 데 도움이 된다는 것을 보여준 훌륭한 사례다. 그 사람은 여러분의 물건을 구매한 후에 재구매할 가능성이 높다.

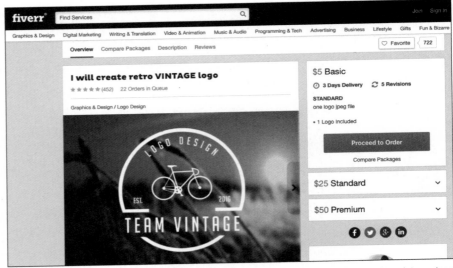

그림 3-7
피버를 통해 서
비스는 더 작은
하나의 프로젝트
로 나뉠 수 있다.

출처 : https://www.fiverr.com/gfx_expert2/create-retro-vintage-logo

당신은 서비스의 일부분만을 제공하면 되기 때문에 새로운 서비스를 만들 필요가 없다. 대신 당신이 제공하고 있는 현재 제품이나 서비스의 일부분만을 제공하면 된다.

여러분의 리드에게 제공하기 위한 '작은 승리'에 대해 고민하기

파격 할인 제안은 가격이 저렴하고 위험성이 낮고 고객들이 매우 원하는 점이기 때문에 리드가 여러분의 비즈니스 또는 제품에 대한 의심을 극복할 수 있도록 도와준다. 금전적 위험 부담이 적기 때문에 리드들은 기꺼이 기회를 잡고 고객이 될 수 있다. 그러나 마케터나 사업주는 리드가 그들 스스로에 대해 가지고 있는 의심이나 여러분이 제품이나 서비스를 그들에게 제공하면서 한 약속인 '구매 후' 상태에 도달하기 위한 본인들의 능력에 대한 의심을 극복하는 것이 더 어려울 수 있다. 이것이 파격 할인 제안이 고객을 '작은 승리'로 이끄는 이유다.

'작은 승리'는 여러분의 리드에 영감을 불어 넣고 그들이 제공하는 솔루션이나 목표가 무엇이든지 간에 리드가 성취할 수 있다는 확신을 줄 수 있다. 뿐만 아니라 여러분의 제품 또는 서비스는 그들이 목표를 달성할 수 있도록 도와줄 것이다. 작은 승리는 잠재고객에게 모든 것을 성취할 수 있다는 희망을 안겨준다. 작은 승리는 일반적으로 달성하기 쉽고 고객에게 가치를 제공하는 데 도움이 된다는 것을 명심하라.

예를 들어, 피트니스 업계에서 일주일치 해독주스를 파격 할인으로 제공할 수 있다. 잠재 구매자에게 제안을 설명할 때, 여러분은 이 해독주스를 먹는 것이 프로그램에서 가장 힘든 부분이라고 말한다. 시작하는 것 자체가 종종 가장 힘든 부분이기 때문이다. 만약 그들이 일주일간 해독과정을 끝내고 난다면 가장 힘든 부분은 그다음이라는 것을 알 것이다.

여러분의 제품 및 서비스를 최고의 파격 할인 가격으로 제공할 것인지 여부를 결정할 때, 이 제품이나 서비스가 고객에게 어떤 작은 승리를 제공할 수 있을지 자문해보라. 어떻게 그것이 그들에게 희망을 줄 것인지, 그것이 자기 회의를 극복할 수 있도록 어떻게 도움이 될 수 있을지를 생각해보라. 여러분 고객들의 성공 사례는 고객의 증언으로 고객을 만족시킬 뿐만 아니라 개인적으로도 성공한 결과가 여러분의 제안을 더욱 영향력 있게 만들어주고 여러분이 새로 확보한 고객과의 긍정적인 관계를 구축할 수 있도록 도와줄 것이다.

파격 할인 제안 체크리스트 작성하기

앞에서는 파격 할인 제안이 취할 수 있는 다양한 형태와 작은 승리의 중요성에 대해 논의했다. 다음 절에서는 제시되는 5가지 파격 할인 제안 체크리스트를 살펴보고 리드와 잠재고객을 구매자로 전환시킬 수 있을지 확인해보자.

포인트 1 : 진입 장벽을 낮추는가?

우선, 여러분의 파격 할인 제안은 위험이 낮아야 한다. 이 제안은 비싸지 않고, 시간이 많이 걸리지 않으며, 쉽게 이해할 수 있어야 한다. 이 단계에서 가장 좋은 제안은 종종 슈퍼마켓에서 줄 서서 기다리는 동안 껌을 집어 드는 것과 같은 충동구매와 같아야 한다. 제안 가격은 여러분의 시장에 따라 다르다. 리드가 파격 할인 제안을 받아드릴 금전적 여유가 있는지 고려하기 위해 멈추지 않도록 해야 한다. 가격은 그 장벽을 제거해야 한다. 다시 말하지만, 이 제안의 목적은 이익이 아니다. 좋은 방법은 20달러나 그 이하로 제안을 하는 것이다.

포인트 2 : 가치가 명확한가?

파격 할인 제안은 이해하기 쉬워야 한다. 여러분은 신속하게 가치에 대해 설명하길 원하고 리드의 구매를 유도할 수 있기 원한다. 따라서 파격 할인 제안은 복잡하지 않아야 한다. 복잡한 제안은 충동구매를 일으킬 수 없다.

포인트 3 : 유용하지만 불완전한가?

여기에서 핵심은 유용한가이다. 여러분의 파격 할인 제안은 유인판매(값싼 상품을 광고해서 소비자를 끌어들인 뒤 비싼 상품을 사게 하는 상술)가 아니어야만 한다. 만약 파격 할인 제안이 약속대로 이루어지지 않으면 해당 고객과의 관계를 망칠 것이다. 그리고 저렴한 할인 혜택으로 빠른 판매를 얻었지만 평생 잠재고객을 잃을 수도 있다. 이 제안은 그 자체로 유용해야 하며, 그것만으로는 충분하지 않다.

포인트 4 : 인지된 가치가 높은가?

그 전에 제안된 것들과 마찬가지로 파격 할인을 제공하기 위해 좋은 디자인을 사용하라. 여러분은 새로운 고객들이 바가지 썼다고 느끼지 않길 바란다. 대신에 고객들이 파격 할인 제안을 도둑질한 것처럼 느끼길 원한다.

사람들은 제품과 서비스를 온라인으로 구매하지 않고 제품과 서비스에 대한 사진과 설명을 온라인으로 구매한다. 온라인 판매를 원한다면 제공하는 제품 및 서비스의 가치를 전달하기 위해서 디자인 및 카피라이팅을 활용하는 것이 좋다.

포인트 5 : 실제 가치가 높은가?

파격 할인 제안이 고객에게 한 약속을 잘 지키고, 가치를 제공하는지 확인하라. 이것은 신규 고객과의 신뢰를 구축하고 재구매 시 그들의 긍정적인 과거의 경험을 상기시킬 것이다.

파격 할인 제안 발견하기

고객을 확보하기 위해 사용하는 제안은 좀 더 고가 또는 보다 복잡한 제품이나 서비스의 핵심 제안에 존재할 가능성이 크다. 핵심 제안은 주로 주력 제품 또는 서비스이다. 핵심 제안을 살펴보고 그것이 어떻게 나뉠 수 있는지 확인해보라. 핵심 제품이나 서비스의 일부분으로 가치를 전달할 수 있는가?

다음은 파격 할인 제안을 발견하는 데 도움이 되는 몇 가지 질문들이다.

» **고객이 원하는 멋진 도구이지만 꼭 필요한 것은 아닌 것은?** 여러분의 충동 구매 품목은 무엇인가?

» **모든 사람이 필요로 하지만 필수적이지 않은 것은?** 이것은 사람들이 필요 하다고 알고 있지만 흥미롭지는 않은 제품이나 서비스일 수 있다. 제품이 '섹시하지' 않을 수도 있지만, 사람들이 참여하는 과정에서 매우 중요할 수 도 있다. 예를 들어, 누군가가 촛불을 만드는 취미가 있다면, 심지는 색이 있는 왁스나 냄새가 좋은 오일만큼 재미있거나 흥미롭지 않을 수 있다. 하 지만 그것은 필수 성분이다.

» **신속하고 저렴하게 수행할 수 있는 가치 있는 서비스는 무엇인가? 그리고 그 서비스는 발전과 성공을 향한 첫걸음이 될 수 있는가?** 이 아이디어는 누군가에게 무료 견적이나 평가를 제공하는 것 이상의 의미가 있다. 그것 은 고객에게 그들의 삶에 얼마나 긍정적인 영향을 줄 수 있는지 알 수 있 게 한다. 예를 들어, 지붕 수리인은 지붕 수로 청소에 대해 파격 할인 혜택 을 제공할 수 있다. 작업을 완료한 후 지붕 수리인은 지붕이나 지붕 수로 를 향상시키기 위해 필요한 것들에 대해 얘기할 수 있다. 이것은 가치를 먼 저 제공하고 발을 들여 놓는 할인 혜택이다.

» **여러분의 파격 할인 제안은 어떤 작은 승리 또는 승리를 제공하는가?** 여러 분은 고객이 자기 의심을 극복하는 데 어떻게 도움을 줄 수 있는가?

이익 극대화하기

이 장에서 설명했듯이, 여러분은 새로운 고객 및 구매자를 확보하기 위해 무조건적 제안, 조건적 제안, 파격 할인 제안을 사용할 수 있다. 그렇다면 언제 실제로 이익을 창출할 수 있을까? 새로운 고객을 확보하는 비용은 종종 기업이 부담하는 비용 중 가장 비싸다. 구매자가 있는 경우, 구매자가 다시 구매하도록 요청하는 것이 좋다.

여러분은 많은 시간과 돈을 쏟은 고객을 재구매 고객으로 전환하고 싶을 것이다.

여러분이 확보한 리드와 고객에게 좀 더 많이 그리고 좀 더 자주 판매하고자 하는 목적의 마케팅 캠페인을 수익창출 캠페인이라 부른다. 이러한 캠페인은 다양한 유형의 제안을 제공한다. 다음 절에서는 수익창출 제안을 구현하고 향상시킬 수 있는 방법에 대해 설명한다.

대부분의 회사는 잠재고객과 새로운 리드를 겨냥한 수익창출 캠페인(제2장에서 논의한 고가 및 복잡한 제안하기)을 실행하고 있다. 잠재고객에게 무조건적 제안, 조건적 제안, 파격 할인 제안 없이 수익을 창출할 수 있다면 환상적이겠지만, 그렇게 하기 어렵다. 사람들에게 제공하는 제안의 순서는 잠재고객에게 너무 많은 것을 너무 빨리 요청하는 것을 피하기 위해 매우 중요하다.

고가 제품 판매 또는 교차 판매 제안하기

수익 창출 제안의 첫 번째 유형은 즉각적인 고가 제품 판매로, 여러분은 아마도 이 용어를 들어본 적이 없더라도 이미 익숙할 것이다. 즉각적인 고가 제품 판매의 예가 맥도날드에서 제공되는 "그것과 함께 프라이를 원하십니까?"라는 제안이다. 고가 제품 판매는 고객에게 이미 구입한 제품 이상의 것을 제안한다. 고가 제품 판매는 그들이 구매하는 제품을 통해 고객이 얻고자 하는 최종 방향과 같아야 한다. 맥도날드의 예와 같이 주문에 프라이를 추가하여 세트 메뉴를 구매하게 하는 것이다. 반면 교차 판매 제안은 첫 번째 구매와 관련된 제안을 한다. 예를 들어 의류 판매점은 방금 양복을 구입한 남성에게 드레스 슈즈를 제안할 수 있다.

아마존(성공적인 온라인 소매업체)은 고가 제품 판매 및 교차 판매 제안을 통해 사람들이 구매하는 품목의 수를 늘린다. 아마존의 '같이 구매한 품목'과 '이 품목을 구매한 고객들이 구입한 다른 제품들' 섹션은 장바구니 크기를 늘리고 판매를 도울 수 있는 즉각적인 고가 제품 판매 및 교차 판매 제안이 포함되어 있다. 예를 들어, 17.98달러짜리 책을 선택하면 아마존은 그림 3-8과 같이 다른 제품을 제안한다. 만약 이 모든 고가 제품 판매 제안을 수락하면, 구매 금액은 17.98달러에서 44.96달러로 증가한다.

그림 3-8에서 검색된 항목은 '해리 포터와 저주받은 아이'이며 아마존은 고가 제품

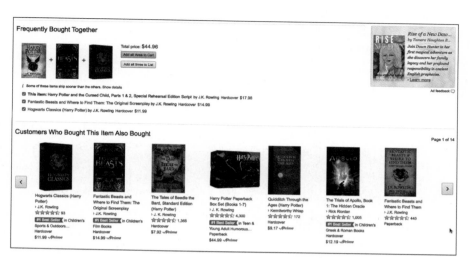

그림 3-8
아마존은 고가 제품 판매 및 교차 판매를 전문적으로 사용하여 고객의 장바구니 크기를 늘리고 판매를 증가시킨다.

출처 : https://www.amazon.com

판매와 장바구니의 품목은 늘리기 위해 관련 해리 포터 도서를 제안한다. 그러나 아마존은 교차 판매를 위해 해리포터 팬에게 어필할 수 있는 다른 판타지 서적을 제안한다.

교차 판매는 첫 구매와 관련이 없을 수 있기 때문에 고객이 원하지 않거나 그들에게 불쾌감을 줄 수 있다. 그래서 교차 판매는 주의를 기울여야 하며 고객을 성가시게 할 수도 있는 리스크가 있다. 애플에서 맥 컴퓨터를 구입하고 매장을 떠나기 전 아이폰 또는 아이패드를 구입할 것인지 질문을 받는다고 상상해보자. 즉, 교차 판매가 처음 구매를 보완했다면 고객은 제안을 환영할 것이며 여러분은 추가 수익을 얻게 될 것이다.

번들 및 키트 만들기

번들 및 키트는 여러분의 수익 창출 제안의 다른 형태다. 번들 또는 키트는 온전한 제품 중 하나를 가져 와서 여러분 또는 여러분의 비즈니스 파트너 중 하나가 판매하는 다른 품목과 결합하는 것이다. 예를 들어 만약 남성용 면도기를 판매하는 경우 면도기와 면도기 용품을 묶어서 브러시에서 애프터 셰이브까지 남성이 면도하는 데 필요한 모든 필수 품목을 결합하여 제공할 수 있다. 이 '필수 면도 키트'는 개별 면도기

보다 비용이 많이 들고 판매당 매출을 증가시킨다. 새로운 가치 제안을 하기 위해 결합할 수 있는 제품이나 서비스가 있는가?

느슨한 조절장치를 고정시키기

느슨한 조절장치는 수익에 많은 영향을 줄 수 있다. 느슨한 **조절장치**는 일반적인 제안보다 훨씬 높은 가격대로 제공하는 제품 또는 서비스이다. 가격은 일반적으로 평상시 제공하는 것보다 10~100배 높다. 이러한 제품이나 서비스가 여러분 고객의 극히 일부에만 매력적일지 몰라도, 이처럼 높은 가격대의 제품을 구매하는 사람들은 여러분의 수익에 많은 영향을 미친다.

예를 들어, 스타벅스는 차와 커피를 판매하지만 커피메이커도 판매한다. 커피메이커는 6달러짜리 커피보다 훨씬 비싸다. 대부분의 사람들은 보통의 음료에만 관심을 갖고 커피메이커는 무신경하지만 일부는 커피메이커를 구매한다. 제품이 핵심제품보다 훨씬 비싼 경우에는 약간의 조절장치만으로 충분히 매출에 영향을 미칠 수 있다.

반복적으로 청구하기

디지털 마케팅 분야에서 연속성 제안이라고도 하는 반복되는 대금 청구 제안은 고객에게 주기적으로 대금이 청구된다(대개 매월 또는 매년). 이것은 클럽 또는 멤버십의 다른 유형 또는 월간 체육관 멤버십과 같은 가입 형태일 수도 있다. 후자의 경우, 체육관은 멤버십 비용을 1년에 12번 청구한다. 또한 넷플릭스나 코스모폴리탄 잡지 구독 비용 청구 및 달러 쉐이브 클럽 및 버치박스와 같은 전자 상거래를 통한 콘텐츠 이용에 대한 비용은 반복 결제로 청구된다. 여러분의 제품 또는 서비스를 살펴보고 일단 판매를 하고 나서 반복적으로 결제되도록 하는 방법을 고려해보라.

반복 청구는 약속이기 때문에 어려운 판매일 수 있다. 이 문제를 극복하려면 반복적으로 청구하는 제안에 대한 장점을 명시하고 취소에 대한 정보를 명확하게 전달함으로써 인지된 위험을 낮춰야 한다. 예를 들어, 요리 배달 회사인 블루에이프런은 종종 언제든지 취소할 수 있다고 말한다. 이 장의 앞부분에서 설명한 데이트 방식에 비유해 보자면, 반복 청구서 제안은 결혼 제안을 하는 것과 유사하다. 고객은 일정 기간 동안 그들이 여러분에게 헌신할지 말지를 결정해야만 한다.

팬, 팔로어, 고객을 확보하는
콘텐츠 만들기

제2부 미리보기

Q 🖥 📶 ⚙

- 콘텐츠를 사용하여 인지도를 높이고, 리드를 창출하고, 잠재고객을 분류하고, 마케팅 깔때기를 통해 잠재고객을 이동시키고 궁극적으로 판매를 유도하라.

- 블로그 아이디어를 브레인스토밍하는 방법, 잠재고객의 관심을 끄는 헤드라인을 작성하는 방법 및 외부 블로그 작성자와 협력하기 위한 전략을 학습하라. 10단계에 따라 블로그를 체크하고 품질과 효과를 보증하기 위한 10가지 단계를 따르라.

- 블로그 게시물 아이디어 57개를 통해서 잠재고객에게 여러분을 알리고, 그들을 즐겁게 하고, 참여시키고 그들에게 여러분 브랜드의 개성과 인성을 보여주라. 잠재고객과 관계를 형성하는 고품질 블로그 게시물을 신속하게 제작할 수 있다.

콘텐츠 마케팅의 완성도 추구

콘텐츠는 검색, 소셜, 이메일 및 유료 트래픽 캠페인을 기반으로 하는 디지털 마케팅 캠페인의 핵심이다. 콘텐츠가 없으면 구글은 여러분의 웹 사이트에서 발견할 수 있는 것이 없고, 페이스북 팬은 공유할 것이 없으며, 뉴스 레터에는 뉴스가 없고, 유료 트래픽 캠페인은 일회성으로 끝나게 된다.

콘텐츠는 블로깅을 뛰어 넘는다. 콘텐츠에는 유튜브 동영상, 전자 상거래 사이트의 제품 및 가격 페이지, 소셜 미디어 업데이트 등이 포함된다. 각 콘텐츠는 리드에서 고객까지, 그리고 고객에서 참여하고 자주 구매하는 고객으로의 길로 인도하는 디딤돌 역할을 한다.

제2부는 콘텐츠를 활용하여 팬, 팔로어, 고객을 생성하는 것에 대해 다룬다. 이 장은

자주 오해하는 콘텐츠 마케팅의 이면에 대해 간략히 설명함으로써 콘텐츠 마케팅 탐색을 시작한다. 우리는 잠재고객이 충성도 높은 고객이 되는 과정에서 콘텐츠 마케팅이 사용되는 다양한 형태와 그 용도에 대해 설명한다.

콘텐츠 마케팅의 역동성 파악하기

인터넷은 사람들이 모여 콘텐츠를 찾고 상호작용하며 공유하는 곳이다. 그 내용이 여러분에게 많은 웃음을 주는 고양이 비디오든, 암을 견디는 싱글 엄마에게 영감을 주는 팟캐스트든, 물이 새는 수도꼭지를 고치는 법을 알려주는 기사이든 간에 콘텐츠는 사람들이 열망하는 그 무엇이다.

가치 있는 콘텐츠에 참여하는 것은 인터넷에서 자연스럽거나 '태생적'인 경험이다. 사람들은 무언가를 가르치거나, 영감을 주거나, 웃거나 울게 하는 콘텐츠에 이끌리며, 가치를 제공하는 콘텐츠에 대해 얘기하고 그것들을 공유한다.

워드프레스, 유튜브, 아이튠즈와 같은 콘텐츠 제공 플랫폼의 저렴한 비용으로(또는 무료로) 소규모의 브랜드조차도 웹 콘텐츠를 제작할 수 있다. 출판의 용이성은 양날의 칼이 되기도 한다. 인터넷의 끊임없이 변화하는 속성 때문에 기업들은 콘텐츠를 신속하게 제작해야만 한다. 여러분의 브랜드가 콘텐츠 제작과 관련된 엄청난 보상을 거둘 수 있지만, 계획을 세우지 않으면 좌절을 겪을 수 있다.

사람들은 인터넷 콘텐츠에 대한 거의 만족할 수 없는 요구를 가지고 있다. 가장 보수적인 평가에 따르면 매분 1,000개 이상의 블로그 게시물이 생성되고 72시간 분량의 새로운 동영상이 유튜브에 업로드된다. 이러한 과잉 콘텐츠는 오직 계획을 세운 후에만 콘텐츠 마케팅을 진행하는 것이 중요하다는 것을 강조한다. 문제를 줄이기 위해 양질의 콘텐츠를 만들어야 하기 때문이다. 그리고 품질은 계획을 요구한다. 계획이 없는 콘텐츠 자산은 여전히 바이러스 성격을 띠게 될 가능성이 있으며 형편없는 결과를 낳을 가능성이 있다. 계획은 디지털 마케팅 캠페인의 성공을 보장하는 데 도움이 된다.

마케터는 종종 블로그라는 용어를 콘텐츠 마케팅과 혼동한다. 블로깅은 강력하고 다양한 콘텐츠 마케팅 채널이지만 균형 잡힌 콘텐츠 전략의 하나일 뿐이다. 만약 여러분이 명확한 방향성 없이 블로그를 하는 마케터 중의 하나라면, 여러분은 다른 블로그 게시물을 작성하기 전에 콘텐츠 계획을 수립하는 데 몇 시간을 소비해야 한다. 잘 수행된 콘텐츠 마케팅은 여러분이 어떤 콘텐츠를 제작할지, 콘텐츠를 제공할 대상, 콘텐츠 제공 목적에 대한 계획을 포함하고 있다. 디지털 마케팅에 좌절하는 많은 회사와 개인 브랜드는 명확한 대상이나 목적 없이 콘텐츠를 생성하는 데 많은 시간이 걸린다는 것에 대해 좌절한다. 여러분은 여러분의 방향성에 대해 잘 알고 있을 때 전체 과정을 훨씬 쉽게 찾을 수 있으며 훨씬 더 수익성 있다는 것을 발견할 수 있다.

완벽한 콘텐츠 마케팅을 위한 경로 찾기

'완벽한' 콘텐츠 마케팅은 과장이라고 할지 모르겠지만 실제로 가능하다. 콘텐츠 마케팅의 진정한 원칙과 디지털 마케팅 믹스의 다른 모든 측면과 콘텐츠 마케팅과의 연결을 이해하는 것이 완벽한 콘텐츠 마케팅으로 가는 길이다.

콘텐츠 마케팅은 고객 및 잠재고객의 요구를 예측하고 이러한 요구를 충족시키는 콘텐츠 자산을 구축하는 것이다. 예를 들어, 클라우드 기반 소프트웨어 회사인 프레시북스는 잠재고객이 가격 정보를 필요로 한다고 예상했다. 그림 4-1에 표시된 웹페이지는 이 시나리오에서 완벽한 콘텐츠 마케팅을 보여주고 있다. 콘텐츠는 각 서비스 및 다양한 가격 수준의 차이를 간결하고 명확하게 전달하고, 직원에게 문의하길 원하는 사람을 위해 연락처 정보를 제공하고 있다. 이 페이지의 콘텐츠는 가격 정보에 대한 고객의 니즈를 완전하게 충족시킨다.

프레시북스의 잠재고객이 정보에 입각한 구매 결정을 내리려면 가격 정보를 제공하는 페이지가 필요하다. 그들이 구매하기 전에 사람들은 그들이 무엇을 사는지, 그리고 얼마를 지불해야 하는지 알고 싶어 한다. 따라서 잠재고객에게 해당 정보를 편리하게 제공하지 않으면 매출이 감소하게 될 것이다.

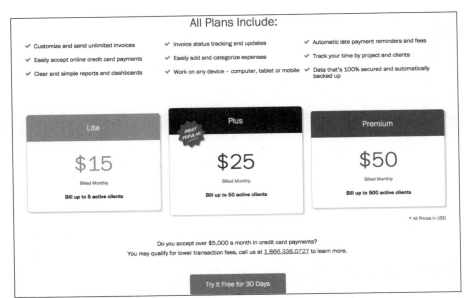

출처 : https://www.freshbooks.com/pricing

그림 4-1
프레시북스의 이 콘텐츠는 가격 정보를 찾는 잠재고객의 니즈를 충족시킬 수 있도록 설계되었다.

마케팅 깔때기 이해하기

낯선 사람이 구매자가 되기까지의 경로는 종종 깔때기(funnel, 방문자들이 목표에 좀 더 도달할 수 있도록 사이트의 요소를 조절하는 방식-역주)에 비유되곤 한다. 잠재고객이 깔때기의 넓은 상단으로 들어오고 깔때기의 훨씬 좁은 부분을 통해 그들 중 일부 고객이 빠져 나온다. 콘텐츠는 마케팅 깔때기의 한 단계에서 다음 단계로 잠재고객이 갈 수 있도록 지원해야 한다.

기본 마케팅 깔때기는 낯선 사람에서 구매자가 되기까지 3단계를 거친다.

» **인지** : 잠재고객은 먼저 여러분이 제시하는 해결책으로 문제를 해결할 수 있는 그들의 문제점을 인지해야만 한다.
문제점 및 그에 대한 솔루션 인지는 여러분의 블로그가 빛을 발하는 이유다. 잠재고객 및 기존 고객을 교육하고 그들에게 영감을 주고 그들을 즐겁게 하기 위해 여러분의 블로그를 사용하라.

» **평가** : 인지 단계를 거친 사람들은 그들이 이용 가능한 경쟁자들의 해결책

이나 아무런 조치를 취하지 않는 등의 다양한 선택을 평가해야만 한다. 결국 사람들은 문제를 해결할 수 있는 제품이나 서비스를 구입하지 않고 문제를 안고 살아가는 것을 결정할 수 있다.

» **전환** : 평가 단계를 거친 사람들은 구매라는 진실의 순간에 놓이게 된다. 이 단계의 목표는 리드를 자주 그리고 고가의 제품을 구매하는 소비자로 전환하는 것이다.

인지, 평가 및 전환 이 세 단계는 마케팅 깔때기로 알려져 있다. 그림 4-2는 마케팅 깔때기를 개념화한 것이다.

잠재고객은 그들의 문제를 인지하고 여러분의 솔루션을 먼저 알기 전까지 여러분이 제공하는 솔루션을 평가할 수 없다. 만약 잠재고객이 제품 또는 서비스를 통해 여러분이 제공하는 솔루션이나 그들의 문제를 인지하지 못하는 경우에는 구매하지 않을 것이다. 따라서 잠재고객이 여러분의 제품을 구매하거나 경쟁 제품을 구입하거나 또는 아무것도 하지 않고 문제를 가지고 살아가는 등의 여러 선택을 먼저 평가하기 전까지는 전환이 불가능하다. 마케팅 깔때기를 통해 잠재고객을 이동하려면 각 단계마다 그들의 니즈를 충족시키기 위해 설계된 콘텐츠를 제공해야 한다.

» 인지를 용이하게 하는 깔때기 상단의 콘텐츠
» 평가를 용이하게 하는 깔때기 중간의 콘텐츠

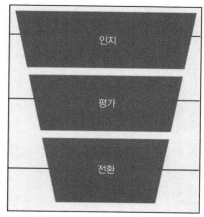

그림 4-2
마케팅 깔때기의
3단계

출처 : http://www.digitalmarketer.com/
content-marketing/

더미를 위한 팁

❙ »   전환을 용이하게 하는 깔때기 하단의 콘텐츠

블로그는 인지를 촉진시키는 요인이다(깔때기의 상단). 하지만 평가(깔때기 중간) 및 전환(깔때기 하단)을 촉진시키기는 어렵다. 그 중요성을 강조하는 것이 너무 뻔할지라도 평가와 전환은 여러분의 비즈니스에 매우 중요하다. 잠재고객을 깔때기 중간과 아래쪽으로 이동하려면 그림 4-3에서 보이는 바와 같이 다른 콘텐츠 유형이 필요하다.

깔때기 상단 콘텐츠 마케팅

깔때기 윗부분으로 들어가는 잠재고객은 그들이 문제가 있음을 알지 못하고 그들의 문제를 해결할 수 있는 여러분의 솔루션을 인지하지 못하는 경우가 종종 있다. 따라서 여러분은 잠재고객이 그들의 연락처 정보를 제공할 필요 없이 자유롭게 접근할 수 있는 콘텐츠가 필요하다. 여러분은 그들에게 여러분의 가치를 아직 입증하지 못한 상태다.

깔때기의 맨 위에, 아래와 같이 자유롭게 접근할 수 있는 콘텐츠(제3장 참조)를 사용할 수 있다.

그림 4-3
마케팅 깔때기의 각 단계마다 다른 콘텐츠 유형이 필요하다.

출처 : http://www.digitalmarketer.com/content-marketing/

> » 오락
> » 교육
> » 영감

제품 또는 서비스를 통해 제공하는 솔루션에 대한 인지를 높이기 위한 깔때기 상단 콘텐츠를 제공하려면 다음 콘텐츠 유형 중 두세 가지를 선택하라.

> » **블로그 게시물** : 가장 많이 알려진 온라인 콘텐츠 형식인 블로그는 인지도를 높이는 훌륭한 방법이다. 예를 들어, 패션회사인 제이 크루는 패션 스타일과 액세서리에 대한 팁을 블로그에 게시하여 제품에 대한 인지도를 높인다. 제이 크루 블로그 독자(잠재고객)는 무엇을 입어야 패셔너블해 보일 수 있는지에 대해서 영감과 해결책을 얻는다. 이 게시물은 또한 제이 크루가 패셔너블해 보이고 싶을 때 입을 수 있는 옷에 대한 정보를 제공한다는 사실을 시사한다.

> » **소셜 미디어 업데이트** : 블로그와 마찬가지로 소셜 미디어 플랫폼(예 : 페이스북)은 인지도를 높이는 데 효과적이다. 아이스크림의 모든 맛에 대해 소개하는 드레이어스 아이스크림의 핀터레스트 게시판이든 아니면 완벽한 10가지 파리 음식 경험에 대한 에어비앤비의 트윗이든 상관없이 팔로어들에게 무료이면서 유용한 정보를 제공하기 위한 콘텐츠를 소셜 미디어를 통해 제공하라. 이는 그들 회사가 제공하는 해결책을 동시에 제공하는 것이다.

> » **인포그래픽스** : 인포그래픽스는 콘텐츠를 표시하기 위한 흥미로운 방식이다. 일반적으로 인포그래픽스는 눈길을 끄는 색상과 재미있는 이미지를 포함하고 있으며, 텍스트를 이미지로 표현함으로써 독자가 콘텐츠를 쉽게 소비할 수 있도록 해준다. 인포그래픽스는 재미있고 교육적인 콘텐츠를 신속하게 제공할 때 매우 효과적이다. 영화 산업의 '올해의 최고 작품'에 대한 IMDb의 인포그래픽이든 더 나은 수면 습관에 대한 조언을 제공하는 캐스퍼 매트리스의 인포그래픽이든 이러한 유형의 모든 콘텐츠는 소비자가 원하는 가치를 제공하며 브랜드 인지도를 효과적으로 높인다.

> » **사진** : 사진은 단일 이미지에서 많은 것을 설명할 수 있기 때문에 강력하다. 또한 콘텐츠에서 텍스트 단락을 구분하여 해당 콘텐츠가 지루하거나

읽기 어렵게 만드는 것을 방지한다. 주방 디자인 회사는 사진을 제공하여 회사가 수행한 프로젝트를 효과적으로 시연하면서 다른 고객의 주방을 위해 무엇을 할 수 있는지에 대한 고객들의 인지 또한 높일 수 있다.

» **디지털 잡지 및 서적** : 디지털 잡지와 서적은 대중적이며, 콘텐츠를 배포하고 브랜드 인지도를 높이는 또 다른 방법이다. 디지털 서적 및 디지털 잡지는 제5, 6장에서 논의한 블로그 전략과 유사하다. 따라서 디지털 서적 및 디지털 잡지를 위한 콘텐츠에 대한 영감을 얻기 위해 여러분의 블로그를 들여다보라.

» **오디오 및 비디오 팟캐스트** : 깔때기의 맨 위에서 사용할 수 있는 또 다른 형태의 콘텐츠는 팟캐스트다. 팟캐스트를 활용하기 위해서 여러분은 콘텐츠를 텍스트 콘텐츠와 다르게 패키징하고 배포해야 한다. 팟캐스트는 이동 중에도 소비 가능한 콘텐츠를 제공한다. 구독자는 자신의 출퇴근길이나 운동 중 또는 그들이 원하는 시간에 팟캐스트를 들을 수 있다. 블로그 게시물이나 소셜 미디어 업데이트를 멀티태스킹하며 소비하기 어렵지만 팟캐스트 콘텐츠는 이와 달리 좀 더 유연하게 소비할 수 있다. 또한 잠재 고객에게 가치를 제공하는 동시에 팟캐스트를 사용하여 제품이나 서비스를 효과적으로 홍보할 수 있다. 예를 들어 야외 장비를 판매하는 경우 팟캐스트의 각 에피소드는 사냥, 낚시, 캠핑 및 기타 야외 활동에 대한 팁과 트릭을 제공하고 동시에 청취자에게 매장에서 구매할 수 있는 여러분의 실외장비를 상기시킨다.

» **마이크로사이트** : 마이크로사이트는 본질적으로 자신의 링크와 주소를 다른 사이트에 놓고 특정 주제를 다루는 보조 블로그다. 마이크로사이트는 주로 더 큰 사이트를 통해서 접근이 이루어진다. 예를 들어, DadsDivorce.com은 남성 가족 법률 회사인 코델앤코델의 다른 도메인이다. DadsDivorce.com은 이혼하고자 하는 남성들에게 무료 콘텐츠를 제공하며 코델앤코델이 제공하는 서비스 및 솔루션에 대한 인지를 높이기 위해 디자인되었다.

» **잡지 및 뉴스레터** : 이러한 유형의 콘텐츠는 디지털 콘텐츠보다 많은 예산이 필요할 수 있지만, 이 방법이 예산 범위 내에서 행해질 수 있다면 인쇄 잡지 및 뉴스레터는 여전히 인지도를 높일 수 있는 좋은 방법이다. 예를 들

어, 레고 클럽 매거진은 레고의 타깃 고객을 위한 재미있는 만화 스타일 콘텐츠를 제공하고 있다. 잡지 및 뉴스레터는 인쇄물을 통해 구매자가 제품이나 서비스를 쇼핑함으로써 기업의 판매를 증진시킨다.

» **1차 조사** : 이것은 설문 조사, 인터뷰, 관찰과 같이 나가서 수집하는 조사다. 이 데이터는 수집하는 데 시간과 비용이 많이 들어가기 때문에 어렵지만 이러한 연구의 수가 매우 제한적이기 때문에 오히려 강력하다. 특히 연구를 위해 시간을 들이고 서비스를 제공함으로써 다른 사람들이 그들의 1차 연구를 수행할 필요가 없게 된다. 이런 이유로 1차적인 연구는 여러분의 잠재고객에게 인지도를 높이는 좋은 기회일 수 있다.

깔때기 상단에 이러한 모든 콘텐츠 유형이 필요할까? 아니다. 대부분의 비즈니스는 블로그, 페이스북, 트위터, 링크드인, 핀터레스트와 같은 소셜 미디어 채널에 콘텐츠를 게시하는 데 중점을 둔다. 블로깅 및 소셜 미디어 업데이트를 한 후에 팟캐스트 또는 뉴스레터와 같은 깔때기 상단에 더 많은 콘텐츠를 추가하기를 원할 것이다.

깔때기 상단의 가장 큰 목표는 잠재고객이 '문제 인지'와 '해결책 인지'를 하도록 만드는 것이다. 그림 4-4에서 홀푸드가 홀스토리 블로그를 사용하여 어떻게 식료품과 해산물에 대한 인지도를 높이는지 확인해보자. 이런 방식으로, 홀푸드는 판매하는 제품에 대해 잠재고객이 '해결책 인지'를 하도록 하고, 그들에게 유용한 조리법을 제공하여 사람들에게 그들의 제품을 상기시킨다.

유감스럽게도 대부분의 조직에서 콘텐츠 마케팅 활동을 시작하고 끝내는 곳은 깔때기의 상단 부분이다. 현명한 콘텐츠 마케터라면 잠재고객을 인지 단계에서 평가 단계로 이동시키기 위해 노력해야 한다.

중간 깔때기(MOFU) 콘텐츠 마케팅

깔때기의 중간에 사용하는 콘텐츠의 큰 목표는 '문제 인지' 및 '해결책 인지'를 한 잠재고객을 리드로 전환하는 것이다. 여러분은 이 시점에 이메일 목록을 늘리고 더 많은 리드를 얻으려고 노력한다. DigitalMarketer에서는 잠재고객이 그들의 연락처 정보(예 : 이메일 주소)를 제공하면 그들에게 무료 콘텐츠를 제공한다. 그리고 그들은 유용한 콘텐츠에 대한 대가로 향후 마케팅을 수신하겠다는 선택을 한다. 우리는 제3장

출처 : http://www.wholefoodsmarket.com/blog/my-favorite-new-recipes-
tilapiaequals-easy-weeknight-dinners-0

그림 4-4

홀푸드는 판매하는 제품에 대한 인지도를 높이고 블로그 사용자에게 가치를 제공한다.

에서 설명한 이러한 유형의 콘텐츠를 조건적 제안(gated offer)이라고 했다.

이러한 유형의 제안은 잠재고객의 연락처 정보를 획득하는 대가로 특정 잠재고객의 문제를 해결해줌으로써 가치를 제공한다.

이러한 제안은 다음과 같은 유형의 콘텐츠다.

» **교육 자료** : 제3장에서 논의한 바와 같이, 조건적 제안을 위한 교육 자료는 무료 보고서, 백서, 1차 연구, 웨비나 교육 및 판매 자료의 형태다. 이러한 유형의 콘텐츠 자원은 여러분이 제공하는 해결책, 제품 또는 서비스의 기능을 강조하면서 여러분의 브랜드와 관련된 특정 주제에 대해 소비자를 교육시킨다. 교육 자료에는 전문가의 조언이 담긴 사례 연구 및 전략 중 일부에 대한 상세한 분석이 포함될 수 있다.

교육 자료(모든 형태의 중간 깔때기 마케팅 콘텐츠)는 고품질이어야 한다. 그렇지 않으면 소비자는 기만당하는 듯한 느낌을 받을 수도 있다. 또한 잠재고객이 그들의 연락처 정보를 대가로 받은 콘텐츠가 만족스럽지 않다고 느끼면 여러분의 브랜드 인지도는 떨어질 것이다. 중간 깔때기 마케팅의 핵심은 사람들이 여러분을 평가하고 구매를 하도록 유도하는 것이다. 여러분은 고품질의 콘텐츠를 제공하여 그들을 끌어들여야 한다.

» **유용한 자원** : 유용한 자원은 다음과 같은 도구다.

- 유인물 또는 치트 시트
- 자원 목록
- 템플릿
- 소프트웨어
- 평가
- 할인과 쿠폰 클럽
- 퀴즈와 설문조사

우리는 제3장에서 중간 깔때기 마케팅을 위한 강력한 콘텐츠로서 역할을 하는 유용한 도구에 대해 설명한다. 유용한 자료는 잠재고객을 교육시킬 뿐만 아니라 잠재고객이 그들의 시간을 절약할 수 있도록 한다. 이러한 자원은 고객이 콘텐츠를 쉽게 소비할 수 있도록 해준다. 또한 여러분은 고객에게 그 가치를 제공하기 위해 또 다른 자원에 의존하지 않아도 된다. 예를 들어, 채소 원예 도구를 판매하는 회사는 원예에 관심이 있는 사람들이 정원에서 인기 있는 채소를 재배하기 위한 최적의 시기를 신속하게 결정할 수 있도록 '씨앗 심기 차트 시트'라는 자원을 제공할 수 있다.

여러분의 홈페이지 또는 여러분의 블로그 사이드 바에서 수동적인 조건적 제안을 통해 모든 리드를 생성할 수 있다는 희망을 가지지 말라. 왜냐하면 제공되는 오퍼가 여러분 사이트의 많은 요소 사이에서 손실될 수 있기 때문이다. 누락된 조건적 제안은 리드를 포착할 수 없다. 모든 조건적 제안을 제공하는 방문 페이지(일부는 축소 페이지라고도 함)를 만들어 소셜 미디어, 이메일 마케팅, 검색 엔진 최적화(search engine optimization, SEO) 및 유료 트래픽을 사용하여 해당 페이지로 직접 트래픽을 유도하라. 제7장에서 고객들의 옵트인을 늘리는 방문 페이지에 대해 더 자세히 설명한다. 방문 페이지의 예로 그림 4-5를 참조하라.

깔때기 중간의 목표는 제품이나 서비스를 모르는 잠재고객을 후속 조치를 수행할 수 있는 잠재고객으로 전환하는 것이다. 그러나 여러분은 그 리드들을 예치할 수는 없다. 수익을 창출하려면 여러분은 잠재고객이 판매 시점에서 의사 결정을 내리는

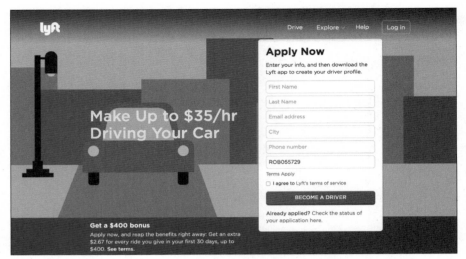

그림 4-5
리프트는 운전자
지원을 할 수 있
는 방문 페이지
를 운영한다.

출처 : https://www.lyft.com/drive-with-lyft?ref=ROB055729.

데 도움이 되는 콘텐츠를 제공해야 한다.

깔때기 하단 콘텐츠 마케팅

깔때기 하단에서는 콘텐츠 마케팅은 리드를 고객으로 전환하고 고객을 고가의 제품을 구매하는 고객으로 전환시킨다. 새로운 리드가 정보에 근거한 구매 결정을 내리는 데 필요한 콘텐츠 유형은 무엇인가? 여러분의 리드는 블로그를 읽고 조건적 제안을 다운로드 할지도 모른다(모두 전환에 도움이 됨). 그러나 구매 시점까지 이동하려면 구매 결정에 도움이 되는 콘텐츠를 제공해야 한다.

다음은 깔때기의 하단에서 효과적인 콘텐츠 유형의 예다.

» **데모** : 온라인으로 제품을 구매할 때의 단점은 고객이 직접 제품을 만져볼 수 없다는 것이다. 구매 결정을 위해 제공되는 것이 오직 이미지(또는 2개)와 설명뿐이라면 고객들은 구매를 주저할 수 있다. 데모를 제공하면 이러한 문제를 해결할 수 있다. 데모는 제품이나 서비스가 어떻게 작동하는지 보여주기 때문에 소비자가 그것이 어떻게 작동하는지 확인할 수 있다. 화면으로 제품이 작동하는 것을 보는 것은 실제 고객들이 손으로 제품을 만지는 것과 유사하다. 따라서 비디오, 스크린샷, 웨비나 또는 설계도와 같은

콘텐츠를 통해 제품 또는 서비스를 시연하는 방법을 찾으라.

» **고객 사례** : 고객 사례는 고객 평가 및 리뷰다. 잠재고객이 다른 사람이 여러분의 제품이나 서비스에 대한 긍정적인 경험을 알 수 있게 해주기 때문에 고객 사례는 깔때기 하단 단계에서 효과적인 방법이다. 잠재고객에게 구매자들의 리뷰를 제공하면 의사 결정에 강력한 영향을 미친다. 그림 4-6에서 볼 수 있듯이 세일즈포스닷컴은 그들의 제품이 그들의 니즈를 해결할 수 있다는 것을 증명하기 위해 많은 고객 성공 스토리를 깔때기 하단의 리드에게 제공한다.

» **비교/사양 시트** : 비교 및 사양 시트는 깔때기 하단의 누군가가 다른 제품에 대해 논의하고, 그들이 제품을 나란히 비교할 때 사용할 수 있는 편리한 도구다(여러분이 제공한 유사 제품들 간의 비교이든, 경쟁 업체 제품과의 비교이든 관계없음). 예를 들어, 세무 작성 소프트웨어 회사인 터보텍스는 경쟁 업체인 텍스액트의 기능 및 가격을 나란히 비교하여 보여준다.

» **웨비나/이벤트** : 이 장과 제3장에서 언급했듯이, 깔때기 중간에 있는 웨비나 및 이벤트를 사용하여 리드를 확보할 수 있지만, 깔때기 하단에서는 이

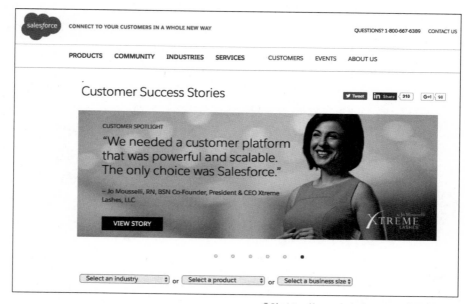

그림 4-6
세일즈포스는 고객 성공 사례를 제공함으로써 깔때기 하단에서 리드로 전환시키기 위한 콘텐츠를 제공한다.

출처 : http://www.salesforce.com/customers/

를 사용하여 리드로 변환시킬 수도 있다. 깔때기 하단에 웨비나를 사용하여 잠재고객을 한곳에 모아 복잡하거나 위험성이 있는 높은 가격의 제품이나 서비스에 대해 질문을 받을 수도 있다.

» **미니 클래스** : 미니 클래스는 타깃 고객과 관련된 주제를 가르치기 위해 설정하는 이벤트 유형이다. 짧은 수업이 끝나면 제품이나 서비스에 대한 기대감을 갖게 된다. 미니 클래스를 실행하면서 양질의 교육 자료를 제공해야 한다. 그러나 결과적으로 그 수업의 목적은 여러분이 제공한 강의와 관련된 고가의 제품을 위한 것이다.

깔때기 하단에서 인지도를 높이는 콘텐츠를 만드는 것이 중요할까? 그렇다. 특히 기존 브랜드의 경우, 콘텐츠 제작을 시작하는 곳은 일반적으로 깔때기의 하단이다. 잠재고객은 가격이나 경쟁 업체와의 비교 등의 정보가 필요하므로 블로그 게시물 작성이나 팟캐스트를 업로드하기 전에 기본 질문에 만족할 수 있는 콘텐츠를 작성하라.

잠재고객의 의도 탐색

완벽한 콘텐츠 마케팅의 핵심은 잠재고객의 현재 의도를 이해하고 향후 의도와 경로를 예측하는 것이다. 이러한 것을 예측하기 위해서 여러분은 하루 24시간이든 일주일에 7일이든 해당 의도를 처리하는 데 필요한 콘텐츠 자산을 만들 수 있다.

이 장의 앞부분에서 설명한 소프트웨어 회사인 프레시북스 예제로 돌아가면, 깔때기의 평가 또는 전환 단계에서 고객들은 프레시북스를 퀵북스와 비교하려는 의도가 있을 수 있다. 그림 4-7에 표시된 웹 페이지는 깔때기 중간과 아래쪽의 의도를 모두 충족시킨다. 프레시북스는 잠재고객에게 프레시북스와 경쟁 업체인 퀵북스 간의 차이점을 볼 수 있는 비교 시트를 제공한다. 회사는 잠재고객이 자사와 퀵북스가 얼마나 견줄만한지 알고 싶어 한다는 것을 안다. 평가 단계에서 그 의도를 만족시키면 잠재고객은 전환 단계로 나아갈 수 있다.

잠재고객의 의도를 충족시키는 콘텐츠를 위한 아이디어를 브레인스토밍 하는 데 어려움이 있다면, 조직 내에서 고객 및 잠재고객과 접촉하는 사람들을 모으라. 영업 사원, 고객 서비스 담당자, 무역 박람회 종사자 및 고객 및 잠재고객의 목소리를 듣는

Accounting Purpose-Built for Small Business Owners

Frustrated by slow, bloated accounting software? FreshBooks is easy to use, backed by award-winning support and loved by millions.

	FreshBooks cloud accounting	QuickBooks
Invoices, expenses, and reports	✓	✓
Web and mobile access	✓	✓
Free online and phone support	✓	✓
Designed for service-based small business owners	✓	✗
Built-in time tracking features	✓	✗
Project tracking	✓	✗
Multi-currency billing	✓	✗
Late payment reminders	✓	✗
Award-winning customer support	✓	✗
Industry leading customer happiness score	✓	✗
Free trial period	30 Days	30 Days
Paid plans start at	$12.95/month	$12.95/month

* All prices in USD

그림 4-7
프레시북스는 잠재고객을 전환 단계로 이동시키기 위해서 비교 시트를 사용한다.

사람들이 참석해야 한다. 이 팀 구성원은 잠재고객의 의도를 충족시키는 콘텐츠의 구멍을 발견하는 것을 도와준다.

깔때기의 상단, 중간 및 하단에 있는 고객들의 의도 리스트를 브레인스토밍 한다. 그런 다음 인지 단계에서 전환 단계에 이르기까지의 고객의 의도를 충족시키기 위해 필요한 콘텐츠 자산이 무엇인지 결정하라.

다음 단계로의 경로 제공하기

마케팅 담당자로서 여러분은 고객들이 한 콘텐츠에서 다음으로 이동할 수 있는 경로를 제공해야 한다. 사람들은 바쁘고 적절한 콘텐츠를 얻기 위해 사이트를 헤집고 다닐 수 있는 시간이나 인내심이 없다. 그들은 찾고 있는 것을 빠르게 찾을 수 있어야 한다.

다음 단계로의 이동하기 쉬운 경로를 제공하지 못하는 것은 나쁜 마케팅일뿐만 아니라 나쁜 사용자 경험을 제공하게 된다. 이는 사람들이 사이트의 뒤로가기 버튼을

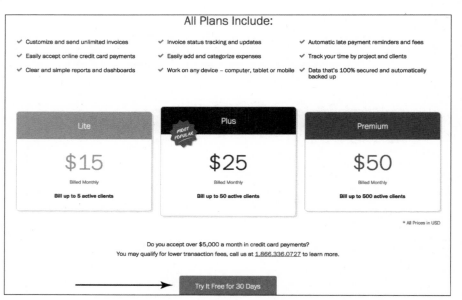

그림 4-8
프레시북스는 가격 정보가 필요한 방문자의 다음 단계의 논리적 의도에 맞는 무료 평가판을 제안한다.

눌러 완전히 떠나도록 만들 수 있다. 유능한 콘텐츠 마케터는 논리적 의도를 예상하고 전환으로의 명확한 경로를 만들기 위해 발생될 수 있는 '마찰'을 제거한다.

모든 콘텐츠의 목표는 잠재고객이 고객 여정에서 다음 논리적 단계로 올라가게 하는 것이다. 그림 4-8에 있는 프레시북스 가격 페이지 예제에서, 프레시북스는 소프트웨어의 '위험 없는 평가판'에 대한 명확한 상승 경로를 제공했다. 상승 경로를 만드는 것은 훌륭한 마케팅이며 좋은 사용자 경험을 제공한다.

상승 제안이 얼마나 잘 수행되는지는 제안의 관련성에 달려 있다. 고객 여정에서 다음의 논리적인 단계를 예상하는 데 시간을 투자하고 그들이 현재 소비 중인 콘텐츠에 적용할 수 있는 제안을 만들라. 예를 들어, 방문자에게 팟캐스트 에피소드(깔때기 상단 콘텐츠 유형)를 청취하라는 요청은 그림 4-8의 프레시북스 가격 책정 페이지와 전혀 논리적이거나 관련성이 없다. 이 사람은 구매에 관심이 있어 가격 책정 페이지를 방문하고 있기 때문에 유능한 마케터는 그 의도를 예상하고 다음의 논리적 제안인 무료 평가판을 제안해야만 한다.

콘텐츠로 마케팅 분류하기

여러분은 고객들의 시간이나 돈 중 한 가지를 줄 때까지 그들이 정말로 원하는 것과 그들이 진정으로 원하는 것을 이해하지 못할 것이다. 그들은 설문조사 질문에 답하고 그들이 관심 있는 것에 코멘트를 한다. 그러나 그들이 소중한 자원인 시간과 돈을 투자하기 전까지는 그들의 관심사가 무엇인지 확실히 모른다. 온라인으로 누군가가 콘텐츠를 만든다는 것은 좋은 소식이다. 왜냐하면 사람들이 콘텐츠에 시간을 할애한다는 것은 관심이 있다는 의미이기 때문이다.

예를 들어, 바쁜 전문가에게 건강하고 영양가 있는 식사를 판매하는 회사를 여러분이 소유하고 있다고 생각해보자. 여러분은 영양가 있는 요리법에 관한 블로그 콘텐츠를 작성할 것이다. 여러분의 콘텐츠는 엄격한 비건(vegan : '완전 채식주의자'로, 육류와 생선, 유제품을 포함한 동물에게서 얻은 식품 일체를 거부하는 베지테리언-역주), 베지테리언(vegetarian, 다양한 유형의 채식주의자를 포괄하는 말-역주), 글루텐 프리의 3가지 주요 카테고리로 나뉜다. 엄격한 채식 요리법에 관한 블로그 게시물을 방문하는 사람에 대해 무엇을 알고 있는가? 마찬가지로 채식 요리법에 관한 블로그 게시물을 방문하는 사람에 대해서는 무엇을 알고 있는가? 답은 꽤 명확하다. 이 사람들은 손을 들고 '채식주의자'라고 말할 것이다.

사람들이 귀중한 시간을 콘텐츠에 소비할 때, 그들은 스스로를 세분화한다. 그들은 그들의 관심사가 무엇인지 여러분에게 알려준다. 광고 재타깃팅 덕분에 여러분은 연락처 정보를 얻지 않고도 관련 상승 제안을 활용하여 잠재고객을 추적할 수 있다.

재타깃팅은 이전 행동을 기반으로 사람들에게 광고하는 프로세스다. 예를 들어, 특정 제품을 구매하거나 특정 제품 페이지 또는 블로그 게시물을 방문한 고객(관심을 보인 고객)에게만 광고가 보이도록 재타깃팅 광고를 구성할 수 있다. 이 접근 방식을 사용하면 세분화된 고객이 공감할 가능성이 매우 큰 구체적인 콘텐츠를 제공할 수 있다. 광고 재타깃팅 전략에 대한 자세한 내용은 제10장을 참조하라.

고객이 기대하는 곳 어디에나 나타나기

완벽한 콘텐츠를 만들고 싶은 마케팅 담당자는 고객이 있는 곳에 콘텐츠를 게시해야 한다. 즉, 잠재고객의 의도를 충족시키는 콘텐츠를 모든 채널에 게시하고 잠재고객 그룹이 어떤 깔때기의 단계에 있든 콘텐츠를 검색하고 공유할 수 있는 것을 의미한다. 이러한 채널은 아래 채널 이외에도 다양하다.

- » 웹 사이트 또는 블로그
- » 페이스북
- » 트위터
- » 링크드인
- » 핀터레스트
- » 인스타그램
- » 유튜브

노출을 최대화하기 위해 여러 채널에 단일 콘텐츠를 게시할 수 있다. 예를 들어, DigitalMarketer에서 우리는 팟캐스트를 웨비나로 바꾸는 방법에 대해 그리고 다시 팟캐스트 에피소드로, 마지막으로 블로그 게시물로 바꾸는 방법에 대한 프레젠테이션을 시작했다. 왜냐하면 고객이 이 콘텐츠에 너무 열정적으로 반응했기 때문에 그 콘텐츠를 용도 변경하여 채널 전체에 배포하는 것이 가치가 있을 것이며 필요하다는 것을 알았기 때문이다.

회사의 어떤 콘텐츠가 잠재고객의 공감을 얻을지 생각해보자. 예를 들어, 제품의 동영상 데모를 유튜브 채널에 다시 게시할 수 있는가? 블로그의 기사를 웨비나에서 다시 사용할 수 있는가? 아니면 팟캐스트 에피소드를 링크드인 펄스(뉴스 읽기 앱-역주)의 기사로 다시 사용할 수 있는가? 콘텐츠를 용도 변경할 수 있는 기회는 거의 무궁무진하다.

콘텐츠 맞춤화하기

여러분은 고객 아바타(고객 또는 고객 개인)의 의도를 충족시킬 수 있는 완벽한 콘텐츠 마케팅 자료를 제작한다. 그러나 모든 아바타가 동일하지는 않다. 그들은 모두 동일한 해결책을 원하거나 필요로 하지 않는다. 따라서 콘텐츠를 맞춤화하고 세분화하는 것이 필수적이다. 특정 콘텐츠는 여러 아바타의 의도를 충족시키거나 하나의 아바타를 대상으로 사용할 수 있다.

예를 들어, 우리의 마케팅 인증 프로그램에 대한 인지도를 높이기 위해 '다시 시작하기 위한 6가지 트렌디한 디지털 마케팅 스킬' 블로그 기사를 제작했다. 이 게시물은 중소기업 소유주는 별 관심이 없겠지만 상관없다. 우리는 그들을 대상으로 하지 않기 때문이다. 이 기사는 더 나은 직업을 얻거나 스킬을 얻고자 하는 '직원' 아바타를 대상으로 작성되었다. 이 게시물에는 제2장에서 언급했듯이 긴급성을 전달하고 즉각적인 반응을 유도하도록 설계된 2가지 행동 지침이 있다. 이 행동 지침은 '직원' 아바타에게 호소하기 위해 맞춤화되었다.

완벽한 콘텐츠 마케팅 실행하기

이 장의 앞부분에서 설명한 것처럼 완벽한 콘텐츠 마케팅을 실행하려면 계획이 필요한다. 여러분이 제공하는 각각의 제안은 종종 서로 다른 종류의 콘텐츠를 만들어야 한다. 콘텐츠 캠페인 계획이라고 부르는 자원을 활용하여 여러분의 주요 제안들 각각에 적합한 콘텐츠 계획을 세워야 한다. 콘텐츠 캠페인 계획은 콘텐츠 마케팅이 리드를 확보하고 매출 창출과 같은 비즈니스 목표에 부합해야 한다. 그림 4-9의 콘텐츠 캠페인 계획 템플릿을 참고하고, https://www.digitalmarketer.com/lp/dmfd-content-campaign에 방문하여 직접 작성해보라.

다음은 첫 번째 콘텐츠 캠페인 계획을 만드는 단계다.

1. 아바타를 선택한다.
2. 콘텐츠 자산을 브레인스토밍 한다.
3. 도구와 채널을 선택한다.
4. 고객 여정의 이동을 위한 계획을 세운다.

각 단계에 대해 자세히 알아보려면 계속 읽어보라.

1단계 : 아바타 선택

이 콘텐츠가 어떤 아바타(구매자)를 목표로 하는지 결정하라. 각 아바타는 의도, 동기

제안	아바타 1	아바타 2	아바타 3	아바타 4	아바타 5		
인지							
평가							
전환							

자산	설명	아바타	도구	채널	소유자	상승
자산 A						
자산 B						
자산 C						
자산 D						
자산 E						
자산 F						
자산 G						

그림 4-9

콘텐츠 캠페인 계획은 개별 제품 또는 서비스 제안에 적합한 콘텐츠 전략을 구성하는 것이다.

출처 : https://docs.google.com/spreadsheets/d/1Z29wImPl7PgJwQMv2TFr-RyOu_THBu1pXlOxJgjUtEw/edit#gid=0

및 문제가 각기 다르기 때문에 각 아바타를 인지, 평가 및 전환 단계로 이동시키기 위해 서로 다른 콘텐츠가 필요하다. 따라서 아바타를 깔때기의 상단, 중간, 하단으로 이동하기 위해 기존 콘텐츠 중 어떤 것을 사용할지 또는 어떤 새로운 콘텐츠를 제작할지 결정해야 한다.

예를 들어, 재무 계획을 판매하려는 자산 관리 회사는 젊은 전문직 종사자에게 접근하기 위해서는 거의 퇴직이 가까운 사람에게 접근하는 것과 다른 방식으로 해야 한다. 일부 콘텐츠는 두 사람에게 모두 매력적일 수 있지만 가장 효과적인 콘텐츠는 특정 아바타에게 직접 어필하는 것이다.

2단계 : 콘텐츠 자산 브레인스토밍

페르소나에 도달하기 위해 제작하는 콘텐츠를 설명하기 위해서 고객 아바타에 대해 알고 있는 것을 사용하라.

마케팅 깔때기의 세 단계(인지, 평가, 전환)에서 콘텐츠를 제작하기 위한 계획을 세우라. 자산 관리 회사의 사례에서, 깔때기 상단에서 젊은 전문가 아바타에게 인지도를 높이기 위해서 여러분은 어떤 콘텐츠를 제작할 수 있는가? 퇴직자 아바타를 전환 단계로 옮기려면 무엇을 제작할 수 있는가?

3단계 : 도구 및 채널 선택하기

콘텐츠 도구는 콘텐츠의 유형을 나타낸다. 그것은 텍스트인가? 이미지인가? 비디오 또는 오디오 자산인가? 채널은 블로그, 페이스북 페이지 또는 유튜브 채널과 같은 저작물을 게시할 곳을 의미한다.

콘텐츠 유형은 때로는 채널을 결정할 수 있으며 반대의 경우도 있다. 예를 들어, 동영상은 유튜브, 페이스북 및 블로그에 게시되는 반면, 이미지는 핀터레스트에 게시될 가능성이 높다.

4단계 : 고객 여정 이동을 위한 계획 세우기

콘텐츠 캠페인 계획의 마지막 단계에서는 콘텐츠를 여러분의 비즈니스 목표에 연결한다. 잠재고객이 더 많은 가치를 얻도록 하거나 더 많은 콘텐츠를 소비하도록 하거나 후속 조치를 위한 연락처 정보를 얻거나 제품이나 서비스를 구매하도록 각 콘텐츠마다 다른 제안을 하라.

행동 촉구는 전혀 없는 것보다 낫지만 가장 전환이 높은 상승 제안은 잠재고객이 소비하는 콘텐츠와 관련성이 있어야 한다. 예를 들어, '더 영양가 높은 유기농 토마토를 재배하는 10가지 방법'이라는 제목의 블로그 게시물에는 당근 씨앗을 제공하기보다는 '유기농 토마토 씨앗 50퍼센트 할인, 무료 배송'과 같은 제안을 하는 것이 좋다.

만약 여러분이 깔때기의 모든 단계에 있는 잠재고객을 전환시키기 위한 콘텐츠를 만들고 싶다면 콘텐츠 캠페인 계획을 만들고 실행하라. 그것은 효과적이다.

고객을 끌어오는 콘텐츠 배포하기

오늘날 콘텐츠는 모든 주요 트래픽을 생성하는 데 있어 중요한 역할을 한다. 잠재고객에게 유용한 콘텐츠를 제공하지 않고 그들에게 여러분의 웹사이트에 방문하도록 설득하는 것은 상당히 어렵다.

콘텐츠를 배포하고 트래픽을 발생시키기 위해 개발하는 절차는 해당 콘텐츠를 만드는 과정과 마찬가지로 중요하다. 이 책의 모든 장은 이메일 마케팅, 검색, 소셜 미디어 및 유료 트래픽의 방법을 사용하여 트래픽을 생성시키는 것에 초점을 맞춘다. 그러나 이러한 주요 트래픽 생성 방법 각각이 생성하는 콘텐츠와 어떻게 상호작용하는지 언급할 필요가 있다.

이메일을 통한 마케팅

이메일은 여전히 더 많은 제안을 하고 더 많은 콘텐츠를 보내는 가장 좋은 방법이다. 따라서 이메일 목록을 늘리거나 유지, 관리하는 것은 중요한 작업이며, 이메일 목록을 늘리는 것이 콘텐츠 전략에 포함되는 이유다. 블로그 게시물이나 팟캐스트 에피소드와 같은 콘텐츠 저작물을 만든 후에는 이메일 목록을 사용하여 해당 콘텐츠로 트래픽을 유도하라.

새로운 콘텐츠를 위한 이메일을 작성하려면 먼저 이메일 메시지의 제목을 작성하라. 메일 제목은 종종 내용의 제목과 동일하지만 '마지막 알림(몇 시간 남지 않음)'과 같은 희소성을 어필하는 제목이나 "바로 이것이 내가 해야만 하는 이유입니다."와 같이 호기심을 불러일으키는 전략을 사용하여 메일 제목을 작성하라. 우리는 제11장에서 이러한 전략을 보다 자세하게 설명한다.

다음으로 이메일을 열면 사람들을 이메일 본문으로 끌어들일 수 있는 짧고 강력한 소개를 하라. 즉, 이메일 구독자의 관심을 불러 모으고 콘텐츠에서 기대할 수 있는 것을 설명하면 된다. 이메일 독자와의 관련성과 그것으로부터 얻을 수 있는 것(혜택)을 설명하라. 또한 구독자가 콘텐츠에 있는 하이퍼링크를 클릭하도록 안내하는 행동 유도 문안을 포함해야 한다. 2개 또는 3개의 하이퍼링크된 클릭 유도 문안을 사용하고 최대한 편리하게 클릭할 수 있도록 만들라.

검색 마케팅을 통한 리드 확보하기

구글, 빙과 같은 검색 엔진은 중요한 콘텐츠 배포 채널이다. 잠재고객이 검색 엔진에 질문함으로써 여러분의 사이트에 도달했을 때(구글 또는 빙에서 'DSLR 카메라 리뷰' 또는 '크레이프 레시피'를 검색) 그들은 광고를 선택하지 않고, 검색 마케팅을 사용하였다. 이러한 콘텐츠로 유도된 트래픽은 사용자가 자연스럽게 발견했기 때문에 비용이 지불되지 않는다.

오늘날 검색 마케팅은 간단하다. 검색 엔진, 특히 구글은 검색자의 의도를 가장 잘 충족할 수 있는 콘텐츠로 트래픽을 보낸다. 만약 여러분이 다양한 고객 아바타의 의도를 충족시키는 콘텐츠를 만드는 데 전념한다면, 구글 및 기타 검색 엔진으로부터 많은 사랑을 받을 수 있다. 검색 마케팅에 대한 자세한 내용은 제8장을 참조하라.

소셜 미디어를 사용하여 사이트로 트래픽 유도하기

콘텐츠를 만든 후에는 해당 콘텐츠로 트래픽을 유도하기 위해 사용하는 소셜 미디어 플랫폼을 사용하라. 제9장에서 소셜 미디어를 사용하는 방법에 대해 자세히 설명한다. 이 장에서는 소셜 미디어 트래픽을 유도하기 위해 트위터의 트윗이나 페이스북 또는 링크드인의 업데이트와 같은 몇 가지 유형이 있다는 것을 알아두기 바란다. 이 업데이트는 새 콘텐츠에 대해 알리고 해당 콘텐츠에 대한 하이퍼링크를 제공한다.

소셜 미디어 업데이트에 텍스트를 작성할 때, 여러분의 브랜드 개성은 이 새로운 콘텐츠를 어떻게 제시하는지에 달려 있다. 예를 들어, 여러분의 브랜드가 고가의 보석 가게라면 여러분은 공식적인 톤을 사용할 수 있다.

콘텐츠의 길이는 제안의 복잡성이나 제한 사항(예 : 트위터)에 따라 다르다. 단순 제안은 복잡한 제안만큼 긴 설명이 필요하지 않다. 콘텐츠의 길이에 관계없이 소셜 미디어 업데이트는 시청자의 호기심을 자극하고 콘텐츠로부터의 혜택을 설명해야 하며, 그림 4-10의 로우스 페이스북 게시물에서 보여주는 홈 개선점과 같이 명확한 행동

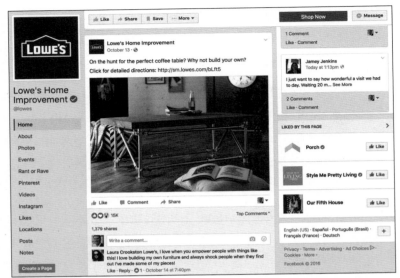

출처 : https://www.facebook.com/lowes/posts/10153827254486231:0

그림 4-10

로우스는 페이스북에서 콘텐츠로부터의 혜택을 설명하고 시청자가 클릭할 수 있도록 명확한 행동 유도 문구를 제공한다.

지침을 가지고 있는지 확인하라. 이 소셜 미디어 업데이트는 이 3가지 요구 사항을 모두 효과적으로 충족시키고 있다.

유료 트래픽 사용하기

이름에서 알 수 있듯이 유료 트래픽은 콘텐츠를 홍보하고 콘텐츠 도달 범위 또는 노출을 높이는 데 도움이 되는 광고의 형태를 취한다. 검색 엔진 및 소셜 미디어를 비롯한 다양한 플랫폼에 광고를 게재할 수 있다. 유료 트래픽은 리드를 생성할 때 매우 효과적일 수 있다. 방문자를 분류하고 재타깃을 하는 데 사용할 수 있기 때문이다.

잠재고객이 콘텐츠를 방문하게 되면 여러분의 잠재 구매자의 특정 세그먼트에 그들을 배치한다. 그들은 해당 페이지에서 제공되는 제안, 주제, 문제 또는 해결책에 대한 관심을 보이며, 구글 및 페이스북과 같은 광고 재타깃팅 네트워크를 활용하여 그들이 방문한 콘텐츠를 기반으로 잠재고객에게 그 광고를 다시 보여줄 수 있다.

많은 마케팅 담당자가 블로그 게시물 및 팟캐스트와 같은 콘텐츠에 대한 트래픽에 비용을 지불하는 것을 꺼려할지 모르지만 유료 트래픽은 큰 이점이 있다. 그것은 예상 가능하다는 것이다. 예를 들어, 페이스북에 비용을 지불하면 콘텐츠를 홍보할 때 트래픽이 발생한다. 그렇기 때문에 언제나 콘텐츠에 대한 광고를 구매할 때 특히 뛰어난 콘텐츠 품질을 유지해야 한다.

유료 트래픽을 사용하여 소비자에게 가치를 부여하고 비즈니스 목표에 부합하는 양질의 콘텐츠를 홍보하라. 이렇게 하면 깔때기의 다른 부분으로 사람들을 이동시켜서 잠재고객에서 리드로, 고객을 재구매 고객으로, 더 나아가 열성적인 팬으로 만드는 데 도움이 된다.

05

비즈니스를 위한 블로깅

제5장 미리보기

● 수익에 긍정적인 영향을 미칠 수 있는 블로그를 만든다.

● 외부 작가와 협력한다.

● 잠재고객의 관심을 끄는 헤드라인을 작성한다.

● 10단계로 블로그를 체크한다.

블로깅이라는 주제는 깊게 토론해볼 가치가 있다. 블로깅은 가장 강력하고 다양한 디지털 마케팅 도구 중 하나다. 여러분은 블로그를 텍스트, 그래픽, 오디오 및 비디오를 포함한 모든 유형의 콘텐츠를 위한 곳이라고 생각할 수도 있다. 그러나 블로그는 웹 사이트의 특정 페이지를 관리하는 데 도움이 되는 도구일 뿐이다.

잘 실행된 비즈니스 블로그의 힘은 여러분의 회사, 브랜드, 고객 대면 직원, 제품 및 서비스에 대한 인지도를 만들어내는 능력에 달려 있다. 인지도가 만들어지면 비즈니스 블로그는 마케팅 믹스의 중요한 부분이 된다. 그러나 인지도 생성에 실패하면 여러분의 노력을 물거품으로 만들어 시간만 소비하는 작업이 될 수 있다.

항상 고객의 여정을 염두에 두어야 하지만, 비즈니스 블로그의 주요 목적은 결국 잠재고객을 리드와 판매로 전환하기 위해 잠재고객에게 제품이나 서비스에 대해 인지시키고 참여시키는 것이다. 다른 콘텐츠 영역에서 했던 것처럼, 여러분의 콘텐츠(제3장에서 논의한)에 무조건적 제안, 조건적 제안, 파격 할인 제안을 하는 것이 중요할지라도, 블로그의 목표는 잠재고객을 리드 또는 고객으로 즉시 전환하는 것이 아니다.

마케팅은 여러분이 잠재고객, 리드 및 고객에게 제안하는 일련의 순서에 관한 것이다. 여러분의 블로그 콘텐츠는 여러분 또는 여러분의 회사에 관해 아무것도 모르는 잠재고객에게 제안하는 진입 포인트(entry point offer, EPO) 중 하나다. 그러나 콘텐츠는 사람들의 마음을 사로잡고 비즈니스 가치를 높여주기 위해 이메일, 소셜 미디어 및 유료 트래픽을 통해 최고의 고객에게까지 배포할 수 있는 것이다.

이 장에서는 성공적인 비즈니스 블로그를 위한 전략을 제시한다. 블로그 아이디어에 효과적인 도구를 제시하고, 여러분의 블로그를 다양하고 흥미롭게 유지하기 위해서 콘텐츠 제작자를 찾고 같이 일하기 위한 방법을 알려준다. 그리고 효과적인 헤드라인을 브레인스토밍할 수 있도록 도와준다. 이 장의 마지막 부분에서는 최대한 효과적으로 블로그를 만들었는지 '체크'할 수 있도록 체크리스트를 제공한다.

블로그 게시 프로세스 설정

수익에 영향을 미치는 블로그를 제작하려면 프로세스가 필요하다. 실패한 비즈니스 블로그는 계획에 실패한 것이다. 블로그 게시 프로세스를 함께 수행하면 여러분이 다음을 수행하는 데 도움이 된다.

>> 스타일, 톤, 주제, 제안, 매체와 같은 블로그의 다양한 요소를 조정한다.
>> 잠재고객이 무엇을 쓰고 싶어 하는지 고려하면서 콘텐츠 계획을 세우고 콘텐츠의 차이를 확인한다.
>> 자원으로서 장기적 관점에서의 영향뿐만 아니라 콘텐츠의 즉각적인 영향을 극대화하라.

블로그 게시 프로세스에는 블로그 게시물 아이디어를 생성하고, 일관된 계획을 위해 콘텐츠 세분화를 활용하고, 콘텐츠 제작자를 찾고 함께 작업하며, 콘텐츠를 편집하고, 새로운 콘텐츠를 전달하는 방법이 포함되어야 한다. 다음 절에서는 이 프로세스의 각 부분에 대한 세부 사항을 자세히 설명한다.

블로그 게시물 아이디어 생각하기

제6장에서는 여러 가지 방법으로 사용할 수 있는 57가지의 콘텐츠 및 블로그 게시 유형을 제공하므로 여러분의 콘텐츠를 다시 만들 수 있는 방법이나 게시물 아이디어가 결코 떨어질 수 없다는 것을 알게 될 것이다. 이 절에서는 아이디어를 생각하기 위해 사용할 수 있는 도구들을 배운다.

고객 아바타로부터 영감을 얻는다

제1장에서 설명한 고객 아바타 프로세스는 블로그 아이디어를 생각해내기 위해 필요한 풍부한 정보를 제공한다. 아바타를 유인하고 전환시키기 위해서 여러분은 어떤 블로그 게시물, 비디오, 팟캐스트 등을 만들어야 하는가?

먼저 아바타의 다섯 가지 구성 요소를 살펴보라.

>> **목표와 가치** : 아바타는 무엇을 달성하려고 하는가? 그는 어떤 가치관을 가지고 있는가?

>> **정보 출처** : 아바타가 어떤 서적, 잡지, 블로그, 기타 출판물에서 정보를 참조하는가?

>> **인구 통계** : 아바타의 나이, 성별, 결혼 유무는 무엇인가?

>> **도전과 고통의 요점** : 아바타가 목표를 달성하기 위해서 무엇을 억제하고 있는가?

>> **이의 제기** : 왜 아바타가 제품이나 서비스를 구매하지 않기로 선택했을까?

여러분의 아바타 각각에 대한 질문에 답하고 콘텐츠를 위한 아이디어를 생각하기 위해 그 답변을 사용해보라. 아바타의 문제를 해결하고, 그들과의 대화를 위해 그리고 그들의 목적과 목표에 대해 이야기하기 위한 콘텐츠를 생성하기 위해서 여러분의 목표 고객에 대해 알고 있는 정보를 사용하라.

버즈스모에 대해 조사한다

버즈스모는 콘텐츠가 어떤 주제에 대해 소셜 미디어에서 잘 작동하는지 분석할 수 있는 온라인 도구다. 블로그 게시물의 소셜 미디어 공유 수는 잠재고객의 선호 여부를 알 수 있는 좋은 지표다. 소셜 미디어에서 가장 많은 관심을 받는 주제가 여러분이 블로그를 위해 고려해야 할 콘텐츠다.

잠재고객이 검색할 가능성이 있는 키워드 및 구문으로 시작하라. 버즈스모 도구를 사용하여 여러분이 찾는 콘텐츠 유형을 찾을 수도 있다. 선택할 수 있는 카테고리로는 기사, 인포그래픽, 게스트 포스트, 경품, 인터뷰 및 비디오가 있다. 버즈스모를 사용하면 검색되는 콘텐츠의 날짜 범위를 조정할 수 있어 최근에 회자되고 있거나 또는 작년에 게시된 콘텐츠를 검색할 수 있다. 어떤 것이든 선택할 수 있다.

경쟁사의 콘텐츠가 어떻게 실행되고 있는지 보길 원하는가? 소셜 인기도 순으로 콘텐츠를 보려면 도메인을 입력하라. 그림 5-1은 소셜 인기도 순으로 타이프패드 블로그의 콘텐츠를 보여주는 버즈스모이다. 여러분의 분야에서 여러분이 존경하는 사람들은 뭘 하는지 보길 원하는가? 이름을 검색해보라. 버즈스모는 그들의 가장 인기 있는 콘텐츠를 보여준다.

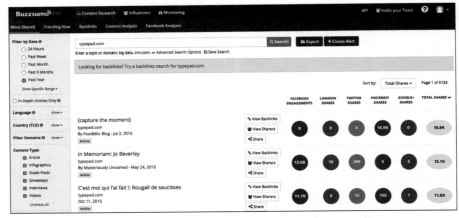

그림 5-1
버즈스모를 사용하여 인기 있는 콘텐츠를 식별하라.

출처 : https://app.buzzsumo.com

자신의 데이터 모니터링하기

유능한 블로거는 데이터 포인트를 모니터링함으로써 독자가 콘텐츠에 어떻게 반응하는지를 관찰한다. 이 데이터 포인트는 여러분이 나중에 어떤 것을 더 많이 생산할지를 결정하는 데 도움이 된다.

구글 웹 로그 분석은 방문자가 여러분의 웹 사이트를 어떻게 사용하는지에 대한 데이터를 볼 수 있는 무료 도구다. 구글 웹 로그 분석을 사용하여 웹 사이트에서 가장 많은 트래픽을 받은 블로그 게시물이 무엇인지, 사람들이 가장 많은 시간을 보내는 게시물이 무엇인지, 트래픽이 어디에서 왔는지(예 : 트위터, 구글 및 이메일)를 확인할 수 있다.

각 블로그 게시물의 소셜 공유 수를 계속 주시해야 한다. 워드프레스 또는 스퀘어스페이스와 같은 콘텐츠 관리 시스템을 사용하는 경우, 소셜 공유 버튼을 설치하면 블로그 방문자가 트위터, 페이스북 또는 핀터레스트와 같은 사이트에서 여러분의 콘텐츠를 그들의 네트워크와 쉽게 공유할 수 있다. 그림 5-2는 소셜 참여와 공유가 높은 블로그 게시물을 보여준다. 데이터 중심 블로거는 영감을 얻을 수 있고, 공유가 많이 된 게시물을 모방한 콘텐츠를 만들 수 있다.

마지막으로 이메일 뉴스레터를 통해 콘텐츠를 배포할 때 각 이메일의 공개 및 클릭률에 유의하라. 잠재고객이 관심 있어 하는 콘텐츠는 열람 및 클릭률의 비율이 상대적으로 높다.

그림 5-2
DigitalMar-keter의 참여가 높은 최근 게시물

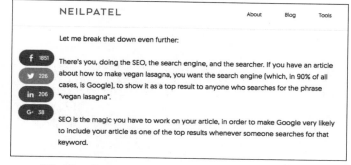

출처 : https://www.buzzfeed.com/annakopsky/two-personhalloween-costume-ideas-you-have-permission-to?utm_term=.cm7xOkVyM#.naZgR4NkG

내부 데이터 소스에서 가져온 정보를 사용하여 콘텐츠 캘린더를 구성하고, 잠재고객의 관심사에 관한 정보를 제공하는 데이터의 우선순위를 정하라.

콘텐츠 세분화 설정하기

여러분의 블로그를 주 단위로 그리고 월 단위로 한 번씩 바꾸지 마라. 게시하는 콘텐츠 유형에 대해 예측 가능한 구조를 만들면 여러분과 여러분의 잠재고객은 블로그에서 더 많은 가치를 얻을 수 있다. 예측 가능한 구조를 제공하기 위해 콘텐츠를 세분화하라. 콘텐츠 세분화는 계획된 일정에 따라 반복되고 비슷한 스타일과 템플릿을 따르는 블로그 게시 형식이다.

여러분은 이미 콘텐츠 세분화에 익숙할지도 모른다. 라디오, 텔레비전 및 인쇄 매체는 수십 년 동안 세분화를 사용했다. 예를 들어, 편집자에게 보내는 편지는 매일 보이는 신문 산업의 필수 요소다. 온라인 소셜 뉴스 및 엔터테인먼트 웹 사이트인 '버

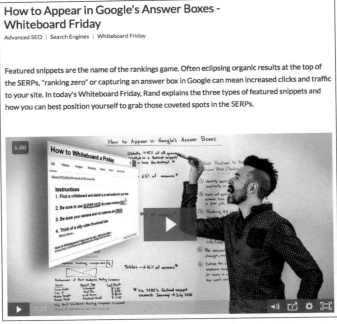

출처 : https://moz.com/blog/how-to-appear-in-googles-
answer-boxes-whiteboard-friday

즈피드'는 '사람들이 지금 아마존에서 구매하고 있는 것'이라는 일일 게시물을 게재하고 있다. 그림 5-3은 디지털 마케팅 담당자를 위한 SEO 소프트웨어 및 자원을 생성하는 회사인 모즈의 'Whiteboard Friday'라는 비디오 블로그 게시물이다.

제6장에서 소개하는 많은 게시물 유형은 세분화할 수 있다. 예를 들어 매주 또는 매달 링크 모음 게시물을 게재할 수 있다(제6장 참조). 잠재고객이 흥미를 가지게 될 링크 목록을 작성 및 편집하고, 사람들이 해당 링크를 방문했을 때 사람들이 기대할 수 있는 것에 대한 설명을 함께 게시하라.

세분화는 여러 가지 이유로 훌륭한 방법이다. 첫째는 외부 작성자에게 블로그에 대해 일관되게 보여줄 수 있다. 또 다른 이유는 형식이 항상 동일하기 때문에 쉽게 반복 가능하고 신속하게 소비될 수 있다는 것이다. 여러분이 그것들을 지속적으로 게시하고 사람들에게 일관된 가치를 제공하다 보면 잠재고객은 그것을 인지하고 계속해서 그것을 기대할 것이다.

콘텐츠 제작자와 협력하기

블로그를 성장시키는 데 필요한 콘텐츠를 제작하려면 작가 팀이 필요할 것이다. 외부 작성자는 블로그와 관련이 없는 사람으로 블로그의 콘텐츠 자산을 만든다. 이러한 콘텐츠 자산은 일반적으로 서면 기사이지만 콘텐츠는 블로그의 오디오, 비디오, 이미지의 형태를 취할 수도 있다. 외부 콘텐츠 제작자를 확보함으로써 블로그는 광범위한 관점을 가지게 되고 권위와 독자들의 많은 유입을 얻게 된다. 이는 콘텐츠 제작자가 영향력 있는 사람, 즉 자신의 틈새시장에서 평균 이상의 영향을 미치는 사람인 경우 특히 그렇다. 영향력 있는 사람은 종종 그들의 팔로워를 가지고 있고 미디어 매체, 소비자 그룹 또는 업계 협회와 같은 핵심 멤버들과 연결되어 있다.

콘텐츠 제작자 찾기

콘텐츠 제작자를 찾기 위한 방법 중 하나는 주제가 비슷한 블로그를 검색하는 것이다. 구글과 같은 검색 엔진을 사용하여 다음 검색어 중 하나를 입력하라.

[여러분의 블로그 주제] 블로그

[여러분의 블로그 주제] 블로거

[여러분의 블로그 주제] 저자

[여러분의 블로그 주제] 연사

예를 들어, 여러분의 블로그가 채식 생활에 관한 것이라면, '채식주의 블로그'를 검색하고 블로그에 가장 많이 기여한 채식주의 블로그와 저자의 링크를 찾으라.

검색 엔진 결과 페이지의 첫 페이지만 검색하면 안 된다. 여러 검색 페이지를 살펴보라. 트래픽이 많이 발생하지 않는 훌륭한 제작자를 우연히 발견할지도 모른다. 이 블로거는 자신의 블로그를 더 많이 노출시키기 위해 다른 블로그에 본인 콘텐츠를 제공 가능성이 높다.

트위터에서 콘텐츠 제작자를 검색할 수도 있다. 대부분의 콘텐츠 제작자는 트위터를 사용하여 콘텐츠에 대한 링크를 배포한다. 트위터 바이오를 검색하기 위해 팔로워윅크와 같은 앱을 사용하여 다음과 같은 용어를 검색하라.

[여러분의 블로그 주제] 블로거

[여러분의 블로그 주제] 작가

[여러분의 블로그 주제] 저자

[여러분의 블로그 주제] 연사

콘텐츠 제작자를 발견할 수 있는 또 다른 방법은 여러분과 동일하거나 관련이 있는 주제에 관한 글을 작성하는 블로그에 방문하는 것이다. 그리고 그들의 게스트 블로거에게 연락하라. 종종 이들은 프리랜서 작가이자 블로거이며, 여러분의 고객에게 노출되고 돈을 위해 여러분의 블로그를 위한 글을 기꺼이 쓸 것이다.

다음으로, 최고 논평가로부터 콘텐츠 제작자를 찾을 수 있다. 이들은 여러분의 기사에 대해 가장 깊이 있고 사려 깊은 의견을 남기는 사람들이다. 이 댓글 작성자는 여러분과 함께 참여할 뿐 아니라 여러분의 스타일을 알고 노출을 원하는 작가 및 연사가 될 수 있다.

마지막으로, 여러분의 사이트 또는 블로그에 '콘텐츠 제작자 지원하기(Write for Us)' 페이지를 작성하여 관심 있는 작가가 여러분에게 연락할 수 있도록 할 수 있다. 하지만 주의해야 할 점은 많은 저품질 콘텐츠 제작자가 '콘텐츠 제작자 지원하기' 페이지에서 요청을 보낼 수 있기 때문에 가이드라인을 포함시켜야 한다. 콘텐츠 제작자에게 기대하는 것을 나열하면 블로그에 적합하지 않은 사람을 배제하여 원하는 제작자를 찾을 수 있다. 고품질 작성자를 유치하기 위해 여러분의 '콘텐츠 제작자 지원하기' 페이지에 포함시켜야 할 요소는 다음과 같다.

» **출처 링크 포함 기사의 수용** : 대부분의 작가는 자신의 웹 사이트 링크를 포함할 수 있는지 알고 싶어 한다. 그렇게 한다는 것을 알리라.

» **기사에 대한 비용 지불에 대해 알리기** : 기사에 대해 비용을 지불하는 경우, '콘텐츠 제작자 지원하기' 페이지에 이 사실을 알림으로써 응답률을 높이라. 여러분이 지불하는 금액을 포함시킬 필요는 없다.

» **콘텐츠 카테고리** : 게스트 작성자가 작성해주길 원하는 주제를 설명하라.

» **예시** : 게스트 작성자로부터 여러분이 원하는 게시물 사례를 링크하라.

» **양식** : 관심 있는 작가가 여러분에게 연락하기 위해 작성할 수 있는 양식을 포함하라. 최소한 작성자의 이름과 이메일을 요청하라. 낮은 품질의 제출물을 걸러 내기 위해서 관심 있는 작가에게 작문 샘플을 제출하도록 요청하라. 우리 회사에서는 3가지 콘텐츠 샘플을 요구한다.

마케팅프로프스는 양질의 콘텐츠 제작자를 찾는 데 도움이 되는 '콘텐츠 제작자 지원하기' 페이지를 자세하게 작성하였다. 그림 5-4의 발췌 부분을 참조하라.

콘텐츠 제작자 확보하기

콘텐츠 제작자를 찾은 후에는 그들에게 다가가야 한다. 외부 콘텐츠 제작자는 돈이나 노출(또는 둘 다)의 2가지 이유로 블로그의 콘텐츠를 제작한다는 것을 염두에 두라.

작가가 첫 번째 이유로 그것을 하는 과정은 간단하다. 여러분은 비용을 지불하고 그들은 콘텐츠를 만든다. 일반적으로 작가의 지식이 전문적일수록 콘텐츠 비용이 높아진다. 그것은 공급과 수요에 따르는 것이다. 작가에게 지불해야 하는 비용이 얼마여

Write for MarketingProfs

Yes! We accept **bylined "how to" articles** and **opinion pieces** for our website and daily newsletter, MarketingProfs Today.

We also publish daily **summaries of research findings** based on polls, surveys, and research studies conducted by marketers, academia, PR firms, and other researchers.

1. Contribute bylined "how to" articles for MarketingProfs.com

Bylined articles of **800-1,000 words or so of body text**, written from an objective viewpoint and conveying valuable **how-to** content (**practical** advice, **actionable** tips, and **useful** know-how) in a fresh, approachable voice are more likely to meet MarketingProfs standards—and therefore more likely to be accepted for publication. See, as examples, the following three articles:

1. 13 'Old-School' Marketing Techniques That Take Your Facebook Fan Page From Wimpy to Wow

2. Run Your Website Like a Magazine

3. 10 Ways to Entice Your Whole Company (Not Just Marketing) to Blog

We will inform you if your article has been accepted for publication; expect to hear from us within a week or so of our having received your email. If we choose not to accept your article, you may or may not hear from us, depending on how crowded our inbox is.

Articles accepted for publication will be edited for clarity and brevity and to conform to the MarketingProfs house style. We will likely change your title, too, so you might want to suggest some alternatives.

So, if you are interested in joining the hundreds of MarketingProfs contributors of how-to marketing articles—on a one-time or a regular basis—here are some guidelines:

1. Articles should be original to the author and **unpublished elsewhere**.

2. Articles should offer readers **clear advice, takeaways, and practical how-to tips** about a specific marketing topic or approach to marketing. Bullet points are good. Meandering text is not—but keep in mind that **800-word minimum**.

3. At the beginning of your article, **list two or three bullet points summarizing its key takeaways**—the lessons learned and the how-tos contained in the article. They will be published along with the article.

4. Include a **brief bio** of 25 words, including LinkedIn and Twitter contact info, if available, and a recent **headshot** (make sure your entire head is in the picture).

그림 5-4

마케팅프로프스의 '콘텐츠 제작자 지원하기' 페이지의 일부다.

출처 : http://www.marketingprofs.com/write-for-us

야 할지 확실하지 않으면 Craigslist 및 ProBlogger Job Board와 같은 사이트를 방문하여 유사 업무에 대한 비용을 탐색할 수 있다.

돈 이외에 여러분이 작가에게 제공하는 것은 여러분 '독자에게로의 노출'이다. 만약 여러분의 블로그에 트래픽, 소셜 공유 또는 독자의 코멘트가 많은 경우, 해당 정보를 외부 작가와 공유하라. 작가에게 제공해야 하는 노출이 많을수록 콘텐츠 비용을 줄여야 한다. 사실, 여러분의 블로그가 임계치에 도달한 후, 여러분은 콘텐츠에 대한 비용을 지불할 필요가 없다. 작가는 노출되기 위해서 여러분에게 올 것이다.

여러분이 작가에게 얼마를 지불하는지에 따라 작가들의 참여 여부가 달려 있다. 게스트 작가의 영향력과 추종자가 많을수록 작성자가 요구하는 노출과 돈이 커진다.

콘텐츠 제작자의 성공 보장

외부 작가의 성공을 보장하는 가장 좋은 방법은 블로그 지침을 준비하는 것이다. 이 가이드라인은 콘텐츠 제작자 지원하기 페이지에 있는 가이드라인과 마찬가지로, 블로그에 가장 효과적인 콘텐츠 유형, 여러분의 기사를 좋아하는 고객 유형, 외부 작성자의 작업 기준에 대해 안내해준다. 예를 들어 블로그가 특정 종류의 이미지(예 : 주식 또는 개인 사진)를 허용하지 않는 경우 가이드라인에 이러한 제한 사항을 나타낸다. 이미지의 크기가 특정 해상도와 특정 테두리가 필요한 경우 해당 요구 사항을 나열하라. 가이드라인은 제작자가 제공하고자 하는 콘텐츠를 형성하는 데 필요한 정보이며 가이드라인을 제공하면 최종 작업 시 편집, 포맷 및 이미지 작업에 혼란을 줄일 수 있다. 여러분을 위해 글쓰기에 관심을 표명한 외부 작가와 연락한 후, 여러분이 기대하는 것을 알 수 있도록 지침을 보내라. 가이드라인은 별도의 문서로 보내거나 여러분의 서신에 직접 붙여 넣을 수 있다.

다음으로, 여러분의 블로그에 있는 기사를 작가에게 보여주라, 그리고 콘텐츠 링크를 제공하라. 작가들이 기사를 어떤 방향으로 작성해야 하는지 알도록 참조할 만한 콘텐츠 링크를 제공하라.

작가가 지침과 제공한 예를 토대로 여러분이 기대하는 바를 인지한 후에 작성자에게 작성하려는 게시물에 대한 정보를 요청하라. 그들에게 다음 정보를 요청하라.

- » **작업 제목** : 헤드라인이라고도 하는 블로그 게시물의 제목은 독자와의 약속이다. 그 제목은 반드시 블로그에 게시될 제목은 아닐지라도 게시물을 제작할 때 작성자에게는 지침서의 역할을 한다.
- » **개요** : 여러분은 게시물 레이아웃, 각 절의 세부 사항 및 작성자가 사용할 이미지가 무엇인지 알고 싶을 것이다. 작가로부터 받은 내용이 자세할수록 성공적인 기사가 될 가능성이 커진다.

작가가 작업 제목과 개요를 보내면 블로그에 게시 가능한 게시물이 생성될 때까지 승인 또는 제안하고 그들에게 질문을 하라.

마지막으로 스케줄과 마감 시간에 대해 논의하라. 게시물 유형에 따라 작성자가 첫 번째 초안을 만드는 데 1~3주 정도 소요될 것으로 기대한다. 이전에 누군가와 함께

일한 적이 없다면, 검토를 위해 작가에게 25퍼센트를 작성해서 여러분이나 편집인에게 보내라고 요청하라. 이렇게 하면 게시물을 완성하기 전에 작성자와 조정하고 작업할 수 있다.

작가의 시간을 존중하고 예상 소요 시간을 설정하라. 편집이나 질문을 다시 보낼 때까지 그들은 얼마나 기다려야 하는가? 그들은 그들의 게시물이 승인되었음을 알기까지 얼마나 걸릴까? 언제 그들에게 출판 날짜를 알려줄 것인가? 가이드라인, 타이밍 및 기대요소를 설정하면 콘텐츠 작성 프로세스가 문제 없이 진행될 수 있다.

첫 번째 초안 편집

기고가가 첫 번째 초안을 제출하면(제시간에!) 여러분은 기술 편집 초안에 들어간다. 이는 현재 상태로 게시할 수 있는지 또는 콘텐츠를 수정하지 않아도 되는지 확인하기 위해 수행하는 편집이다.

먼저, 작가가 이전에 제출한 콘텐츠의 개요와 헤드라인을 최종 게시물과 비교하라. 작업 제목에 약속이 전달되고 있는가? 개요가 충실한가? 여러분이 우려하는 모든 것을 지적하라. 작업 제목에 명시된 약속에서 벗어나는 부분이나 예상되는 개요에서 누락된 부분이 있는지 주의하라.

그런 다음 게시물의 게시 기준을 충족시키기 위한 지침을 실행하라. 블로그의 톤과 맞는가? 잠재고객이 여러분의 블로그에서 기대하는 유형의 콘텐츠를 제공하는가? 이미지가 가이드라인에 설정된 표준 및 사양을 충족하는가? 여러분의 작가는 콘텐츠에 이미지를 사용하기 위해 필요한 저작권 관련 권한을 가지고 있는가?

게시물이 여러분의 가이드라인을 따르거나 충족시키지 못했다는 것을 확인한 후에는 게시물의 내용을 검토하여 필요한 수정 사항을 확인하라. 작가는 무엇을 확장해야 하는가? 그는 무엇을 제거해야 하는가? 그는 잠재고객을 위해 무엇을 명확히 해야 하는가?

게시물의 원고 정리하기

콘텐츠가 게시 가능한 수준이 되면(약속을 지키고 표준을 충족하는 게시물) 철저한 원고 정리가 필요하다. 여러분의 언어 스타일에 맞게 게시물을 편집하라(회사 표준별로 특정 단어를 대문자로 표기하는가? 다른 사람들이 쓰지 않는 단어에 하이픈을 넣는가?). 또는 독자들이 이해하기 위해 필요하다고 생각되는 문장을 추가하라.

그런 다음, 줄 단위로 게시물을 검토하고 철자나 문법의 오류 등을 확인하라. 서식, 흐름, 톤을 편집하고 링크, 이미지 및 비디오가 예상대로 작동하는지 확인해야 한다. 원고 정리의 목표는 철자 오류, 문법 오류 및 깨진 링크 등 콘텐츠에 오류가 없는지 확인하는 것이다.

블로그 헤드라인 공식 적용하기

이 장에서 논의한 모든 내용은 잠재고객을 끌어들이고 참여시키는 헤드라인이나 블로그 게시물 제목을 만들지 않는 한 중요하지 않다. 헤드라인은 독자의 관심을 끌기 위해 가장 중요한 부분이다. 독자의 관심을 끌기 위해 소음을 차단하고 여러분의 게시물을 읽는 데 그들의 소중한 시간을 소비하도록 설득하는 것이기 때문이다.

그러나 어떻게 클릭 수를 증가시키는 블로그 헤드라인을 생각해낼 수 있을까? 다음의 공식을 따라해보자. 6가지 멋진 블로그 헤드라인 카테고리를 자세히 설명하겠다.

관심사 활용하기

첫 번째 헤드라인 공식은 관심사와 관련된 헤드라인이다. 이는 확실히 효과가 있는 블로그 게시물 제목을 만드는 방법이며 그것들은 자주 사용되어야만 한다. 관심사 헤드라인은 여러분의 고객이 블로그 게시물을 읽음으로써 얻을 수 있는 혜택이 무엇인지 명확하게 제시한다. 이런 헤드라인은 "나를 위해 그 안에 무엇이 있을까요?"라는 질문으로 시작한다. 그리고 기사가 설명하는 것이 무엇인지에 대한 단서를 준 독자들에게 제공함으로써 독자들이 무엇에 대한 내용인지 예상할 수 있도록 도와준다.

다음은 몇 가지 관심사 헤드라인의 예시다.

3단계 콘텐츠 마케팅 계획으로 웹 사이트 트래픽 늘리기

저축이 없어도 당당히 은퇴하는 방법

텍사스 오스틴에 있는 유기농 음식 시장 10개 목록

호기심을 자극하기

관심사와 관련된 헤드라인이 헤드라인에 직접적인 혜택을 제공하기 때문에 효과적이라면, 호기심을 자극하는 헤드라인은 정반대의 이유 때문에 성공한다. 이 헤드라인은 지나치게 많은 정보를 제공하지 않고 독자의 관심을 불러일으켜 더 많은 클릭수를 발생시킨다.

호기심을 자극하는 헤드라인은 긁지 않으면 해소되지 않는 가려움증과 같아서 독자는 블로그 글을 읽지 않을 수 없다. 그러나 호기심을 자극하는 헤드라인이 만약 독자에게 아무런 영향이 없다면 실패할 수 있다. 이러한 헤드라인은 더 모호하기 때문에, 내용이 헤드라인으로 인해 발생한 기대에 부응하지 못할 때 독자들은 짜증을 낼지도 모른다. 호기심을 자극하는 헤드라인이 독자를 오도하지 않도록 하라.

호기심을 자극하는 헤드라인의 사례를 살펴보자.

여러분이 모르는 아이폰으로 할 수 있는 25가지

'나비 공정'으로 완벽한 소고기 필레 굽기

이것이 여러분이 절대 우유를 먹지 말아야 할 이유입니다.

블로그 게시물 제목에 순수한 호기심을 사용하는 것은 거의 불가능하다. 대신 앞의 헤드라인 예와 마찬가지로 호기심을 결합하여 강력한 블로그 게시물 헤드라인을 만들 수 있다. 예를 들어 완벽한 쇠고기 필레를 굽는 것에 대한 블로그 게시물을 읽는데 관심이 있을 수 있지만 '나비 공정'에 대한 호기심으로 인해 더욱 매력적인 헤드라인이 만들어진다.

긴급함 및 희소성 활용하기

누군가에게 블로그 게시물을 읽게 하는 가장 강력한 방법은 긴급성이나 희소성을 부여하는 것이다. 긴박함과 희소성을 전달하는 헤드라인은 독자들에게 지금 행동해야 한다고 말하거나 무언가를 놓칠 것이라는 것을 암시한다. 이 기법을 과도하게 사용하지는 말라. 그렇지 않으면 잠재고객을 화나게 할 수도 있다. 마감일이나 제한된 수량 또는 사용이 제한적일 경우에만 긴급성 및 희소성 헤드라인을 사용하라.

여기에 몇 가지 긴급 및 희소성 헤드라인 예시가 있다.

> 지금 표를 얻으십시오! 10월 15일 우디 알렌의 연설이 링컨 센터에서 열립니다.

> 무료 사진 강좌 : 공개 등록 마지막 기회

> 이번 신간은 고대의 체중 감소 비밀을 밝힙니다(수량제한).

경고하기

종종 사람들은 혜택을 얻기 위해서라기보다 고통을 피하기 위해서 행동을 취하게 된다. 다음과 같은 경고하기 헤드라인은 위협으로부터 그들을 보호하겠다는 약속을 표방한다.

> 여러분의 아파트 임대 계약에 숨겨진 비밀

> 경고 : 당신이 글을 읽을 때까지는 조금이라도 개 사료는 사지 마세요.

> 자녀의 매트리스는 안전합니까?

권위 빌리기

인간의 근본적인 특징은 의사 결정을 할 때 다른 사람들의 행동을 보는 것이다. 익숙하고 영향력 있는 이름을 언급하여 그들의 성공 사례를 헤드라인에 활용하거나 제품 또는 서비스를 이미 사용하는 사람의 수를 강조함으로써 인간의 본질적인 특성을 활용할 수 있다.

유능한 마케터는 이 '사회적 증거'를 사용한다. 사람들은 다른 사람이 선택한 것을 기반으로 의사결정 하는 성향이 있다. 그 선택을 하는 사람들이 많을수록 그들은 더 많은 영향력을 행사하게 되고 사회적 영향력은 더 커진다.

다음과 같은 '사회적 증거' 헤드라인을 고려하라.

> 12월 8일 보스턴 코먼에서 보스턴 사람들이 1000년 만에 모이는 이유는?

> 오즈 박사가 한밤중에 간식으로 먹는 것

> 모든 사람들이 얘기하고 있는 저스틴 팀버레이크 비디오

새로운 내용 공개하기

잠재고객에게 자신의 분야에서 새로운 발전에 대한 정보를 제공함으로써 권위를 확립하고 잠재고객을 지속적으로 유지한다. 최첨단을 표방하는 블로그 게시물은 눈에 띄는 헤드라인이 필요하며 최신 정보에 대한 새로움이나 또는 긴급성을 전달한다. 이 헤드라인은 종종 호기심 요소와 결합될 때 효과적이다.

예를 들어, 다음과 같은 뉴스 헤드라인을 살펴보자.

> 170만 년 된 뼈에서 발견된 고대 인체의 암

> 카리브해에서 발견된 새로운 종

> 새로운 도구, 웨비나를 바꾼다.

블로그 게시물 검사하기

블로그 게시물을 읽거나 편집할 때 게시물이 만족스럽지 못한 구체적인 이유를 파악하는 것은 어려울 수 있다. 작가 또는 콘텐츠 팀에게 개선점에 대해 의사소통하는 것은 훨씬 더 어려운 일이다. 즉, 프로세스가 없거나 무엇을 찾아야 할지 모를 경우 이러한 일은 어렵다. 블로그 게시물을 검사하려면 10가지 요소를 검토해야 한다. 다음

절에서는 게시물을 평가하고 향상시키는 데 도움이 되는 각 요소에 대해 설명한다.

독특한 헤드라인을 제공한다

이 장의 앞부분에 있는 '블로그 헤드라인 공식 적용하기' 절에서 헤드라인의 6가지 범주를 살펴보았다. 어떤 헤드라인 공식 또는 그 공식들의 조합을 사용하든, 독특한 헤드라인에는 3가지 공통점이 있다.

» 헤드라인을 통해 사람들이 게시물을 읽음으로써 얻을 수 있는 것이 무엇인지 제공한다.

» 헤드라인은 게시물을 통해 얻을 수 있는 것이 무엇인지 설명할 수 있는 만큼의 단어를 사용하라. 간결하고 불필요한 단어나 문구는 피하고, "진정으로, 단지, 매우 차라리"와 같은 부차적인 단어를 빼라. 다음은 부차적인 단어가 포함된 헤드라인의 예다.
"근본적으로 비어 있는 것보다 부차적인 단어를 피하는 것이 왜 중요한가 그리고 헤드라인과 본문은 왜 논점이 흐려지는가?"
다음은 더 나은 헤드라인이다.
"부차적인 단어가 여러분의 독자를 어떻게 멀어지게 하는가? 그리고 여러분이 그것들을 어떻게 피할 수 있는가?"

» 헤드라인은 허위나 과대광고가 없을 때 강렬하다.

효과적이지 않은 헤드라인은 단순한 진술 또는 불완전한 문구로 되어 있다. 예를 들어, 피트니스 및 영양 웹 사이트에서 발견한 3가지 블로그 헤드라인을 살펴보자.

아침 식사를 위한 초콜릿

명상의 이점

유년기 비만 극복

3가지 헤드라인 모두가 사실에 근거한 평이한 진술이다. 그것들은 극적으로 개선될 수 있으며, 다음과 같이 약간의 수정으로 가능하다.

아침 식사를 위한 초콜릿?

명상의 7가지 이점

아동 비만을 극복하는 방법

이렇게 수정된 헤드라인은 완벽하지는 않지만 기존 것보다는 훨씬 효과적이다. 첫 번째 제목에 물음표를 추가하면 독자의 흥미를 끌 수 있다. 중간 표제에 숫자를 넣으면 모호함이 사라지고 명확성이 추가된다. 마지막으로, 마지막 제목에서 '방법'을 추가하면 진술이 일종의 약속(기업이 제공하고자 하는)으로 바뀐다.

여러분이 헤드라인을 만드는 데 어려움을 겪고 있다면, 기사의 서론과 결론에 숨어 있는 한 가지를 찾을 수 있다. 서론 또는 결론에서 기사의 이점을 전달하는 약속(기업이 제공하고자 하는 것)이 있는지 없는지를 검토하라. 여러분은 아마 거기에서 헤드라인을 만들기 위한 아이디어를 발견할 수 있다.

강력한 서론을 포함한다

기사의 가장 약한 부분은 종종 서론이다. 때로는 블로그 게시물을 처음부터 끝까지 빨리 읽으려면 처음 다섯 단락을 잘라내는 것이 좋다. 독특한 서론은 다음의 요소를 포함한다.

> » 서론은 게시물을 위한 규칙을 개발하고 게시물을 소비하기 쉽도록 한다.
> » 서론은 독자를 끌어들이고 전체 기사를 읽도록 이끌어야 한다.

서론을 작성할 때 다음과 같은 트릭을 사용할 수 있다. 효과적이고 호기심을 키우는 문장으로 게시물을 시작한다. 짧게 작성한다(8단어 정도). 첫 번째 문장은 독자가 페이지 아래로 미끄러지듯 자연스럽게 읽도록 유도하기 위한 것이다.

다음은 이러한 유형의 서론 예이다.

마침내 그것을 발견했습니다.

큰 오해가 있습니다.

전에 이 말을 들었다면 나를 멈춰라.

독자들이 일단 읽어 내려가기 시작하면, 그후에 그것을 유지하는 것은 쉽다. 그러나 그들이 읽어 내려가도록 만드는 것은 어렵다.

구독하기 쉬운 콘텐츠를 제공한다

블로거의 목표 중 하나는 사람들이 중간에 멈추지 않고 전체 기사를 처음부터 끝까지 읽는 것이다. 구독하기가 쉽지 않은 콘텐츠라면 콘텐츠로서 역할을 할 수 없다. 콘텐츠를 읽기 쉽도록 하려면

- » 기사를 쉽게 소비할 수 있는 형식이어야 한다.
- » 아이디어와 부제목 사이의 전환이 원활해야 한다.

블로그 기사는 책과 다르다. 훌륭한 블로그를 위해서라면 이미지나 비디오는 거의 없고 빽빽하고 긴 단락으로 구성해서는 안 된다. 긴 텍스트 블록은 시각적으로 매력적이지도 않고 독자를 겁먹게 한다. 다음과 같이 텍스트를 분리하여 독자가 콘텐츠를 읽어 내려가도록 하라.

- » 글머리 기호 목록
- » 번호 목록
- » 따옴표
- » 소제목
- » 아트워크 및 이미지(예 : 그림, GIF, 인포그래픽스 및 비디오)
- » 볼드체
- » 이탤릭체

그런 다음 아이디어와 다른 영역 사이의 변화를 찾아보라. 독자가 느리게 읽을 수도 있고 멈출 수도 있다. 독자를 차단할 수 있는 지점에서 전환이 포함되어 있는지 확인하라. 전환은 기사를 하나로 묶고 독자의 이해를 높이며 독자의 참여를 유도하고 독자가 최종 문장까지 읽도록 한다. 그림 5-5는 그림, 표제, 글머리 기호 목록, 굵은 글꼴 및 짧은 단락을 사용하여 단락을 나누고 내용을 읽기 쉽게 만드는 블로그 게시물의 일부를 보여준다.

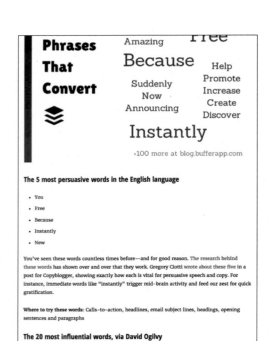

그림 5-5

블로그 게시물
은 내용을 쉽게
읽을 수 있는 방
법을 사용하고
있다.

출처 : https://blog.bufferapp.com/words-
andphrases-that-convert-ultimate-list

마지막 포인트 : 단락을 나누라. 블로그 게시물의 긴 단락은 과속 방지턱과 같아서 독
자의 구독 속도를 늦추고 기사를 완전히 구독하지 못하게 한다. 블로그 게시물을 배
치할 때 많이 구독하게 하려면 세 줄 이상 넘기지 않도록 단락을 나누라.

목표를 충족시킨다

블로그에는 브랜딩, 잠재고객에게 가치 제공하기, 권위 수립하기와 같은 많은 목표가
있지만 블로그의 주된 목표는 궁극적으로 매출로 이어지는 우수한 리드를 창출하는
것이다. 블로그 콘텐츠로부터 높은 전환율을 획득하기 위한 핵심은 다음과 같다.

> **관련성** : 게시물에서 제공하는 것이 기사의 주제와 관련이 있어야 한다. 제
  안이 일치하면 할수록 더 많은 전환이 발생한다.

> **구독** : 구독하기 어려우면 독자는 좌절하여 여러분의 페이지를 떠날 것
  이다.

목표를 달성하는 데 도움이 되도록 게시하고자 하는 기사에 다음 내용을 포함하자.

> » 기사의 주제와 관련된 명확한 행동 유도 문구(call to action, CTA).
> » 행동을 유도하기 위한 효과적인 문구와 디자인으로 독자들이 행동하도록 유도하라.
> » 행동 유도 문구가 눈에 잘 띄도록 게시물 내의 여러 곳에 배치한다.

그림 5-6은 뉴욕 포스트에서 블로그 포스트를 통해 팝업으로 방문객이 사이트를 떠나기 전에 주의를 끌기 위한 행동 유도 문구다. 이 CTA는 독자들의 주의를 끌고 클릭을 유도하는 데 도움이 되는 간단한 메시지와 디자인으로 이루어져 있다.

양질의 미디어 포함

기사에 포함된 이미지, 비디오, 오디오 파일이 여러분 게시물의 미디어를 구성한다. 효과적인 기사를 위해 신속하게 고품질의 미디어가 로딩되는 것은 매우 중요하다. 로딩하는 데 3초 이상 걸리거나 품질이 좋지 않은 미디어, 또는 흐릿해 보이는 미디어는 독자를 좌절시키고, 그들이 기다릴 필요 없는 다른 블로그 콘텐츠를 찾게 만든다. 고품질 미디어 제작에 전념하는 것은 콘텐츠 포화 상태인 업계에서 차별화할 수

그림 5-6
강한 행동 유도 문구가 들어 있는 NYT의 기사

출처 : http://www.nytimes.com/2016/11/15/world/europe/putin-calls-trump.html?_r=0

있는 방법 중 하나다. 따라서 깨끗하고 선명한 고화질 이미지, 비디오, 오디오인지 확인하라. 또한 미디어가 기사에서 강조하고 있는 점을 더 설명할 수 있는 부분이 어디인지 찾아보라.

풀 타임 사진작가 또는 그래픽 디자이너를 고용하는 것이 필요하지 않을 수 있지만 미디어가 기본적으로 제공하는 이미지 및 비디오는 사용하지 말라. 이런 양식은 너무 획일화되어 있을 뿐만 아니라 기사의 주제와 일치하지 않는다.

매력적인 결론을 제공한다

기사의 마지막 단락을 어떻게 하느냐에 따라 좋은 것에서 훌륭한 것으로 여러분의 게시물을 바꿀 수 있다. 효과적인 결론은 조각을 하나로 묶는다. 그러므로 결론에서 여러분이 서론에서 이끌어냈던 호기심에 대한 대답을 제시해야 한다. 그리고 기사를 통해 제공하겠다던 약속도(기사를 통해 얻을 수 있는 이익) 제공해야 한다. 그렇지 않으면 독자는 기분이 상하고 브랜드에 대해 부정적인 인상을 가질 수 있다. 유머, 재치 또는 통찰력을 사용하여 게시물을 마무리하거나 독자가 댓글을 달거나 공유하거나 블로그의 더 많은 페이지를 방문하도록 유도하기 위해서 감정을 자극해보라.

결론은 독자가 게시물을 공유하고, 의견을 말하고, 행동을 위해 클릭하거나, 여러분의 사이트를 더 깊이 들여다보기로 결정하게 만드는 중요한 부분이다. 결론은 서사적일 필요는 없지만 기사가 갑자기 끝나지 않도록 하라. 마무리하는 가장 간단한 방법은 서론을 다시 말하고 독자들에게 의견을 말하고 공유하도록 요청하는 것이다.

검색 엔진 최적화 사용

효과적인 검색 엔진 최적화(SEO)를 통해 구글과 같은 검색 엔진에서 여러분 블로그 게시물의 순위를 높여 잠재고객에게 블로그 게시물의 노출 가능성을 높여라(제8장에서 SEO 기법에 대해 더 자세히 다룬다). 블로그 게시물을 최적화시키기 위해 게시물과 밀접한 관련이 있는 키워드 또는 키워드 구문을 선택하고, 그 키워드를 아래에 포함시켜라.

» 제목 태그
» 본문
» 이미지 alt(이미지의 묘사 내용) 속성
» URL(universal resource locator)
» 메타 데이터에 대한 설명

블로그를 최적화하는 또 다른 중요한 방법은 여러분의 블로그 기사와 관련성이 높은 사이트를 상호 링크하는 것이다. 여러분의 브랜드와는 관련이 없지만 여러분의 기사 주제와 관련된 다른 사이트에 링크를 연결할 수 있다. 여러분은 여러분이 최근 게시물에서 강조한 점들을 정교하게 작성한 다른 블로그 게시물을 교차 링크할 수 있다.

주제를 분류한다

블로그가 확장됨에 따라 여러분은 더 많은 주제를 다룰 것이다. 따라서 블로그 게시물을 분류하고 정리하는 작업을 시작해야 한다. 예를 들어, 경제 블로그는 세금 팁, 재무계획, 예산 및 저축 등과 같은 다양한 주제를 다루고 있다. 독자가 원하는 내용을 찾을 수 있도록 각 게시물에 카테고리(또는 태그)를 추가하라.

카테고리를 추가하면 사용자 경험을 향상시키는 데 도움이 되며, 이로 인해 잠재고객에게 제공하는 가치를 증가시킬 수 있다. 마우스를 사용하여 상자를 선택하는 것처럼 간단하지만 블로그 게시물 점검 시 블로그 게시물에 적합한 범주를 선택했는지 여부를 체크하는 것은 중요하다.

약속을 완벽하게 이행한다

표제와 서론의 목표가 강력한 약속을 하는 것이라면, 블로그 게시물의 본문의 역할은 그 약속을 완벽하게 이행하는 것이다. 게시물이 작성한 약속을 이행하지 못한다면 헤드라인을 수정하거나 블로그 게시물을 수정하라. 훌륭한 헤드라인을 작성하고 기사에서 그 약속을 이행하는 못하는 것만큼 블로그의 명성을 빨리 파괴하는 것은 없다.

즉, 점검 사항은 단순히 약속을 이행하는 것 이상에 관한 것이다. 또한 게시물에 제시된 모든 아이디어가 적절하게 '잘 짜여져' 있는지 청중을 혼란스럽게 하지는 않는지 요점을 이해하기 위해 더 많은 정보가 필요하지는 않은지 확인해야 한다. 여러분이 추가하여 게시물의 질을 향상시킬 수 있는 부분이 있는지 다음 사항에서 찾아보라.

» 미디어(이미지, 비디오, 오디오)
» 예제들
» 데이터
» 추가 정보를 연결한 내부 또는 외부 링크

모든 게시물에 대해 더 많은 노력을 기울이고 결과를 보라. 너무 많은 양의 콘텐츠 생산으로 고객을 떠나게 하지 말고 적은 양의 게시물을 생산하는 것을 고려하라.

전문적인 일관성 유지

브랜드의 목소리 또는 개성은 무엇인가? 여러분의 브랜드는 전문적인가? 또는 비판적인가? 아니면 학구적인가? 그것이 무엇이든지 간에 브랜드를 강화하는 콘텐츠를 제작하라. 예를 들어 법률 회사 블로그는 기사에서 욕설을 사용해서는 안 된다. 그러나 멋진 오토바이 블로그는 브랜드와 좀 더 일치하기만 한다면 특정 4개의 철자 단어를 사용하여 더 많은 기회를 잡으라. 그러므로 기사의 주제가 무엇이든 브랜드의 성격과 일치하는지 확인하라.

또한 일부 조직의 경우 더 중요한 것은 최신 블로그 게시물이 예전에 블로그나 다른 곳에서 게시한 내용과 모순되지 않는지 확인하라. 예를 들어, 여러분이 패션 블로그를 하고 있으며, 작년에 언더셔츠를 입는 것의 부적절함에 대한 게시물을 올렸으며, 최신 블로그에는 언더셔츠의 중요성에 대한 게시물이 있고 지난 게시물 이후로 주제에 대한 변경사항에 대해 설명하지 않으면, 불일치 때문에 독자들은 혼란스러워 할 것이며 여러분은 독자를 잃게 될 것이다.

chapter

06

57가지 블로그 게시물
아이디어 검토하기

제6장 미리보기

- 블로그 게시물에 대한 끊임없는 아이디어를 만들어낸다.
- 빠른 속도로 고품질 블로그 콘텐츠를 제작한다.
- 독자의 신뢰를 쌓는 블로그 게시물을 만든다.
- 블로그를 사용하여 영향력 있는 사람들과 네트워크를 구축한다.

모 든 블로거는 빈 화면이 얼마나 처참한지, 새로운 아이디어를 내놓는 것이 얼마나 힘든 일인지를 잘 알고 있다. 이것이 이 장이 중요한 이유다. 이러한 블로그 게시물 유형은 B2B 및 B2C(B2B) 블로그에 모두 적용할 수 있다.

다음 페이지에서 다시는 블로그 게시물 아이디어가 떨어지지 않도록 57개의 블로그 게시물 아이디어 목록을 공개한다. 또한 회사가 홍보할 수 있는 최고의 콘텐츠를 제공하면서 빠르고 쉽게 작성할 수 있는 3가지 블로그 게시물 유형에 대해서도 자세히 설명한다.

작가의 블록 깨기

빈 페이지를 없애기 위해서는 여러 가지 유형의 블로그 게시물이 있다는 것을 이해해야 한다. 블로그 콘텐츠를 전달할 수 있는 형식들을 이해한 후에는 작가 블록을 다시는 가질 수 없을 것이다.

제4장에서는 콘텐츠 세분화를 생성하는 개념에 대해 설명했다. 블로깅에서 세분화란 주기적으로, 보통 매주 또는 매월 반복되는 콘텐츠 유형이다. 예를 들어 외부에서 가져온 흥미로운 링크 목록을 표시하는 링크요약 게시물이 있다. 많은 블로그는 주마다 한 번 또는 한 달에 한 번 이러한 유형의 게시물을 올린다. 매주 또는 매월 되풀이되는 블로그 콘텐츠 세분화를 생성하면 블로그 콘텐츠를 훨씬 쉽게 만들 수 있도록 계획할 수 있다.

다양한 블로그 게시물 유형은 다음 절에서 다룰 것이다. 많은 블로그 콘텐츠를 작성해야 하는 경우 이 장을 읽고 여러분의 근처에 두라. 이 장에서 설명하는 57가지 블로그 게시물 유형 중 몇 가지를 시도해보고 편집 캘린더에서 1~2개의 일관된 콘텐츠 세분화로 만들라.

유용한 콘텐츠 작성하기

사람들이 검색할 땐 인터넷에서 유용한 콘텐츠를 검색한다. 그들은 문제 해결에 도움이 되거나 영감을 주거나 올바른 방향을 제시할 수 있는 방법, 사례 연구 및 자원을 찾는다. 자유롭고 유용한 콘텐츠를 작성하면 여러분의 고객의 관심을 받게 되며, 틈새시장에서 권위자로서 자리를 잡을 수 있다. 다음 절에서는 모든 브랜드에서 사용할 수 있는 유용한 13가지 유형의 블로그 게시물 아이디어를 제공한다.

목록을 제공하는 게시물

목록 게시물은 그 목록 자체다. 어떤 사람들은 그것을 '목록 기사'라고 부르기도 한다. 목록 게시물은 통합하기 가장 쉬운 방법 중에 하나이며, 굉장히 다양하다. 사람들이 목록을 좋아한다는 것은 말할 것도 없고 유용하며 빨리 읽을 수 있다. 여러분의 블로그를 위해 도서, 도구, 자원 또는 행동 유도 문구와 관련되고 고객에게 유용하다고 생각하는 다른 주제 목록을 만들어보자.

일반적으로 목록 게시물은 간단히 소개를 한 다음 바로 게시물 본문으로 이동한다. 본질적으로 목록 게시물은 문자가 많아 고객들이 겁을 먹을 수 있다. 따라서 가능하면 이미지를 사용하라. 단락을 나누어서 게시물을 읽기 쉽게 만들라. 그러면 공유할 가능성이 높아진다.

사례 연구 게시물

사례 연구라는 용어는 기사, 블로그 게시물 또는 비디오 용어보다 인지된 가치가 더 크다. 사례 연구는 세부 사항을 제공하며 실제 사례를 보여줌으로써 간단한 평가 수준을 뛰어 넘는다. 사례 연구를 사용하면 독자를 고객으로 전환시키는 데 도움이 되며 성공을 강조할 수 있다.

사례 연구 게시물은 구체적이어야 하며 전략에 대해 다루어야 한다. 프로젝트, 이벤트 또는 프로세스와 같은 항목의 개요와 세부사항을 작성한다. 여러분이 직면한 실패와 '과속 방지턱'을 포함하여 처음부터 끝까지 여러분의 이야기를 전하라. 그렇게 함으로써 여러분의 사례 연구 게시물은 진실성과 신뢰성을 얻게 된다. 여러분의 브랜드가 또한 다른 사람들과 마찬가지로 결함이 있는 사람으로 구성되어 있음을 증명하기 때문이다. 마지막으로 실제 숫자, 그래프 및 예제를 뒷받침해주는 그림을 포함시켜야 한다. 그림 6-1은 ConversionXL의 사례 연구 게시물을 보여준다.

방법 제공 게시물

방법 제공 게시물은 또 다른 중요한 블로그 게시물 유형이다. 이 기사에서는 절차를 실행하기 위한 방법을 설명하고 여러분의 독자들이 쉽게 따라하고 게시물의 질을 높일 수 있도록 가능한 이미지, 비디오 또는 오디오를 사용하라.

이 유형의 게시물은 서론에 짧게 소개하고 바로 절차에 대해 설명한다. 게시물의 본문에서 더 자세히 설명하기 전에 글머리 기호 목록을 소개함으로써 본문에 대해 자세하게 설명할 수도 있다. 독자가 정보를 더 쉽게 이해할 수 있도록 본문에 있는 정보를 단계 또는 범주로 나누라.

그림 6-1
ConversionXL
의 사례 연구 게
시물의 일부분

출처 : http://conversionxl.com/improve-mobile-ux/

자주 묻는 질문(FAQ) 게시물

FAQ 게시물은 검색 엔진을 이용하여 웹 사이트로 트래픽을 유도하는 좋은 방법이다. 고객이나 독자로부터 반복적으로 질문을 받는 경우 사람들이 검색 엔진을 사용하여 이와 동일한 질문에 대한 답변을 찾도록 하라. 이 FAQ 주제에 대한 자세한 설명과 함께 기사를 작성하라.

해야만 하는 질문(SAQ) 게시물

SAQ(should-have-asked-the-question) 게시물은 FAQ 게시물의 변형이다. 이것은 고객이나 잠재고객이 묻지 않는 질문이지만 반드시 해야만 한다. 예를 들어, 부동산 회사는 '모든 부동산 중개인을 고용하기 전에 해야만 하는 질문'이라는 게시물을 만들수 있다. SAQ 게시물은 고객이 제품을 구매하기 전에 해야 하는 질문 또는 그들이 여러분의 산업에 대해 좀 더 배우기 위해 해야 하는 질문에 중점을 두어야 한다.

체크리스트 게시물

이름에서 알 수 있듯이 체크리스트 게시물은 특정 작업을 완료하기 위해 수행해야 하는 단계를 나열한다. 예를 들어, 항공사 블로그에는 해외여행 시 사람들이 가져야 하는 항목이 포함된 체크리스트 또는 장거리 여행 시 아이들을 즐겁게 하기 위해 부모가 가져가야 하는 항목들을 게시할 수 있다.

콘텐츠를 체크리스트로 나눌 수 있다면 이는 더 효과적일 수 있다. 사람들은 이해하기 쉽기 때문에 체크리스트 형식을 좋아한다. 또한 이런 방식으로 콘텐츠를 항목별로 분류하면 사람들이 쉽게 행동할 수 있다.

문제/솔루션 게시물

이 유형의 블로그 게시물은 쉬운 형식을 가지고 있다. 첫째, 문제를 정의하라. 그런 다음 해결책을 제시하라. 문제에 대한 해결책은 여러분이 판매하는 제품 또는 서비스일 수도 있고 사람들이 무료로 얻을 수도 있다. 문제/솔루션 게시물은 사람들이 항상 문제를 해결할 방법을 찾고 있기 때문에 유용한 콘텐츠다. 누군가에게 진정한 해결책을 제시할 수 있다면, 그 사람은 여러분에게 감사해할 것이다.

문제/솔루션 게시물은 FAQ 게시물, 방법을 제공하는 게시물 또는 체크리스트 게시물과 같은 다른 블로그 게시물 유형일 수도 있다.

연구 게시물

여러분의 틈새시장 주제를 중심으로 주요 연구를 수행하는 것은 블로그 콘텐츠를 만드는 가장 좋은 방법 중 하나다. 1차 조사는 수집하기가 어렵고 시간이 많이 걸리기 때문이다. 누군가를 위해 모든 자료를 모으고 그것을 한곳에서 무료로 제공하는 것은 브랜드에 대한 잠재고객의 관심을 얻어 특정 주제에 대한 권위를 세울 수 있는 좋은 방법이다.

즉, 모든 연구를 직접 수행할 필요는 없다. 제3자에게 연구를 맡기고 여러분은 그것을 여러분의 고객이 가치 있어 하고 흥미로워할 만한 기사, 인포그래픽 또는 기타 유형의 콘텐츠로 만들 수 있다.

통계치 제공 게시물

이 게시물(연구 게시물과 같은)은 여러분이 직접 만든 통계치를 사용할 때 가장 효과적인데 이는 여러분에게 권위를 부여하기 때문이다. 그렇다고 해서 제3자 정보를 사용할 수 없다는 의미는 아니지만 브랜드에 대한 인지도와 영향력을 키우고자 하는 경우 자체 통계를 사용하는 것이 좋다. 즉, 다른 자원을 모두 무시하지 말라. 매우 견고하고 균형 잡힌 통계 게시물을 작성하려면 여러 곳에서 통계치를 모으는 것이 좋다.

주요 지침 게시물

주요 지침 게시물은 틈새시장의 주제에 대한 상세하고 포괄적인 게시물이다. 이 게시물은 사람들이 즐겨 찾기에 추가하고 지속적으로 들어오게 하는 기사이므로 최대한 투자하라. 여러분의 시간을 투자하고 주제에 대해 명확한 게시물을 제공하라. 이러한 유형의 게시물은 사람들이 여러분의 사이트로 되돌아오고, 권위를 부여하고 여러분이 말하는 것에 대해 여러분이 알고 있음을 증명한다.

이러한 유형의 게시물의 핵심은 독자가 주제에 대해 더 많은 정보를 얻기 위해 다른 곳으로 갈 필요가 없다는 것이다. 이 게시물은 수천 단어와 많은 그림과 예제를 사용하여 길어질 것이다. 만약 사람들이 10분 안에 이 글을 읽고 소화할 수 있다면 궁극적인 지침이 아닐 것이다.

시리즈 게시물

주제를 시리즈로 나눌 수 있는 방법을 찾으라. 아주 길거나 복잡한 콘텐츠는(예 : 주요 지침 게시물) 조각으로 나누어 시리즈 게시물로 배포되기에 좋다.

독자가 순서대로 다음 기사가 게재되는 것을 예측할 수 있도록 게시물의 소개에서 이를 알려라. 또한 시리즈를 게시할 때는 날짜를 설정해야 한다. 예를 들어, 일주일 동안 매일, 매달 첫주 월요일 이런 식으로 설정한다. 게재 일정을 정하면 독자는 다음 부분이 언제 게시될지 알게 되어 게시물 참여를 유지하는 데 도움이 된다. 이러한 기사를 게시할 때 시리즈의 다른 게시물들을 링크해야 한다. 이렇게 하면 사람들이 시리즈의 첫 번째 또는 두 번째 부분을 놓치면 따라 잡기 위해 필요한 게시물을 쉽게 찾을 수 있다. 그림 6-2는 헬스클럽 체인 LA Fitness 시리즈 게시물의 예다.

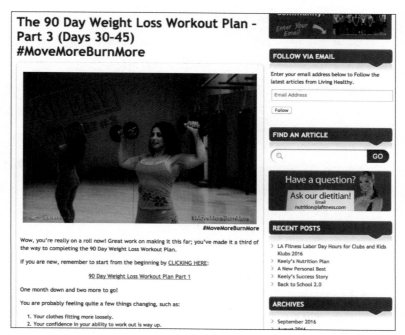

출처 : http://blog.lafitness.com/2014/02/13/the-90-day-weight-lossworkout-plan-part-3-days-30-45-movemoreburnmore/

정의 게시물

교육이 필요한 틈새시장은 정의 게시물이 절대적으로 필요하다. 이름에서 알 수 있듯이 이 기사는 주제를 정의하며, 그들만의 용어와 전문용어가 있는 산업이나 시장에 적합하다. 특히 혼란스럽거나 복잡한 주제를 중심으로 콘텐츠를 작성한 다음, 해당 주제에 대해 설명하고 독자에게 그 주제에 대해 알릴 수 있다.

틈새시장의 양상을 정의하는 게시물을 시리즈로 작성하는 것이 좋다. 독특하고 특이하며 논쟁의 여지가 있는 것을 여러분이 논리적으로 정의할 수 있다면 더 효과적일 것이다. 하나 이상의 양상을 제시하면 여러분을 돋보이게 하는 데 도움이 되며 게시물의 참여도를 높일 수 있다.

유튜브 활용 게시물

이 게시물은 인기 있는 유튜브 동영상을 활용하여 멋진 콘텐츠를 만드는 것이다. 여러분의 동영상이거나 다른 사람의 동영상이라도 그에 대한 권한이 있을 수 있다. 이 기사 유형을 만들려면 비디오의 각 단계마다 다른 스크린 샷을 찍고 설명을 추가하라. 그런 다음 전체 비디오를 게시물에 포함하라. 이것은 비디오로 가치 있고 매력적인 콘텐츠를 만드는 초고속의 쉬운 방법이다.

관대해지기

블로그를 성장시키는 가장 쉬운 방법 중 하나는 다른 사람들을 홍보함으로써 관대해지는 것이다. 여러분이 다른 사람을 홍보할 때, 그들은 여러분을 홍보한다. 이는 상호호혜적인 관계다. 가치 있는 일을 하고 있는 영향력 있는 사람들과 기업의 링크를 걸고 불러내라. 독자들이 학습할 수 있는 사례로 다른 기업을 사용하라. 다음은 다양한 콘텐츠를 만드는 8가지 방법이다.

프로필 게시물

여러분의 틈새시장에 영향력 있는 사람의 프로필이나 약력을 쓴다. 먼저 허락을 요청할 필요는 없지만 원하는 경우 할 수 있다. 이 사람들에게 이메일, 전화 또는 소셜 미디어를 통해 알려야 한다. 이런 식으로 영향력 있는 사람은 완성된 게시물을 그들의 고객과 공유할 수 있는 기회를 가질 수 있고, 이를 통해 사람들이 다시 여러분에게 돌아올 수 있다.

집단지성 게시물

이 게시물에서 업계의 세 명 이상의 전문가에게 동일한 질문을 하고 답변을 하나의 기사로 모으라. 예를 들어, 피트니스 업계에 종사하는 경우 유명 트레이너에게 연락하여 좋아하는 심혈관 운동에 대한 설명을 요청할 수 있다. 그런 다음 전문가의 응답을 단일 게시물로 만들어 여러 의견을 제공하는 기사를 만든다.

집단지성 게시물의 콘텐츠는 최고 수준이며 수집하기 쉽고 영향력 있는 많은 사람이 공유한다. 이 유형의 게시물은 많은 영향력 있는 사람들을 여러분의 웹사이트와 블로그에 끌어들인다는 사실은 말할 필요도 없다. 우리의 경험에 따르면, 하나의 주제에 대해 각각 약 100단어를 여러분에게 줄 수 있는 10명의 영향력 있는 사람들을 얻으면 여러분은 강력한 블로그 게시물을 얻을 수 있다.

인터뷰 게시물

인터뷰 게시물의 경우, 시장의 영향력 있는 사람들에게 연락하고 질문에 대한 답변을 그들에게 요구하고 게시물로 작성하라. 일반적인 신문이나 잡지 스타일로 글을 쓰거나 간단히 질문을 나열하고 각 답변을 그대로 게시물로 만들라.

심지어 가장 영향력 있는 사람들조차도 여러분 블로그의 독자 수가 적더라도 기꺼이 인터뷰할 의향이 있을 것이다.

지극히 바쁜 영향력을 가진 사람들을 위한 가장 쉬운 방법은 오디오 녹음을 이용하는 것이다. 문자 인터뷰는 시간이 많이 걸리고, 비디오 인터뷰는 기술적으로 어려울 수 있으며, 인터뷰를 하기 위해 둘 다 같은 장소에 있어야 한다. 오디오를 사용하면 전화로 인터뷰 내용을 녹음하거나 스카이프와 같은 도구를 사용할 수 있다.

링크 통합 게시물

이러한 유형의 게시물의 경우 외부 소스에서 여러 개의 콘텐츠를 수집하여 독자와 관련성이 높고 그들이 흥미 있어 할 만한 내용을 찾을 수 있다. 콘텐츠에 대한 설명과 링크를 제공하라. 그것은 간단하다. 링크된 기사는 독자에게 관련성이 높거나 재미있는 것 말고는 다른 댓글을 가지고 있지 않을 수도 있다. 이 콘텐츠는 회사에서 읽고 있는 형식을 가지고 있을 수도 있으며 가치를 제공하는 다른 블로그, 기사 및 도서로 연결될 수도 있다. 또 다른 옵션은 버즈스모와 같은 도구를 사용하여 특정 주제에 대해 가장 사회적으로 영향력이 큰 콘텐츠를 찾고 이를 한 게시물에 모으는 것이다.

이와 같은 게시물은 일주일에 한 번 또는 한 달에 한 번 게시하는 시리즈 형태일 때 효과적이다. 이메일 또는 소셜 미디어를 통해 여러분이 링크한 것들을 알리라. 그래서 다른 사람들이 그 포스트를 공유할 수 있도록 하라.

인용 게시물

인용은 영감을 불러일으키고 생각을 하게 하기 때문에 우수한 블로그 기사를 만드는 방법이다. 특정 주제에 대한 여러 영향력자들의 인용문을 모아 게시물을 작성하라. 가능하다면, 여러분의 게시물을 읽는 사람들에게 여러분이 이 게시물을 올린 것

그림 6-3
Business.
com이 참조한
인용문 게시물
의 예

출처 : http://www.business.com/social-media-marketing/
the-11-most-inspiring-quotes-we-heard-at-
socialmedia-marketing-world/

에 대해 알리라. 그림 6-3은 소셜 미디어 마케팅 월드가 좋아하는 인용문을 수집한 것을 Business.com이 링크한 게시물이다. 블로그 게시물에서 Business.com은 번호가 매겨진 목록에 인용문을 넣지 않고 인용문을 시각적으로 매력 있게 만들기 위해 시간을 들이고 게시물을 더 매력 있게 만드는 이미지를 사용했다.

최우수 웹 게시

통합 게시물과 유사하게, 이 유형의 게시물은 종종 여러분의 이름을 기꺼이 뒤로 하고 최고의 콘텐츠, 도구 및 기타 자원을 제공하는 것이다. 게시물에서 간략하게 그것이 무엇인지, 왜 그것이 최고인지 설명하라. 이 게시물은 웹 사이트 디자인을 위해 선호하는 블로그 또는 추천물의 형태로 제공될 수 있다. 독자에게 가치를 제공하고 함께 일하기를 원하는 영향력 있는 사람들을 홍보하는 또 다른 좋은 방법이다.

이번 주 추천 게시물

최고의 웹 게시물은 아니더라도 이번 주 추천 게시물은 블로거들 사이에서 꽤 인기 있는 시리즈 게시물이다. 이 블로그 기사는 여러분이 좋아하는 블로그, 팟캐스트, 도구 또는 이번 주의 다른 아이템일 수 있다. 콘텐츠는 일반적으로 비교적 짧으며 여러분이 설명하고 연결하고자 하는 단일 기사, 도구 또는 기타 자원들을 담는다.

사람이 따라 다니는 게시물

이 게시물은 독자가 따라야만 하는 전문가 또는 기업을 추천한다. 영향력 있는 사람들의 목록을 수집하고, 그들에 대해 설명하고, 독자가 웹 사이트, 소셜 미디어 채널, 이벤트 및 도서를 통해 영향력 있는 사람들과 연결될 수 있는 링크를 제공한다.

대중을 즐겁게 하기

사람들에게 즐거움을 주는 콘텐츠를 제공하게 되면 페이스북이나 트위터와 같은 소셜 미디어 채널을 통해 그것들을 공유할 것이다. 재미있는 콘텐츠를 만드는 것은 어려울 수 있지만 제대로 만들면 매우 효과적인 유형의 블로그 게시물이 될 수 있다. 다음은 5가지 엔터테인먼트형 블로그 게시물 유형이다.

이야기 게시물

이야기는 매력적이다. 그래서 이야기는 효과적인 블로그 게시물을 만든다. 이 기사에서는 여러분의 고객을 즐겁게 하는 이야기를 전할 수 있다. 스토리 게시물은 서사적이거나 복잡한 콘텐츠일 필요는 없다. 예를 들어, 광고는 항상 재미있는 이야기를 60초 이내에 전달한다.

사회 풍자 게시물

여러분은 풍자 게시물을 만들 때 아이러니 또는 극단적인 과장법을 사용하여 재미있게 만들 수 있다. 이러한 종류의 콘텐츠는 정치 또는 스포츠와 같이 시사 문제에 적합하다. 디 어니언은 세계, 국가 및 지역 사회 뉴스를 다루는 신문으로, 풍자적인 콘텐츠를 만드는 디지털 미디어 회사의 대표적인 예다.

만화 게시물

관객을 웃게 만들고 틈새시장의 문제와 사건에 대해 생각하게 만드는 만화를 중심으로 기사를 작성하라. 이 유형의 게시물은 시리즈 형태가 효과적이며 매일, 매주 또는 매월 실행할 수 있다.

밈 게시물

밈(특정 메시지를 전하는 그림, 사진 또는 짧은 영상으로 재미를 주는 것을 목적으로 함-역주)은 유머러스한 내용이며 웹 전체에 걸쳐 퍼져 나간다. 밈 게시물은 풍자 포스트 또는 만화 게시물과 유사할 수 있다. 이 게시물은 자신만의 밈을 만들거나 웹의 밈을 합쳐 만들 수도 있다. 그림 6-4는 소규모 비즈니스 마케팅 블로그에서 '블로깅에 대한 비즈니스 소유자의 가이드'라는 밈 게시물의 예를 보여준다.

패러디 게시물

패러디 게시물은 틈새시장에서 잘 알려진 사람, 제품 또는 미디어 자산을 모방한 콘

그림 6-4
소규모 비즈니스 마케팅 블로그는 블로그의 밈과 관련된 기사에 집중한다.

출처 : http://3bugmedia.com/business-ownersguide-blogging/

텐츠다. 어떤 사람이나 제품의 강점과 단점을 과장하여 콘텐츠를 작성하라.

시기적절하게 활용하기

시기적절한 게시물은 특정 주제에 대한 최신의 정보를 제공한다. 적시에 틈새시장에 머물러야 한다는 약속이 필요하지만, 그 정보를 빼낼 수 있다면 적시에 새로운 정보를 얻은 첫 번째 사람이 될 수 있으므로 가장 효과적인 블로그 콘텐츠를 작성할 수 있다. 최신 뉴스 및 트렌드를 따라 잡는 것이 너무 어려운 일이라면 일주일에 한 번 적시에 정보를 게시하는 일련의 게시물을 만드는 것이 좋다. 다음은 시기적절한 내용을 다루는 5가지 블로그 게시 아이디어다.

리뷰 게시물

보도 가치가 있으며 업계와 타깃 고객 모두에게 관련 있는 제품, 이벤트 등의 리뷰에 집중하여 기사를 작성해보라. 최상의 결과를 얻으려면 모든 것을 긍정적으로 바라보지 말고 가능한 한 솔직하게 검토하라.

설문 조사 게시물

설문 조사지를 만들려면 흥미롭거나 유행하는 주제를 선택하고 이메일, 소셜 미디어 또는 직접 설문 조사하라. 그런 다음 결과를 블로그 게시물로 작성한다.

뉴스 게시물

뉴스 매체와 같이, 마찬가지로 이벤트 발생 시 그와 관련된 블로그 콘텐츠를 만들 수 있다. 스토리를 '중단'할 필요는 없지만 최상의 결과를 얻으려면 독자가 가치 있고 재미있어할 만한 정보를 추가해야 한다.

트렌드 게시물

일부 콘텐츠 제작자는 트렌드를 예측할 수 있다. 만약 여러분이 트렌드스팟터(유행 선도자-역주)라면 트렌드에 부합하는 게시물을 블로그에 올리라. 그러면 인기를 얻게 될 것이다.

이슈 게시물

독자에게 영향을 미칠 수 있는 이슈를 선택하고 이러한 이슈에 대한 콘텐츠를 제작하라. 이것은 시기적절하고 독자들과 관련이 있는 내용이어야만 한다.

여러분의 인간미를 보여주기

여러분의 게시물에 인간적인 면모를 보여주라. 여러분의 브랜드가 모호하지 않고 냉정한 법인체가 아니라는 것을 보여주라. 블로그 콘텐츠를 사용하여 여러분의 회사에서 일하는 사람들과 회사의 개성을 자랑하라. 다음 절에서는 6가지 게시물 유형을 상세하게 설명한다.

영감을 주는 게시물

웹에서 가장 효과적인 콘텐츠 중 하나는 정보 제공도 아니고 사람들을 즐겁게 하는 콘텐츠도 아니다. 그것은 바로 영감을 주는 것이다. 건강 및 피트니스 산업에서는 종종 이러한 접근법을 사용한다. 영감을 주는 게시물은 스토리 게시물, 프로필 게시물 또는 인용문 게시물의 형태로 제공될 때 효과적이다.

휴일 게시물

일부 블로그는 인기 있는 휴일에 휴업 상태가 되지만 그럴 필요는 없다. 휴일은 회사의 인간적인 면모를 보여주는 좋은 방법이다. 그림 6-5에서 볼 수 있듯이 컨트리 리빙 매거진의 핼러윈 케이크 레시피 기사와 같이 잠재고객이 기대하고 원하는 것을 제공할 수 있는 기회로 활용하라.

여러분은 새로운 휴일 게시물을 제작할 수 있다. 주요 공휴일일 필요는 없다. 1월 15일의 National Hat Day(모자의 날), 9월 19일의 International Talk Like a Pirate Day(해적처럼 말하기 날) 또는 12월의 Write to a Friend Month(친구에게 편지 쓰기 날)와 같은 일부 불명확한 휴일을 위한 게시물을 만들 수도 있다.

경계심을 낮추는 게시물

이 게시물은 저자의 과거 개인적인 이야기를 제공하는 것이다. 웹상에서 가장 훌륭한 콘텐츠 중 하나는 콘텐츠 제작자가 청중과 관련된 본인의 개인적인 경험을 제공

출처 : http://www.countryliving.com/food-drinks/
g604/halloween-cake-recipes-1008/

그림 6-5

컨트리 리빙은 팬들이 핼러윈을 준비하는 것을 도울 수 있는 휴일 게시물을 제공하고 있다.

하여 청중의 경계심을 낮추는 것이다.

비하인드 제공 게시물

사람들은 커튼 뒤에서 엿보고 무언가가 어떻게 이루어지는지 보기를 원한다. 만약 여러분이 충성스러운 팔로워를 가지고 있다면, 많은 사람들은 여러분의 사업 이면에 무슨 일이 일어나고 있는지 보고 싶어 할 것이다. 이 아이디어를 중심으로 콘텐츠를 만든다. 관리자 중 한 명의 하루 삶을 보여주거나 여러분이 비디오를 만드는 방법을 보여줄 수 있다. 이 게시물에서 작성한 예제를 향상시킬 수 있는 이미지와 비디오를 제공하라.

주제 이외의 게시물

이 절 전반에 걸쳐, 우리는 여러분의 틈새시장과의 관련성이 얼마나 중요한지 강조해왔다. 어떤 관심이든 받으면 좋은 것이라는 생각을 가지고 일반적으로 게시하던 것과 완전히 다른 게시물을 제작해보라. 이 방법은 위험할 수 있지만 충성스러운 추종자가 있다면 이런 종류의 게시물은 사람들을 놀라게 하고 훌륭한 반응을 불러일으킬 수 있다.

야단치는 게시물

야단치는 게시물은 여러분의 청중과 관련 있는 주제에 대한 열정과 분노를 보여줌으로써 인간적인 면모를 드러낸다. 이 게시물이 모든 사람에게 적합한 것은 아니지만 적절한 블로그와 청중은 이 게시물에 잘 반응한다.

홍보하기

일부 조직은 홍보 방법으로 블로그를 사용한다. 블로그는 분명히 회사와 제품 또는 서비스를 판매한다. 이러한 유형의 블로그가 일부 업계에서 뻔뻔스러워 보일 수도 있지만, 홍보용 콘텐츠는 일부 회사들에게는 효과적일 수 있다. 다음은 홍보성 블로그 콘텐츠의 8가지 사례이다.

비교 게시물

이름에서 알 수 있듯이 비교 게시물은 제품의 기능과 이점을 경쟁 업체의 것과 비교하는 기사다. 최고의 결과를 얻고 신뢰를 쌓기 위해서는 여러분의 제품이 최고가 아닌 경우도 소개하라.

프로젝트 쇼케이스 게시물

비하인드 포스트와 마찬가지로, 프로젝트 쇼케이스 게시물은 회사가 프로젝트를 어떻게 완료하였는지를 설명하는 것이다. 블로그를 사용하여 여러분 또는 여러분의 조직이 작업 중이거나 완료한 특정 프로젝트를 대략적으로 설명하라. 프로젝트의 절차와 전략을 상세히 설명하고 가능한 한 결과를 공유하라.

소득 신고서 게시물

소득 신고서 게시물은 책을 열어 여러분과 여러분의 조직이 벌어들인 수익에 대해 청중에게 보여주는 것이다. 사람들은 여러분이 얼마나 벌었는지, 어디서 벌었는지, 여러분이 사업을 하면서 어떤 교훈을 얻었는지 알고 싶어 한다. 이처럼 정보를 투명하게 공개하면 여러분이 독자와 신뢰를 쌓을 수 있다.

회사 업데이트 게시물

블로그를 사용하여 고객 및 독자에게 신규 직원 채용, 인수, 진행 중인 주요 계약 또는 회사의 기타 변경 사항을 알리라. 소득 신고서 게시물과 마찬가지로 여러분의 독자들과 신뢰를 쌓을 수 있는 좋은 방법이다.

제품 소식 게시물

회사 업데이트 게시물과 마찬가지로 제품 소식 게시물은 앞으로 여러분이 제공할 새로운 제품이나 서비스 또는 기존 제품이나 서비스 소식과 관련된 콘텐츠를 제공한다. 여러분이 여러분의 제품과 서비스의 열렬한 팬을 보유하고 있다면 새로운 제품이나 새로운 기능과 관련된 공지 사항을 블로그에 올려보라. 그 결과에 놀라게 될 거다.

프레젠테이션 게시물

잠재고객에게 흥미롭고 가치 있는 콘텐츠가 포함된 직원 프레젠테이션을 게시할 수 있다. 게시물 내에서 텍스트와 함께 프레젠테이션에 비디오를 포함시키는 것을 고려하라. 독자들이 따라갈 수 있도록 프레젠테이션에 파워포인트나 키노트의 슬라이드를 포함시켜야 한다.

베스트 게시물

이전의 베스트 게시물과는 달리, 일정 기간 동안 게시한 것들 중 가장 인기 있는 블로그 게시물을 연결한다. 독자와 실제로 공감하고 여러분의 사이트에 많은 트래픽을 유발시킨 그리고 좋은 코멘트가 많은 콘텐츠를 선택하라.

제품 팁 게시물

고객이 여러분의 제품이나 서비스를 성공적으로 사용할 수 있도록 도와주는 팁이나 입문서와 같은 콘텐츠를 제작하라. 이 게시물 유형은 홍보가 되고 유용할 뿐만 아니라 적절한 블로그 및 독자에게 매우 영향력 있는 게시물이다.

독자는 그들을 전환시킬 수 있는 제품 팁 게시물도 읽는다.

선동하기

그것이 여러분의 브랜드에 맞는다면, 여러분은 논쟁적인 기사를 낼 수 있다. 논쟁의 여지가 많은 게시물은 많은 트래픽을 유발할 수 있다. 이 유형의 게시물이 브랜드의 개성에 부합하는지 확인하라. 다음은 블로그에 논란을 일으키는 6가지 게시물 유형이다.

'만약의 경우' 게시물

이 유형의 블로그 게시물은 잠재적인 사건이나 상황을 추측한다. 이 유형의 게시물의 성공 여부는 흥미롭고 논쟁의 여지가 있는 어떤 '만약의 경우'를 선택하느냐에 달려 있다.

논란의 여지가 있는 게시물

많은 사람이 논쟁하는 것을 즐긴다. 논쟁의 한쪽 편에 서서 주장하는 게시물을 블로그에 올리라. 여러분은 여러분과 의견이 일치하지 않은 사람과 일치하는 사람을 찾을 수도 있다.

공격적인 게시물

여러분의 게시물을 이용하여 싸움을 하라. 적절한 사람이나 조직과 논쟁을 시작하면 관중은 어느 한쪽을 선택하도록 강요받고 많은 관심을 쏟게 된다. 하지만 공격 게시물로 당신은 적을 만들게 될 수도 있다. 그러나 제대로 된 경우, 공격 게시물은 다이하드 팬(특정 게임, 밴드, 영화 등에 집착하는 사람-역주)을 만들 수도 있다.

예측 게시물

어떤 주제나 상황에 대해 어떤 일이 발생할지 여러분이 생각하는 것을 게시해보라. 논쟁의 여지가 있고 추측에 근거하게 되면 그 예측 게시물은 많은 반응을 얻을 수 있다.

반응 게시물

블로그를 사용하여 다른 사람이 만든 콘텐츠에 대한 여러분의 반응을 게시하라. 이 콘텐츠는 블로그 게시물, 책 또는 프레젠테이션에 대한 것일 수 있다. 이런 것들에 대한 여러분의 감정을 게시하라.

반응 게시물 포함

이 게시물에 비디오, 프레젠테이션 또는 인포그래픽과 같은 자원을 포함시킨 다음 해당 내용에 대한 반응이나 반박을 게시하라. 유튜브나 슬라이드셰어, 비주얼닷리에서 게시물에 추가할 비디오, 프레젠테이션 및 인포그래픽스를 찾으라. 비록 이것이 반응 게시물과 유사할지라도 다른 점은 여러분이 반응하고자 하는 콘텐츠가 이 게시물에 포함되어 있다는 것이다. 이는 반응 게시물의 경우 미묘한 차이지만 중요하다.

빠른 소개로 시작하라. 그런 다음 게시물에 넣은 콘텐츠에 대한 여러분의 의견을 제공하라. 이러한 게시물의 제목은 여러분이 게시물에 넣은 콘텐츠 제목의 변형일 수 있다.

여러분의 의견을 게시하고자 하는 콘텐츠를 선택할 때 페이스북, 핀터레스트 또는 트위터에서 소셜 공유나 뷰가 많은 인포그래픽 또는 프레젠테이션이나 비디오를 찾으라. 그런 다음 삽입된 콘텐츠 아래에 이 인기 있는 콘텐츠에 대한 여러분의 의견을 추가하라. 이렇게 하면 실제로 게시물이 잘 수신될 것이다.

독자를 참여시키기

콘텐츠에 정기적으로 참여하는 참여 독자를 만드는 것이 좋다. 참여가 반드시 최종 목표는 아니지만 독자를 끌어들이는 콘텐츠의 힘을 부정하기는 어렵다. 다음은 독자를 만드는 데 도움이 되는 마지막 6가지 블로그 게시물 아이디어다.

질문 게시물

FAQ 게시물과 마찬가지로 질문 게시물은 소셜 미디어, 포럼 또는 블로그의 댓글 절에서 잠재고객의 질문에 대한 답변이다. 그러나 FAQ 게시물과는 달리, 질문 게시물은 일반적으로 아직 질문하지 않는 것에 관한 것이지만 기사가 작성되면 인기가 있을 질문이다.

답변 게시물

답변 게시물은 질문 게시물과 유사하다. 이 게시물 유형에서는 여러분은 질문을 요청하고 독자가 댓글 창에서 답변하도록 한다. 이 유형의 게시물은 일반적으로 매우 짧고 여러분의 고객이 댓글 토론에 참여함으로써 대량의 콘텐츠를 생산할 수 있다. 이 유형은 여러분이 블로그에 댓글을 자주 다는 독자를 보유하고 있는 경우에 적합하다.

도전 게시물

고객이 도전하도록 유도하는 게시물을 블로그에 올리라. 그림 6-6에서 볼 수 있듯이 버즈피드는 독자가 2주 동안 깔끔하게 식사를 하도록 권유하고 그 목표에 도달하기 위한 단계와 조리법을 게시한다. 이 게시물은 시리즈물로 제공될 때 효과적이며 주기적인 업데이트를 통해 고객이 참여하도록 유도한다.

그림 6-6
버즈피드는 청중을 끌어들일 수 있는 도전 게시물을 만들었다.

출처 : https://www.buzzfeed.com/christinebyrne/
cleaneating-2015?utm_term=.skwm7PgOB#.scbm3la5W

제2부 팬, 팔로어, 고객을 확보하는 콘텐츠 만들기

고객 쇼케이스 게시물

블로그를 사용하여 여러분과 고객이 작업한 프로젝트나 고객을 소개하라. 이 유형의 블로그 게시물은 일부는 홍보성 콘텐츠이지만 참여를 유도한다.

증정품 게시물

블로그 게시물을 사용하여 독자들이 관련 증정품에 접근할 수 있도록 해보라. 증정품은 무료 다운로드나 사례 연구, 또는 여러분의 제품이나 서비스 중 하나일 수 있다. 이 게시물은 홍보에 중점을 두는 것이다.

경연 포스트

블로그에 경연 대회와 대회 규칙과 독자가 참여할 수 있는 방법, 그들이 무엇을 얻을 수 있는지 설명하라. 경연 게시물은 경연 결과를 시리즈 형태로 업데이트할 때 효과적이다.

블로그 아이디어 결합하기

오늘부터 사용할 수 있는 57가지 블로그 게시물 아이디어(이 장의 이전 절에서 설명함)가 여기 있다. 그리고 블로그 게시물 아이디어를 개발하여 더 많은 콘텐츠를 제공할 수 있다. 이 57가지 아이디어는 실제로 4가지 방식으로 제공할 수 있다는 것을 알게 되면 총 228가지 아이디어가 된다.

> » **텍스트** : 텍스트 기사는 전통적인 방식이며, 여전히 웹에서 콘텐츠를 전달하기 위한 가장 일반적인 형식이다.
> » **이미지** : 콘텐츠는 이미지 형식만으로도 게재할 수 있다. 인포그래픽스, 만화, 그림, 차트, 그래프 또는 스틸 사진을 통해 이미지 포스트를 배포할 수 있다.
> » **비디오** : 프레젠테이션 스타일이나 사람의 머리와 어깨만 볼 수 있는 인터뷰 스타일을 사용하는 등 다양한 방식으로 비디오 블로그 게시물을 배포할 수 있다.
> » **오디오** : 팟캐스트를 통해 또는 단순히 오디오 플레이어를 웹 페이지에 삽입하는 방식으로 오디오 블로그 게시물을 전달하라.

4가지 형식과 57가지 아이디어를 이용하여 블로그 콘텐츠를 쉽게 만들 수 있다. 블로그 게시물 아이디어(예 : 시리즈, 인터뷰, '만약의 경우' 등)를 선택한 다음 가장 적합한 게재 방식(텍스트, 이미지, 비디오 또는 오디오)을 결정하기만 하면 된다. 예를 들어, 비디오(형식)를 통해 제공되는 FAQ 게시물(아이디어)을 선택할 수 있다. 또는 이미지(형식)를 통해 사람들이 따르는 게시물(아이디어)을 선택할 수도 있다.

228개의 블로그 아이디어 목록을 염두에 두라.

잡음 없이 중요한 콘텐츠 만들기

사람들이 실제로 좋아하고 공유하는 콘텐츠를 만드는 것은 많은 작업을 필요로 한다. 아이디어가 떠오르는 것은 전투의 절반에 불과하다. 내용을 쓰는 데는 많은 시간이 걸린다. 이 절에서는 고품질 콘텐츠를 빨리 만들 수 있는 몇 가지 방법에 대해 배운다.

이전 장에서 블로그 게시물 아이디어 중 일부는 링크 통합 게시물, 반응하고자 하는 게시물, 집단 지성 게시물들이 있다. 다음 절에서는 이러한 3가지 유형의 콘텐츠가 왜 효과적이고 쉽게 만들어질 수 있는지 자세히 살펴본다.

콘텐츠 선택 및 통합

링크 통합 게시물에는 여러 출처의 정보를 모아 하나의 기사로 모으는 작업이 포함된다. 통합된 콘텐츠는 여러분 또는 여러분의 조직에서 제작할 필요가 없다. 링크 통합 게시물은 콘텐츠를 매우 쉽고 효과적으로 보여주기 때문에 목록 게시물의 형태가 효과적이다.

예를 들어, 식품 블로거가 기사를 위해 아보카도 조리법을 찾고 통합할 수 있다. 모든 요리법은 블로거의 개인 요리법일 필요는 없으며 웹에서 추출할 수 있다. 그런 다음 작성자는 각 요리법을 나열하고, 조리법이 가치가 있는 이유 및 기여점을 설명하고 관련 링크를 제공한다.

링크 통합 게시물의 장점은 여러분이 직접 콘텐츠를 만들 필요가 없다는 것이다. 여러분이 사용하는 아보카도 조리법은 여러분 것일 필요가 없다. 따라서 모든 콘텐츠를 직접 작성해야 하는 경우보다 훨씬 빨리 게시할 수 있다. 또한 독자는 여러분이 연구 및 작업을 수행하여 블로그 한곳에서 모든 요리법을 수집해서 제공한 것에 대해 감사하게 생각한다. 이와 같은 기사는 독자가 다시 찾고자 하는 중요한 콘텐츠의 역할을 할 수 있으며, 그 콘텐츠를 북마크에 추가하고 지속적으로 여러분의 블로그에 찾아온다.

링크를 신속하게 생성하고 독자와 친선을 맺을 수 있지만 어려운 점은 브랜드에 부적절한 품질이 좋은 외부 콘텐츠를 찾는 것이다. 일반적으로 링크 통합 게시물은 텍스트가 많지 않다. 여러분이 링크하기 전에 참조한 게시물을 소개하는 간단한 설명을 제공한다. 게시물에 글자가 거의 없더라도 시각적으로 매력적인 게시물을 만들기 위해 크고 아름다운 이미지가 있어야 한다. 여러분은 링크된 기사에서 이미지를 얻을 수 있다.

그림 6-7은 링크 통합 블로그 게시물을 보여주며, 다음 단락은 게시물 작성에 대한 몇 가지 팁을 제공한다.

여러분의 광고 제목에 관심을 불러일으켜라

여러분의 제목이 평이할 경우, 아무도 여러분의 기사를 읽지 않을 것이다. 시간을 들여 관심을 끌고 기사를 읽는 이점을 설명할 수 있는 헤드라인을 만들라(제5장 참조).

주제를 소개한다

게시글의 주제를 빠르게 소개하고 사람들이 왜 그 글을 읽어야 하는지에 대해 이점을 설명하라. 소개가 복잡할 필요는 없다. 만약 복잡하면 독자들은 주제에 대해 더 자세히 설명된 다른 기사를 찾게 될 것이다.

본문을 쓴다

게시물의 본문은 종종 간략하고 여러분이 수집한 콘텐츠의 빠른 요약이 필요하다. 이미지를 포함하고 수집한 각 자원의 링크를 제공하라. 몇 개를 수집하는 것이 적당한지는 아무도 모른다. 그러나 여러분이 수집한 게시물이 많으면 많을수록 일반적으

출처 : http://diyready.com/diy-
recipesdetox-waters/

로 그 게시물은 더 효과적이다.

인기 있는 콘텐츠에 반응하기

인기 콘텐츠에 반응하기 게시물 유형은 고품질 블로그 콘텐츠를 제작하는 가장 빠른 방법 중 하나다. 유튜브(그림 6-8 참조) 및 슬라이드셰어와 같은 웹 사이트는 여러분의 웹 사이트에 콘텐츠를 포함시킬 수 있는 코드를 제공한다. 이러한 유형의 게시물은 여러분의 블로그에 인기 있는 콘텐츠를 삽입하는 것부터 시작된다.

주제의 복잡성에 따라 콘텐츠를 하나 또는 여러 개 블로그에 삽입할 수 있다. 삽입하고자 하는 콘텐츠의 인기가 높을수록 독자는 여러분의 콘텐츠에 참여하고 공유할 가능성이 커진다. 여러분은 조회 수 또는 공유 횟수와 같은 것을 보고 콘텐츠의 인기도를 알 수 있다.

관련성이 높고 흥미로운 콘텐츠를 삽입한 후 본문에 그 콘텐츠에 대한 의견을 제시한다. 여러분은 그 콘텐츠에 동의할 수도 반대할 수도 있다. 또는 그 콘텐츠를 확장할 수도 있다. 그 콘텐츠에 대한 의견 게시를 위해 얼만큼의 문자가 필요한지는 주제의 복잡성에 달려 있으며, 여러분의 의견을 설명하는 데 얼마나 걸리는지에 따라 다르다.

여러분은 여러분이 삽입하고자 하는 콘텐츠가 고품질이고 여러분의 브랜드와 적합하길 원할 것이다. 그러나 링크 통합 게시물과 마찬가지로 모든 콘텐츠를 직접 만들 필요가 없으므로 시간을 크게 절약할 수 있다.

삽입할 콘텐츠를 찾고 있을 때, 유튜브는 좋은 선택지 중의 하나다. 그러나 이러한 종류의 게시물을 위해 양질의 콘텐츠를 제공하는 많은 다른 장소들이 있다. 예를 들어, 전문적인 인포그래픽스를 제공하고 있는 비주얼닷나 프레젠테이션이나 문서를 공유할 수 있는 슬라이드셰어를 사용하여 콘텐츠를 만들어보라.

그림 6-8에서 인기 있는 콘텐츠에 대한 의견 게시물의 사례를 보여주고 있다. 다음 문단에서는 이러한 유형의 게시물을 작성하는 방법에 대한 팁을 제공한다.

매력적인 헤드라인을 만든다

항상 그렇듯이 흥미로운 헤드라인을 만드는 데 집중하고 헤드라인을 만드는 데 충분히 시간을 들이라(헤드라인에 대한 자세한 내용은 제5장 참조). 인기 있는 콘텐츠에 대한 의견을 제시하는 게시물의 제목은 그 콘텐츠의 제목을 변형하는 것이 좋다.

서론을 작성한다

선택 및 통합 게시물과 마찬가지로 독자가 이 게시물에서 얻을 수 있는 가치를 제시할 필요가 있다. 삽입된 콘텐츠가 주제에 대해 직접적으로 설명하므로 간단하게 작성하기만 하면 된다. 도입부에서 그 맥락을 간단히 소개하라.

콘텐츠 퍼가기

독자와 관련된 텍스트, 오디오, 비디오 또는 이미지를 포함하라. 추가로 삽입된 콘텐츠는 인기가 있어야 한다.

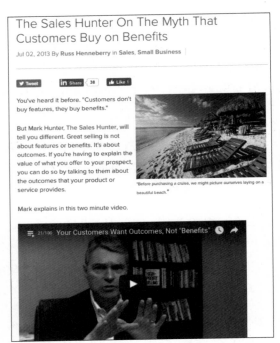

그림 6-8

세일즈포스닷컴의 콘텐츠에 대한 의견을 보여주는 블로그 게시물 예시

출처 : https://www.salesforce.com/blog/2013/07/
salesmyth-customers-buy-on-benefits.html

의견을 제시한다

여러분의 분석이나 의견을 콘텐츠에 추가하라. 주제를 적절하게 설명하는 데 필요한 만큼 작성하고 여러분의 의견에 대해서 충분히 설명하라.

집단지성 콘텐츠

집단지성 게시물은 콘텐츠를 빠르게 만들 수 있고 참여를 유도할 수 있는 좋은 방법이다. 이 게시물에서는 세 명 이상의 전문가를 모아서 같은 질문에 답변하도록 한다. 그런 다음 답변을 하나의 게시물, 즉 집단지성 게시물 형태로 만들라. 여러분은 답변을 받기 위한 전문가들을 섭외하고 그 답변들을 모으라.

예를 들어 여러분의 게시물은 소셜 미디어 도구에 관한 것일 수 있다. 전문가에게 연락하여 그들이 좋아하는 소셜 미디어 도구가 무엇인지, 왜 좋아하는지 답변을 받으라. 그런 다음 게시 글을 간결하게 소개하고 전문가의 답변을 소개하기 전에 여러분이 요청한 질문을 설명하라. 이 접근 방식은 독자에게 가치를 제공하는 다양한 응답과 통찰력을 이끌어내기 때문에 이 방식은 여러분의 게시물을 매우 풍부하게 만든다.

가능한 가장 뛰어난 전문가를 섭외하거나 함께 특집을 발표할 동료를 포함하라. 업계를 이해하고 질문에 대한 확실한 답을 줄 수 있는 사람들의 답변을 표시하라. 친구 또는 동료가 이 질문에 답변할 수 있고 답변할 수 있는 누군가를 알고 있을 수도 있다. 그들에게 접근하라.

집단지성 게시물의 또 다른 위대한 측면은 배포 가능성이다. 기사에 포함된 전문가는 기사를 그들의 독자와 공유할 수 있게 됨으로써 인센티브를 얻게 된다. 따라서 여러분은 독자 기반을 확장할 수 있다. 이를 염두에 두고 기사에 소개된 사람들이 언제 게시되는지 알 수 있게 하라. 그러면 여러분의 게시물은 공유될 가능성을 높일 수 있다.

전문가에게 문의할 때는 단 한 가지만 묻지 말라. 예를 들어, 업계 10명의 전문가에게 5가지 질문을 이메일로 보내고 각 전문가가 응답하면 5가지 다른 집단지성 기사가 작성된다. 질문하는 질문의 수는 여러분이 얻을 수 있는 게시물의 수와 같고, 전문가가 여러분의 독자에게 노출되는 횟수와 같기 때문에 이는 상호호혜적인 관계이다.

그림 6-9에서는 집단지성 게시물의 예를 보여준다. 다음 절에서는 이를 작성하는 단계를 설명한다.

제목 작성

표제는 여러분이 전문가에게 질문한 질문일 수도 있고, '9명의 트레이너가 자신이 좋아하는 심혈관 운동법'과 같이 기사에 등장하는 전문가의 수를 제시할 수도 있다. 제5장의 헤드라인에 대한 자세한 내용을 찾아보라.

서론 작성

집단지성 게시물의 서론은 길 필요가 없다. 전문가에게 요청한 질문을 설명하고 독

그림 6-9
robbierichards.
com의 집단지성
게시물

출처 : http://www.robbierichards.com/seo/best-keywordresearch-tool/

자들을 위해 필요한 모든 배경이나 상황을 설명하라.

질문에 대한 답변 제공

각 전문가의 이름, 회사, 직책 및 얼굴 사진을 제공하라. 그런 다음 전문가가 제공한 답변을 그대로 제시하고 문법만 편집하라. 이것은 많은 관점을 포함하고 있는 좋은 기사를 만든다. 책을 쓸 전문가를 찾고 있는 것이 아니므로 단어 수를 제한해도 좋다. 그렇게 할 경우, 전문가의 웹 사이트, 트위터, 링크드인과 같은 소셜 미디어 채널에 대한 링크를 제공하라.

소셜 미디어 또는 이메일을 통해 여러분의 게시물이 블로그에 게시되었음을 전문가들에게 연락하거나 태그를 걸어서 알리라. 이렇게 하면 전문가가 그 게시물을 공유하여 여러분의 블로그로 더 많은 트래픽을 유도할 수 있다.

PART 3

웹 사이트 트래픽 생성

제3부 미리보기

- 다양한 유형의 방문 페이지와 그것을 사용할 시기를 확인한다. 어떤 유형의 콘텐츠가 독자를 여러분의 방문 페이지에 방문하게 하며 제품을 구매하게 하는지 배운다.

- 구글, 빙 같은 사이트에서 잠재고객이 검색하는 내용을 결정하고 검색 트래픽의 이점을 누릴 수 있도록 비즈니스를 배치한다.

- 브랜드를 구축하고 고객 서비스 문제를 처리하며 독자, 고객 및 파트너와 소통하기 위해 소셜 미디어를 활용한다.

- 6가지 트래픽을 발생시키는 사이트(페이스북, 트위터, 구글, 유튜브, 핀터레스트 및 링크드인)를 활용하여 유료 트래픽 캠페인을 만들고, 효과적으로 웹 사이트 또는 방문 페이지로 트래픽을 유도한다.

- 고객 여정을 통해 사람들을 이동시키고, 관계를 구축하고, 웹 사이트로 트래픽을 유도하는 이메일 마케팅 캠페인을 시작한다.

----

chapter

07

전환율이 높은
방문 페이지 구축하기

제7장 미리보기

- 다양한 유형의 방문 페이지를 이해하고, 각 방문 페이지 사용 시기를 이해한다.
- 리드를 생성하고 판매로 이어지는 방문 페이지 구축 방법을 배운다.
- 구축한 방문 페이지의 효과성을 평가한다.
- 방문 페이지의 방문자를 구매자로 전환시키는 판매 서신을 작성한다.

방문 페이지(landing page)는 디지털 마케팅의 기본 요소다. 가장 넓은 의미로 방문자가 방문하는 여러분의 웹 사이트 모두를 방문 페이지라고 한다. 이 책의 목적을 위한 좀 더 좁은 의미의 방문 페이지는 방문자가 특정 행동을 하도록 유도하기 위한 웹 페이지를 말한다. 여러분의 웹 사이트는 잠재고객 및 고객에게 제공할 각 제안에 대한 방문 페이지가 있어야 한다. 이것은 유능한 디지털 마케팅 담당자가 웹 사이트의 내부 및 외부의 모든 출처에서 트래픽을 유입시키는 페이지다.

방문 페이지의 수행은 디지털 마케팅 캠페인을 하게 하거나 중단시킨다. 웹 트래픽을 유도하는 기술을 습득할 수는 있지만 방문 페이지의 트래픽 유도가 실패하면 캠페인은 끝나게 된다. 이 장에서는 효과적인 방문 페이지의 요소를 살펴본다. 또한 다양한 유형의 방문 페이지를 살펴보고 각 방문 페이지의 사용 시기와 방문 페이지의 성공을 평가하는 방법, 고객을 구매자로 전환하는 방법에 대해서도 알아본다.

방문 페이지 유형 탐색하기

사이트 방문객들이 하고자 하는 특정 행동에 따라 방문 페이지의 유형을 분류한다. 예를 들어, 일부 방문 페이지는 방문객이 연락처 정보를 입력하도록 설득하는 반면, 다른 방문 페이지들은 제품 또는 서비스를 구매하라고 요청하기도 한다. 대부분의 디지털 마케팅 담당자는 운영하는 링크를 클릭할 수 있으며, 캠페인은 2개의 방문 페이지 카테고리 중 하나에 속한다.

> » **리드 확보 페이지** : 때로는 짜내기 페이지라고도 하는 이 페이지의 목표는 사이트 방문자가 연락처 정보를 입력하도록 유도하여 그들이 리드가 되도록 하는 것이다.
> » **판매 페이지** : 이 페이지는 방문객이 유형 제품, 무형 제품이나 서비스를 구매하도록 설득하기 위해서 설계되었다.

좋은 방문 페이지를 디자인하고 레이아웃하기 위한 여러 가지 방법이 있지만 모두 하나의 공통점이 있다. 그것은 바로 하나의 중점을 둔다는 것이다. 확고한 방문 페이지는 단 하나의 목표를 가지고 있으며 가능한 한 산만하지 않게 만든다. 방문 페이지는 방문자가 취하고자 하는 행동에 중점을 두어야 한다는 것이다.

일반적인 웹 사이트 홈페이지는 방문자가 다양한 선택을 할 수 있도록 설계되었다. 홈페이지에서 방문자는 제품 페이지를 방문하기 위해서, 회사에 대해 더 자세히 알아보거나 회사 블로그를 방문하기 위해서 링크를 클릭할 수 있다. 이러한 이유로 웹 사이트의 홈페이지는 거의 모든 상황에서 불량 방문 페이지다. 홈페이지는 방문자에게 너무 많은 선택권을 제공하기 때문이다.

방문 페이지는 페이지에서 가능한 한 많은 '유출'을 막으려고 노력해야 한다. 즉, 다른 제안, 자세한 정보 및 해당 페이지의 목표를 달성하는 데 절대적으로 필요한 것이

그림 7-1

명확한 중점이 있고 링크가 거의 없는 방문 페이지

출처 : http://www.digitalmarketer.com/lp/fb-ad-templates/

아닌 다른 것들에 대한 링크를 제거하는 것을 의미한다. 그림 7-1은 산만함을 최소화하고 잠재고객이 방문할 확률을 높이기 위해 최대한 적은 수의 링크가 있는 방문 페이지를 보여준다.

페이스북 광고 및 구글 애드워즈 네트워크와 같은 일부 트래픽 소스는 개인 정보 취급 방침 및 이용 약관 페이지와 같은 일부 관련 페이지를 여러분이 가지도록 요구한다. 방문 페이지로의 트래픽을 유도하기 전에 각 트래픽 플랫폼의 서비스 약관을 확인하라.

【 방문 페이지 제작자를 활용해야 합니까? 】

방문 페이지를 처음 만드는 것이 두려울 수 있다. 사이트 방문자가 행동을 취하도록 유도하는 디자인과 레이아웃으로 페이지를 구성하는 방법은 무엇인가? 여러분은 방문객이 여러분이 원하는 행동을 하고 가능한 한 산만하거나 '유출'이 없는 페이지를 만들 수 있을까? 한 가지 방법은 방문자를 리드 및 판매로 전환시키는 사용자 정의 웹 페이지를 구축하는 방법을 이해하는 웹 페이지 디자이너 및 개발자를 고용하는 것이다.

대부분의 기업에게 고객 맞춤 방문 페이지를 만드는 것은 불필요하다. 이미 검증된 방문 페이지 템플릿을 제공하는 애플리케이션을 사용하는 것이 비용 면에서 훨씬 효율적이다. 이러한 응용 프로그램은 리드 확보 또는 판매를 위한 거의 모든 상황에 대한 템플릿을 제공한다. 예산에 맞는 방문 페이지 작성 도구를 찾으라. 그리고 상황에 맞는 템플릿을 제공하라. 예를 들어 웨비나를 사용하여 리드를 확보하려는 경우, 웨비나 등록 템플릿을 제공하는 방문 페이지 애플리케이션을 원할 것이다. 그리고 그것이 여러분이 사용하는 웨비나나 제공 애플리케이션과 잘 통합되는 것을 원할 것이다. 구글은 제16장에서 방문 페이지 및 웨비나 애플리케이션에 대한 추천사항을 제공한다.

리드 확보 페이지 만들기

리드 확보 페이지(종종 짜내기 페이지라고도 함)는 리드 생성의 혜택을 얻고자 하는 기업에게 중요한 방문 페이지 유형이다. 그림 7-1에서 설명한 것처럼 리드 확보 페이지는 다음을 포함하는 데 중점을 둔 페이지다.

» **조건적 제안** : 연락처 정보를 제공하는 조건으로 특정 고객을 위한 특정 문제를 해결해줌으로써 가치를 제공하는 것이다. 제3장에서 이런 대가성 제안에 대해 자세히 배울 수 있다.

» **헤드라인/부제목** : 사이트 방문자가 주요 항목을 읽도록 페이지 상단에 작성하고 페이지에는 조건적 제안을 하는 것을 고려하라. 제5장에서는 헤드라인 전략을 다룬다. 제5장에서 논의된 헤드라인 기법은 블로그에 중점을 두지만, 방문 페이지의 헤드라인도 적용할 수 있다.

» **주요 항목** : 조건적 제안의 이점을 설명하는 강력한 진술

» **상품 이미지** : 조건적 제안을 시각적으로 표시할 수 있다면 그렇게 하라. 이 방법은 모든 제안에 적용되지는 않을 수 있다.

» **증거물** : 여러분이 소속된 협회의 로고와 같이 신뢰할 수 있고 평판이 좋은 브랜드, 또는 만족스러운 고객의 평가와 같은 아이콘을 포함하라.

» **리드 양식** : 양식은 실제로 연락처 정보를 수집하는 메커니즘이다.

마케팅에 사용할 정보만 요청하라. 일반적으로 양식에서 더 많은 정보를 요청할수록 전환율은 낮아진다. 예를 들어 전화로 연락을 취할 계획이 아니라면 리드 양식에 전화번호를 요청하지 말라.

판매 페이지 만들기

판매 페이지는 구매자가 특정 행동(예 : 구매)을 하도록 설득하기 위해 설계되었다. 판매 페이지는 여러 형태로 제공되지만 대부분의 디지털 마케팅 캠페인에는 2가지 유형의 판매 페이지 중 하나가 필요하다.

>> **판매 서신** : 판매 서신을 사용하여 서비스, 무형제품 및 유형제품을 판매할 수 있다. 수십 년 동안 마케터들은 리드가 구매하도록 하기 위해 긴 형태의 텍스트 및 비디오를 만들었다. 판매 서신은 대개 매우 길다. 판매 서신을 읽는 사람은 구입하기로 결정할 것이고 가능하면 많은 정보를 받아야 한다. 판매 서신은 제품이나 서비스가 왜 가치를 제공하는지, 그리고 사

그림 7-2
제품의
방문 페이지 예

출처 : http://www.digitalmarketer.com/lp/sbp/get-content-engine/

람이 막판에 제기할 수 있는 의문점을 극복하도록 도움을 준다. 이러한 목표는 대개 많은 복사본을 생성한다. 그림 7-2는 우리의 제품 중 하나를 위한 DigitalMarketer 판매 서신 방문 페이지의 일부다.

» **제품 세부 정보 페이지** : 특히 전자 상거래 기업의 제품 세부 정보 페이지는 유형(有形)의 제품을 판매하고 드물게는 유형의 제품이나 서비스를 판매하는 디지털 마케팅 담당자를 위한 주요 방문 페이지다. 그림 7-3은 소매 업체인 크레이트앤배럴의 고전적인 제품 세부 정보 페이지다. 이 제품 세부 정보 페이지는 잠재고객이 구매 결정을 내리는 데 필요한 모든 것을 포함한다.

- **제품 이름** : 제품 이름은 제공되는 것에 대해 설명적이고 구체적이다.
- **행동 유도 문안** : '장바구니에 담기' 버튼을 쉽게 찾을 수 있다.
- **제품 가격** : 가격은 직관적인 위치에 있으며 제안된 가격과 나란히 표시된다.

그림 7-3
전자 상거래의 거대 기업인인 크레이트앤배럴의 전통적인 제품 세부 정보 페이지

출처 : http://www.crateandbarrel.com/w%C3%BCsthof-classic-ikon-12-pieceknife-block-set/s532597

- **제품 이미지/비디오** : 여러분들이 받을 수 있는 모든 것을 보여주는 제품의 여러 고품질 사진
- **제품 설명** : 제품 개요, 세부 정보 및 제품 크기를 포함한 제품 설명
- **수량 옵션** : 둘 이상의 제품을 선택할 수 있는 기능
- **제품 리뷰** : 제품을 구매한 이전 고객의 리뷰를 쉽게 찾을 수 있는 위치에 제공
- **위시리스트** : 나중에 구매할 제품을 목록에 추가하는 기능. 이 기능을 위한 크레이트앤배럴의 행동 유도 문안은 '등록에 추가' 및 '즐겨 찾기에 추가'다.
- **소셜 미디어 버튼** : 페이스북 및 핀터레스트와 같은 소셜 사이트에서 제품 페이지를 공유할 수 있는 기능
- **배송 정보** : 배송 정보는 찾기 쉽고 정책은 이해하기 쉽다.
- **제품 비디오** : 제품의 실제 작동을 보여주는 비디오
- **상향 판매/교차 판매** : 잠재고객이 관심을 가질 만한 추가 제품. 크레이트앤배럴은 이 항목을 '이 항목을 본 사람들이 구매한 항목'이라고도 부른다.

판매 서신 작성하기

카피 라이팅을 마스터하는 것은 마치 도기류나 유화 같은 공예품을 마스터하는 것과 같다. 그것은 상당한 예술성을 요구한다. 설득력 있는 문구를 쓰는 것은 판매 서신의 기본 구성 요소를 이해하는 것으로 시작된다. 사실, 설득력 있는 판매 서신을 구성하는 원칙은 이메일, 블로그 게시물, 프레젠테이션 타이틀 등 모든 커뮤니케이션에 적용할 수 있다.

초보자는 우리가 여기에서 설명하는 과정을 그대로 사용할 수 있지만 여러분의 상황에 맞게 자유롭게 응용하라. 판매 서신은 무엇보다도 진실해야 하며, 따라서 이 과정에서 설명된 일부 요소는 포함되지 않을 수 있다. 왜냐하면 여러분의 제안에 적용되지 않을 수 있기 때문이다.

잘 만들어진 판매 서신을 작성하는 데 필요한 절차 단계가 있다. 설득력 있는 서신의

필수 요소를 모두 포함했는지 확인하기 위해 아래 내용을 체크리스트로 참고하라.

1. 헤드라인을 만든다.
2. 부제목을 작성한다.
3. 오프닝을 쓴다.
4. 사용 편의성을 보여준다.
5. 미래를 예측한다.
6. 신뢰성을 확립하라.
7. 판매하는 주요 항목을 작성한다.
8. 증거물을 보여준다.
9. 제안을 한다.
10. 거래를 매력적으로 만든다.
11. 긴박성을 전달한다.
12. 위험을 없앤다.
13. 행동을 유도한다.

다음 절에서는 판매 서신의 각 부분을 설명한다.

1단계 : 헤드라인 제작

헤드라인은 사람들이 읽는 첫 번째 것으로 페이지에서 가장 중요한 부분이다. 작성을 시작했다면 제목에 '방법'을 사용하라. 왜냐하면 이것은 쓰기 쉽고 효과적이기 때문이다. 방법으로 시작되는 제목은 홍보하고자 하는 제안의 99퍼센트에 적용된다. 물론, 여러분의 제안은 다른 종류의 헤드라인이 필요할 수도 있다. 그렇다면 구글과 같은 검색 엔진을 사용하여 검증된 헤드라인 목록을 검색하라. 환상적인 제목 작성 방법을 제공하는 수십 개의 블로그 게시물 기사를 찾을 수 있다.

유식한 헤드라인으로 시작하지 말라. 판매 서신 사본을 읽음으로써 얻을 수 있는 혜택을 명확하고 단순하며 직접적인 언어로 시작하라. 명확하고 직접적으로 헤드라인을 제작하면 거의 항상 복잡하고 혼란스러운 헤드라인보다 많은 전환을 일으킨다. 나중에 카피라이팅에 익숙해질수록 편해질 수 있다.

다음과 같이 시작하는 헤드라인 작성법을 보고 자유롭게 사용([   ]에 관련 정보를 기입)

하거나 영감을 제공하기 위해서 사용하라.

[기간]에서 [원하는 결과]를 얻는 방법

[   ]을/를 [원하는 결과]로 바꾸는 방법

여러분이 [   ]이/가 아닐 때 [원하는 결과]로 가는 방법

[원하는 결과]로 빨리 가는 방법

[뭔가 도전적인] 경우라도 [원하는 결과]를 얻는 방법

예를 들어, 이 마지막 헤드라인 수식은 판매 서신 상단에 제목을 쓰는 데 사용될 수 있다(파산을 선언한 경우에도 집을 구입하는 방법).

2단계 : 부제목 작성

부제목은 선택 사항이지만 종종 헤드라인을 상세히 설명해야 한다. 전통적인 헤드라인 공식의 목록을 제공하는 수십 개의 기사를 온라인에서 찾을 수 있다. 시작하려면 다음과 같이 해보자.

얼마나 빨리 여러분이 [원하는 결과]를 할 수 있는지 발견하라.

얼마나 쉽게 여러분이 [원하는 결과]를 할 수 있는지 배우라.

[바람직한 시간대]에 [원하는 결과]를 얻을 수 있다.

모두가 [   ]에 대해 알아야 할 사항

[권위 있는 사람]이 [기간] 안에 [원하는 결과]를 얻은 방법

예를 들어, 마지막 헤드라인 공식은 '14일 만에 세레나 윌리엄스가 그녀의 삶의 가장 좋은 형태를 얻은 방법'을 나타내는 부제목을 쓰는 데 사용될 수 있다.

1단계에서 생성한 헤드라인에서 주장 또는 약속을 했다. 부제목은 헤드라인을 지원해야 한다. 그것은 새로운 주장이나 약속을 소개해서는 안 되며 분명히 그것과 충돌해서도 안 된다.

3단계 : 오프닝 쓰기

방문 페이지 방문객이 여러분의 오프닝을 읽고 있을 때까지 헤드라인 및 부제목을 읽었다. 일부 독자는 가격과 제안을 확인하기 위해서 서신의 하단까지 스크롤했다. 즉, 그들은 관심이 있다는 것을 의미한다.

고전적인 '문제점/솔루션'을 판매 서신의 오프닝으로 사용하라. 오프닝의 첫 번째 단계에서는 잠재 구매자가 갖고 있는 문제를 명시한다.

방문자는 여러분이 자신의 문제를 진정으로 이해하고 있는지 궁금해 하고 있다. 마케팅 담당자로서 여러분의 일은 여러분과 여러분의 방문자 사이에 공통점을 만드는 것이다. 문제에 대한 공감을 표현하고 불만 상태에 대해 구체적으로 설명하라.

다음으로, 여러분은 이 문제에 대한 해결책이 존재한다는 것을 밝히길 원할 것이며, 그것은 바로 여러분의 제품이나 서비스다! 여러분은 이 시점에서 제품이나 서비스에 대해 자세히 설명할 필요는 없다. 나중에 그렇게 하라.

예를 들어 납세 서비스를 제공하는 경우 다음과 같이 판매 서신의 오프닝을 시작할 수 있다.

> 다시 한 번 그 시기가 왔습니다. 4월 15일이 가까워지고 있습니다. 캘린더에 표시된 주말 내내 모든 영수증과 세금 서류를 찾으십시오.
>
> 여러분의 세금을 준비하는 것이 실망스러울 수 있습니다.
>
> 친구나 가족과 함께 아름다운 봄 주말을 보내고 싶다면 여러분의 회사가 세금을 올해 처리하도록 하세요.

4단계 : 사용 편의성 보여주기

판매 서신에서 이 부분의 핵심은 여러분의 솔루션이 쉽거나 신속하게 결과를 전달할 수 있다고(또는 해당되는 경우) 의사소통하는 것이다. 이제 잠재고객은 빠르고 쉽게 결과를 얻기를 원한다. 텍스트, 이미지 또는 비디오를 통해 사용의 용이성이나 결과의 속도를 입증할 수 있다면 그렇게 하라.

5단계 : 미래 예측

판매 서신 페이지에서 이 부분은 독자가 자신의 문제를 해결하면 어떨지 그들의 마음속에 그려 넣는다. 여러분은 여러분의 독자가 상상하고 그들의 문제로부터 자유로울 수 있다고 느끼길 원할 것이다.

판매 서신에서 이 절을 시작하기 위한 가장 쉬운 방법은 다음 공란을 채워 넣는 것이다.

그것이 _____ 처럼 될 것이라고 상상해보라.

예를 들면, 포드자동차는 머스탱 GT를 판매하기 위하여 다음을 작성했다.

페달을 밟고 머스탱의 435마력 엔진의 스릴을 느낀다고 상상해보십시오

머스탱 GT를 사는 것은 어떤 문제를 해결합니까? 독감 환자를 치료하거나 신용카드 부채를 없애지는 않습니다. 제1장에서는 고객의 구매 전 상태에서 구매 후 상태로의 이동을 설명합니다. 판매 사본에서는 구매 후 상태의 가치를 명확하게 표현할 수 있어야 합니다. 머스탱의 경우, 여러분은 사람들을 지루하고 오래되고 느린 '구매 전' 상태에서 벗어나 새롭고 아름답고 상쾌한 차를 그들에게 전합니다.

6단계 : 신뢰 구축

판매 서신을 제작하는 이 단계에서 방문자의 마음에 다음과 같은 질문을 해야 한다 – 왜 여러분이어야만 하는가?

즉, 여러분 또는 여러분의 조직이 문제를 해결할 자격이 되는 이유는 무엇인가? 여러분은 여러분의 솔루션이 왜 신뢰할 수 있는지를 입증해야 한다. 다음을 포함하여 신뢰성을 입증할 수 있는 여러 가지 방법이 있다.

» **고객의 평가를 사용한다** : 여러분의 신뢰를 강화시킬 수 있는 행복한 고객의 광범위한 평가가 있다면 그것을 여기에 배치할 수 있다.
» **증거를 제공한다** : 솔루션으로서 여러분을 믿을 만한 이유를 제공할 수 있는 증거를 제공하라(예 : 의사, 공군 조종사로서 MBA 획득, 또는 솔루션 유형과 관련된 다른 증거물).
» **신임장을 빌린다** : 여러분이 여러분이나 여러분의 제품을 좋아하는 사람을

알고 있거나 그들의 신임장이 가치가 있다면, 그 사람을 여기에 명시하라 (가능한 경우 그 또는 그녀의 보증을 포함하라).

» **여러분의 이야기를 들려준다** : 여러분이 이 문제를 해결할 수 있는 자격을 갖춘 경험이 있는가?(무대 공포증을 극복하거나, 50파운드를 뺀 경험이 있거나, 다시 걷기 위해서 스스로 배웠는가?) 그 이야기를 들려주라.

» **인상적인 숫자를 사용한다** : 인상적인 데이터, 오랜 기간의 경험 또는 성공적인 많은 고객이 있는 경우 여기에서 사용하라.

여러분이 설명하는 문제가 없는 사람은 이것을 읽지 않을 것임을 기억하라. 판매 서신의 이 시점에서는 문제를 해결할 자격이 있는 이유를 설명해야 한다.

7단계 : 판매하는 주요 항목 쓰기

여러분이 여러분의 판매 서신의 독자가 여러분이 쓰는 모든 단어를 읽을 거라고 희망하지만, 현실은 대부분의 사람들은 여러분의 서신을 대강 훑어볼 것이다. 판매 서신에 주요 항목을 추가하는 것은 문단을 분리하고 읽는 것을 멈추고라도 급하게 훑어보도록 할 수 있다. 제안의 혜택을 설명하는 3~5개의 주요 항목을 포함해야 한다. 이 단계에서 시간을 투자하되 수렁에 빠지지 말라. 첫 번째 초안을 위해 이 단계는 30분을 넘기지 말아야 한다. 이 첫 번째 초안을 만든 후에는 다시 돌아와 이러한 혜택에 더 많은 시간을 할애할 수 있다.

여러분이 제공하는 제품이나 서비스에 대해 설명하는 시간이 아니다. 여러분의 제품이나 서비스를 구매할 때 여러분의 독자가 받게 될 이점에 대해 간략히 설명하는 시간이다.

사람들은 제품과 서비스를 구매하지 않는다는 것을 기억하라. 오히려 그들은 원하는 결과물을 구매하는 것이다.

» 그들은 감기약을 구매하지 않는다. 그들은 밤의 양질의 수면을 구매한다.
» 그들은 체육관 멤버십을 구입하지 않는다. 그들은 매끈하고 건강한 몸을 구매한다.
» 그들은 해충 방제를 구입하지 않는다. 그들은 아이들을 위해 깨끗하고 안전한 집을 구매한다.

8단계 : 증거물 보여주기

이 단계에서는, 여러분은 가장 중요한 요소인 증거를 제시한다. 증거는 이전 단계에서 확립한 조직의 신뢰성이나 신뢰성과 동일한 것이 아니다. 신뢰를 쌓으면 신뢰가 형성되고, 여러분은 독자들에게 약속을 했다. 이제 여러분은 여러분의 주장에 대한 증거를 제공함으로써 그러한 약속을 입증해야 한다. 만약 여러분이 유형 제품을 판매하는 경우 비디오 또는 이미지를 통해 제품이 작동하는 방식을 보여주고 이전에 주요 항목에서 설명한 것들을 보여주라.

해설식 광고는 증거를 보여주는 개념의 표본이다. 그들은 칼로 손톱을 자른 다음 토마토를 쉽게 자르는 것을 보여주거나 적포도주 얼룩을 제거하는 클렌저를 보여준다. 증명은 다음을 포함하여 다양한 형태로 나타난다.

» **데모** : 작동하는지 보여줄 수 있다면 그렇게 하라.
» **사회적인 증거** : 여러분이 제시한 주장을 강화하는 증명서를 가지고 있다면 여기에 그것들을 포함시키라. 얼마나 많은 사람들이 여러분의 솔루션으로부터 혜택을 입었는지 언급하라.
» **데이터 또는 연구** : 여러분이 직접 수행하거나 신뢰할 수 있는 자원으로부터 얻은 데이터 및 연구를 사용하라.
» **빌린 신뢰성** :「뉴욕타임스」,「하버드 비즈니스 리뷰」또는 무역 협회와 같은 평판이 좋은 출처의 정보를 찾아 사용하라.

여러분이 제안한 것이 위험이 높을수록 구매자는 안심하고 구매할 수 있는 증거를 더 필요로 한다.

여러분이 주장한 것을 제대로 입증할 수 없는 경우라면 이를 제거하는 것이 좋다. 증거가 없는 주장이나 약속은 해를 끼칠 수 있다.

9단계 : 제안하기

여러분이 독자들에게 제공하는 제안은 돈을 주면 받을 것으로 예상되는 것을 정확히 포함시켜야 한다. 가장 중요한 것은 여러분의 제안이 분명하고 혼란스럽지 않아야 한다는 것이다. 독자가 무엇을 얻을지 의심이 간다면 그들은 구입하지 않을 것이다. 다음은 명확성을 위해 포함해야 할 정보의 예다.

>> 제품을 발송하는가? 거기까지 얼마나 걸리는가?

>> 제품의 크기는 무엇인가? 무게는 얼마인가?

>> 비용은 얼마인가? 지불 조건은 유효한가? 아메리칸 익스프레스를 수락하는가?

독자가 제안에 대해 가질 수 있는 질문을 생각하고 모든 질문에 답하라.

10단계 : 거래를 매력적으로 만들기

보너스가 여러분의 제안에 해당되지 않을 수도 있다. 그러나 보너스를 추가할 수 있다면 여러분은 거의 확실하게 반응을 증가시킬 수 있다. 아마도 여러분은 구매자에게 추가 비용 없이 처음 100명이 응답한 보너스 제품을 추가할 수 있다. 또는 지정된 날짜 이전에 구매한 사람들에게 추가 할인을 제공하라.

보너스를 추가하는 것은 특정 날짜 이후 또는 특정 수량이 판매된 후 보너스를 받지 못하게 함으로써 긴급성을 높이는 좋은 방법이다(11단계에서 다룬다).

11단계 : 긴급함 전달하기

여러분의 제품이나 서비스에 적절하다면 여러분의 제안에 긴급성을 추가하면 독자가 원하는 행동을 취하게 된다. 그들이 그것에 대해 생각하거나 나중에 할 생각이라면, 그들은 돌아오지 않을 것이다.

제안을 하는 것에 대한 긴급성을 알려줌으로써 사람들이 행동을 취하도록 설득할 수 있다. 그들이 내일, 다음 주 또는 내년에 다시 올 수 있고 동일한 제안을 받는다고 믿는다면, 그들은 행동을 취할 가능성이 적다.

희소성 또는 긴급함을 억지로 만들어내지 말라. 그러나 사람들이 지금 행동을 취해야 하는 진정한 이유가 있다면, 반드시 그것을 알리라. 여기 몇 가지 예가 있다.

>> 지금 이 이벤트에 등록하십시오. 32석밖에 남아 있지 않습니다.

>> 지금 구입하세요 : 이 제안은 1월 26일 자정까지만 제공됩니다.

>> 미국이 만든 동전은 오직 1,000개뿐입니다.

판매 서신에 긴급성을 만드는 또 다른 방법은 "이 문제에 대해 조치를 취하지 않는 것이 얼마나 많은 비용을 지출하게 될지 생각하라."와 같이 간단하게 설명하는 것이다.

12단계 : 위험 없애기

판매 서신의 이 단계에서 사람들은 구매에 대해 안심할 수 있도록 위험을 없애고자한다. 위험을 줄이기 위한 다양한 방법이 있다.

» 보증 제공
» 무료 평가판 제공
» 환불 정책 제공
» 협회 회원 로고, BBB 휘장, 보안 체크 인장 등의 신뢰 인장 사용

13단계 : 행동 유도 문안 만들기

행동 유도 문안은 사람들이 하길 원하는 행동과 어떻게 행동할지를 원하는지 정확히 제시한다. 그것은 "아래 장바구니에 담기 버튼을 클릭하십시오."와 같이 간단한 문구와 같다.

제품 세부 정보 페이지의 요소 이해

제품 세부 정보 페이지(제품 페이지라고도 함)는 전자 상거래 웹 사이트에서 가장 중요한 페이지다. 잠재고객이 제품 페이지를 방문하여 이미지를 보고 제품 설명을 읽고 고객들의 리뷰를 볼 때, 제품 구매에 대에 관심을 보이고 구매에 대해 생각하게 된다. 제품 페이지는 전자 상거래 상점이 얼마나 성공할 수 있는지를 결정하는 요인이다. 제품 페이지에는 사람들이 다음 단계인 '전환'으로 이동하도록 해야 한다. 따라서 제품 페이지나 페이지에 관심을 기울이라. 다음 절에서는 성공적인 제품 페이지의 요소에 대해 설명한다.

제품 이미지

온라인 구매는 편리할지라도 사람들이 오프라인 매장에서처럼 물건을 집어 들고 사용해볼 수 없다는 점은 불리할 수 있다. 사람들은 인터넷에서 제품을 구매하지 않는다. 차라리 제품의 사진을 구매한다고 하는 것이 정확할 것이다. 잠재고객이 제품을

집어보거나 만질 수 없다는 사실을 극복하기 위해 기능 및 특성을 완전히 전달하는 데 필요한 고품질의 제품 이미지를 포함하라.

사람들은 제품이 어떻게 보이는지에 따라 구매한다. 따라서 더 복잡하거나 비싼 제품일수록 제대로 보여주기 위해 제품에 대한 더 많은 이미지가 필요하다.

이미지 확대/축소

사람들이 제품 이미지를 확대하여 제품, 제품의 질감 또는 기능 및 사용 방법을 자세히 볼 수 있도록 하라. 이미지 확대 기능은 고객이 장바구니에 넣기 전에 제품을 자세히 검토할 기회를 제공하기 때문에 잠재고객이 가질 수 있는 의심을 극복하도록 도와줄 수 있다.

제품 설명

잠재고객이 더 많은 정보를 얻기 위해 페이지를 훑어 볼 필요 없이 제품의 기능에 대해 알 수 있도록 페이지에 즉시 표시되는 잘 작성된 제품 설명을 제공하라. 제품 설명을 간과하지 말라. 독특한 판매 포인트를 설명하고 그것이 어떻게 사람들의 문제를 해결하거나 삶을 개선하는지 설명하라. 250단어 이상을 사용하여 제품 설명서를 작성하고 설명 안에 여러분이 목표로 하는 키워드를 포함시키라. 이러한 키워드를 포함시키면 제8장에서 논의하는 제품의 검색 마케팅이 향상된다. 제품 이미지와 마찬가지로 더 복잡하거나 비싼 제품일수록 제품 관련 세부 사항이 더 많이 필요하다. 가독성과 사용자 경험을 향상시키려면 헤드라인, 주요 항목 및 단계 목록을 사용하여 제품 설명을 구성하라.

제품 판매 비디오

제품 판매 비디오는 사용 중인 제품을 시연하기 위한 훌륭한 매체이며 판매를 권유하기 위한 효과적인 툴이다. 비싸거나 복잡한 제품은 판매 비디오와 잘 어울린다. 또한 제품 판매 비디오는 잠재고객이 가질 수 있는 반대 의견을 극복할 수 있도록 도와주는 효과적인 방법이다. 판매 비디오를 제공하는 경우 페이지 하단에 놓지 말고 쉽게 찾을 수 있는 위치에 놓으라.

제3자의 제품 권유 비디오

이 유형의 비디오는 보증(지지) 또는 프레스 비디오라고도 하며, 기본적으로 두 번째 제품 판매 비디오다. 꼭 필요한 것은 아니지만 제3자의 지지는 제품 페이지의 전환율을 크게 높일 수 있다. 이 유형의 동영상은 여러분의 브랜드와 관련이 없는 사람이 브랜드 및 제품을 적극 추천한다. 이것은 유명인 지지와 유사하여 이러한 동영상이 효과적이기 위해서 꼭 유명인일 필요는 없다. 제3자의 구매 권유 비디오는 대개 대본이 있으며 전문적으로 촬영된다.

행동을 요구하다

제품 페이지의 행동 유도 문안은 '장바구니 추가 버튼'이다. 이 버튼은 소비자에게 잘 보이고 소비자가 접근하기 쉬워야 한다. 장바구니 추가 버튼은 데스크톱 및 모바일 장치에서 쉽게 찾을 수 있어야 한다. 그림 7-4는 베스트바이의 제품 페이지에 매우 눈에 띄는 2개의 '장바구니에 추가한' 버튼(오른쪽 상단 모서리에 있는 카트 아이콘과 가격 바로 위에 있는 장바구니에 추가하기 행동 유도 버튼)을 보여준다. 제품 페이지의 길이에 따

그림 7-4

베스트바이는 페이지의 중간에 2개의 '장바구니에 추가하기' 버튼이 있다.

출처 : http://www.bestbuy.com/site/insignia-39-class-38-5-diag--led-1080p-smart-hdtv-roku-tv-black/4863802.p?skuId=4863802

라 사람들이 페이지의 어디에 있든 상관없이 장바구니에 제품을 쉽게 추가할 수 있도록 여러 개의 장바구니 추가 버튼을 배치하는 것을 고려해보라.

리뷰

제품 페이지 내에 리뷰, 사용자가 작성한 콘텐츠 및 자주 묻는 질문(FAQ) 절을 포함시키라. 특히 리뷰는 소셜 검증의 한 형태로서 개인적인 추천과 같다. 고객 리뷰는 서면 형태로만 존재할 필요는 없다. 동영상일 수도 있다. 고객의 동영상 리뷰는 제품 페이지에 포함시킬 수 있는 가장 좋은 증거 중 하나다. 비디오를 통해 잠재고객이 제품을 검토하는 동안 그것과 관련 있는 사람을 제공해주기 때문이다.

사람들은 리뷰 동영상을 텍스트 추천보다 가짜로 꾸미거나 조작하기가 더 어렵다고 생각하기 때문에 더 효과적이다. 고객의 동영상 리뷰와 제3자의 판매 권유 비디오와의 가장 큰 차이점은 후자는 기업에 의해 전문적으로 만들어졌다는 것이다. 반면에 고객 동영상 비디오는 휴대전화 카메라를 사용하여 고객이 촬영한 것이다. 서면 및 비디오 형식의 많은 리뷰를 얻기 위해서 이메일을 통해 과거 고객을 추적하고 정직한 리뷰를 요청하라. 여러분은 고객에게 쿠폰과 콘테스트를 제공하여 리뷰를 남기는 것에 따른 인센티브를 줄 수 있다.

교차 판매

아마존은 '이 항목을 구입한 고객이 구매한 다른 제품'을 통해 교차 판매를 잘 수행한다(그림 7-5 참조). 이 사이트에서는 고객이 현재 보고 있는 제품을 기반으로 고객이 장바구니에 추가하길 원할 것으로 예상되는 다른 제품을 제안한다. 교차 판매는 바구니 크기를 늘리거나 잠재적인 고객의 요구에 더 잘 맞을 수 있는 대체 제품을 제공하여 판매를 보장하는 효과적인 방법이다.

그림 7-5
아마존은 고객의 장바구니 크기를 늘리기 위해 교차 판매를 제안한다.

출처 : https://www.amazon.com

방문 페이지 평가하기

이 장의 이전 절에서는 가장 일반적인 방문 페이지 및 필수 요소에 대해 설명하고 이 절에서는 페이지의 효과성을 평가하기 위한 기준을 제시한다. 방문 페이지는 짧은 형식의 리드 확보 페이지에서부터 긴 형식의 판매 서신에 이르기까지 다양한 모양과 크기로 제공되므로 다음 절에 포함된 일부 요소는 여러분이 평가하고자 하는 방문 페이지에 적합하지 않을 수 있다. 예를 들어, 서비스를 판매하는 긴 형식의 판매 서신은 리드 확보 형식을 사용하지 않을 것이다.

여러분의 페이지에 적용되는 기준에 따라 방문 페이지를 평가하라. 명심해야 할 가장 중요한 것은 여러분의 방문 페이지와 관련된 다음 항목의 각 요소를 개선하면 여러분의 방문 페이지 전환율에 상당한 영향을 미칠 것이라는 점이다.

> » **명확성** : 몇 초 안에 여러분은 새로운 방문자를 방문 페이지로 유도하여 그들이 방문 페이지에 머물도록 해야 한다. 헤드라인, 부제목, 이미지 및 페이지에서 다음의 질문에 대해 즉시 볼 수 있는 답변을 제공하라. "제품은 무엇입니까?" 그리고 "그 제품은 나에게 어떤 이점을 제공합니까?"

> » **일치** : 방문자는 방문 페이지와 방문 페이지 이전에 보았던 것과 일치하지 않으면 그들은 재빠르게 다른 곳으로 이동한다. 방문자를 방문 페이지로 보냈던 트래픽 출처가 무엇이든 간에 또는 광고가 무엇이든지 간에 그 안에 있던 텍스트와 이미지가 여러분의 방문 페이지의 것과 일치해야 한다. 예를 들어 '겨울 의류 10퍼센트 할인'이라고 표시된 광고를 클릭하고 여름 의류를 판매하는 페이지에 도달하게 만들면 여러분은 트래픽의 대부분을 잃게 된다. 시각 자료(색상, 이미지, 글꼴 등)를 제공하고 트래픽 소스와 방문 페이지의 내용이 일치하도록 제공하면 트래픽이 증가할 것이다.

> » **시각화** : 일반적으로 제안의 이미지 또는 그래픽 표현은 전환율을 높인다. 기본적으로 제공하는 과도한 이미지 및 로열티가 없는 이미지를 사용하면 여러분의 제안이 저렴해 보일 수 있다. 제안을 설명할 때는 가능하면 맞춤 사진이나 그래픽을 사용하라.

> » **필드 수** : 양식 필드 수는 제안에 적합해야 한다. 예를 들어, 고객에게 많은

헌신을 요구하는 제안은 더 긴 양식을 가지고, 적은 헌신을 요구하는 제안은 더 짧은 양식 필드가 적합하다.

필요 없는 정보를 요구하지 말라! 이메일을 통해서만 후속 조치를 취할 계획이라면 이름과 이메일만 요청하라. 만약 여러분이 후속 조치 메시지를 개인별로 계획하지 않으면 이름 필드도 삭제하라. 일반적으로 양식 필드 수가 적으면 전환율이 높아진다.

» **가시적이고 매력적인 행동 유도 문안 버튼** : 사람들은 자주 버튼 색상에 대해 논쟁하지만 버튼 색상이 주변 디자인 요소와 대조되어야 한다는 것에는 변함이 없다. 예를 들어 웹 사이트의 배경색이 하늘색인 경우 스카이 블루 색상을 행동 유도 문안 버튼 색상으로 사용하지 말라. 둘째, 행동 유도 문안 버튼에 매력적인 문구를 사용하라. '제출'은 충분하지 않다. 특정 명령을 제공하거나 최종 결과를 말하는 테스트 문구를 넣어보라(예 : '지금 바로 무료 접속하기').

» **전문적인 디자인** : 방문 페이지 디자인 품질은 전문적이어야 한다. 우수한 방문 페이지 작성 도구를 사용하는 경우, 제공된 템플릿은 대부분의 디자인 및 레이아웃을 제공한다(제16장에서 방문 페이지 작성 도구들에 대한 권장 사항을 제공한다). 여러분이 방문 페이지를 편하게 변경할 수 있을 때까지 검증된 레이아웃 및 디자인을 크게 수정하지 말라.

» **관련 있는 신뢰 아이콘** : 함께 거래하거나 협력관계를 맺고 있는 신뢰할 수 있는 브랜드 및 고객의 평가는 고객이 자신의 연락처 정보를 제공하거나 구매하는 결정이 현명하다는 것을 알려준다.

» **명확한 개인 정보 보호 정책** : 개인 정보 취급 방침 및 서비스 약관은 일부 사이트(구글 포함)에 광고하는 데 필요할 뿐만 아니라 전환에도 유용하다.

» **시각적 단서** : 방문 페이지는 화살표, 상자 및 다른 시각적 장치를 결합하여 시선을 행동 유도 문안으로 끌고 가야 한다.

chapter

08

검색 엔진으로 트래픽 확보하기

- 검색 마케팅의 기본 요소에 집중한다.
- 검색 쿼리를 분석한다.
- 인기 사이트에 검색 트래픽을 최적화한다.
- 로봇을 끌어들인다.
- 여러분 웹 페이지로의 링크를 확보한다.

디지털 마케팅 분야의 검색 마케팅은 극적으로 발전해 왔다. 인터넷 초기에는 알타비스타, 라이코스, 야후와 같은 검색 엔진이 많이 복잡하지 않았다. 이 사이트가 웹 사이트 순위를 매기는 데 사용된 단순한 요소를 이해한 검색 마케팅 담당자는 품질에 관계없이 검색 엔진 트래픽을 페이지로 유도할 수 있었다.

오늘날 구글과 같은 검색 엔진은 사용자들이 검색 시 웹 페이지를 보여주기 위해 수백 가지 요소를 고려한다. 현재의 검색 마케팅 환경에서는 일반적으로 최고의 웹 페이지만 이긴다. 평판이 좋지 않은 검색 마케터들에 의해 활용되고 있는 허술한 부분이 여전히 존재한다. 그러나 검색 마케팅은 규칙에 따라 행동하는 사람들에게 유리

제8장 검색 엔진으로 트래픽 확보하기

177

하다. 이 장에서는 여러분이 이러한 규칙을 발견하고, 매일 수십억 건의 검색을 통해 트래픽을 확보할 수 있도록 해준다.

검색은 구글, 빙과 같은 대형 검색 엔진에만 국한되지 않는다. 페이스북, 핀터레스트와 같은 소셜 미디어 사이트에도 검색 기능이 있다. 또한 아마존, 아이튠즈, 트립어드바이저와 다른 수천 개의 다른 사이트도 사용자에게 검색 기능을 제공한다. 여러분의 비즈니스에 따라 구글 또는 빙보다 유튜브 또는 아마존에서 검색이 어떻게 작동되는지 이해하는 것이 더 중요할 수도 있다.

검색 마케팅에서 3대 핵심 요소 파악하기

3명의 주요 선수는 각각 다른 동기를 가지고 있으며, 이들이 검색 마케팅 환경을 구성하고 있다. 플레이어가 누구이며 원하는 것을 이해하면 비즈니스에서 검색 마케팅을 수행하는 방법을 더 잘 이해할 수 있다. 검색 마케팅에서 중요한 플레이어는 다음과 같다.

> **검색자** : 검색 엔진에 검색어를 입력하는 사용자
> **검색 엔진** : 검색자가 인터넷에서 제품, 서비스, 콘텐츠 등을 찾기 위해서 사용하는 프로그램
> **마케팅 담당자** : 인터넷을 통해 사람들에게 콘텐츠를 게시하고 제안하는 웹 사이트 및 기타 채널 소유자

마케팅 및 비즈니스 소유자는 검색 마케팅에서 얻은 트래픽, 리드 및 판매량을 극대화하기를 원한다. 이를 위해 검색자와 검색 엔진이 원하는 것을 제공해야 한다.

검색자의 요구 이해하기

마케팅 담당자와 검색 엔진의 핵심은 검색자의 사고방식을 이해하는 것이다. 검색자에게 동기를 부여하는 요소를 이해함으로써 마케팅 담당자와 검색 엔진이 더 나은 서비스를 제공할 수 있다.

사람들은 학교 프로젝트 연구나 자동차나 집과 같은 고가의 구매에 대한 리뷰를 찾기 위해 검색 엔진을 매일 사용한다. 검색자에게 동기 부여를 하는 것은 간단하다. 그들은 검색 대상과 관련된 모든 것에 대해 가장 관련성이 높고 품질이 우수한 웹 페이지를 찾고 싶어하며 해당 페이지를 곧바로 찾고 싶어 한다.

마케팅 담당자와 검색 엔진이 검색자를 만족시킬 수 있다면 모두가 이기는 것이다. 검색자는 그들이 원하는 것을 찾고, 마케팅 담당자는 트래픽, 리드 및 판매가 발생되며, 검색 엔진은 사용자를 얻는다.

검색 엔진이 원하는 것을 아는 것

구글과 같은 검색 엔진 회사는 하나의 기업이며 다른 기업과 마찬가지로 생존을 위해 수익을 창출해야 한다. 따라서 그 검색 엔진이 어떻게 수익을 창출하는지 이해하는 것이 중요하다. 검색 엔진의 동기를 이해하면 이에 따라 검색 전략을 계획할 수 있다.

대부분의 검색 엔진은 광고를 판매하여 수익의 대부분을 창출한다. 그림 8-1은 구글 검색 결과 페이지의 일반적인 광고를 보여준다.

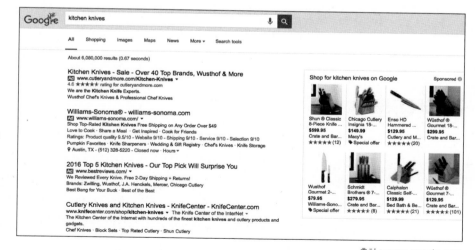

그림 8-1
구글은 검색 결과 페이지의 상단과 우측 상단에 광고를 표시한다.

출처 : www.google.com

【 블랙 햇과 화이트 햇 】

성공적인 검색 마케팅 캠페인을 만들고 싶다면 각 검색 엔진의 서비스 약관 경계 내에 있어야 한다. 이러한 서비스 조건을 위반하는 검색 마케팅 전술은 '블랙 햇(black-hat)'이라고 부르며, 약관을 잘 지키는 것을 '화이트 햇'이라고 부른다.

블랙 햇 검색 마케팅 전술은 비윤리적(때로는 불법)일 뿐 아니라 비즈니스에도 좋지 않다. 검색 엔진의 조건을 위반하면 단기 결과는 좋을 수 있지만 그 결과는 지속되지 않는다. 구글과 같은 검색 엔진은 링크 구매 및 키워드 채우기와 같은 블랙 햇 방법을 억제하기 위해 웹 사이트 순위를 매기는 알고리즘을 지속적으로 업데이트한다.

검색 엔진의 서비스 조건을 따르고 검색 사용자의 더 나은 사용자 경험을 구축하는 마케팅 전략을 사용하는 마케팅 담당자는 검색 엔진에서 더 높은 순위와 트래픽, 리드 및 매출을 얻게 된다.

결과적으로 검색 엔진은 품질이 가장 좋고, 가장 인기 있고, 가장 관련성이 높은 콘텐츠를 검색자에게 제공해준다. 검색 사용자가 원하는 것을 제공하는 것에 실패하면 검색 사용자는 원하는 정보를 찾기 위해 다른 곳으로 가게 되며, 그렇게 되면 광고를 게재할 기회가 줄어든다.

다른 검색 엔진은 그들이 트래픽을 참조하는 비즈니스와 제휴 관계를 맺음으로써 수익을 창출한다. 검색자가 이 제휴 파트너 중 하나를 방문하여 구매하면 검색 엔진은 해당 판매에 대한 수수료를 받는다.

검색어 타깃팅

사람들이 여러분의 비즈니스, 브랜드, 제품 및 서비스를 발견도록 하는 한 가지 방법은 검색 엔진에 입력한 검색어를 사용하는 것이다. 검색자는 검색 엔진으로 가서 키워드 또는 구문을 입력하고 검색 버튼을 누르거나 클릭하면 검색 엔진은 인기 있고 검색어와 관련 있는 결과물들을 보여준다. 검색자는 해당 결과 중 하나를 클릭하거나 누르게 된다.

여러분의 브랜드가 검색되고 사용될 수 있도록 하기 위해 마케터는 다음 2가지 범주의 검색어를 염두에 두어야 한다.

» **브랜드 검색** : 특정 비즈니스, 브랜드, 제품 또는 서비스를 검색할 때 검색 엔진에 입력하는 키워드 또는 키워드 구문이다. 예를 들어, 검색어 '사우스웨스트에어라인'은 사우스웨스트에어라인이 목표로 삼아야 할 브랜드 검색어다.

» **비브랜드 검색어** : 검색자가 특정 비즈니스, 브랜드, 제품 또는 서비스를 찾지 않을 때 검색 엔진에 입력하는 키워드 또는 키워드 구문이다. 예를 들어, '시카고행 비행기'라는 검색어는 사우스웨스트에어라인이 목표로 삼아야 할 비브랜드 검색어다.

앞의 2가지 범주를 이해함으로써 마케팅 담당자는 키워드 또는 키워드 구문을 목표로 하여 검색자가 브랜드를 발견하고 이용할 수 있도록 할 수 있다.

검색자가 조식 제공 여관을 찾고 있다고 가정하고 구글에서 '내 근처의 역사적인 숙박시설과 아침 식사 제공 여관'을 입력한다(그림 8-2 참조). 이 검색어는 비브랜드 검색어다. 검색자는 특정 숙박 시설 및 아침 식사를 찾지 않는다. 단순히 인근의 역사적인 숙박 시설과 아침 식사를 찾고 있다.

반대로, 어떤 검색자는 '펄 거리에 있는 오스틴 여관의 리뷰' 검색어를 입력하는 것과 같이 펄 거리에 있는 특정 숙박 시설인 오스틴 여관을 찾을지도 모른다. 이러한 검색어는 브랜드 검색어이다(그림 8-3).

검색어 정의

매일 검색 엔진에 입력된 수십억 개의 검색어에는 각 검색자의 의도와 상황이 포함되어 있다. 의도는 검색 마케팅과 관련이 있으므로 검색자가 무엇을 찾고 있는지 파악해야 한다. 검색어 상황(문맥)은 검색자가 그 의도를 갖는 이유다. 다시 말해, 의도는 검색어의 '무엇'이며 상황은 '이유'다.

다음은 인터넷을 검색하는 세 사람의 의도 및 상황의 예다.

그림 8-2
현지 숙박시설 및
아침식사 제공
여관을 검색하기
위한 검색어

그림 8-3
펄 스트리트의
Austin's Inn
에 대한 브랜드
검색어

» **사람 1** : 식생활에 유기농 식품을 추가하고 싶기 때문에 채소밭을 가꾸고 싶다.
  - 의도 : 채소밭을 시작하고 싶다.
  - 상황 : 식단에 유기농 식품을 추가하고 싶다.
» **사람 2** : 야외에서 더 많은 시간을 보내고 싶기 때문에 채소밭을 가꾸고 싶다.
  - 의도 : 채소밭을 시작하고 싶다.
  - 상황 : 야외에서 더 많은 시간을 보내고 싶다.
» **사람 3** : 식료품비를 절약하고 싶어서 채소밭을 가꾸고 싶다.
  - 의도 : 채소밭을 시작하고 싶다.
  - 상황 : 식료품 비용을 줄이고 싶다.

이 예제의 각 검색자는 "채소밭을 가꾸고 싶다."는 동일한 의도를 가지고 있다. 그러나 이들은 그 채소밭을 가꾸려는 이유가 다르다. 즉, 의도 뒤의 상황이 각각 다르다.

검색 마케팅 담당자는 검색자의 의도와 상황을 모두 충족시키는 데 중점을 두어야 한다. 각 의도 및 상황은 목표를 삼을 만한 가치가 있는 검색어다. 이전 예제에서 검색자는 검색 엔진에 다음 검색어를 입력할 수 있다.

» '채소밭 가꾸기'(의도만)
» '내 식단에 유기농 식품을 추가하기'(상황만)
» '유기 채소밭을 가꾸기'(의도와 상황 모두)

채소밭 가꾸기 제품 또는 서비스를 판매하는 사업은 그것의 이상적인 고객의 의도 그리고 상황을 근거로 한 검색어를 목표로 해야 한다.

이 책의 제1장에 설명한 고객 아바타를 참조하라. 목표, 가치, 도전, 고통의 포인트 및 판매에 대한 반대와 관련한 부분을 참고하라. 이상적인 고객이 검색 엔진에 입력하는 용어의 의도 및 상황에 대한 단서를 찾을 수 있다.

목표로 할 올바른 검색어 선택하기

검색 엔진에 입력된 각 검색어는 검색자의 의도 및 상황 또는 둘 다를 포함한다. 이상적인 고객이 검색 엔진에 입력하는 의도 및 상황을 확인하려면 구글 애드워즈 키워드 플래너(https://adwords.google.com/KeywordPlanner)와 같은 도구를 사용하여 키워드 연구를 수행해야 한다.

'구식'으로 키워드 도출하기

키워드 도구를 사용하기 전에 키워드 연구를 수행하는 가장 좋은 방법 중 하나는 고객과 접촉하는 모든 사람과 아이디어를 브레인스토밍 하는 것이다. 그들은 키워드 도구보다 고객의 요구 사항, 니즈, 문제점을 더 잘 알고 있다. 고객에 관한 질문에 대답하기 위한 적절한 구성원을 모으라. 키워드 도구를 사용하여 관련성 높은 특정 키워드와 키워드 구문을 찾는 데 도움이 된다. 브레인스토밍을 끝낸 후 키워드 도구로 이동하여 검색 마케팅 캠페인에 가장 적합한 키워드와 구문을 확인하라.

브레인스토밍을 돕기 위해 다음 예제에서 이와 같은 질문에 답하라. 다음은 온라인 신발 소매점인 자포스가 마라톤을 계획 중인 사람들에게 신발을 판매하는 방법에 대한 예다.

» Q : 제품이나 서비스를 구매하기 전에 이상적인 고객은 무엇을 조사할까?
  A : 마라톤 선수에게 이상적인 식사

» Q : 제품 또는 서비스와 관련하여 이상적인 고객은 무엇에 관심이 있을까?
  A : 아픈 다리 근육을 치료하기

» Q : 제품이나 서비스를 구매하기 전에 무엇을 극복해야 할까?
  A : 마라톤 훈련을 위한 시간 확보

» Q : 이상적인 고객이 제품이나 서비스를 통해 달성하고자 하는 목표는 무엇일까?
  A : 마라톤 달리기

» Q : 우리의 이상적인 고객은 우리의 제품을 경쟁 업체의 것과 비교 평가하기 위해 어떤 정보를 필요로 할까?
  A : 나이키와 아디다스 마라톤 러닝화의 무게 비교

» Q : 고객이 제품이나 서비스를 구매하기 위해 필요한 정보는 무엇일까?
  A : 구두 반환 정책

키워드 조사 도구 사용

브레인스토밍 후에 선택한 키워드 조사 도구로 이동하라. 수십 개의 훌륭한 키워드 조사 도구를 구매할 수 있지만 무료 구글 애드워즈 키워드 플래너(https://adwords. gooles.com/KeywordPlanner)는 대부분의 검색 마케팅 담당자의 요구를 충족시킨다. 구글은 무료 도구를 제공하여 광고주가 검색 엔진을 사용하는 검색자의 행동을 조사할 수 있도록 한다. 광고주는 입찰가를 결정하기 위해 이 도구에서 제공하는 정보를 사용한다.

키워드 플래너 도구(그림 8-4 참조)에서 "마라톤을 달리다."와 같은 키워드 구문을 입력하면 목표로 할 여러 개의 키워드를 볼 수 있다.

> » '달리기 행사'
> » '마라톤 주자'
> » '마라톤 팁'

구글 애드워즈 키워드 플래너는 각 검색어에 대해 다음 정보를 제공한다.

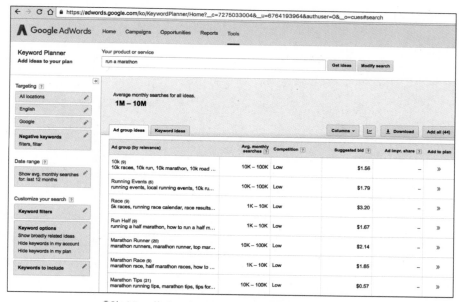

그림 8-4
구글 애드워즈
키워드 플래너로
키워드 계획하기

출처 : https://adwords.google.com/ko/KeywordPlanner/Home?_c=7275033004&_
u=6764193964&authuser=0&_o=cues#search

» **월 평균 검색량** : 사용자가 선택한 기간 및 타깃팅 설정에 따라 정확한 키워드를 검색한 평균 횟수다.

» **경쟁** : 유료 트래픽 캠페인에 대해 이 키워드 또는 키워드 구문에 입찰한 광고주 수(유료 트래픽에 대한 정보는 제10장 참조). 키워드 경쟁률이 낮은지, 보통인지 또는 높은지 여부를 확인할 수 있다.

키워드를 조사했지만 구글 애드워즈 키워드 플래너가 정보를 제공하지 않는다고 해도 낙심하지 말라. 이 도구를 사용하는 주된 이유는 구글 광고 플랫폼에서 타깃팅할 키워드를 조사하는 것이다. 여러분의 비즈니스와 절대적으로 관련이 있는 키워드, 즉 타깃팅하기 좋은 키워드는 이 도구에 표시되지 않을 수 있다. 특히 제품, 서비스 또는 브랜드의 이름과 같은 브랜드 검색어의 경우에는 그렇다.

검색 사용자 만족시키기

사냥에서 피를 흘리는 것과 마찬가지로 사람들은 의도, 상황 또는 둘 다를 만족시킬 때까지 웹을 검색한다. 검색어를 놓고 경쟁하려면 마케팅 담당자가 검색자의 검색어를 충족시키는 웹 페이지 또는 자산을 만들어야 한다. 해당 웹 페이지 또는 자산은 블로그 게시물에서 제품 데모 비디오에 이르기까지 다양하다.

그림 8-5에 표시된 웹 페이지는 구글 검색 엔진에서 '모히토 레시피' 검색어를 입력한 모든 검색자의 의도를 만족시키며 그림 8-6에 표시된 웹 페이지의 검색어는 아마존 검색 엔진에 '캐논 EOS 70D 구매'라는 검색어를 입력한 검색자들의 의도를 만족시킨다.

검색자의 의도를 충족시키기 위해 다른 자산들이 필요하다. 그것은 팟캐스트, 비디오 및 소셜 미디어 업데이트다.

웹 페이지나 자산은 마케팅 담당자가 목표로 하는 검색 엔진에 의해 검색될 수 있어야 한다. 예를 들어, 핀터레스트 검색 엔진은 핀터레스트 게시판에 추가된 새로운 핀터레스트 핀을 발견하고 구글 검색 엔진은 여러분의 웹 사이트에 추가된 새로운 웹 페이지와 블로그 게시물을 발견한다(검색 엔진에 기술적인 장벽이 없다고 가정). 이 장 뒷부분의 '검색 엔진 로봇 최적화' 절에서 기술적인 장벽에 대해 더 자세히 설명한다.

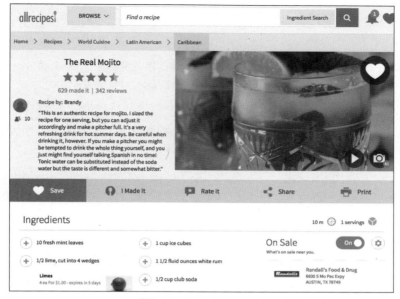

그림 8-5

Allrecipes. com은 모히토 제조법에 대한 검색자의 의도를 만족시킨다.

그림 8-6

아마존에서의 검색어는 캐논 EOS 70D에 대한 검색을 만족시킨다.

여러분이 만든 웹 페이지 또는 자산이 검색자의 의도나 상황 또는 둘 다를 만족시키면 검색자에게 보일 수 있는 기회가 생긴다. 즉, 많은 요인들은 어떤 웹 페이지와 자산이 보일지 말지를 결정한다. 다음 절에서는 이러한 요인들과 자산을 최적화하는

【 리드를 고객으로 전환하기 】

여러분의 검색 마케팅의 목표가 검색 엔진에서 더 나은 순위를 얻는 것이라고 생각하는 함정에 빠지지 말라. 또한 검색 마케팅이 트래픽만 발생시키는 것이라고 생각하지 말라. 모든 마케팅과 마찬가지로 검색 마케팅의 목표는 고객을 고객 여정의 한 단계에서 다음 단계로 이동시키는 것이다(제1장 참조).

블로그, 유튜브 채널 또는 핀터레스트 홈페이지를 방문하는 모든 검색자는 다음 단계로 이동하기 위해 행동 유도 문안을 제공해야 한다.

검색자가 상품 데모를 찾고 있음을 나타내는 검색어를 입력했다고 가정하자. 그는 제품 페이지를 방문하여 제품 데모 비디오를 찾는다. 잘했다! 여러분은 이상적인 고객의 의도를 예상하고 적절한 채널에서 그 의도를 만족시키는 페이지를 만들었다. 고객의 다음 단계로의 행동 촉구를 실패하게 되면 고객의 방문은 쓸모없어진다. 이 경우, 적절한 다음 단계는 제품을 구입하는 것이다. 이 논리적인 다음 단계에 대한 명확한 행동을 유도하지 못하는 것은 부적절한 마케팅일 뿐만 아니라 사용자 경험 측면에서도 적절하지 못하다. 이 사람은 제품 데모를 찾고 있으며, 구매를 원할 수도 있다. 그의 고객 여정에서 다음 단계로 나아갈 수 있도록 행동 유도 문안을 제공하라.

방법에 대해 설명한다. 이는 이상적인 검색자에게 노출될 가능성을 높여줄 것이다.

특정 채널에 맞게 자산 최적화하기

특정 의도, 상황 또는 둘 다를 목표로 하는 웹 페이지 또는 자산을 작성한 후에는 해당 자산이 어디에 적합한지 결정해야 한다. 웹 페이지 또는 자산을 수용할 수 있는 다양한 채널을 고려한다. 검색자의 의도와 상황을 이해하는 것은 웹 페이지 또는 자산을 전달하는 데 사용할 올바른 채널을 결정하는 데 도움이 된다. 예를 들어, 만약 여러분이 제품의 작동 방식을 이해하려는 의도를 가지고 있는 검색자를 만족시키려면 제품 데모 동영상을 만들 수 있고 유튜브를 이 저작물의 채널로 선택하는 것이 좋다.

이 절에서는 여러 인기 채널별 자산을 최적화하기 위해 사용할 수 있는 전략에 대해 알아보자.

구글을 활용하여 최적화하기

여러분의 웹 사이트는 구글과 같은 검색 엔진에서 트래픽을 얻을 수 있는 채널이다. 이 절에서는 구글을 위한 웹 페이지 최적화 단계를 설명한다.

1단계 : 〈제목〉 태그를 작성하기

〈제목〉 태그는 모든 웹 페이지에서 가장 중요한 검색 순위 요소다. 이 태그는 검색 엔진 결과 페이지에 표시되며 그 페이지가 무엇에 대한 것인지 페이지의 내용을 정확하고 간결하게 설명해야 한다. 〈제목〉 태그는 검색 엔진 및 검색자에게 페이지의 내용을 알려준다. 〈제목〉 태그는 검색 엔진 결과 페이지에 파란색으로 표시되며 사용자가 관련 콘텐츠에 접속하기 위해 클릭하는 링크다(그림 8-7 참조).

키워드는 〈제목〉 태그를 위해 필수적이며, 해당 페이지와 관련한 가장 중요한 키워드로 태그를 시작하라. 최적화하고자 하는 페이지를 위해 선택한 키워드를 사용하여 70자 이내의 제목을 만들라. 그렇지 않으면 검색 엔진은 일부를 생략할 것이다. 〈제목〉 태그는 검색 결과 페이지에 눈에 띄게 표시되므로 잘 읽혀야 한다.

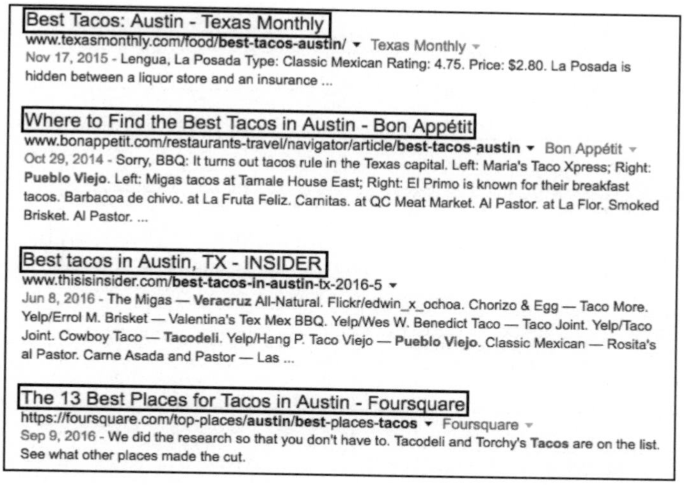

그림 8-7
〈제목〉 태그의 예

2단계 : 메타 설명 작성하기

메타 설명은 종종 〈제목〉 태그 바로 아래 표시되며, 페이지의 내용을 자세히 설명한다. 일반적으로 검색된 키워드는 메타 설명에 굵게 표시된다. 검색 엔진이 검색어에 대한 순위를 결정하기 위해서 메타 설명을 사용하지 않는다 하더라도, 검색자는 이 설명을 읽고 검색 결과의 클릭 여부를 결정한다.

메타 설명은 여러분의 페이지를 위한 엘리베이터 피치(어떤 상품, 서비스 혹은 기업과 그 가치에 대한 빠르고 간단한 요약 설명-역주)와 같으므로 그것을 설득력 있게 만들라. 검색자가 결과를 클릭하도록 유도하기 위해 페이지 내용을 설명하는 단어를 포함하라.

메타 설명을 150자보다 짧게 유지하라. 그렇지 않으면 검색 결과 페이지에서 잘릴 수 있다. "지금 구매하라!", "무료 배송을 위해 여기를 클릭하라." 또는 "최신 경향을 탐색하라."와 같은 메타 설명에 대한 행동 유도 문안을 사용하라.

그림 8-8은 메타 설명에 대한 몇 가지 예를 보여준다.

3단계 : URL 최적화

URL(uniform resource locator)은 방문자와 검색 엔진에 사이트 또는 페이지에 대해 설명하는 것으로, 콘텐츠가 높은 순위에 놓이도록 URL은 관련성이 높고 정확하게 유지하는 것이 중요하다. URL(슬러그라고도 함)은 다음과 같이 설정된다.

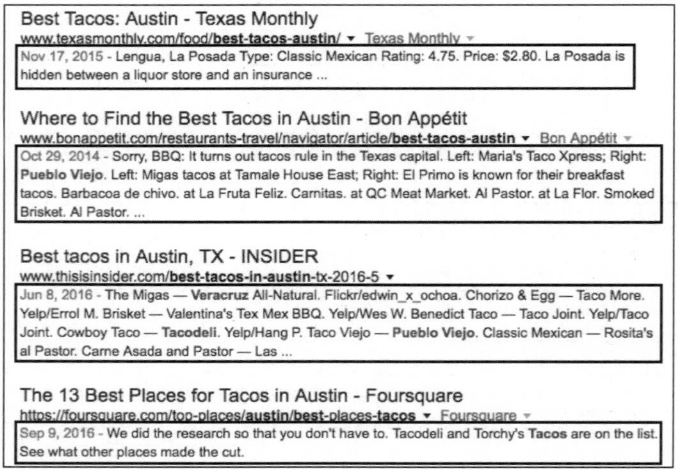

Best Tacos: Austin - Texas Monthly
www.texasmonthly.com/food/**best-tacos-austin**/ ▾ Texas Monthly ▾
Nov 17, 2015 - Lengua, La Posada Type: Classic Mexican Rating: 4.75. Price: $2.80. La Posada is hidden between a liquor store and an insurance ...

Where to Find the Best Tacos in Austin - Bon Appétit
www.bonappetit.com/restaurants-travel/navigator/article/**best-tacos-austin** ▾ Bon Appétit ▾
Oct 29, 2014 - Sorry, BBQ: It turns out tacos rule in the Texas capital. Left: Maria's Taco Xpress; Right: **Pueblo Viejo**. Left: Migas tacos at Tamale House East; Right: El Primo is known for their breakfast tacos. Barbacoa de chivo. at La Fruta Feliz. Carnitas. at QC Meat Market. Al Pastor. at La Flor. Smoked Brisket. Al Pastor. ...

Best tacos in Austin, TX - INSIDER
www.thisisinsider.com/**best-tacos-in-austin-tx**-2016-5 ▾
Jun 8, 2016 - The Migas — **Veracruz** All-Natural. Flickr/edwin_x_ochoa. Chorizo & Egg — Taco More. Yelp/Errol M. Brisket — Valentina's Tex Mex BBQ. Yelp/Wes W. Benedict Taco — Taco Joint. Yelp/Taco Joint. Cowboy Taco — **Tacodeli**. Yelp/Hang P. Taco Viejo — **Pueblo Viejo**. Classic Mexican — Rosita's al Pastor. Carne Asada and Pastor — Las ...

The 13 Best Places for Tacos in Austin - Foursquare
https://foursquare.com/top-places/**austin**/best-places-tacos ▾ Foursquare ▾
Sep 9, 2016 - We did the research so that you don't have to. Tacodeli and Torchy's **Tacos** are on the list. See what other places made the cut.

그림 8-8
메타 설명의
예시

www. YourSiteNameHere.com/keywords-that-describe-this-page

URL의 슬래시(/) 뒤에 키워드를 포함하라. 검색 엔진은 웹 페이지가 무엇에 대한 것인지 결정하고 순위를 매기기 위해서 URL의 슬래시 뒷부분에 있는 키워드를 사용한다. 여러분의 URL에 있는 키워드가 제목 태그만큼 검색 순위에서 큰 역할을 하지는 않지만 키워드는 여전히 최적화하기 위한 중요한 요소다.

4단계 : 본문 쓰기

페이지의 내용 또는 카피라고도 하는 페이지 문구는 여러분의 페이지가 어떤 검색어를 만족시킬 것인지에 대한 정보를 검색 엔진에 제공하므로 사이트의 모든 페이지에 내용이 있어야 한다. 웹 페이지에 내용을 올려놓으면 페이지를 검색 순위에 올리는 데 매우 유용하다. 각 페이지에서 500단어 이상을 목표로 하되 페이지에 단어를 채우기 위해 저품질의 콘텐츠로 웹 페이지를 채우지 말라. 물론 비디오 또는 이미지가 많은 페이지에서는 단어가 거의 없을 수도 있다. 괜찮다. 페이지를 이해하기 쉽도록 하기 위해 충분한 정보를 제공함으로써 지나치게 검색자의 의도를 충족시킬 수 있도록 하라.

본문에 페이지를 설명하는 관련 키워드나 키워드 문구를 사용하라. 그리고 본문 제목의 키워드나 앞부분에 키워드나 유사 키워드를 포함하라. 즉, 목표로 삼고 있는 키워드와 유사 키워드를 사용하라.

5단계 : 〈alt〉 태그 최적화하기

〈alt〉 태그는 이미지를 볼 수 없는 사용자를 위해 문자 형식으로 웹 페이지에 대한 이미지의 정보를 제공하는 것이다(인터넷 연결 속도가 느려지거나 이미지 오류 등). 〈alt〉 태그를 위해 여러분이 선택한 키워드 구문을 사용하여 이미지를 설명하라.

유튜브 최적화하기

유튜브는 검색 엔진이며, 검색자를 그들의 네트워크에 유지시켜 그들에게 검색 광고를 보여준다. 그 결과 유튜브는 유튜브 방문자가 사이트에 계속 머무르도록 하는 동영상으로 트래픽을 보낸다. 유튜브에서 여러분의 동영상에 대한 검색 트래픽을 늘리는 방법이 있다.

1단계 : 매력적인 미리보기 이미지 만들기

유튜브 검색 엔진은 얼마나 많은 사람들이 그들의 검색 결과에서 여러분의 동영상을 보는지와 동영상 시청 수를 측정한다. 동영상이 자주 재생되면 유튜브는 더 높은 순위로 매긴다. 동영상이 재생되는 횟수를 늘리는 데 가장 중요한 요소는 동영상 미리보기다. 동영상 미리보기 이미지는 동영상에서 볼 수 있는 이미지다(그림 8-9 참조). 유튜브 검색 결과 매력적인 미리보기 이미지는 클릭률 및 유튜브 순위에 큰 영향을 줄 수 있다.

잠재고객의 참여를 유도하기 위해서는 미리보기 이미지가 밝고 생생하며 선명해야 한다. 시청자에게 내용에 대해 알리고 그것을 클릭하거나 탭하도록 유도하기 위해 미리보기에 대해 주의를 끌 만한 문자를 포함해야 한다.

그래픽 디자이너가 없다면 캔바(https://www.canva.com/)라는 도구를 사용하여 전문가 수준의 미리보기 이미지를 만들 수 있다. 이 도구는 무료 및 유료 템플릿을 많이 제공한다. 또한 여러분만의 이미지를 이용한 미리보기를 만들기 위해 이미지를 캔바로

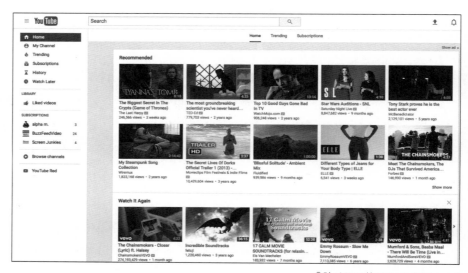

그림 8-9
각 비디오 이미지는 미리보기 이미지다.

출처 : https://www.youtube.com/

가져올 수 있다.

2단계 : 참여를 요청하기

유튜브의 목표는 유튜브의 네트워크 안에 검색자를 유지하기 위한 것이며, 그렇게 함으로써 검색자에게 광고를 보여주는 것이다. 동영상에 대한 공유, 조회수 및 댓글 수는 유튜브 검색자들의 참여를 얼마나 잘 유지하고 있는지를 보여준다.

또한 조회수가 많은 동영상, '싫어요'보다 '좋아요' 수와 호의적인 댓글이 많은 동영상은 새로운 시청자에게 동영상의 질을 증명할 수 있다. 설명 및 동영상 자체에서 시청자에게 '좋아요'나 댓글, 공유 그리고 여러분의 동영상을 좀 더 많이 시청하도록 요청하라.

3단계 : 키워드를 위한 콘텐츠 최적화하기

웹사이트와 마찬가지로 유튜브 동영상은 키워드에 맞게 최적화되어야 한다. 동영상의 제목, 설명, 태그, 업로드 한 동영상 파일의 파일 이름 및 여러분이 만든 동영상에 키워드 또는 키워드 구문을 포함하라. 이러한 것들은 사용자가 여러분의 동영상을 찾고 유튜브 플랫폼에서의 순위 및 관련성을 향상시킬 수 있다.

점수 및 다른 통계에 대한 더 자세한 정보를 얻으려면 그리고 여러분의 채널을 추적하고 관리하기 위해서 vidIQ(http://vidiq.com/)와 같은 도구를 사용해보라.

4단계 : 회원 보유율 관찰하기

사람들이 동영상을 보는 시간은 '시청자 보유'로 알려져 있으며, 주요 측정 항목이다. 그림 8-10과 같이 여러분이 얼마나 시청자를 보유하고 있는지 알 수 있도록 유튜브는 보고서를 제공하고 있다.

동영상의 시청자 수가 줄어드는 것은 정상이다. 모두가 비디오 전체를 보는 것은 아니다. 즉, 매우 훌륭하거나 또는 매우 질이 낮은 동영상의 보유율에 주의를 기울이라. 일부 동영상은 보유율이 상당이 높고 일부 동영상은 다른 사람들의 관심을 끄는 데 어려움을 겪는지에 대한 이유를 찾아보라. 그런 다음 적절하게 비디오 콘텐츠를 최적화하고 변경하라.

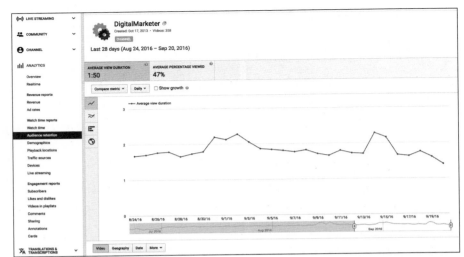

출처 : https://www.youtube.com/analytics?o=U#r=retention

그림 8-10
유튜브에서 동영
상 시청 보유율
조사하기

핀터레스트 최적화하기

믿거나 말거나, 핀터레스트는 검색 엔진이다. 만약 여러분이 유형의 제품을 판매한
다면 이 검색 엔진을 이해하는 것은 굉장히 중요하다. 세 단계에 따라 핀터레스트 채
널에서 검색을 최적화하라.

1단계 : 이미지 향상시키기

핀터레스트는 사진에 대한 모든 것이다. 여러분은 사람들의 관심을 끌기 위해 크고
아름답고 선명한 사진을 원한다. 그런 다음 이미지에 문자를 씌운다. 문자를 추가하
는 것은 핀을 설명하고 상황에 대한 정보를 제공하는 핀의 제목 역할을 한다.

핀터레스트에서 여러분 이미지의 크기와 모양은 중요하다. 플랫폼은 세로 방향이므
로 여러분이 사용하는 이미지의 가로 세로 비율이 2 : 3에서 1 : 3.5이며 최소 너비가
600픽셀인 이미지를 세로로 사용하라. 물론 핀에 수평 이미지를 사용할 수는 있지만
수직 이미지가 더 좋다.

가로 세로의 비율이 1 : 3.5보다 크면 사진이 잘린다.

유튜브 절에서 언급했듯이 캔바를 사용하여 전문적인 이미지와 눈길을 끄는 글꼴로 매력적인 핀을 만들 수 있다.

2단계 : 보드 커버 최적화하기

핀터레스트 핀은 분류되어 보드에 보관된다. 프로필 페이지에서 여러분의 게시판을 찾을 수 있다. 핀을 위해 사용하는 이미지처럼 보드 커버는 보드를 더 자세히 설명하기 위해 문자를 추가하고 매력적인 전문 이미지로 최적화해야 한다. 그림 8-11은 문자를 덧씌움으로써 키워드 최적화된 보드가 있는 핀터레스트 프로필 페이지를 보여준다.

3단계 : 키워드 타깃팅하기

창의력은 핀터레스트에서 중요하지만 귀엽고 창조적이거나 장난스러운 것은 피하라. 핀터레스트 검색 엔진은 구글과 같은 검색 엔진보다 정교하지 않으므로 핀 및 게시판의 이름을 지정할 때 그리고 설명을 추가할 때 대상 키워드를 그대로 사용해야 검색 결과가 향상된다.

핀, 게시판 또는 설명에 가장 적합한 키워드를 찾으려면 다음과 같이 핀터레스트 플

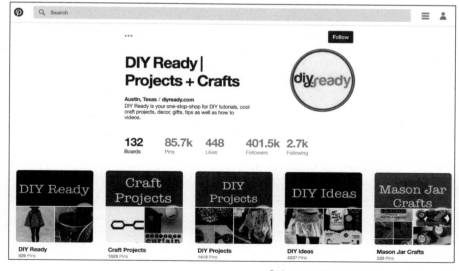

그림 8-11
DIY Ready의 핀터레스트 프로필 페이지의 키워드 최적화된 게시판

출처 : https://www.pinterest.com/diyready/

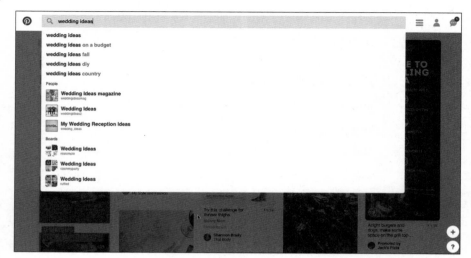

그림 8-12
플랫폼을 검색할 때 핀터레스트가 제공하는 추천 용어의 예

출처 : https://www.pinterest.com/

랫폼을 사용하여 키워드를 조사하라.

1. **핀터레스트 검색 엔진에 키워드 또는 키워드 구문을 입력하라.**
2. **핀터레스트가 키워드 아래에 제공한 추천 키워드를 적어두라.**
   당신이 핀터레스트에서 검색할 때, 핀터레스트는 당신이 찾고 있는 것과 관련된 키워드와 키워드 구문을 위한 메시지를 제공한다. 여러분은 핀터레스트에서 최적화하기 위해 키워드와 구문에 대한 영감을 얻으려면 이것을 사용할 수 있다. 핀터레스트 플랫폼에서 'wedding ideas'를 검색한 예제를 그림 8-12에서 살펴보라.
3. **핀터레스트가 제안한 관련 키워드에 대해 새 핀과 게시판을 만들고 핀과 보드에 대한 설명에 이 키워드를 포함시킨다.**

아마존에서 최적화하기

여러분이 아마존에서 제품을 판매하는 경우, 검색 엔진 작동 방식을 이해해야 한다. 아마존에서 제품 페이지의 순위를 높이기 위해서는 다음 4단계를 따르라.

196　　　　　　**제3부** 웹 사이트 트래픽 생성

1단계 : 프로모션 및 출시로 판매 구축

아마존에서 짧은 시간에 많은 판매가 이루어졌다는 것은 제품이 인기 있고 검색 순위가 올라간다는 것을 의미한다. 판매 속도를 높이고 순위를 높이기 위해 정기적인 판촉, 판매 및 출시를 사용하라.

2단계 : 리뷰를 늘리기

리뷰는 아마존 플랫폼에서 매우 중요하다. 긍정적인 리뷰가 많으면 아마존에서 여러분의 제품 검색 순위가 올라간다는 것을 의미한다. 만약 사람들이 여러분의 제품을 좋아해도 제품에 대한 리뷰를 작성할 시간이 없을 수도 있다. Feedback Genius와 같은 도구를 사용하여 여러분의 제품을 구입한 사람들에게 리뷰를 작성하도록 권유하고 권장하라. 이 도구는 아마존 이용 약관을 준수하면서 고객에게 메시지를 보낼 수 있도록 도와준다.

3단계 : 매력적인 제품 이름 만들기

사람들이 제품을 클릭하게 하려면 강력한 제품 이름이 있어야 한다. 귀엽거나 똑똑하지만 모호한 이름은 듣기 좋을 수 있지만, 사람들은 그 제품이 무엇인지 모르기 때문에 간과할 수 있다. 클릭률을 높이기 위해서 제품의 이름이 제품의 기능 및 용도를 정확하게 설명하는지 반드시 확인하라. 영감을 얻기 위해 경쟁자를 보라. 그들이 아마존에서 그들의 이름을 어떻게 표시하는지 보라.

사람들은 아마존에서 제품을 구매하지 않는다. 그들은 제품의 그림을 구매한다. 잠재고객의 요구를 충족시키기 위해서는 필요한 만큼 명확하고 선명한 제품 이미지를 추가하라. 아마존에서 구매할 때, 구매자는 여러분의 제품을 손으로 잡거나 사용해 볼 수 없기 때문에 구매자가 얻게 될 것을 정확하게 보여주는 고품질의 그림을 포함시켜야 한다. 제품이 더 비싸거나 복잡할수록 더 많은 이미지가 필요할 것이다.

4단계 : 키워드 중심의 제품 페이지 만들기

아마존 제품 페이지는 문자를 포함하고 있으며, 해당 단어가 모두 여러분의 순위를 결정하는 데 도움이 된다. 페이지 제목 및 제품 설명 전체에 목표로 하는 키워드 또는 구문을 포함하라. 제품을 설명하는 데 250단어 이상을 사용하라. 키워드에 설명을 넣는 것 대신 사용자 경험을 염두에 두라. 양보다 품질을 우선시하라. 제품 이미지와 마찬가지로, 제품이 더 비싸거나 복잡할수록 더 상세한 제품 설명을 제공하라.

아이튠즈 최적화하기

팟캐스트는 인터넷에서 콘텐츠를 배포하는 효과적이고 합리적인 방법이다. 여러분이 팟캐스트를 한다면 아이튠즈가 팟캐스트의 순위를 어떻게 매기는지 그리고 사용자에게 여러분의 팟캐스트가 더 많이 노출될 수 있는지 이해하는 것이 필요하다. 아이튠즈에서 검색 순위를 높이기 위한 3단계를 수행하라.

1단계 : 리뷰 요청하기

긍정적인 리뷰는 팟캐스트가 가치 있고 높은 검색 순위로 올라갈 만하다는 것을 증명한다. 리뷰를 생성하기 위해 팟캐스트를 사용하여 사람들에게 리뷰를 남기도록 요청하라. 에피소드당 적어도 한 번은 사람들에게 여러분의 팟캐스트에 리뷰를 남기는 것을 상기시킬 수 있는 행동 유도 문안을 남기라.

2단계 : 명확한 제목과 깔끔한 표지 디자인 만들기

여러분은 팟캐스트를 설명하고 잠재고객을 끌어들이기 위해 특정 제목과 깔끔한 표지 디자인을 원한다. 귀여운 제목은 여러분의 쇼가 무엇인지 알려주지 않기 때문에 사람들의 관심을 얻지 못하거나 사람들이 그냥 지나칠 수 있다. 따라서 순위를 높이고 검색자가 여러분을 찾을 수 있도록 도와주는 키워드를 포함하고 여러분의 제목을 명확하게 하라. 같은 맥락에서 에피소드의 제목과 설명에 키워드를 포함시키라.

다음으로, 팟캐스트에 세련된 커버 디자인을 하라. 팟캐스트의 테마를 보여주지만 너무 번잡하지 않도록 하라. 팟캐스트 커버는 미리보기 크기가 되도록 하는 것을 염두에 두라. 커버를 간단하게 유지하라. 그렇지 않으면 메시지가 전달되지 않을 수 있다.

3단계 : 다운로드 늘리기

리뷰와 마찬가지로, 여러분의 팟캐스트의 다운로드 수는 해당 팟캐스트의 품질을 나타낸다. 따라서 다운로드 속도는 아이튠즈의 검색 결과에 직접적인 영향을 미친다.

지속적이고 꾸준한 다운로드 증가는 순위를 향상시킨다.

팟캐스트를 시작할 때 다운로드를 늘리려면 동시에 3~5개의 에피소드를 게시하라. 처음에 더 많은 시간을 들여 게시하면 사람들이 더 많은 에피소드에 접근할 수 있고 사람들이 구독하면서 다운로드 수가 늘어나게 된다. 처음 몇 주 후에 여러분이 구독자를 확보하게 되면 매주 화요일마다 1개의 에피소드를 올리는 것과 같이 주기적으로 게시하여 구독자가 언제 다음 에피소드가 올라올지 예측할 수 있도록 하라.

리뷰 사이트 최적화하기

레스토랑, 호텔 또는 소매점과 같은 지역 비즈니스를 마케팅 하는 경우 옐프 및 트립어드바이저와 같은 리뷰 사이트에서 검색 최적화 노력을 집중적으로 해야 한다. 다음은 해당 사이트를 최적화하기 위한 2가지 단계다.

1단계 : 합법적인 리뷰 확보하기

여러분은 '속임수' 리뷰를 원치 않을 것이다. 이는 합법적이지 않은 리뷰로 인해 고객과 리뷰 사이트 모두의 반발을 일으킬 수 있다. 대신 여러분은 고객 경험이 최고 수준이며 좋은 리뷰를 받을 자격이 있다는 것을 고객들에게 입증하여 그들이 정직한 리뷰를 작성하길 원할 것이다.

즉, 트립어드바이저 리뷰 익스프레스와 같은 도구를 사용하여 합법적인 리뷰를 작성하도록 장려할 수 있다. 두 번째 방법은 고객에게 이메일 주소를 요청하거나 또는 판매 시점의 제품 또는 서비스 리뷰를 요청하는 것이다. 나중에 사람들에게 후속 조치를 취해 이메일을 보내 리뷰를 작성하도록 상기시킬 수 있으며 경품이나 경연 대회를 제공하여 사람들이 리뷰를 작성하도록 유도할 수 있다.

누군가가 여러분에게 리뷰를 제공하면, 그 사람에게 감사의 말을 전하고 그의 리뷰를 보았음을 알리라. 누군가 여러분에게 부정적인 리뷰를 하면 그 사람에게 감정 이입하여 응답하고 그 리뷰를 보았음을 알게 하라. 여러분의 입장에서 설명을 하고 리뷰에 좀 더 많은 주의를 기울이라. 그리고 이메일이나 전화 같은 개인적인 채널을 이용하라. 리뷰 사이트와 같은 외부 공개 채널은 고객 서비스 문제를 처리하는 데 적합하다.

대부분의 리뷰 사이트에서 리뷰 점수가 리뷰 수보다 중요하다. 만족한 고객으로부터 좋은 리뷰를 얻는 데 집중하라. 물론 리뷰의 수도 중요하지만, 고객의 리뷰가 고객의 비즈니스에 만족했다는 것을 나타내는 경우에만 효과가 있다.

2단계 : 프로필 요청

잠시 동안 사업을 해왔다면, 여러분이 알던 알지 못하던 간에 여러분은 거의 모든 리뷰 사이트에 등록되어 있을 가능성이 크다. 관련 리뷰 사이트를 방문하여 여러분의 비즈니스를 검색하라. 그런 다음 질문에 답하고 비즈니스가 여러분의 것임을 입증하는 확인 절차를 거쳐 여러분의 비즈니스임을 증명하라(또는 필요한 경우 프로파일을 시작하라). 여러분의 비즈니스가 확인됨에 따라 여러분은 프로파일을 관리하고, 편집하고, 리뷰 사이트의 프로파일에 정보를 추가할 수 있다.

여러분의 프로파일에 부정확한 내용을 수정하고, 고객 및 잠재고객에게 도움이 될 수 있는 위치 정보, 연락처 정보 및 기업 역사와 같은 정보를 제공해줄 수 있다. 설명 내에 적절한 곳에 키워드를 포함하고, 리뷰 사이트 플랫폼에서 검색 순위를 높이기 위해 적절한 카테고리를 사용하라.

검색 엔진 로봇 최적화하기

검색 엔진 로봇은 웹 페이지를 방문하고 해당 페이지의 콘텐츠를 '크롤링(분산 저장되어 있는 정보를 수집하여 검색 대상으로 복제 보존하는 기술-역주)'하거나 색인을 생성하는 프로그램이다. 그러나 장애물이 있으면 로봇은 페이지를 크롤링할 수 없으므로 페이지가 색인을 생성하거나 검색자에게 서비스를 제공할 수 없다. 검색 마케팅 목표 중 하나는 검색 로봇이 가능한 한 여러분의 페이지에 쉽게 접속하고 색인을 생성하기 쉽도록 만드는 것이다.

이 시점에서 검색 마케팅은 매우 기술적일 수 있다. 여러분의 웹 사이트가 의도치 않게 검색 엔진에 방해되는 장벽과 장애물이 있다면 검색 마케팅의 기술적 측면을 이해하는 검색 엔진 최적화(SEO) 전문가를 참여시켜야 할 수도 있다.

웹 사이트에 로봇 최적화 문제가 있는지 확인하기 위해 웹 사이트에 구글 Search Console(https://www.google.com/webmasters/tools/home)을 설치하라. 구글 Search

Console(이전 구글 웹 마스터 도구)은 구글 검색 엔진이 여러분 웹사이트를 보는 것과 같이 여러분의 웹사이트를 볼 수 있도록 해주는 무료 도구이다. 즉, 검색 로봇이 웹사이트를 색인하는 방법에 대한 중요한 기술 정보를 아래와 같이 볼 수 있다.

>> **색인 상태** : 구글 색인에 추가된 사이트의 총 URL 수다. 예를 들어 웹 사이트에 100페이지가 있는 경우 색인 상태 보고서에서 페이지 수를 확인해야만 한다.

>> **URL 오류** : 구글이 접근하는 데 어려움을 가지고 있는 페이지. 페이지에 어떤 오류가 있는지 이유를 조사하고 오류를 수정하라.

>> **보안 문제** : 사이트에 악성 코드가 포함되어 있으면 구글 Search Console에 표시된다. 보안 문제가 있는 사이트는 구글과 같은 검색 엔진이 트래픽을 발생시킬 가능성이 거의 없다. 즉시 악성 소프트웨어 문제를 해결하라.

링크 확보하기

검색 마케팅 담당자는 외부 소스로부터 링크를 확보할 수 있는 웹 사이트를 만들어야 한다. 인터넷 환경에서 링크는 여러분의 비즈니스에 대한 긍정적인 입소문 역할을 한다. 예를 들어, 개인 금융 관련 블로그가 Quicken.com이라는 개인 금융 사이트에 링크되어 있는 경우, 블로그의 링크는 Quicken에 블로거들이 고려할 만한 관련 있고 신뢰할 만한 품질의 콘텐츠가 있다는 것을 의미한다. 그것은 오프라인 환경에서의 추천에 상응하는 것이다. 일반적으로 더 많은 링크가 있는 페이지는 링크가 적은 페이지보다 검색 결과가 좋다.

웹 페이지로 연결시켜주는 링크는 해당 페이지에 대한 투표로 간주된다. 검색 엔진은 특정 키워드 검색어에 대한 결과로 어떤 페이지를 게재할지 결정하기 위해 페이지에 대한 링크의 품질과 양을 고려한다.

다음 절에서는 이 장의 앞부분에 나오는 '블랙 햇과 화이트 햇'에 명시된 바와 같이 검색 엔진의 서비스 약관을 준수하고 블랙 햇 전술을 피하는 검색 마케팅 전술을 사용하여 링크를 얻는 방법에 대해 설명한다.

1단계 : 자신의 콘텐츠를 상호 연결하기

여러분의 통제하에 있는 링크를 만드는 방법은 여러분의 사이트를 상호 연결하는 것이다. 재무 계획 웹 사이트에서 '은퇴를 계획할 때 실수를 피하는 10가지 방법'이라는 블로그 게시물을 게시하면 독자와 검색 엔진 모두가 이 블로그 게시물에서(그 회사가 제공하는) 은퇴 계획 서비스를 설명하는 페이지로 연결되는 링크를 찾을 수 있다.

자신의 웹 사이트 내에서 링크를 하면 사용자 경험이 향상되고 검색 엔진은 웹 사이트에서 어떤 페이지가 중요한지 알 수 있다. 웹 사이트의 중요한 페이지가 언제, 어디에 적합할지 고려하여 링크를 상호교차시키고, 사용자 경험을 위해 염두에 두라.

2단계 : 경쟁 업체의 링크 조사

다음 단계는 경쟁력 있는 조사를 시행하는 것이다. Open Site Explorer(https://moz.com/researchtools/ose/)와 같은 도구를 사용하여 주요 경쟁자를 조사하여 어떤 사이트가 링크되어 있는지 확인할 수 있다. 그런 다음 해당 사이트에 연락하여 여러분의 사이트에 대한 링크에도 관심이 있는지 확인하라.

3단계 : 관대한 콘텐츠 만들기

관대한 콘텐츠라 불리는 콘텐츠를 제작함으로써 링크를 확보할 수 있다. 특히 '관대한 콘텐츠'는 소셜 네트워크에서 여러분에게 다시 링크를 연결하거나 콘텐츠를 공유할 수 있는 영향력 있는 사람들을 언급하는 콘텐츠를 말한다. 관대한 콘텐츠를 만드는 한 가지 방법은 특정 사람이나 브랜드에 대한 기사를 작성한 다음 적절한 사이트에 그것을 링크하는 것이다. 이 기사는 전기 또는 인터뷰 형식을 갖추고 있을 수 있다.

관대한 콘텐츠를 만드는 또 다른 방법은 전문가들에게 동일한 주제에 대해 100단어 정도를 쓰도록 요청하고 그 글들을 모아 게시물을 만든 다음 전문가들의 사이트에 링크하는 것이다. 우리는 클라우드 소스 게시물과 같은 관대한 콘텐츠를 제작하는 방법에 대해 제6장에서 자세히 설명했다.

마지막 방법은 여러분의 웹 사이트로의 링크를 확보하는 것이다. 여러분은 여러분

자신의 링크를 나눠주는 것을 시작할 필요가 있다. 다른 사람들을 인용하고 방문자에게 여러분이 좋아하는 페이지를 추천함으로써 여러분의 웹사이트를 관대하게 하라. 여러분이 언제 링크할지를 사람들에게 알리도록 하라.

4단계 : 링크할 만한 가치가 있는 콘텐츠 만들기

훌륭한 콘텐츠는 사람들이 네트워크에서 공유하길 원한다. 여러분의 블로그가 훌륭한 콘텐츠를 만들면 이러한 콘텐츠는 많은 가치를 제공하기 때문에 사람들은 그 블로그를 링크한다. 예를 들어, 잠재 주택 구매자를 유치하려는 은행은 무료이며 사용하기 쉬운 월간 모기지 계산기를 만들 수 있다. 만약 사람들이 이 도구가 유용하다고 판단되면 그것을 링크할 것이며, 결국 검색 엔진은 해당 은행 웹 사이트가 검색 결과에 표시되도록 할 것이다.

5단계 : 1차 연구 게시하기

링크를 생성하는 한 가지 강력한 방법은 여러분이 직접 수집한 1차 연구를 게시하는 것이다. 1차 연구는 작성하기가 어려우며 시간이 많이 소요되지만 가치가 있고 희귀하다. 견고한 1차 연구는 수요가 많으며 사람들이 웹 페이지에 있는 그 연구를 인용함에 따라 종종 고품질 링크를 생성한다.

6단계 : 뉴스 따라잡기

마지막 단계는 뉴스 가치가 있는 콘텐츠를 만들고 어떤 문제에 대한 주제의 인기가 급상승할 때 게시하는 것이다. 이를 효과적으로 수행하려면 산업 뉴스를 주시하라. 그렇게 하는 가장 좋은 방법 중 하나는 트위터와 같은 소셜 미디어를 사용하는 것이다. 트위터는 인터넷의 신경 시스템과 같다.

여러분의 업계에 대한 콘텐츠를 생산하기 위해 준비하라. 또는 여러분의 업계와 뉴스 가치가 있고 인기 있는 주제를 연관시킬 수 있는 창의적인 방법을 찾으라. 이것은 어려운 작업이지만, 콘텐츠를 만드는 최초의 사람들 중 하나가 되면 큰 성과를 거둘 수 있다. 뭔가에 대한 정보의 출처 중 일부일 뿐이지만 이야기가 전개되면서 다른 사람들과 연결될 수 있다. 그러나 성급하게 글을 올리기 전에 뉴스 내용을 확인하거나 명예 훼손과 피해를 입을 수 있는지 확인하라.

【 포스트 펭귄 세계에 있는 링크 만들기 】

웹 페이지로 연결되는 링크의 수는 거의 20년 동안 검색 트래픽을 획득하는 요인이었다. 그 당시에는 평판이 좋지 않은 검색 마케팅 담당자가 웹 페이지가 받는 링크 수를 조작하는 방법을 개발했다. 2012년 구글은 펭귄 업데이트를 통해 스팸으로 여겨지는 사이트를 중지시켰다. 특히 스팸 사이트는 구글 검색 순위를 높이기 위해 링크 네트워크를 통해 링크를 획득하거나 링크를 구매하는 사이트들이다.

오늘날 링크 구매와 같은 블랙 햇 검색 마케팅 전술은 구글 서비스 약관을 위반하는 것이며, 펭귄과 같은 업데이트는 이러한 전략을 실행하기 어렵게 만든다. 웹 페이지에 대한 링크를 만들기 위한 지속 가능한 방법은 오래된 전통적인 방식이다. 링크할 가치가 있는 것을 만든다.

모든 링크가 동일하게 생성되지는 않는다. 고품질의 신뢰할 수 있는 사이트의 링크는 품질이 낮은 사이트의 링크보다 더 큰 효과가 있다. 예를 들어, 뉴욕타임스 또는 서던 캘리포니아 대학 웹 사이트 링크는 권위가 없는 새로운 블로그의 링크보다 더 많은 영향력을 가지고 있다. 검색 엔진은 타임스 및 USC 사이트와 같은 발행물 및 대학 사이트를 신뢰할 수 있는 것으로 여긴다. 반면, 검색 엔진은 검색 엔진의 서비스 약관을 위반하는 페이지나 저품질 페이지로는 연결시키지 않는다.

09

소셜 웹의 활용

제9장 미리보기

- 소셜 웹에서 리드 및 판매를 창출한다.
- 평판과 고객 서비스와 관련된 문제를 청취한다.
- 고객과 잠재고객이 여러분을 이해하고, 좋아하고, 신뢰하게 만든다.
- 영향력 있는 브랜드 및 개인과 파트너십을 맺는다.

소셜 미디어는 잠재고객, 리드에게 도달할 수 있는 저렴하고 효율적인 방법이다. 하지만 소셜 미디어 커뮤니케이션은 페이스북과 트위터 같은 사이트의 소셜 네트워킹에서부터 유튜브와 미디어를 포함한 콘텐츠를 게시하는 플랫폼에 이르기까지 모든 것을 망라하는 방대한 분야라고 할 수 있다. 그리고 이것은 또한 자체의 브랜드들이 프로세스 및 프로토콜로 보유하고 있는 수백 개의 소셜 채널 중에서 몇 가지를 단순히 언급하는 것이라고 할 수 있다. 소셜 미디어에 존재하는 다양한 기회는 흥미로움을 주나 때로는 위험 또한 공존하고 있다.

중요한 것은, 소셜 미디어라고 하는 것이 다른 종류의 마케팅과 별반 다르지 않다는 점이다. 이는 기본적으로 고객, 잠재고객, 영향력자 및 파트너와 상호 작용하는 새로운 방법이다. 이 장에서 우리는 복잡함 속에서 계획을 세우고 소셜 미디어를 사용하여 회사의 가치를 창출하는 것을 도와주려고 한다. 우리는 리드를 만들고, 매출을 창출하는 방법, 노출을 확대하는 방법을 알아보고 '고객의 소리를 듣는' 도구로서의 강력한 사용 방안을 제시할 것이다. 또한 잠재고객의 신뢰를 얻기 위한 방법 및 소셜 미디어에서 발생할 수 있는 실수를 피하는 방법에 대해서 이야기할 것이다.

소셜 성공주기

대부분의 비즈니스는 소셜 미디어 마케팅을 단일 분야로 취급하지만 실제로는 4가지 중요한 부분으로 구성된다.

> » **소셜 청취** : 소셜 웹의 고객 서비스 및 평판 관리 문제 모니터링 및 대응
> » **소셜 영향** : 소셜 웹에 대한 권한 설정, 귀중한 콘텐츠 배포 및 공유
> » **소셜 네트워킹** : 소셜 웹의 권위 있고 영향력 있는 개인 및 브랜드를 찾고 연관시키기
> » **소셜 판매** : 소셜 웹의 기존 고객 및 잠재고객으로부터 리드 및 매출 창출

소셜 성공 주기의 각 구성 요소를 사용하는 이유와 방법을 이해하는 것이 소셜 웹에서 혼돈처럼 보이는 것을 이해하는 데 중요한 역할을 한다.

마케팅 담당자로서 소셜 미디어를 통해 마케팅을 막상 시작하려고 하면 너무나도 다양한 채널로 인해 어디서부터 시작해야 하는지 결정하는 데 어려움을 겪곤 한다. 좋은 소식은 모든 주요 소셜 미디어 채널은 2가지 카테고리로 분류될 수 있으며 이러한 카테고리를 인식하는 것이 종합적인 마케팅 전략의 일환으로 소셜 미디어 채널을 효과적으로 활용하는 열쇠라고 할 수 있다.

탐색기 채널(seeker channels)은 사용자가 특정 콘텐츠를 찾을 때 이동하는 소셜 미디어 플랫폼이다. 빙 또는 구글과 같은 검색 엔진으로 생각해보자. 사용자는 일반적으로 콘텐츠를 검색하기 위해 빙이나 구글을 통해 원하는 콘텐츠를 검색하고 찾게 되며 결국 이러한 검색 채널을 통해 소비로 이어지게 된다. 이 카테고리에서 큰 역할을

그림 9-1
고프로는 청취자
들이 브랜드와의
관계를 높이기
위한 행동을 취
할 수 있도록 유
도하고 있다.

출처 : https://www.youtube.com/watch?v=svNfpnEr-wY

하고 있는 것은 유튜브와 핀터레스트라고 할 수 있다. 유튜브를 방문하는 사용자는 일반적으로 '탐색자' 모드에 있다. 유튜브의 검색 창을 사용하여 검색을 하고 플랫폼에서 바로 비디오를 사용하게 된다. 비슷하게 사람들은 핀터레스트 검색 창을 사용하여 조리법, 공예품 또는 패션과 같은 주제에 대한 정보를 얻게 된다. 이미지 기반이지만 핀터레스트는 검색 엔진과 같은 역할을 하고 있다.

이러한 탐색기 채널은 사회적으로 중요한 영향을 미친다. 전략적으로 이러한 사이트에 콘텐츠를 올리면 그 중요한 정보를 목표로 하는 대상 고객과 공유할 수 있는 방법을 제공하며, 이는 브랜드의 가치나 신뢰도를 높이는 데 중요한 역할을 하게 된다. 탐색기 채널은 또한 소셜 판매를 위한 맞춤형 채널이라고 할 수 있다. 비디오를 유튜브에 맞춰 올리거나 이미지를 핀터레스트에 올림으로써 잠재고객이 더 많은 콘텐츠를 소비하도록 유도하거나 리드를 고객으로 전환시키는 중요한 역할을 하게 된다. 그림 9-1은 고프로가 유튜브에 올려놓은 동영상으로 동영상 마지막에 소비자들의 클릭을 유도하는 이미지를 볼 수 있다.

다른 한편으로 참여 채널(engagement channel)을 볼 수 있다. 소셜 미디어에서 사용자는 주로 다른 사람들과 관계를 맺고 소통을 한다. 소셜 미디어 채널은 사용자와 사용자

간의 대화가 너무나도 평범한 하나의 장소라고 할 수 있다. 사용자는 대화를 지속적으로 하면서 짧은 형식의 콘텐츠를 공유하고, 이는 긴 형식의 콘텐츠의 공유로 이어진다. 훌륭한 참여 채널의 예는 트위터라고 할 수 있다. 트위터의 140자 제한 때문에, 트위터 플랫폼과 다른 사이트를 연결시켜주는 링크가 포함된 짧은 형태의 정보의 단편이 사용되는 경우가 종종 있다. 참여 채널은 대화가 가장 중요하기 때문에 사회적 청취에 가장 적합한 형태라고 할 수 있다. 브랜드와 고객, 고객과 고객, 고객 및 잠재고객 간에 대화가 진행되고 있는 것을 쉽게 발견할 수 있다. 이러한 주고받는 형식의 대화식 채널은 고객 및 잠재고객을 모니터링하고 소비자들의 질문에 응답하거나 심지어 경쟁 업체가 어떻게 커뮤니케이션 하는지를 볼 수 있는 완벽한 장소라고 할 수 있다. 대화는 순수한 경험의 한 종류이기 때문에 참여 채널은 소셜 네트워킹을 위한 완벽한 장소이기도 하다. 주요 참여 채널의 예로는 트위터, 페이스북, 링크드인을 들 수 있다.

모든 소셜 미디어 채널이 이 두 범주에 속하는 것은 아니지만, 널리 사용되는 대부분의 소셜 미디어는 이 두 범주 안에 속한다. 탐색기 채널을 활용하는 데 있어 중요한 것은 사용자가 탐색을 실행할 때 원하는 내용이 손쉽게 탐색에 걸리는지 확인하는 일이다. 참여 채널에 있어서 가장 중요한 것은 청취, 콘텐츠 공유 및 네트워킹이라고 할 수 있다. 이 채널에서 중요한 것은 소비자의 소셜 활동과 관련된 서비스를 제공하고 고객, 잠재고객 및 영향력 있는 사람들과의 대화 속에 적극적으로 참여하는 것이다.

소셜 웹 청취

소셜 청취라고 하는 것은 브랜드, 회사의 주요 구성원, 제품, 서비스, 혹은 회사의 제품이 속해 있는 시장 등 회사와 관련된 모든 칭찬이나 비판이 소셜 웹에서 어떻게 언급되고 있는지 전략적으로 모니터링하고 그에 대해 대응하는 것을 뜻한다. 이 역할은 단일 개인이 실행할 수도 있고 조직의 규모에 따라 모니터링만 담당하는 팀을 운용할 수도 있다. 당신이 속한 기업이 당신이 유일한 1인 기업이든 포춘지가 선정한 100대 기업이든지 관계없이 소셜 청취 개념이 전반적으로 적용된다.

오늘날 비즈니스는 다양한 방식으로 소셜 미디어에서 실패할 수 있다. 때로는 소셜 미디어가 비즈니스 세계에 강요된 것처럼 보일 때도 있다. 그 결과 많은 기업이 소셜 미디어 채널에 적극적으로 참여하는 대신 경우에 따라 공식적인 소셜 채널에 대한 액세스 권한을 가진 직원의 실수로 인해 회사 및 주요 임직원들을 당혹스럽게 만드는 일도 종종 발생한다. 그러나 무엇보다 가장 큰 실패는 소셜 미디어상에서의 대화를 무시하는 것이다.

이런 상태에서 가장 문제가 될 수 있는 것은 잠재고객, 리드 및 고객이 소셜 웹에서 이런 문제가 있는 브랜드 및 회사에 대해서 적극적으로 이야기하고 있다는 것이다. 기업들이 이러한 대화를 적극적으로 듣지 않는다고 하는 것은 아무도 전화를 받지 않는 고객 관리 담당 부서를 설치한 것과 같다고 할 수 있다. 여기에 그 문제점이 있다. 무엇인가 당혹스럽게 만들거나 혹은 정치적으로 옳바르지 않은 문제로 화를 나게 하는 내용이 올라오는 것이 아니다(그런데도 대응하지 않는다는 것은) 사회에서 밀려오는 전화를 무시하는 격이 된다.

사용자가 불만 사항을 게시하고 소셜 웹에 대해 칭찬한다고 생각할 때 우리는 이러한 언급을 찾을 수 있는 곳으로 주로 트위터나 페이스북을 생각하는 경향이 있다. 사실 사업 유형에 따라 유튜브의 데모 비디오에서 옐프 및 아마존과 같은 사이트의 리뷰에 이르기까지 모든 채널에서 사람들이 대화할 가능성이 높다고 할 수 있다. 이러한 대화는 소셜 웹에서 회사가 인식하고 적극적으로 듣고 있어야 하는 소비자의 의견이며 소셜 청취 프로그램을 필수적으로 만드는 요소라고 할 수 있다. 소셜 청취는 사회적으로 성공을 거두기 위한 기본 개념이다.

오늘날 많은 소비자들은 회사라는 조직이 소셜 청취에 참여하고, 소셜 웹을 통해 현 고객 및 잠재고객과의 대화에 참여할 것을 기대한다. 소셜 미디어를 처음 시작하는 경우 네트워킹을 구축한다든지 소비자의 결정에 영향을 준다든지 혹은 판매를 늘리는 것을 목표로 시작해서는 안 되고 듣는 것부터 시작해야 한다. 소셜 미디어에서 중점을 두어야 하는 것은 이미 존재하는 브랜드와 관련된 소비자의 평판 및 서비스를 관리하는 채널로 사용해야 한다. 예를 들어 그림 9-2에서는 식료품 체인점인 Save-A-Lot이 고객들이 가지고 있는 불만과 관련해 페이스북에서 어떻게 응답을 하고 있는지 보여준다.

출처 : https://www.facebook.com/savealot/posts_to_page/

소셜 청취는 고객 서비스를 훨씬 뛰어 넘으며 소셜 웹을 청취하는 것을 통해 사회적
성공 주기의 다른 모든 측면을 이해할 수 있다.

» **사회적 영향** : 소셜 청취는 소비자가 가장 소중하게 생각하는 가치를 알게
함으로써 어떤 종류의 콘텐츠를 공유하는 것이 유익한지 알려줌으로써 많
은 사회적 영향을 끼친다.

» **파트너십** : 소셜 청취를 통해 소셜 웹에서 누가 기업에 있어 영향력 있는
정보를 공유하고 있는지 주의 깊게 살펴봄으로써, 언론 매체에 긍정적으
로 브랜드에 대한 언급을 해줄 수 있는 잠재력이 높은 파트너와 언론인에
대한 정보를 제공한다.

» **소셜 판매** : 소셜 청취는 소셜 미디어를 통해 리드를 창출하고 세일을 증
가시키는 등의 영향을 통해 소셜 판매(social selling)에 있어서도 중요한 역할
을 한다. 브랜드는 잠재고객이 알고 싶어 하는 질문에 대답하고 브랜드에
대한 정보를 제공함으로써 잠재고객이 구매 결정을 내릴 준비가 될 때까
지 필요한 다양한 형태의 이해를 돕는다. 따라서 소셜 청취는 사람들이 관
심을 보일만 한 것, 원하는 것, 혹은 제품 관련 질문에 대한 정보를 제공함
으로써 소셜 판매에 도움을 준다. 이러한 활동을 통해 브랜드가 가지고 있
는 제품과 서비스가 잠재고객의 요구를 가장 잘 충족시킬 수 있도록 돕는
역할을 한다.

소셜 청취 도구 선택

소셜 청취 캠페인을 실행하는 데 있어 다양한 형태의 소셜 청취 툴을 사용하는 것이 가능하다. 이러한 도구를 사용하기 위해서는 어느 정도 수준의 재정 투입과 효과적인 소셜 청취 프로그램을 시작할 수 있는 기능 옵션이 필요하다. 다행인 것은 혼자서 운영하는 소규모 기업이든 대규모 팀으로 사회적 청취를 실행하는 대규모 기업이든 그 회사의 규모와 상관없이 소셜 청취 목표를 달성하는 데 도움을 주는 다양한 형태의 도구가 있고 도움을 받는 것이 가능하다.

좀 더 복잡하고 비싼 소셜 청취 도구를 사용하기 위한 예산이 없다면, 소셜 청취 전략의 일환으로 구글 알리미(https://www.google.com/alerts)를 사용하는 것이 가능하다. 구글 알리미는 무료 옵션으로 적은 예산으로 운용하는 소셜 미디어 마케팅 담당자에게는 유용한 옵션이다. 많은 사람이 인지하고 있는 것과 같이 구글은 지속적인 크롤링을 통해 새로운 콘텐츠를 찾고 있다. 구글 알리미 기능을 사용하면 검색 엔진이 사전 선택해 놓은 회사 이름, 제품 이름 또는 조직 구성원의 이름 등의 키워드를 검색할 때마다 이메일 알림이 오도록 설정하는 것이 가능하다. 특히나 회사의 규모가 작거나 검색에 걸릴 확률이 적어 복잡한 피드백 루프가 필요 없는 비즈니스라면 실용적인 옵션이라고 할 수 있다.

1~2명의 소셜 청취 담당자가 있는 중소기업의 경우 멘션(https://mention.com)과 같은 도구를 사용하는 것이 가능하다. 이 도구는 보다 정교한 키워드 검색을 통해 소셜 미디어를 포함한 소셜 웹(소셜 미디어, 채널, 블로그 혹은 새로운 사이트) 등에서 직접 언급된 것을 끌어오는 것이 가능하다. 또한 멘션과 경쟁하는 비슷한 도구가 존재하므로, 기업 실정에 맞게 가장 적합한 도구를 찾는 것이 가능하다. 멘션과 같은 소셜 청취 도구는 가격과 기능 면에서 중간 수준으로 볼 수 있다. 이러한 중간 수준의 도구가 많은 양의 정보를 제공할 수는 없지만, 통계 및 보고와 같은 유용한 기능을 제공한다.

중간 수준의 도구를 넘어서는 엔터프라이즈급 기업은 래디안6(https://www.marketingcloud.com/products/social-media-marketing/radian6/)와 같이 훨씬 정교한(비싼) 청취 도구를 사용할 수 있다. 이 플랫폼은 보다 향상된 보고 기능, CRM과의 통합 및 헬프 데스크 소프트웨어 등을 제공한다. 대규모의 소셜 청취 팀들 간의 고급 워크 플로우에도 이상적으로 사용된다.

청취 계획 수립

이 장의 앞부분에서 우리는 소셜 청취가 전략으로 얼마나 중요한지에 대해 논의하지만, 소셜 청취를 정확히 어떻게 수행할 수 있을까? 우선 실수를 피하라. 소셜 청취란 우연히 일어나는 것이 아니라 전술적 노력이다. 소셜 청취 캠페인을 하는 데 있어서 키워드를 설정하고 그러한 키워드를 '청취'할 수 있는 도구를 사용해야 한다. 이를 위해 소셜 청취 캠페인을 실행하기 전에 주목해야 하는 키워드를 정확하게 결정해야 한다. 거의 모든 비즈니스에 5가지 키워드 카테고리가 적용되고 있다(그림 9-3 참조).

» **브랜드** : 이 카테고리에는 회사 이름, 브랜드, 하위 브랜드 및 제품이 포함된다.

» **주제** : 업계의 사람들이 주로 논의하고 있는 산업 관련 주제를 결정하고 이러한 주제에 대해 어떻게 공헌하고 구축할 수 있는지 결정하는 것이 중요하다.

» **경쟁자** : 경쟁자가 누구인지 파악하고, 사람들의 의견을 파악하고, 경쟁 업체의 고객 및 잠재고객이 소셜 웹에서 어떤 목소리를 내고 있는지 파악하는 것이 중요하다.

» **영향력 있는 기업** : 영향력 있는 브랜드와 업계에 영향을 미치는 개인을 결정한다. 소셜 웹에서 공유 업계와 그 속에서 영향력 있는 사람들이 무엇을 말하고 있는지 인지하고 있는 것이 중요하다.

» **사람들** : 고객, 잠재고객, 혹은 사람들이 기업 내의 조직원 중 일반 대상을 상대로 하는 사람에 대해서 어떻게 이야기하는지 귀를 기울이는 것이 중요하다.

세계에서 가장 큰 회사 중 하나인 애플은 소셜 청취에 크게 관심을 보이고 투자를 하고 있는 좋은 예라고 할 수 있다. 애플은 애플에서 생산하고 있는 모든 브랜드(iOS와 애플 워치 등)와 관련된 소셜 청취를 위해 많은 노력을 기울이고 있으며 '스마트 폰 카메라' 혹은 '웨어러블 기술'과 같이 애플이 속해 있는 업계와 관련 주제에 관하여 소비자들이 어떠한 대화를 하고 있는지 또한 관심을 가지고 있다. 안드로이드와 같은 경쟁 분야, 아마존의 CEO인 제프 베조스와 같이 경쟁사와 관련된 사람들이 어

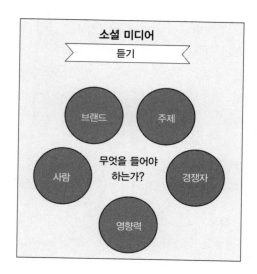

소셜 미디어

듣기

브랜드   주제

사람   무엇을 들어야   경쟁자
        하는가?

영향력

그림 9-3
모든 비즈니스에
활용 가능한
5개의 키워드

떠한 말을 하고 있는지, 혹은 애플의 이미지에 영향을 줄 수 있는 기술 중심의 내용을 주로 다루는 개인 블로그에도 소셜 청취를 하고 있다(예 : Daring Fireball by John Gruber). 물론 애플은 CEO인 팀 쿡과 이사회 회장을 맡고 있는 아서 레빈슨에 관한 대화 또한 중요한 관심 분야라고 할 수 있다. 이 모든 토픽과 관련, 청취하는 것이 너무 많아 보인다고 생각한다면? 여러분의 생각이 맞다고 할 수 있다. 애플 정도의 규모를 가진 조직에서는 이 모든 토픽과 관련된 사람들 간의 대화에 관심을 가지고 래디안 6와 같은 도구를 사용해 청취를 하고 팀 전체에 정보를 공유하고 있다.

유료 도구를 사용하지 않는 소셜청취법

이 장의 앞부분에서 설명한 것처럼 구글 알리미를 사용하면 소셜 청취를 무료로 사용하는 것이 가능하다. 그러나 때로는 보다 정교한 도구가 필요할 수도 있지만 비용 관리를 위한 예산이 부족한 경우가 많다. 예를 들어, 비즈니스는 소셜 웹에서 많은 대화를 이끌어내는 소규모 팀을 구성, 시작할 수도 있다. 또는 브랜드 이름이 충분히 구체적이지 않아서 구글 알라미 알고리즘을 통해서는 브랜드와 관련된 언급을 유도하기에는 충분하지 않을 수도 있다. 이러한 상황에서 좋은 소식 중 하나는 비용이 많이 드는 유료 소셜 청취 도구 대신 그러나 구글 알리미보다는 유용한 훗스위트와 구글 검색 엔진과 같은 것들을 비즈니스에 사용할 수 있다는 것이다[훗스위트(https://

hootsuite.com/)]. 훗스위트는 소셜 미디어 관리와 관련된 대시 보드를 제공하는 무료 소셜 미디어 관리 플랫폼이다. 주요 소셜 미디어 플랫폼인 트위터, 페이스북, 인스타그램, 링크드인 및 유튜브를 포함한 대부분의 소셜 미디어 플랫폼과 같이 사용하는 것이 가능하다. 대시 보드를 사용하면 특정 '스트림(stream, 각 소셜 네트워크 채널의 독립 페이지-역주)'을 설정해 트위터 및 페이스북 계정에서 회사와 관련된 어떤 대화가 있었는지 알림을 설정할 수 있다. 자신이 태그된 소셜 미디어의 업데이트를 모니터링하고 미리 정해놓은 특정 키워드를 스트림 설정할 수 있다. 훗스위트는 저비용으로 놓치기 쉬운 키워드와 관련된 사람들의 대화를 캐치할 수 있는 방법을 제공한다.

훗스위트를 사용하는 것 외에도 일반 구글 검색을 통해 키워드를 실행하는 것도 고려해볼 필요가 있다. 많은 사람들이 인지하고 있듯이, 어떤 특정 회사나 브랜드에 관련된 대화가 꼭 큰 소셜 미디어 사이트에서만 일어나고 있는 것은 아니다. 텀블러, 미디엄, 포럼, 혹은 개인 블로그와 같은 장소에도 많은 대화가 일어나고 있다. 따옴표로 검색하고 싶은 키워드를 묶음으로써 구글이 원하는 단어만 찾을 수 있도록 하는 것이 중요하다. 이러한 검색 과정을 통해 소비자가 원하는 특정 키워드와 관련된 선별된 목록을 가질 수 있다. 페이지를 스크롤 하면서 검색된 모든 페이지를 클릭할 필요는 없다. 단지 처음의 10~20개의 링크를 자세히 살펴보는 것이 관리에 있어 가장 중요하다고 할 수 있다.

피드백 루프 활용

소셜 청취를 통해 소셜 웹에서 브랜드에 대한 언급을 찾으면 다양한 피드백 루프를 만들고 구현하여 소비자의 요구에 반응하는 것이 중요하다. 일반적으로 피드백 루프는 기업이 소셜 웹에서 고객이 제시하는 문제에 응답하고 해결할 수 있도록 도와주는 절차를 뜻한다. 대중 매체를 다루는 소셜 미디어에서 종종 사용되고 있지만 무엇보다 잠재고객이나 고객을 소중하게 여기고 소통하는 것이 가장 중요하다고 할 수 있다. 피드백 루프(그림 9-4)는 미리 정해진 기간 동안 고객 문제에 대한 의사소통을 중심으로 수행하게 된다.

고객이 직/간접적으로 회사, 제품 또는 서비스와 관련하여 트위터에 전 세계 사람들이 볼 수 있는 우려를 제기한다고 가정하자. 소셜 미디어와 디지털 커뮤니케이션이

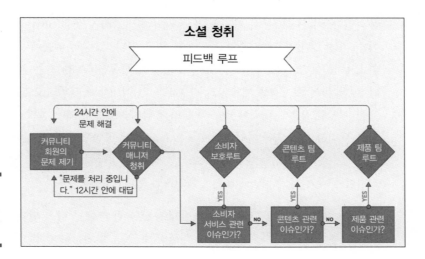

그림 9-4
피드백 루프 설
정을 위한 플로
우 차트

일반적인 현 시대에 이러한 일들은 종종 발생한다. 회사에서 소셜 웹에서 발생하는 모든 대화를 모니터링 하는 커뮤니케이션 관리자가 피드백 루프에 있어서 첫 번째 방어선이라고 할 수 있다. 이전에 설명한 유료 툴인 멘션 또는 래디안 6를 사용하여 이러한 불평 사항이 발생했을 때 소셜 청취를 하는 것이 가능하다. 회사의 규모에 따라 여러 명의 커뮤니케이션 관리자가 있으나 어떤 상황이든 고객이 어떤 문제를 표명했을 때 누군가가 소셜 웹을 통해 그 문제를 청취하고 있어야 한다.

때로는 문제를 즉시 해결할 수 없는 경우도 많이 있지만 그것이 중요하지는 않다. 고객에게 메시지를 받았음을 알리는 것만으로도 소비자가 충분히 존중받고 있다는 느낌을 전달할 수 있고 해결 방법을 찾기 위한 시간을 벌 수도 있다. 가장 바쁜 시간 중에 하나인 해피아워(식사 시간대가 아닌 손님이 오지 않는 시간에 할인을 하는 시간-역주) 시간에 바쁜 식당의 웨이터가 되어 담당해야 할 손님으로 꽉찬 테이블이 갑자기 10개나 되었다고 상상해보자. 현재 10개의 테이블의 주문을 모두 받거나 물을 서빙할 시간도 없을 것이다. 얼마 동안 시간을 벌기 위해 무엇을 할 수 있을까? 아마도 최선의 방법은 10개의 테이블에 들러 고객들에게 자신이 서빙할 것임을 알리고 곧 그들과 함께한다는 것을 알리는 것이다.

우리는 보통 이것을 "문제를 처리 중입니다."라고 부르며, 바쁜 식당이나 소셜 웹에서 상황을 역전시킬 수 있는 강력한 방법이다. 소셜 미디어 세계는 번개처럼 빠르게 움직인다. 회사나 제품이 가진 문제와 관련해 만족하지 못한 고객이 있을 경우 그들이 느끼는 24시간은 천 년처럼 느껴질 수도 있다. 그렇기 때문에 회사에서 소비자의 말을 듣고 그들이 제기하는 문제점에 대해 신속하게 대처하는 것이 아주 중요하다. 예를 들어 페이스북 메시지의 경우 12시간 이내에 응답하려고 노력해야 하며, 인내심이 훨씬 적은 트위터에서는 더 빨리 응답하려고 노력해야 한다. 이 첫 번째 응답 시간은 회사의 규모에 따라 다를 수 있고 조직에서 응답할 수 있는 방법이 다를 수 있기 때문에 피드백 주기의 시간 프레임에 대해 생각해보는 것이 중요하다. 고객이 제기한 문제가 당일 처리되었는지 확인해야 한다.

고객이 제시한 문제를 확인하고 첫 번째 응답을 한 후에는 다음 단계로 고려할 것은 회사 계층에서 누가 제시된 문제를 해결할 수 있는지 결정하는 것이다. 가장 중요한 것은 여러 가지 종류의 피드백 루프가 존재한다는 것을 인식하는 것이다. 따라서 경로를 지정함에 있어 회사의 규모와 조직에 따라 달라질 수 있다. 가장 일반적인 피드백 루프 중 하나는 고객 서비스 루프다. 누군가 소셜 미디어에서 고객 서비스 문제를 제기하면 커뮤니티 관리자는 해당 문제를 고객 지원 부서에 전달한 후 지원을 받을 수 있다. 그러나 모든 종류의 피드백 루프를 구성할 수 있는 것은 아니다. 예를 들어 고객이 블로그에 올라와 있는 비디오가 깨졌다고 알려줬을 경우 커뮤니티 관리자는 이 문제를 콘텐츠 팀에 보내거나 블로그 관리자에게 전달할 것이다. 고객은 제품과 관련된 모든 기술적 문제를 겪을 수 있으며 종종 좌절을 느낄 수 있고 그것을 표출하는 방법으로 소셜 미디어를 사용한다. 우려 사항을 신속히 해결하고 회사의 적절한 담당자가 문제를 잘 인식하고 확인하는 것이 가장 중요한 조치라고 할 수 있다.

피드백 루프를 앞에서 설명한 카테고리로 제한하는 것은 결코 아니다. 아마도 경우에 따라 회사의 법률 팀이 특정 문제에 대해 알고 있어야 하는 문제도 있고 혹은 CEO가 직접 나서서 문제를 해결하기를 바랄 수도 있다. 또는 제품 개발 팀이 고객이 특정 제품에 대해서 어떻게 느끼고 생각하고 있는지 알고 싶어 할 수도 있다.

회사의 커뮤니케이션 관리자가 확인하는 피드백 루프 유형에 관계없이 일관된 응답 절차를 유지하는 것이 중요하다. 문제를 해결하기 위해 해결책이 필요한 경우 누가 피드백을 해야 할까? 커뮤니티 관리자? 고객 관리 팀? 또는 각 부서의 특정 사람들에게 응답을 처리하도록 지정해야 할까? 궁극적으로 그 결정은 회사의 사정에 따라서 가장 적절한 방향으로 내려져야 한다. 가장 이상적인 것은 불만이 제기된 후 24시간 이내에 고객에게 해결책을 제시해야 한다는 것을 기억하는 것이다. 많은 소셜 청취 툴은 이 절차를 매우 간소화하는 데 많은 도움을 준다. 이 장의 앞부분에서 언급한 멘션 및 래디안 6와 같은 도구를 사용하면 커뮤니티 관리자에게 실시간 스트리밍을 제공할 수 있다. 이러한 유료 플랫폼에서, 팀의 특정 구성원에게 개별 의견 및 트윗을 할당할 수 있으므로 피드백 루프의 프로세스를 보다 쉽게 구현하는 것이 가능하다.

고객 서비스 문제 처리

인터넷을 통하면 좋지 못한 경험을 한 고객이 순간적으로 그 불만을 공개적으로 전환시키는 것이 가능하다. 고객을 관리하는 팀원 중 소셜 청취를 담당하게 되는 사람은 웹에서 화가 난 고객과 의사소통하는 방법을 교육받게 된다. 이러한 공공의 장소인 소셜 미디어 채널에서 화가 난 고객을 상대할 때 따라야 할 3가지 단계가 있다.

1. **적시에 응답하기**

   지정된 시간 내에 문제에 대한 회신을 해야 한다. 즉시 해결책을 전달할 수 있다면 그렇게 하는 것이 옳다. 그러나 문제의 형태에 따라 종종 다른 부서의 사람이나 조직의 다른 사람들이 대화에 참여해야 하는 경우가 있고, 이 경우 고객은 적절한 시간 내에 "문제를 처리 중입니다." 응답을, 즉 문제를 파악하고 있으니 잠시만 기다려 달라고 하는 메시지를 받아야 한다. 이렇게 일정 시간을 벌고 나면 회사 입장에서는 어떤 결정을 내리고 고객에게 전달을 해야 하지만, 고객이 12시간 이상 정확한 해결책을 듣지 못한 채 대기하는 경우 더 많은 문제를 초래할 위험이 있음을 인지해야 한다. 무엇보다 소비자들과 공감하는 것이 중요하다.

2. **공감하기**

   공감은 소비자의 입장에서 이해하고 같은 느낌을 받았다고 동의해주는 것을 말한다. 소비자의 문제에 대응하는 사람은 로봇이 아니기 때문에 너무나도 준비된 내용을 그대로 이야기하는 것이 아니라 이러한 상황이 되어 정말로 죄송하다는 감정을 이입하여 전달하는 것이 중요하다. 이러한 공감 성명서의 예로 "소비자를 불편하게 만들어서 정말로 유감스럽게 생각한다."와 같은 식의 내용이라고 볼 수 있다.

3. 비공개 채널을 이용해 대화하기

고객 관리 문제를 해결하는 데 있어서 공개포럼으로 사용되는 트위터나 페이스북 페이지를 직접적으로 사용해서는 안 된다. 문제를 해결하는 데 있어서는 일대일이 가장 유용하다. 고객에게 개인적인 관심을 주게 되면 소비자는 좀 더 보호받는 느낌을 느끼고 기분을 환기시키는 기회를 갖게 된다. 고객들이 가지고 있는 문제를 해결하기 위해서는 많은 경우 이메일, 주소, 혹은 신용카드 정보와 같은 개인정보가 포함되기 때문에 소비자들은 좀 더 신중히 접근하기를 원한다. 보통 회사는 전화, 소셜 채널 등 소비자들과의 대화 채널의 형식과 상관없이 소비자들과 비공개 대화가 이루어지도록 장소를 조정하게 된다.

어느 회사든지 튼튼한 고객 서비스를 지원하는 회사는 이 3단계 계획을 주로 사용한다. 그림 9-5는 호텔 체인 중에 하나인 베스트 웨스턴이 페이스북에서 게시된 고

그림 9-5
베스트 웨스턴은 제기된 소비자의 불만은 비공개 채널로 이동해 해결한다.

출처 : https://www.facebook.com/BestWestern/posts_to_page/

객의 불만을 접수하고 비공개 채널로 이동하여 문제를 해결하려고 하는 것을 보여준다.

브랜드 영향력 및 구축

사회적 영향(social influencing)이라고 하는 것은 가치 있는 콘텐츠를 배포하고 공유함으로써 소셜 웹상에서 권위를 수립하는 것을 말한다. 사회적 영향이 기업이 마주하고 있는 비즈니스에서 직접적인 수익 또는 비용에 영향을 미치지는 것은 아니지만 기업이 추구하고 있는 가치에 많은 간접적인 영향을 미친다.

그렇다면 어떻게 소셜 웹에 있어서의 권위 확립이 간접적으로 비즈니스의 수익에 영향을 미칠 수 있을까? 그 대답을 콘텐츠 마케팅 분야에서 찾을 수 있다. 기업이 브랜드와 관련된 신뢰할 수 있는 콘텐츠를 공유하면 공공의 소셜 채널에서 그 기업이나 브랜드의 웹 사이트로 좀 더 많은 트래픽을 유도할 수 있다. 그중에서도 가장 중요한

그림 9-6
로우스는 트위터를 사용하여 웹 사이트에 연결하고 브랜드 인지도 및 권한을 구축한다.

출처 : https://twitter.com/Lowes/status/780098549962928128

사회적인 영향은 '마인드 공유'를 증가시키는 데 있다. 즉, 기업이 가지는 사회적인 영향력이 높아질수록 청중들은 그 회사나 브랜드가 만드는 제품 및 제공하는 다양한 종류의 솔루션을 이해하게 되고 이는 고객의 마음속에 한 공간을 차치하기 시작한다. 사회적 영향이란 이러한 소셜 웹을 사용하여 소비자들과 연결하고 자기 자신을 브랜드화하는 과정이다.

사회적 영향의 예는 그림 9-6을 참조하기 바란다. 집안을 꾸미기 위한 다양한 툴을 제공하는 회사 중에 하나인 로우스는 트위터를 통해 다양한 콘텐츠를 공유하고 자사 웹 사이트로 쉽게 이동할 수 있는 링크를 꾸준히 공유하고 있다. 이와 같이 다양하고 유용한 콘텐츠를 지속적으로 공유하는 과정 속에서 소비자들은 로우스가 제공하는 다양한 제품과 서비스에 대한 인지도를 높이고 고객의 마음속에 가치 있는 주택 개선 업체의 권위자로 포지셔닝하는 것을 돕는다. 또한 다양한 양질의 콘텐츠를 공유함으로써 소비자들이나 잠재고객에게 로우스에서 판매하는 제품을 통해 성공적으로 집을 개선할 수 있는 방법을 가르치고 있다.

소셜 팔로잉의 확장

다음과 같은 원칙을 소셜 미디어에 확장, 적용시키는 과정을 통해 회사의 소셜 미디어 채널에 대한 팬, 팔로워 또는 소셜 네트워크를 확장할 수 있다. 소셜 공유 플러그인, 프로필 최적화 및 교화 이메일 시리즈는 모두 소셜 채널을 성장시키는 전술이라고 할 수 있다.

워드프레스, 쇼피파이 또는 스퀘어스페이스와 같은 대부분의 콘텐츠 관리 시스템 (content management system, CMS) 툴은 소셜 공유 플러그인을 사이트의 여러 위치에 추가할 수 있는 기능을 제공한다. 이 플러그인을 사용하여 사용자가 버튼을 클릭하는 것만으로 주요 소셜 미디어 채널에서 원하는 다양한 종류의 콘텐츠를 공유하는 것이 가능하다. 여러분이 아무 때나 보고 있는 여러분의 페이지가 쉽게 소셜화될 수 있으니 소셜 공유 기능이 잘 적용되었는지 꼭 확인하는 과정이 필요하다. 소셜 미디어 프로필을 최적화하면 팔로워를 확보하는 데 도움이 된다. 소셜 미디어 채널에서 사용되고 있는 검색 엔진은 검색 기능을 향상시키기 위해 프로필에 제공한 정보에 의존하는 경우가 많이 있으므로 표지 및 프로필 페이지에서 적절한 이미지 크기를 사용하고 프로필의 모든 관련 필드를 작성하여 잠재고객과의 연결이 필요할 때 검색 엔진이 쉽게 찾을 수 있도록 만들어 놓아야 한다. 필요한 경우 키워드를 포함시키되, 소셜 미디어는 주 대상이 사람들과의 대화에 있으므로 쉽게 읽을 수 있도록 주의해서 디자인해야 한다. 무엇보다도 브랜드의 이름이라든지, 조직과 연관되어 있는 사람들 그리고 위치가 비즈니스에 있어서 아주 중요한 부분이기 때문에 반드시 포함시켜야 한다. 필요에 따라서 관련 링크를 추가하는 것도 유용하다. 여기서 명심할 것은 항상 고객과 잠재고객 그리고 영향력 있는 사람들과 꾸준하게 대화를 유지해야 한다는 것이다.

비즈니스에서 이메일 마케팅 전략을 실행할 경우 새 가입자에게 보내는 초기 환영 이메일은 소셜 미디어 성장에 있어 또 하나의 중요한 방법이라고 할 수 있다. 신규 가입자는 보통 처음에 가입할 때 그 기업이나 브랜드에 대해서 흥분하지 않으며 커다란 흥미를 가지고 있는 것도 아니므로 이메일을 회사의 소셜 채널에 연결하도록 요청해야 한다. 좀 더 효과적인 이메일 캠페인과 관련해서는 제11장에서 이야기하도록 한다.

팔로워 수신 거부

마케팅 메시지의 빈도를 늘리면 고객 및 잠재고객과의 친밀도가 더욱 높아질 수 있다. 잠재고객이나 고객이 브랜드와 관련된 내용을 메시지나 콘텐츠를 접할수록 그 브랜드가 점점 익숙해지게 된다. 여기서 다행이라고 이야기할 수 있는 것은 빈도수를 높인다는 것이 많은 마케팅 비용을 필요로 하는 것은 아니라는 점이다. 소셜 미디어를 사용함으로써 사람들은 한 소셜 채널에서 다른 채널로 쉽게 이동하는 것이 가능하고 자주 브랜드를 접하는 과정을 통해서 친밀감 또한 형성하게 된다.

예를 들어 구독자를 블로그 게시물로 오게 만드는 이메일을 보낼 수 있게 되고 블로그에 방문한 구독자들은 게시물에 링크된 유튜브로 이동하여 동영상을 시청할 수가 있다. 이렇게 연동된 과정 속에서 몇몇의 잠재고객들은 기업의 유튜브를 구독하게 될 것이다. 고객들은 이메일로 마케팅 메시지를 받을 뿐 아니라 유튜브 채널 구독을 통해 새로운 내용의 업데이트 정보를 받게 된다. TV, 라디오, 인쇄물 또는 광고물 등의 값비싼 광고에 투자하는 대신 상대적으로 저렴한 디지털 채널을 활용하여 그 빈도를 높일 수 있다. 지금부터 그렇다면 잠재고객이 어떻게 한 채널에서 다른 채널로 이동하는지, 어떻게 하면 좀 더 많은 고객들에게 내용을 전달할 수 있을지에 대해서 알아보자.

흥미로운 콘텐츠 유지

소셜 미디어에서 공유하는 콘텐츠를 제공하는 제품 및 서비스로 바로 매핑할 필요는 없다. 사실, 지루하고 인기가 없는 소셜 채널은 사람들과의 대화 속에 가치 있는 주제를 포함하지 않는 제품이나 서비스에 대한 마케팅 메시지를 방송하는 채널이라고 할 수 있다. 대신 소위 말하는 뛰어난 소셜 미디어 마케팅 담당자는 기존 시장에 있어 흥미로운 주제를 던지고 논의를 유도한다.

언어 학습 소프트웨어인 로제타스톤은 특히 이 전략을 잘 사용하고 있다. 회사는 주 판매 대상인 언어 학습 소프트웨어에 대해서만 이야기하지 않고 청중의 다양한 분야에 있어 토론을 할 수 있도록 광범위한 내용의 주제를 제공한다. 로제타 스톤은 언어 학습 비즈니스에 종사하고 있으므로, 국제 여행 및 문화, 학습 이론 연구 및 유명한 다국어 사용자에 대한 정보를 게시하고 토론을 유도한다. 로제타스톤은 소셜 웹을 방문하고 있는 소비자들이 회사가 판매를 하고 있는 소프트웨어에 대해서 크게 흥미를 가지고 있지 않고, 그와 관련된 토론에 참여하고 싶어 하지 않는다는 것을 충분이 인지하고 있다. 대신 소비자들은 보다 광범위한 토픽인 독일 음악, 켈트 문화, 또는 두뇌가 어떻게 작동하는지에 대한 토론을 할 확률이 훨씬 더 높다.

소셜 웹에서 성공을 하기 위해서는 회사가 판매하고 있는 제품이나 서비스의 범위를 넘어서 대화를 확장할 수 있는 방법에 대해 생각해보아야 한다. 잠재고객이 흥미를 가지고 있는 주제나 영역에 대해서 조사를 하고 매핑을 해야 한다. 좀 더 많은 정보가 필요하다면 고객 아바타 챕터가 언급한 제1장이 도움이 될 것이다.

블로그 콘텐츠 공유

대부분의 블로그에 게시된 글들은 그 수명이 짧다. 이메일을 이용해 블로그의 업데이트 정보를 원하는 가입자들에게 메시지를 보내지만 대부분의 블로그에 게시된 글들은 작성된 후 처음 24~48시간 동안만 대량의 트래픽을 경험하게 된다. 그렇다면 블로그에 게시된 콘텐츠를 장기적으로 극대화하기 위해서는 어떻게 활용을 할 수 있을까? 소셜 배포(social distribution)을 통해서 우리는 블로그에 게시된 멋진 내용들이 길고 행복한 삶을 살 수 있도록 할 수 있다. 이러한 소셜 배포 과정을 통해서 게시물을 게시하고 알리는 것과 동시에 며칠, 몇 주, 혹은 몇 달 동안 계속해서 소셜 피드를 통해서 순환적으로 알리도록 설정할 수 있다. 다음 절에서는 소셜 미디어에서 새로운 블로그 게시물을 올바르게 공유하는 6가지 방법에 대해 설명하고자 한다.

스프린터

스플린터링(splintering)이라고 하는 것은 콘텐츠를 조각내어 따로따로 게시하는 프로세스를 말한다. 콘텐츠를 게시하고 공유할 준비가 되면 소셜 미디어에 공유하는 데 필요한 모든 원본 자료를 갖게 된다. 콘텐츠에 들어 있는 헤드라인, 인용문, 이미지, 질문, 통계를 분할하여 다양한 소셜 미디어에 배포하는 것이 가능하다.

시각화

시각적 콘텐츠는 소셜 미디어에서 참여 및 클릭을 유도하는 데 중요한 역할을 한다. 소셜 미디어의 계정을 관리해주는 프로그램을 개발, 배포하고 있는 회사 중에 하나인 버퍼는 조사를 통해 이미지를 사용하면 클릭 수가 18퍼센트, 즐겨 찾기로 설정되는 비율이 89퍼센트, 또한 리트윗이 150퍼센트 증가한 것을 발견하였다. 연장선상으로 이미지를 소셜 전략에 포함시키지 않을 경우 많은 방문자가 떠난 것이 발견되었다. 일반적으로 블로그 게시물의 맨 위에 표시되는 이미지의 경우 인터넷 방문자가 발견하는 첫 번째 시각적 자산으로 꼭 소셜 미디어에서 공유해야 하는 중요한 요소다. 그러나 하나의 이미지로는 충분하지 않다. 스플린터링 작업을 통해 쪼개진 모든 정보에 시각적 자산을 만들어야 한다. 간단한 그림과 시각 장치는 페이스북이나 트위터 등에서 유용하게 사용될 수 있다. 그래픽 디자이너를 고용할 능력이 없다고 해서 크게 걱정할 필요가 없다. 이미지를 만들 수 있는 무료 툴을 쉽게 이용할 수 있다. 예를 들어 캔바(https://www.canva.com/)는 소셜 네트워크에서 공유할 수 있는 이미지를 만들 수 있게 도와주는 유용한 툴이다. 단지 사용하고자 하는 이미지가 소셜 미디어의 가이드라인에 속해 있는지만 확인해보면 된다. 그림 9-7은 DigitalMarketer 블로그 게시물에서 쉽게 인용해서 이미지로 변영한 뒤에 트위터에서 트윗한 것을 보여주고 있다.

그림 9-7
블로그 게시물
의 인용문을 사
용하여 시각적
트윗으로 변환
한 케이스

출처 : https://twitter.com/DigitalMktr/status/780361297116495872

브로드캐스트

스플린터링과 시각적 자산을 만드는 작업이 끝나면 소셜 미디어 채널에 콘텐츠를
브로드 캐스팅하는 작업을 해야 한다. 게시하려고 하는 기사의 장점과 요점에 집중
하고 모든 페이지가 일관성 있게 개성 있는 어조를 유지해야 한다. 청중의 시선을 사
로잡기 위해서 가벼운 농담으로 접근을 할 수 있을 것이고 아니면 심각하고 직접적
인 언어를 통해 청중에게 호소할 수도 있을 것이다. 어떤 어조가 되었던 잠재고객이
가장 기대하고 있는 어조를 유지함으로써 잠재고객에게 호소하는 것이 중요하다.

페이스북, 트위터, 링크드인 및 다른 소셜 미디어 채널에 브로드캐스트할 때는, 브로
드캐스트하고자 하는 콘텐츠의 이미지를 사용하는 것이 좋다. 특히 트위터에서 브로
드캐스트를 하고자 한다면 소셜 미디어 관리툴을 사용하여 게시물을 예약하는 것도
가능하다(훗스위트 권장). 트위터 게시물은 다른 소셜 미디어 채널보다도 그 수명이 짧
기 때문에 기사를 더 자주 배포해야 한다. 3개 정도의 트윗을 만들어서 3~4시간마다
하나씩 게시하도록 설정하면 좋다.

> » **트윗 1-제목** : 블로그 게시물의 제목과 블로그 게시물에 대한 링크를 간단
>   히 트윗한다.

» **트윗 2-인용** : 블로그 게시물에서 스플린터링해서 만든 내용을 인용하여 블로그의 링크와 같이 트윗한다.

» **트윗 3-질문** : 블로그에 게시된 내용이 정답을 제시할 수 있는 질문을 던지며 블로그의 링크를 항상 같이 트윗한다.

태그

게시물을 소셜 미디어에 브로드캐스팅 할 때 사람과 브랜드에 대한 태그를 같이 지정하는 것도 중요하다. 어떤 기사와 관련된 내용을 브로드캐스팅할 때, 그 기사를 적은 저자를 태그할 수도 있고 회사나 브랜드를 태그할 수도 있다. 이러한 모든 과정이 블로그에 포스팅된 게시물에 대한 트래픽을 유도할 수 있고, 사회적으로 영향력 있는 사람들과 그들의 팔로워들의 관심을 끄는 것이 가능하게 된다. 또한 때에 따라 해시태그를 사용하는 것도 좋은 전략이다. 특히 트위터와 같은 네트워크에서 해시 태

그림 9-8
힐튼은 해시태그를 사용하여 프로모션을 진행 중이다.

출처 : https://twitter.com/HiltonHotels/status/
757613891610406913

그를 사용하면 더욱 효과적이다. 해시태그는 사람들이 공통 주제로 트윗을 검색할 수 있는 간단한 방법 중에 하나다. 그림 9-8은 힐튼 호텔이 해시태그 #ATL(조지아 주 애틀랜타) 및 #MusicMonday와 콘테스트를 트윗하고 있음을 보여준다. 이러한 해시태그 또는 토픽을 모니터링하는 사용자라면 이 트윗을 확인하고 볼 수 있을 것이다.

모니터

앞서 언급했듯이 소셜 미디어의 활동 대부분은 블로그 게시물이 게시된 후 첫 24시간에서 48시간 사이에 많이 발생한다. 이 시간 동안 소셜 웹에서 해당 블로그 게시물의 실적을 모니터링해야 한다. 이러한 모니터링을 실행하는 데 있어서 유용한 방법 중 하나가 URL을 짧게 만들 수 있는 비틀리라는 툴이다. 비틀리와 같은 URL 단축 프로그램은 사람들이 더 쉽게 URL을 기억할 수 있게 만들고 또한 트래픽에 대한 분석도 함께 제공한다. 예를 들어 비틀리를 사용하면 사람들은 어떤 채널을 통해서 블로그의 내용을 클릭했는지, 사람들이 어디에 나의 포스팅을 공유했는지, 어떤 소셜 미디어 플랫폼이 가장 유용하게 영향을 주었는지 분석하여 알려준다. 또한 이 프로그램은 몇 시에 게시물에 대한 트래픽이 최고조에 이르렀는지, 세계의 어느 나라에서

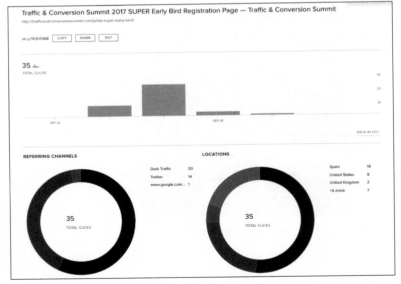

그림 9-9
비틀리의 링크에
대한 보고 데이터

출처 : https://app.bitly.com/default/bitlinks/2d6HMtC#

가장 많은 트래픽이 생겼는지, 혹은 포스팅한 내용 중 어떤 내용이 트위터상에서 가장 잘 청취자에게 어필했는지를 보여준다. 그림 9-9에서는 비틀리 링크에서 사용 가능한 기능이 나타나 있는 대시보드의 내용이다.

스케줄

일반적으로 분산된 콘텐츠는 대개 사라지기 전에 클릭 수가 급증하게 된다. 그렇기 때문에 장기적인 관점에서 분산(혹은 스케줄링)이 필요하다. 콘텐츠를 소셜 미디어 관리 툴로 예약을 하게 되면 라이브러리에 콘텐츠를 등록한 후에는 아무런 추가 작업 없이도 영구적으로 콘텐츠를 공유하고 배포하는 것이 가능하다. 미트에드거(www.meetedgar.com)와 같은 툴은 트위터 및 링크드인에서의 스케줄링이나 자동화에 유용한 방법이다. 미트에드거를 사용하면 포스팅을 하기 원하는 카테고리를 만들고 브로드캐스팅하는 시간을 설정하는 것이 가능하다. 모든 세팅이 완료되면 라이브러리에서 랜덤화된 콘텐츠가 순차적으로 브로드캐스팅하게 되고 잠재고객에게 같은 내용의 콘텐츠가 중복되게 트윗되는 위험성을 줄일 수 있다. 콘텐츠를 브로드캐스팅하는 데 있어서 꼭 명심해야 할 것은 모든 내용이 스케줄화되어 있어야 한다는 것이다. 이장의 브로드캐스트 절에서 세팅한 3개의 트윗을 실행할 경우, 에드거와 같은 툴을 사용하게 되면 트윗이 자동적으로 스케줄한 대로 순차적으로 브로드캐스팅되고 소셜 트래픽이 블로그의 게시물로 이동하게 될 것이다.

소셜 업데이트를 자동화할 때는 항상 적절한 상황에 대한 판단이 동행되어야 한다. 예를 들어 천재지변으로 인해 스케줄한 트윗이 불필요하게 될 경우가 있을 것이다. 종종 발생하는 허리케인으로 인해 해안지역에 사는 사람들이 어려움을 겪고 황폐화되어 있을 때 자동적으로 발송되는 판매 일정 등의 정보는 잠재고객이 무례하다고 생각하거나 이러한 어려움을 모른 척한다고 생각할 수도 있을 것이다.

변화를 일으키는 네트워킹

오래된 격언 중에 "당신이 아는 것이 아니라 당신이 아는 사람이다."라는 말을 들어본 사람이 있을 것이다. 네트워킹이 얼마나 사람들이 사는 데 있어서 중요한지를 의미하는 말이다. 비즈니스에 있어서 네트워킹이라고 하는 것은 회사의 홍보와 많은 관련이 있다. 전통적인 홍보 활동(PR)에서는 마케팅 활동이라고 하면 회사가 전달하고자 하는 마케팅 메시지를 널리 퍼지게 할 수 있는 신문 기자와 같은 제3자를 찾고 다양한 전통적 미디어에 의존을 하였다. 소셜 네트워크상에서는 이와 비슷하게 소셜 웹에서 권위가 있고 영향력이 있는 개인 및 브랜드를 찾고 그들과 연관시킴으로써 동일한 목표를 달성하고자 한다.

사회적 영향이라고 하는 것은 자신이 가지고 있는 블로그의 게시물, 팟캐스트 및 비디오와 같은 것을 배포하여 그 콘텐츠에 대한 권한을 갖는 것이지만, 소셜 네트워크상에서는 다른 사람들이 가지고 있는 콘텐츠를 자신의 청중과 공유하는 것 또한 가능하다. 개인과 개인 간의 네트워킹과 마찬가지로 소셜 네트워킹에서도 소셜 미디어를 사용하여 개인과 개인 혹은 개인과 브랜드 등 상호 유익한 파트너 관계를 구축하는 데 있어 많은 도움을 준다. 여기서 상호 유익한 파트너십이라고 하는 것은 각자의 블로그에 게스트 포스트를 작성하거나 회사에서 수행 중인 이벤트에 대한 정보를 공유하는 것을 생각할 수 있다. 소셜 네트워킹을 사용하여 소셜 미디어 채널에서 활동 중인 언론인, 블로거 및 팟캐스터와 네트워킹을 할 수도 있고 넓게는 출판사나 라디오 방송국과 네트워킹을 하는 것이 가능하다. 소셜 네트워킹이라고 하는 것은 비즈니스의 비약과 경계에서 변화를 일으킬 수 있는 중요한 영향력 있는 활동이다.

틈새 미디어의 활용

비즈니스에 대한 인지도를 높이기 위해 어떻게든 언론에서 좀 더 언급되기를 바라는 열정을 가진 이제 막 창업을 한 소프트웨어 회사가 있다고 가정해보자. 이 소프트웨어 회사가 타깃으로 하는 언론사는 수백만 명에 이르는 잠재력을 가진 NBC와 같은 대형 업체가 될 수도 있고. 또는 테크크런치와 같이 신생 기업을 전문으로 하는 중간 규모의 블로그를 타깃으로 할 수도 있다. 테크크런치가 가진 청중에의 도달력이라고 하는 것은 NBC같이 큰 회사와는 비교가 되지 않을 정도로 작지만 여전히 중요하다고 할 수 있다. NBC와 같이 많은 청중에게 전달할 수 있는 힘이 있는 업체에게 소개되는 일은 아주 좋은 일이지만 많은 도달력을 가지고 있다는 것은 그만큼 그러한 언론사에 언급되는 것이 쉽지 않다는 것을 의미한다.

그래도 좋은 소식이라고 할 수 있는 것은 수천 개의 틈새 미디어들이 블로그, 팟캐스트, 유튜브 채널 등을 운영하고 있다는 것이다. 도달력에 대한 고려를 하지 않는다면 이러한 틈새 미디어를 활용하는 것은 대형 미디어를 활용하는 것보다 훨씬 쉽게 이루어질 수 있다. 또한 잘 다루어진 틈새 미디어의 활용은 NBC와 같은 주요 네트워크의 도달 범위를 훨씬 초과할 수도 있다.

틈새 미디어의 도달력

틈새 미디어 회사라고 하는 곳은 보통 중소 규모의 사이즈로 특정 주제에 초점을 두어 콘텐츠를 게시하는 기업을 말한다. 이 작은 게시자들은 훌륭한 콘텐츠를 만들고 있지만 안타깝게도 전국적으로 혹은 자신에 초점을 맞추고 있는 분야에서 그렇게 유명세를 얻고 있지는 않다. 미디어를 잘 활용하기 위해서는 이러한 미디어들이 가지고 있는 속성을 잘 이해해야 한다. 사실 독특해 보이는 이러한 틈새 미디어라도 모든 미디어들이 원하는 것은 동일하기 때문에 크게 어려운 일이 아니다. 모든 미디어들이 원하는 것은 신뢰할 수 있는 출처의 훌륭한 콘텐츠다. 그러나 안타깝게도 영세한 규모의 작은 틈새 미디어들이 새로운 콘텐츠를 제작하기 위해 24시간 연중무휴로 활동하는 거대 언론인 및 콘텐츠 제작자와 함께하는 것은 쉽지가 않다. 그 대신 새로운 콘텐츠를 청중들에게 제공하기 위해서 끊임없이 새로운 콘텐츠를 찾고 있다.

틈새 미디어와 같이 일을 하기 위해서는 그들이 원하는 것을 알고 그들의 어려움을 이해해야 한다. 전달하고자 하는 내용이 신뢰할 수 있는 자료이고, 청중들에게 훌륭한 콘텐츠를 제공할 수 있다는 사실을 알려야 한다. 틈새 미디어를 이용할 때 우리가 필요로 하는 것은 틈새 미디어의 청중이 우리의 홈페이지로 오게 만드는 것일 것이다. 훌륭한 콘텐츠는 잠재고객에게 많은 정보와 영감을 주며 그들을 즐겁게 만들 수 있다는 것을 기억해야 한다. 이러한 것들이 바로 이러한 틈새 미디어들이 추구하고 끊임없이 찾는 내용이다.

주제별 네트워킹

소셜 네트워크를 통해 언론과 파트너십을 구축하고 그들이 당신의 비즈니스에 대해서 언급하기를 바란다면, 회사와 관련된 다양한 주제들에 대해서 브레인스토밍을 하고 이러한 주제를 이용하여 그들과 네트워킹을 하는 것이 중요하다. 기회를 창출하기 위해서는 다양한 브레인스토밍 세션과 조직 외부에 있는 전문가의 활용이 중요하다. 다양한 주제와 관련된 권위 있는 브랜드와 개인을 찾고 소셜 네트워킹 전략을 사용하여 해당 사람들과 파트너십을 형성해야 한다. 개인이나 브랜드가 가지고 있는 다양한 콘텐츠를 우리의 잠재고객과 자주 공유하고 개인이나 브랜드의 태그를 추가함으로써 이들과 잠재적인 파트너십을 구축해 나가야 한다.

예를 들어, 언어 학습 소프트웨어 회사인 로제타스톤이 페이스북 페이지에서 스페인 여행에 관한 콘텐츠를 공유하고자 할 때 이 분야에서 권위자인 론리플래닛이나 트립어드바이저와 같은 신뢰할 수 있는 여행 브랜드에서 해당 주제에 대한 기사를 공유하는 과정을 통해 이들과 네트워크를 구축해 나갈 수 있다. 고객 혹은 잠재고객이 원하는 양질의 콘텐츠를 공유하고 론리플래닛이나 트립어드바이저의 브랜드를 태그하는 과정을 통해 로제타스톤은 잠재고객의 만족도도 높일 수 있고 이와 동시에 영향력 있는 브랜드와 네트워크를 형성할 수 있게 된다.

소셜 미디어 쇼트 리스트만들기

쇼트 리스트(short list)를 만드는 것은 예를 들어 트위터를 사용해서 네트워크를 구축하고 싶은 구체적인 브랜드나 사람을 따로 리스트로 작성하는 프로세스를 말한다. 새로운 콘텐츠의 소스보다 미디어 속성에 더 가치가 있는 것이 있다면, 그 콘텐츠는 더 많이 노출되게 될 것이다. 다시 말하면 웹상에서 영향력 있는 사람의 콘텐츠를 소셜 웹을 통해 당신의 청중들과 공유를 하게 된다면, 그 콘텐츠를 보유하고 있던 사람은 당신의 선의를 알아차리고 친절하게 반응할 가능성이 높다. 그러나 안타깝게도 트위터 파이어호스(트위터 데이터가 저장된 데이터 베이스-역주)는 이러한 영향력 있는 사람들을 추적하는 것과 이들의 콘텐츠를 구성하는 것을 힘들게 만들고 있다. 그래서 콘텐츠를 쉽게 식별하고 공유할 수 있는 방법이 필요하며 이를 위한 방법 중에 하나가 쇼트 리스트의 작성이다. 업계에 있어서 영향력을 행사하는 주요 업체, 틈새시장 및 잠재고객과 관련된 기타 주제를 파악하는 데 도움이 되는 몇 가지 툴이 있다. Group High 및 Inkybee와 같은 유료 도구를 사용하면 주제별로 영향력 있는 블로거를 추적할 수 있다. https://klout.com/home 또는 http://home.kred/와 같은 무료 리소스는 소셜 미디어 사용자가 특정 주제와 관련하여 얼마나 큰 영향을 미치는지 점수를 매겨 그 점수를 보여주는 플랫폼이다.

앞에서 이야기했듯이 당신은 이미 비즈니스에 변화를 줄 수 있는 사람들과 브랜드에 대한 충만한 아이디어를 가지고 있다! 직접 영향력 있는 사람들의 트위터 프로필을 찾아서 트위터 목록을 만드는 것부터 시작하자. 다음으로 훗스위트를 사용하여 새로운 쇼트 리스트로 목록의 스트림을 설정한 후, 네트워크를 하고 싶은 사람들을 다른 필요 없는 트위터로부터 분리해낼 수 있다. 네트워크를 구축하고 싶은 사람들이 공유하고 있는 콘텐츠를 쉽게 참조할 수 있고, 그들과의 대화에 참여할 수 있고, 자신의 고객들과 공유하면서 영향력 있는 사람들과의 친분을 도모할 수 있다. 10~20명의 영향력 있는 사람들을 시작으로 네트워킹 대상자를 확인하고 그 목록을 키워나갈 수 있다. 리스트는 항상 최신으로 유지하고 혹시 영향력 있다고 믿었던 사람이 당신이 원하는 주제에서 벗어나기 시작한다면 그를 제거하고 새로운 검색을 시작해야 한다.

미디어 홍보에 대한 각본 뒤집기

웹은 디지털 PR에 활용되고 있는 풍부한 양의 미디어 정보를 보유하고 있다. 롱테일 미디어뿐만 아니라 일반적인 미디어 또한 인터넷을 사용하여 신뢰할 수 있는 콘텐츠를 찾기 위해 노력하고 있다. 미디어의 속성을 갖고 있는 매체들은 구글과 같은 검색 엔진을 사용하여 인터뷰를 할 수 있는, 인용할 만한 내용이 있는 혹은 콘텐츠 등을 만들어낼 수 있는 전문가들을 찾고 있다. 이러한 현상을 잘 활용하려면 자신을 전문가로서 포지셔닝하는 것이 중요하고 미디어들이 당신에게 매력을 느끼고 활용하게 만들어야 한다.

만약에 미디어를 유치하고 싶다면 정기적인 스케줄로 자신만의 콘텐츠를 제작하여 소셜 채널에 배포해야 한다. 콘텐츠 제작자가 된다면 틈새 미디어나 기존의 전통적인 미디어들이 자신들의 고객들에게 당신이 제작한 콘텐츠를 전달하기 위하여 연락을 할 가능성이 높아지게 된다. 둘째, 인터뷰를 해야 한다. 블로그에 광고 문안을 제공하거나 팟캐스트에 게스트로 출연하는 경향이 조금이라도 나타난다면 인터뷰를 자주 요청하지 않아도 된다. 미디어가 당신에게 연락하고, 인터뷰를 수락한다면 더 많은 요청들이 이어질 것이다.

셋째, 만드는 콘텐츠 제작과 관련된 SEO의 기초를 배워야 한다. 미디어는 구글과 같은 검색 엔진을 사용하여 주로 소스를 찾아낸다. 따라서 검색 엔진이 여러분과 관련된 정보나, 제품 혹은 서비스를 어떻게 찾아내는지 그 방법을 이해해야 한다. 검색 엔진 최적화에 대한 자세한 내용은 제8장을 참조하라.

법률 준수

연방 통상위원회는 기업이 판촉활동을 위해 언드미디어(earned media, 평가 미디어라고 불리며 온라인상의 댓글이나 반응처럼 제3자가 스스로 정보를 발생시키는 미디어를 포함-역주)나 유료 언론매체를 사용하는 방식과 관련한 여러 가지 규제를 하고 있다. 블로그, 비디오, 팟캐스트 또는 다른 유형의 미디어에 프로모션이 진행되고 이와 관련하여 미디어에 인센티브나 보상이 제공될 경우 관련 내용을 꼭 콘텐츠상에 공개를 하도록 규정하고 있다. 여기서 인센티브란, 돈, 무료 샘플 또는 다른 어떤 형태의 보상도 포함될 수 있다.

소셜 채널을 통한 판매

그렇다면 소셜 미디어 채널상에서는 어떻게 매출 창출이 가능할까? 대답은 적어도 직접적으로는 매출 창출에 도움이 되지 않는다는 것이다. 대신 가치 우선(value-first) 전략을 사용하여 리드 및 매출을 창출할 수 있다. 소셜 판매에 있어서 궁극적인 목표는 트위터, 페이스북, 유튜브 등 자신이 소유하지 않고 있는 소셜 미디어에 있는 잠재고객들을 자신이 보유하고 있는 이메일 목록과 같은 채널로 이동시키는 것이다. 이러한 과정을 통해 잠재고객과 리드를 자신이 컨트롤할 수 있는 채널상에서 고객들과 이야기를 나누는 것이 가능해진다.

콘텐츠를 선도하는 것은 소셜 미디어에서 가치 우선 전략의 첫 번째 규칙이다. 콘텐츠라고 하는 것은 소셜 웹의 기본적인 커뮤니케이션 매체이고 모든 사람들은 즐길 수 있고, 영감을 줄 수 있고 또한 무엇인가를 배울 수 있는 정보를 갖기를 원한다. 이러한 양질의 콘텐츠를 소셜 판매 전략에 적극 활용하여 페이스북과 같은 소셜 미디어에 있는 잠재고객들을 여러분이 원하는 사용자의 웹이나 혹은 궁극적으로 여러분의 메일 목록으로 이동시킬 수 있어야 한다.

가치를 통한 선도

소셜 판매를 이해하는 데 있어 중요한 주된 개념은 소셜 청취, 영향, 그리고 소셜 네트워킹의 일관된 실행에 의해 그 결과가 달라진다는 것이다. 잠재고객이 브랜드를 알고, 좋아하고, 신뢰할 수 있을 경우, 그들은 반복적인 소비 행동을 보일 것이고 결국 브랜드 충성도가 높아지게 될 것이다. 고객에게 가치를 먼저 제공한다는 것은 소셜 미디어 팔로어에게 다양한 고객 서비스 그리고 양질의 콘텐츠를 제공함과 더불어 여러분의 잠재고객, 그리고 영향력 있는 사람들과의 적극적인 대화 참여를 통해 그들에게 여러분에 대해서 좀 더 알 수 있는, 좋아할 수 있는 그리고 신뢰할 수 있는 기회를 제공한다는 것을 의미한다. 소셜 미디어 팔로워들에게 여러분들을 신뢰할 수 있는 충분한 이유를 부여한다면 자연스럽게 소셜 판매에 있어서도 좋은 결과를 볼 수 있게 될 것이다.

가치에 우선을 둔 제안 설계

비싼 가격과 복잡한 제안은 대부분 일반적인 소셜 채널의 프로토콜에 어긋날 뿐 아니라 좋은 결과를 기대할 수 없다. 그래서 항상 주의해서 소셜 판매에 접근해야 한다. 잠재고객이나 현 고객에게 큰 약속을 하기 전에 그들이 원하는 가치를 제공하는 제안에 집중해야 한다, 이를 위해서 잠재고객이 지나치게 빨리 고객 여정을 거치지 않고도 모든 소셜 미디어 채널에서 활용할 수 있는 3가지 종류의 제안을 할 수 있다.

» **무조건적 제안** : 블로그의 게시물을 누군가에게 읽도록 요청하는 것 또한 제안으로 간주된다. 물론 블로그의 게시물을 읽는 것은 추가 비용이 드는 것은 아니지만 소비자들은 시간을 써야 한다. 이렇듯 소셜 미디어에 게시되어 있는 콘텐츠들은 무조건적인(접근하기 위해 특별한 노력이 들지 않는) 형태로 구성되어야 한다.

» **조건적 제안** : 콘텐츠에 접근하기 위해서 이름이나 이메일 주소와 같은 기

타 정보가 추가로 필요한 형태를 말한다. 주의할 것은 이렇게 정보를 요구하는 단계에서 돈을 요구해서는 안 된다는 것을 명심해야 한다. 이는 권한 요청 단계라고 할 수 있다.

» **파격 할인** : 반짝 판매 혹은 50퍼센트 할인 또는 그 이상으로 할인을 제공하는 것을 가치 우선 제안의 한 형태라고 할 수 있으며, 이러한 형태의 제안은 소셜 미디어 마케팅에 적합하다.

우리는 무조건적 제안, 조건적 제안, 파격 할인에 대해서 제3장에서 이미 자세하게 다루었다.

소셜 미디어 실수를 피하기

소셜 미디어 마케팅을 잘 구현하기 위해서 중요한 것은 우리가 소셜 웹에서 하는 중대한 실수를 인지하고 이해하는 것이다.

» **화가 날 때는 대응하지 말 것** : 일부 소셜 미디어 사용자는 의도적으로 여러분들이 화를 내도록 유도하는 사람들이 있다. 누군가가 여러분들을 화나게 하려 한다면, 응답을 하기 전에 진정할 수 있는 시간을 갖도록 해야 한다. 그마저도 여의치 않을 경우는 신뢰할 수 있는 다른 사람에게 상황을 정리할 수 있도록 도움을 받는 것도 중요하다. 항상 대응을 하는 데 있어서 전문성을 유지해야 한다.

» **팔로워나 커넥션을 구매하지 말 것** : 여러분들이 가지고 있는 소셜 채널에 로봇이나 가짜 계정을 이용하는 것은 윤리적으로나 사업적으로 불필요한 행동이다. 여러분들이 여러분의 소셜 채널에 관심을 가지고 있는 팔로워들에게 훌륭한 경험을 할 수 있도록 콘텐츠를 창출하는 데 노력을 기울인다면 여러분들의 소셜 채널은 너무나도 자연스럽게 성장할 것이다.

» **모든 영역을 다 커버하려고 하지 말 것** : 소셜 웹이라고 하는 것은 너무나도 방대해서 여러분이 소셜 웹 어디에나 존재할 수는 없다. 그 대신 영향력을 행사하고 사람들과 네트워크를 형성하며 제품과 서비스를 판매할 수

있는 몇 가지 채널을 집중적으로 마스터해야 한다. 여러분이 적극적으로 대화에 참여하기가 여의치 않는 소셜 채널에서는 소셜 청취를 할 수 있는 툴을 사용하는 것이 유용하다(이 장과 제16장에서 설명).

» **영업 사원이 되지 말 것** : 소셜 판매를 위해서는 시간과 장소가 필요하다. 소셜 미디어 채널에 적합한 제안을 전략적으로 그리고 목적 의식을 가지고 상용해야 한다.

» **모든 것을 자동화하지 말 것** : 소셜 채널은 항상 친근하고 인간미가 있어야 한다. 모든 업데이트를 자동화하려고 노력하지 말고 여러분과 여러분 채널의 이용자가 사람과 사람으로 만날 수 있는 여지를 남겨 두어야 한다.

자동화해야 할 시점 파악

바로 앞에서 모든 업데이트를 자동화하지 말 것이라는 주의와 함께 마무리를 했다. 하지만 콘텐츠를 자동화하는 것이 허용되는 때도 있다. 사실 자동화 도구를 사용한다면 여러분들이 좀 더 쉽게 그리고 효과적으로 사회적 영향력을 향상시킬 수 있다. 이러한 사실은 소셜 판매에서도 별반 다르지 않다. 자동화된 툴을 사용하면 수동으로 작업하지 않아도 팔로워들에게 조건적 제안이나 파격 할인과 같은 특별한 제안을 지속할 수 있다. 그러나 소셜 청취를 하는 데 있어서 혹은 소셜 네트워킹 단계에서 이루어지는 대화를 자동화하는 것은 매우 경솔한 전략이 될 수 있다. 소셜 고객 관리에 문제를 해결하는 데 있어서 혹은 영향력 있는 사람들과의 토론에 참여하는 등의 상황에서는 사람이 직접 모든 응답에 대응하고 가능하면 실시간으로 응답을 해야 한다.

10

유료 트래픽 두드리기

어떻게 하면 여러분의 사이트에 트래픽이 생기게 할 수 있을까? 사실 이 질문은 비즈니스를 하고 있는 모든 사람들이 디지털 마케팅과 관련해 던지는 최고의 질문이라고 할 수 있다. 사실 여러분들의 사이트에 트래픽이 생기게 한다는 것은 크게 어려운 문제는 아니다. 실제로 여러분들이 구글, 페이스북 및 트위터를 포함한 수천 개의 트래픽 플랫폼을 통해 광고를 구매한다면 이들 플랫폼들은 여러분들의 웹 사이트에 많은 양의 트래픽을 만들어줄 것이다. 문제는 트래픽을 어떻게 얻느냐가 아니라 여러분들이 트래픽을 얻었을 때 그것을 어떻게 활용할 것인가의 문제이다. 어떤 종류의 제품이나 서비스를 제공해야 할까? 방문자가 왔을 때 어떤 콘텐츠를 보여줘야 할까? 여러분의 웹 사이트로 잠재고객이 왔을 때 연락처 정보를 요구하거나 여러분의 제품이나 서비스를 사달라고 부탁해야 할까?

유료 트래픽은 구글 애드워즈, 배너 광고 및 페이스북 및 트위터가 포함된 소셜 네트워크의 유료 광고와 같은 플랫폼을 사용하는 클릭당 광고와 같은 다양한 형태로 제공된다. 유료 트래픽은 브랜드를 구축할 수 있고, 제품 또는 서비스를 잠재고객들에게 알릴 수 있으며, 제품이나 서비스의 리드 및 판매를 생성하기 때문에 소셜 웹에서 강력한 도구라고 할 수 있다.

이 장에서는 주요 광고 플랫폼과 각 광고 플랫폼을 선택할 때 고려해야 할 사항들에 대해서 알아보고자 한다. 또한 타깃팅이라는 강력한 광고 형식을 설정하는 방법과 광고 캠페인에서 나타날 수 있는 문제를 해결하고 최대한의 효과를 낼 수 있는 다양한 종류의 캠페인을 활용할 수 있는 방법을 알아보고자 한다.

트래픽 스토어 방문

지금부터 여러분과 여러분의 연인이 레시피를 탐색하면서 오늘 저녁에 무엇을 먹을지 결정하려 한다고 상상해보자. 여러 가지 사이트를 돌아본 뒤 한동안 시도하지 않은 쌀 요리를 만들려고 한다. 근데 지금 가진 유일한 문제는 지금 여러분들 수중에 쌀이 없다는 것이다.

어떻게 해야 할까? 오늘 저녁을 위해 쌀을 키워야 할까? 말도 안 되는 선택지 대신 아마도 여러분들은 슈퍼마켓에 가서 쌀을 사기로 결정할 것이다.

쌀은 매일 사고 팔리는 상품이며 이는 웹 사이트에서 생각하면 트래픽이라고 할 수 있다. 트래픽을 원할 경우 트래픽을 살 수 있는 곳을 가야 한다.

유료 트래픽을 이해하면 수도꼭지를 틀어 물을 쓰는 것 같이 트래픽을 켜고 끄고 콘텐츠를 신속하게 테스트할 수 있다. 이 기능은 SEO 및 소셜 미디어와 같이 느린 트래픽 소스를 기다리지 않고도 새로운 제안, 방문 페이지 및 콘텐츠를 신속하게 테스트할 수 있으므로 아주 중요한 소스라고 할 수 있다. 여러분들이 웹사이트 트래픽을 원하는 대로 잘 다룰 수 있게 될 때 여러분들은 마침내 예측 가능하고 신뢰할 수 있는 웹 사이트 트래픽을 갖게 되었다고 할 수 있다.

완벽한 트래픽 상점은 존재하지 않는다. 예를 들어 잠재고객이 특정 플랫폼을 사용하지 않거나 브랜드가 특정 플랫폼(전자 담배, 데이트 및 다이어트 등의 산업)에 대한 광고 제한을 받을 수 있다. 가장 적절한 상점을 결정하기 위해서는 지금까지 논의한 것처럼 많은 연구를 해야 한다. 이 장에서 살펴볼 전략과 시스템은 여러분들이 구매하기로 결정을 내린 트래픽 상점에도 적용이 가능할 것이다.

트래픽 차이의 이해

여러분들이 소셜 웹을 통해 사람들과의 관계가 깊어질수록 그들을 바뀌게 만들 것이다. 유료 트래픽 캠페인을 사용하면서 중요한 것은 리드와 고객과의 관계에서 지금 여러분들이 위치하고 있는 상황을 정확히 이해해야 한다. 그들은 지금 여러분에 대하여 배워가는 단계에 있다고 생각하는가? 그들이 여러분에 대해서 잘 알고 있지만 여러분에게서 물건을 산 적이 없는가? 그들이 당신에게 물건을 사고 이제는 평생 고객들과 팬들을 만족시키기 위해 노력하고 있는 단계인가?

우리가 근무하고 하고 있는 회사에서, 우리는 잠재고객 또는 고객과의 관계에서 우리가 어디에 위치하고 있는지를 나타내는 것을 '트래픽 온도'라고 한다. 효과적은 트래픽 시스템을 구축하기 위해서 누가 타깃이고 그들과의 관계가 어느 위치에 있는지를 정확하게 파악해서 적절한 대상에게 적절한 시기에 적절한 제안을 해야 한다. 트래픽 온도는 크게 3가지 단계로 구성된다(그림 10-1 참조).

» **콜드 트래픽**(cold traffic) : 이들은 주로 여러분에 대해서 혹은 여러분의 브랜드, 제품, 서비스 등에 대해서 들어본 적이 없는 사람들을 지칭한다. 여러분들은 이들과 아직 아무런 관계가 있지 않지만 그들은 여러분들이 진행하려고 하는 비즈니스에 있어 아주 중요한 사람들이다. 그들은 여러분들의 비즈니스에 새로운 리드와 판매를 가져올 것이기 때문이다. 이러한 콜드 트래픽하에서는 신뢰 구축이 가장 중요하다. 잠재고객들이 여러분들의 물건을 구입하기 전에. 그들이 여러분들의 브랜드에 시간과 돈을 투자할 만한 가치가 있음을 증명해 보여야 한다. 블로그, 팟캐스트 또는 유튜

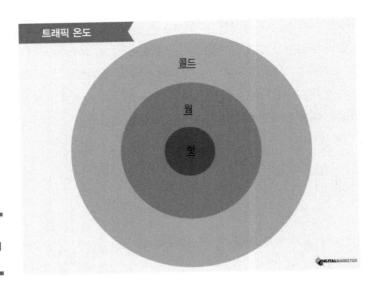

그림 10-1
트래픽 온도의
3단계

브 채널에서 가치가 있는 무조건적 제안을 만들어 콜드 트래픽으로 전달
을 해야 한다. 무조건적 제안에 관해서는 제3장을 참조하라.

» **웜 트래픽**(warm traffic) : 웜 트래픽에 속하는 사람들은 여러분이나 여러분
의 브랜드에 대해서 알고 있고 관심이 있으나 구매하지 않는 사람들을 말
한다. 그들은 아마도 여러분의 블로그를 방문해 봤거나, 팟캐스트를 듣거
나, 이메일 뉴스 레터에 가입했을 것이다. 웜 트래픽에 속해 있는 사람들은
보통 여러분들이 말하고 있는 것이 맘에 드는지 평가를 하고, 더 배우고
가능하면 구매하려고 하는 마음을 가지고 있다. 그들은 여러분이 가지고
있는 제품이나 서비스가 자신의 문제를 해결할 수 있는 최선의 선택인지
여부를 결정하기 위해 노력하고 있다고 할 수 있다. 또한 경쟁자가 제시하
는 제품이나 서비스가 더 좋은지 비용을 줄이는 데 더 도움을 줄 수 있을
지 평가한다. 이 사람들이 커다란 위험 없이 안심하고 여러분의 문 안으로
들어설 수 있도록 조건적 제안이나 획득 제안을 하는 것이 유리하다. 획득
제안과 조건적 제안은 제3장을 참조하기 바란다.

» **핫 트래픽**(hot traffic) : 아마 여러분들이 상상하고 있듯이, 이들은 여러분한
테서 구입을 한 경험이 있는 사람들을 말한다. 이들은 아마 처음 구매를
한사람부터 많이 구매한 경험이 있는 사람들로 구성되어 있다. 즉 이들은

이미 여러분들이 이미 시간, 돈, 에너지를 한 번쯤은 들어봤을 고객들이다. 광고주들이 종종 범하는 가장 큰 실수는 새로운 리드와 판매를 유도하는 데에만 집중한다는 것이다. 정통한 마케팅 담당자는 유료 트래픽을 사용하여 이미 소비 경험이 있는 고객들에게 더 자주 판매를 하고자 노력한다. 이러한 핫 트래픽은 이익을 극대화할 수 있는 중요한 기회를 제공한다. 이익의 극대화와 관련해서는 제3장을 참조하길 바란다.

요약하면 트래픽 온도에 대해 다음 단계를 따르기를 원한다.

1. 소중한 콘텐츠로 콜드 트래픽에게 자신을 소개한다.
2. 웜 트래픽을 리드 및 구매자로 전환한다.
3. 기존의 구매자에게 좀 더 많이 판매한다.

올바른 트래픽 플랫폼의 선정

마케팅 메시지를 작성하기 전에 또는 어느 플랫폼을 사용하여 전달할지 정하기 전에 잠재고객이 어떤 트래픽 플랫폼을 사용하는지 결정해야 한다. 어떤 플랫폼을 사용할지 결정하는 것은 캠페인 성공에 필수적이라고 할 수 있다. 완벽한 마케팅 메시지에도 불구하고 광고가 잘못된 트래픽 플랫폼에 배치되면 전체 캠페인이 실패하게 될 것이다. 예를 들어 타깃 잠재고객이 트위터를 사용하지 않는 경우, 트위터 광고에 지출을 해서는 안 될 것이다.

선택할 수 있는 수천 개의 트래픽 스토어가 있지만 비즈니스에 가장 적합한 트래픽 스토어는 무엇일까? 트래픽을 구매하려는 경우 시장 진입에 도움이 될 수 있는 곳에서 구매해야 한다. 일단 시장에 진입하려면 고객 아바타를 어떻게 정의할지 정하는 것부터 시작해야 한다(고객 아바타 만들기에 대한 자세한 내용은 제1장 참조).

트위터, 핀터레스트, 유튜브 및 다른 형태의 트래픽 스토어는 수백만 명의 사용자들이 등록되어 있고 각 플랫폼마다 약간 다른 인구통계학적 특징을 가진 사람들이 이용을 하고 있다. 잠재고객이 사용하는 정확한 트래픽 스토어의 특징을 파악할 수 있도록 광범위한 인구통계학적 정보(예 : 연령, 성별 및 소득)를 사용해야 한다. 고객 아바타를 만들려면 분석 소프트웨어 회사 알렉사와 같은 조사 툴을 사용하면 유용하다. 이 툴은 트래픽 스토어와 웹 사이트의 사용자 통계를 제공한다. 또한 플랫폼을 방문한 후 잠재고객을 타깃팅하는 방법을 결정하기 위해 잠재고객의 구체적인 관심사(예 : 취미, 책, 블로그 읽기, 관심 있어 하는 영향력 있는 사람들)를 조사해야 한다.

이 연구는 시간이 걸리지만 제대로 조사가 된다면 광고를 포스팅해야 할 올바른 트래픽 스토어를 파악할 수 있게 되고 잠재고객에게 다가갈 때 유용하게 사용할 수 있는 메시지를 결정하는 데 많은 도움이 된다. 다음 절에서는 잠재고객에게 도달할 수 있는 6가지의 중요한 트래픽 정보를 살펴보고자 한다.

빅 6 트래픽 플랫폼의 소개

이 책의 앞부분에서도 여러 차례 말했지만, 기업 및 마케터가 선택할 수 있는 수천 가지의 트래픽 플랫폼이 있다 그러나 이 절에서는 오늘날 웹에 있는 6개의 주요 트래픽 플랫폼에 대해 논의하고자 한다.

> » 페이스북
> » 트위터
> » 구글
> » 유튜브
> » 핀터레스트
> » 링크드인

여러분들이 위에 언급한 트래픽 플랫폼 중 하나 이상을 이용하고 있다면 여러분이 타깃으로 하는 잠재고객에게 효과적으로 다가갈 수 있는 다양한 기회를 부여받게 될 것이다. 그 이유는 다음과 같다.

> » 이러한 빅 6 플랫폼에는 많은 사용자가 이용하고 있고 다양한 확장 기능을 이용하는 데 필요한 다양한 리소스를 제공한다.
> » 광고 인터페이스는 사용하기 쉽다.
> » 타깃팅 옵션은 일반적으로 웹상의 다른 트래픽 플랫폼보다 좋다. 이 트래

픽 플랫폼을 사용하면 인구통계학적 정보, 관심 분야, 검색 엔진에 입력한 키워드 리스트 및 웹 사이트에서 방문한 페이지 정보 등 다양한 객관적인 정보를 바탕으로 타깃팅하는 데 유용한 정보를 제공한다. 예를 들어 샌디에이고에서 수영장을 판매하는 경우, 다음 기준 중 하나를 기준으로 광고를 타깃팅할 수 있다.

- 샌디에이고에 거주하는 사람들
- 수상 스포츠에 관심이 있는 사람들
- 검색 엔진에 '샌디에이고 수영장' 키워드를 입력한 사람들
- 여러분의 웹 사이트에서 수영 풀과 관련된 정보를 게시해 놓은 페이지를 방문한 사람들

실제로 이러한 타깃팅 옵션을 결합하여 수상 스포츠에 관심이 있는 샌디에이고에 거주하는 사람들을 타깃팅할 수 있게 된다.

경험의 유무나 비즈니스 산업에 관계없이 빅 6는 세계 거의 모든 지역의 거의 모든 시장에 도달할 수 있는 효과적인 플랫폼을 제공한다. 다음 절에서는 이러한 트래픽 저장소를 다루는 데 관련된 최상의 사용법에 대해 이야기하고자 한다.

페이스북

페이스북은 매월 20억 명이 넘는 실제 사용자(지난 30일 이내에 페이스북에 로그인한 사용자, 2017년 기준-역주)가 이용하고 있고 이는 거의 모든 시장에 도달할 수 있음을 뜻한다. 페이스북 광고 관리자는 사용자에게 편리하고 다양한 타깃팅 옵션을 제공하여 시장을 타깃팅할 때 좀 더 개인이 원하는 방향으로 효과적으로 광고를 하는 것이 가능하다. 페이스북은 사용하기 쉽고 트래픽을 구매하는 데 상당히 저렴하기 때문에 유료 트래픽을 처음 시도해보거나 새로운 전략을 테스트하기에 유용한 곳이다. 또한 페이스북에서 사용되는 다양한 전략을 다른 광고 플랫폼에 적용할 수도 있다.

페이스북의 광고는 TV 또는 라디오의 광고와 같다고 할 수 있다. 페이스북을 사용하면 잠재고객에게 여러분이 전달하고자 하는 메시지를 전달할 수 있지만 이는 또한 잠재고객을 방해하기도 한다. 따라서 여러분이 타깃이라고 생각하는 사람들 앞에 광고를 올리고, 그들에게 광고를 클릭할 만한 이유를 제공해야 한다. 그림 10-2는 도

그림 10-2

고대디는 페이스
북 광고를 클릭
해야 하는 충분
한 이유를 제공
한다.

메인 등록 및 웹 호스팅 업체 고대디가 페이스북 광고를 실시한 것을 보여준다

페이스북은 각 회사의 마케팅 담당자가 선택할 수 있는 다양한 목표를 제공한다. 캠페인을 설정할 때 가장 중요한 부분은 목표를 선택하는 것이므로 캠페인에서 수행할 때 페이스북에서 할 수 있는 그리고 도와줄 수 있는 부분을 정확히 알려주는 것이다. 따라서 캠페인을 시작하기 전에 무엇이 회사에서 추구하는 최종 목표인지(예 : 웹 사이트에 사람들을 보내거나, 회사의 페이스북 페이지를 홍보하거나, 웹 사이트의 전환율을 높이거나, 동영상 조회수를 얻는 등의 목표)를 파악하고 이러한 목표를 페이스북에서 제공 가능한 기능들을 어떻게 활용하여 달성할 것인지 정해야 한다. 아마 다음과 같은 질문들이 도움이 될 것이다. 우리 회사가 타깃팅하고 있는 것은 누구인가? 트래픽을 어디로 보내고 싶어 하는가?

캠페인 설정의 첫 번째 단계(목표 선택)를 마친 후에는 또 다른 필수 요건 중에 하나인 누구에게 정보를 전달하려고 하는지 정확한 잠재고객 설정을 해야 한다. 잘못된 잠재고객을 선택하면 페이스북 광고가 실패할 수도 있고, 기대하고 있는 만큼의 효과를 전혀 얻을 수 없을 것이다. 회사가 타깃으로 하고 있는 올바른 잠재고객에게 정보를 전달하기 위해서는 구체적인 타깃팅을 실행해야 한다. 구상하고 있는 마케팅 캠페인의 특성이 구체적일수록, 원하고자 하는 결과를 얻을 확률 또한 향상될 것이다. 캠페인의 특수성을 높이려면 페이스북에서 실행하려는 모든 광고에 대한 타깃 시장에 대한 다음과 같은 질문이 도움이 될 것이다.

> » 당신의 타깃으로 하고 있는 시장에서 영향력 있는 사람, 사상가 또는 리딩 브랜드는 누구인가? 많은 페이스북의 구성원들은 영향력 있는 사람을 따르기를 원하므로 이들을 파악하면 좀 더 많은 기회를 얻을 수 있을 것이다.
> » 여러분이 타깃으로 하고 있는 이상적인 고객들이 주로 읽는 책, 잡지, 신문은 무엇인가?
> » 어떤 종류의 이벤트에 잠재고객이 주로 참석하는가?
> » 자주 사용하는 웹 사이트는 무엇인가?
> » 그들은 살고 있는 곳은 어디인가?
> » 그들이 사용하는 툴은 무엇인가? 이러한 툴은 포토샵 또는 에버노트와 같은 프로그램에서 낚싯대 또는 잔디 관리 장비와 같은 실제 도구에 이르기까지 다양하다.
> » 이 잠재고객들이 가지고 있는 특징은 무엇이 있을까?

이러한 질문에 대한 답변을 알면 페이스북에서의 잠재고객들이 좋아하는 행동, 장소 등을 구체적으로 타깃팅할 수 있으므로 더 맞춤화된 유용한 메시지를 잠재고객 앞에 보여줄 수 있을 것이다. 또한 특정 '좋아요' 및 관심사를 타깃팅하면 잠재고객의 인구를 파악하는 데 도움이 된다. 너무나도 넓은 사람을 타깃팅하는 것은 그만큼 광고 효과가 떨어지게 될 것이므로 기준을 잡고 구체적인 잠재고객을 타깃팅 해 나아가는 것이 중요하다.

우리 회사에서는 전환율과 관련성 높은 점수(페이스북이 광고의 품질을 판단하는 데 사용하는 알고리즘, 구글의 품질 평가 점수와 유사함)와 관련하여 잠재고객 규모가 50만~100만 명의 사람들로 구성될 때 가장 효과적이라는 결과를 얻었다(물론 플러스 마이너스로 수천 명의 오차가 존재하고 정확히 50만 명일 필요는 없다). 이러한 과정을 통해 타깃으로 하고 있는 충분히 많은 수의 잠재고객에게 광고를 보여줄 뿐 아니라 관련성이 높은 잠재고객에게도 광고가 보이게 할 수 있다.

여러분의 비즈니스가 구체적인 로컬 지역에 있고 특정 시/도 또는 지역을 타깃팅하는 경우 잠재고객의 사이즈에 대해서 걱정할 필요는 없다. 페이스북의 지역 광고에 포함되는 잠재고객의 규모는 대체적으로 50만~100만 명에 미치지 못한다. 당신이 목표로 삼고 있는 마을에는 그 정도 규모의 인구조차 없을 수도 있다. 지역 비즈니스는 잠재고객 규모에 대해 걱정할 필요가 없으며, 대신 어떻게 잠재고객을 타깃팅할 것인지 그 방식에 관심을 가져야 한다. 지역이 아닌 다른 모든 비즈니스는 잠재고객을 타깃팅하는 방법과 함께 그 규모에도 초점을 맞추어야 한다.

다음 단계는 광고 카피를 작성하는 것이다. 여러분이 광고 가피를 작성할 때는 여러분이 목표로 하고 해결하려고 하는 부분을 포인트로 여러분이 그런 어려움과 어떤 관계에 있는지 친밀하게 청중과 이야기하기를 권한다. 예를 들어, 지금 당장 만난 누군가에게 말하는 것처럼 하는 것이 아닌 10년 동안 알고 있는 누군가에게 말하는 방식으로 이야기해야 하며 광고 카피에서도 비슷한 형식을 취해야 한다.

광고 카피를 작성할 때의 팁은 다음과 같다.

>> 타깃 마켓의 이름을 부르면서 그들의 관심을 끌어라! 예를 들어, "헤이, 시애틀!"과 같은 타깃으로 하는 도시의 이름을 부른다던지 "헤이 오스티나이트!"와 같은 거주지를 중심으로 부른다던지 아니면 관심 분야에 맞춰 "헤이, , 아마추어 레슬링 팬! " 등과 같은 카피 문구를 사용하면 좋다.

>> 카피 문구 안에 당신의 타깃 소비자들이 문제로 여기는 부분을 언급하고 그들에게 솔루션에 바탕을 둔 제안을 하라.

>> 메시지를 전달하는 데 있어 여유가 있다면 의심을 지을 수 있는, 신용을 줄 수 있는, 문장을 추가하고, 구매를 꺼려하는 이유를 최대한 제거할 수 있게 노력해야 한다.

>> 마지막으로 광고를 읽은 후 사람들의 반응에 대해서 고려해보라! 다음 단계로 이동하는 데 도움이 되는 강력한 클릭 유도 문안을 포함시키도록 해야 한다.

그런 다음 카피 문구와 함께 제공되는 이미지가 마케팅 메시지를 잘 묘사하고 지지하고 있는지 확인해야 한다. 이미지는 광고와 광고가 서로 잘 묶일 수 있게 도와주고 일치감을 느끼게 해준다. 여러분은 아마 이미지가 동떨어진 느낌을 주거나 카피 문구에서 시사하는 제안과 아무 관련이 없는 느낌을 주는 이미지를 사용하고 싶어 하지는 않을 것이다. 이미지가 소비자의 눈에 잘 띌 수 있어야 한다 그렇지만 스팸처럼 느껴지게 해서는 안 되기 때문에 너무 많은 화살표나 불쾌한 색상은 피해야 한다. 궁극적으로 이미지는 여러분이 타깃으로 하고 있는 시장과 공감할 수 있는 것이어야 한다. 이미지를 만들 만한 여력이 안 되거나 그래픽 디자이너가 없다면 캔바(https://www.canva.com/)와 같은 이미지 툴을 사용하거나 피버(https ://www.fiverr.com)와 같은 서비스로 그래픽을 아웃소싱하는 것도 좋은 방안이다. 또는 Upwork(https://www.upwork.com/)를 사용하여 전문성이 넘치는 광고용 이미지를 만들 수도 있다.

그림 10-3은 페이스북 광고를 구성하는 요소와 포함된 내용을 보여주고 있다.

특히 콜드 트래픽에 속해 있는 사람들에게는 페이스북 광고가 비명을 지를 만큼 놀라운 것을 포함시키기를 원하지 않는다. 오히려 광고가 유익하고 다양한 가치를 제공하기를 원한다. 잠재고객과의 신뢰를 구축하고 있는 단계임을 기억해야 한다. 콜트 트래픽에 속해 있는 잠재고객을 타깃팅하고 있다면 광고 문구는 웜/핫 트래픽에 속해 있는 사람들을 타깃으로 할 때보다 길어지는 것이 보통이다. 또한 제안에 대한 좀 더 자세한 정보와 사람들이 제안을 받아들였을 때 발생할 수 있는 다양한 상황에 대한 설명도 포함되어 있다. 반대로, 웜/핫 트래픽인 사람을 타깃으로 할 때는 언어가 너무 형식에 맞춰져 있지 않고 카피 또한 짧아질 것이다.

페이스북에 가면 페이스북에서 제공하는 가이드라인이자 교육 자료인 페이스북 블루프린트에서 좀 더 도움이 될 만한 자세한 방법과 안내를 받을 수 있을 것이다(www.facebook.com/blueprint).

트위터

페이스북과 마찬가지로 트위터를 사용하면 세상의 거의 모든 시장에 여러분이 원하는 정보를 전달할 수 있으며 타깃팅하는 방법 역시 페이스북과 많이 유사하다. 사람들은 콘텐츠를 소비하기 위해 트위터를 많이 사용하고, 트위터 피드에서 다양한 콘텐츠를 검색하고 결국엔 여러분들의 콘텐츠를 찾아 소비할 것이라고 기대한다. 이로 인해 콜드 청취자에게 트래픽을 전달할 수 있는 훌륭한 플랫폼으로 성장하였다. 트윗을 사용하여 자신을 소개하고, 다양한 형태의 가치 있는 콘텐츠가 있는 여러분들의 블로그로 트래픽을 유도함으로써 잠재고객과 다양한 인간관계를 구축할 수 있다.

그림 10-3
리버티뮤츄얼의
트위터상에 공개
된 광고

출처 : https://adespresso.com/academy/ads-examples/41161-
godaddy/?_sf_s=ford&lang=en

더 많은 트위터 팔로워를 얻으려고 하거나 여러분들의 웹 사이트 클릭 수를 높이기 위해서 트위터에 다양한 유료 광고를 진행할 수 있다. 페이스북에서 소개한 것과 비슷하게 트위터 캠페인의 목표 역시 여러분들이 혹은 기업이 가지고 있는 일반적인 캠페인 목표 혹은 여러분들의 최종 목표와 일치해야 한다. 그림 10-3은 리버티 뮤츄얼의 프로모션 트윗으로 기업이 제시하는 명확한 혜택을 명시하고 있으며 사람들이 행동으로 옮길 수 있도록 다양한 형태로 프로모션을 하고 있다. 회사에서 사용하는 이미지가 트윗에서 사용되는 것과 일치하는지도 확인해야 한다.

트윗을 좀 더 활성화하기 위해서(즉, 리트윗과 좋아요를 유도하기 위해서), 가치 있는 무언가에 연결하고 트윗을 판매용으로 만들어서는 안 된다. 가장 효과적인 트윗이란 규칙적으로 그리고 다른 보통의 트윗과 같은 형태로 제품을 언급하거나 판매하지 않는 것이어야 한다. 이러한 트윗은 덜 공격적이며 네이티브 광고로 인식될 것이다. 네이티브 광고(native ads)란 광고가 게재되는 매체의 형태와 기본적인 광고의 기능을 따른다고 할 수 있다. 네이티브 광고는 트위터 전용이 아니며 다른 유료 트래픽 플랫폼에서도 볼 수 있다. 네이티브 트위터 광고는 다른 트윗과 유사하게 보이며 사람들의 긍정적인 관심을 불러일으키는 좋은 카피 문구로 구성되어 트위터 플랫폼에서 미리 설정된 방문 페이지로 트래픽을 유도하는 유익한 콘텐츠다(방문 페이지에 대한 자세한 내용은 제7장 참조). 트위터를 사용하면 일반적으로 콘텐츠로 콜드 트래픽을 타깃팅하여 브랜드, 제품 및 서비스에 대한 인지도를 높이는 데 유용하게 사용할 수 있다. 따라서 트래픽을 기존 상품을 판매하기 위해 제작한 페이지로 유도하는 것이 아니라, 가치 있는 콘텐츠가 있고 신뢰성 있는 정보를 제공하는 블로그 기사로 트래픽을 유도해야 한다. 그런 다음 콘텐츠상에 사람들이 다음의 트래픽으로 유도할 수 있는 다양한 제안을 계획해야 한다. 트위터 방문 페이지에 사용할 블로깅 전략과 관련해서는 제5, 6장에서 확인할 수 있다.

효과적인 성과를 얻기 위해서는 각 방문 페이지의 내용이 독립적인 가치를 가지고 있어야 한다. 즉, 정보를 얻는 사람들은 여러분이 제시하는 오퍼에 대한 결정과 상관없이 방문 페이지에서 가치를 느낄 수 있어야 한다. 잠재고객과의 관계에 부정적인 영향을 미치지 않고 고객 확보의 기회를 해치는 일이 없도록 하려면 방문 페이지가 트윗 내에서 약속한 대로 전달되는지 확인해야 한다. 예를 들어, 당신이 신부를 축하하기 위한 아이디어에 대해 트위터를 보냈지만 제공한 링크가 제대로 된 정보를 전달하지 않는다면 신용을 쌓는 데 어려움을 줄 것이다. 그 메시지를 받은 사람은 여러분의 클릭을 유도하기 위한 부정적인 스팸 이미지와 연관시킬 것이다.

트위터를 사용할 때 잘 수행되는 트윗을 찾으라. 트윗 중 하나가 높은 참여를 유도할 수 있다면 그 트윗은 광고로 잘 활용될 수 있을 것이다. 그 트윗에 돈을 투자하고 콜드 트래픽에게 홍보하는 것을 고려해야 한다.

구글

구글 애드워즈는 사람들이 솔루션을 적극적으로 찾고 있을 때 광고를 게재할 수 있어 비즈니스에서 유용한 훌륭한 트래픽 플랫폼이라고 할 수 있다. 구글의 애드워즈 프로그램은 사람들이 구글 검색 엔진에 입력하는 키워드를 기반으로 광고를 보여준다. 예를 들어 검색자가 구글 검색창에 '강아지 사료'라고 쳤을 때 결과 페이지에 강아지 사료와 관련된 광고를 보여주게 만든다. 그림 10-4는 이와 같은 결과를 보여준다. 사람들은 구글을 사용하여 제품 및 서비스를 검색하고 그들이 입력하는 검색어에 대해 그들이 찾고 해결하고자 하는 니즈에 따라 그에 맞는 솔루션 제안하고 여러

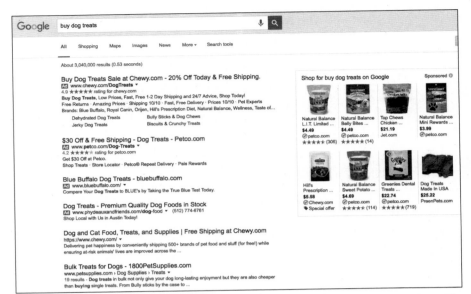

그림 10-4
구글 플랫폼에
서 'buy dog
treat(강아지 사
료)'라는 검색어
에 대한 결과와
그와 연관된 광
고들

출처 : Source: https://www.google.com/webhp?sourceid=chrome-instant&ion=1&espv=2&ie=UTF-8#q=buy%20dog%20treats

가지 이점에 대한 통찰력을 제공한다.

다른 플랫폼과 비교할 때 구글 애드워즈는 적극적으로 솔루션을 찾고 있는 사람을 그 대상으로 하고 사람들이 하고자 하는 일에 대한 방해가 적기 때문에 제품이나 서비스 혹은 브랜드에 대한 새로운 소개가 많이 필요하지는 않다는 장점이 있다. 애드워즈는 일반적으로 다른 트래픽 스토어보다 비싸지만 품질이 우수한 리드 및 트래픽을 생성하는 데는 매우 효과적인 툴이라고 할 수 있다. 구글 애드워즈로 검색하는 사람들이 여러분에 대해 혹은 그 브랜드에 대해 결코 들어본 적이 없을 수도 있지만, 이러한 잠재고객들은 적극적으로 솔루션을 찾고 있기 때문에 리드를 창출하거나 훌륭한 고객으로 전환되는 확률이 높다고 할 수 있다. 다음은 구글 애드워즈에 대한 몇 가지 특징들이다.

» **여러분들은 명확한 목표가 있어야 한다** : 애드워즈는 트래픽을 발생시키고 시장을 테스트하기 위한 플랫폼이 아니다. 캠페인을 시작하기 전에 목표를 명확히 결정하는 것이 중요하다. 이 기능을 처음 사용하는 경우 페이스북과 같은 좀 더 저렴한 가격의 다른 트래픽 스토어에서 테스트를 한 뒤에

애드워즈로 전환해서 사용하는 것이 좋다.

» **클릭 수에 따른 지불** : 구글 애드워즈는 사용자가 실제로 광고를 클릭할 때만 비용이 청구된다(예산 관리에 도움이 됨).

» **위치별로 타깃팅이 가능** : 지역 비즈니스를 대상으로 지역 타깃팅을 할 수 도 있다. 즉 로컬 시장의 상황에 맞춰 원하는 메시지를 전달할 수 있다. 이 기능은 시장을 세분화해야 하는 작은 규모의 로컬 비즈니스나 큰 대기업 모두에게 적합한 플랫폼이라고 할 수 있다.

먼저 광고에 대해 입찰할 키워드를 조사해야 한다. 키워드 연구를 수행할 때 다음의 팁을 인지하고 있어야 한다.

» 툴을 사용하여 키워드의 아이디어를 정리하고 그 결과를 예측해보아야 한 다. 구글 키워드 플래너(https://adwords.google.com/KeywordPlanner)는 이러한 툴로 구글 애드워즈에서 무료로 제공되는 서비스다.

» 여러 번의 비즈니스와 관련된 키워드 및 키워드 구문을 입력하라.

» iSpionage(https://www.ispionage.com/), SEMrush(https://www.semrush.com/) 또 는 SpyFu(https://www.spyfu.com/)와 같은 스파이 툴을 사용하여 경쟁 업체 를 연구할 수도 있다. 또는 여러분의 틈새시장에 다른 회사가 사용하고 있 는 키워드에 대한 정보도 얻을 수 있다.

키워드 연구를 수행하면서 애드워즈에서 키워드에 대해 4가지 유형의 매개 변수를 설정할 수 있다. 이를 키워드 매치 유형이라고 한다. 검색어를 입력한 후 광고를 게 재할 검색 내용을 설정하고 제어하는 데 사용된다. 키워드 검색 유형과 각 검색어의 예는 다음과 같다.

» **일치 검색** : 이 검색 유형은 광고를 게재하기 위해 키워드 또는 키워드 구 문을 캠페인에 표시된 것과 정확히 일치시켜야 한다는 것을 의미한다. 정 확한 대괄호는 키워드를 대괄호로 묶어 지정할 수 있다. 예 : [꽃 배달 서비스] 애드워즈 캠페인에 일치 검색 키워드 [꽃 배달 서비스]가 있는 경우 누군 가가 구글에 검색어 '꽃 배달 서비스'를 입력한 경우에만 광고가 게재된다.

» **구문 검색** : 키워드가 캠페인에 표시된 순서대로 입력되어야 광고가 검색

된다. 구문 검색은 다음과 같이 키워드를 따옴표로 묶어 지정하면 된다.

'꽃 배달 서비스'

애드워즈 캠페인에 '꽃 배달 서비스'라는 문구가 있으면 다음 검색어에 대한 광고가 게재될 수 있다.

- 최고의 꽃 배달 서비스
- 꽃 배달 서비스 오스틴
- 댄의 꽃 배달 서비스와 랜드스케이핑

검색 용어에서 꽃 배달과 서비스라는 단어가 서로 옆에 표시되므로 앞의 용어는 구문 검색 광고를 실행한다. 그러나 구문 검색을 사용하면 다음 검색어에 의해 광고가 게재되지 않는다.

- 꽃 배달 서비스
- 꽃과 화분 배달 서비스

꽃과 화분 배달 서비스라는 단어가 **동일한 순서로 나타나지** 않기 때문에 위와 같은 검색어로는 여러분들의 광고가 나타나지 않는다.

» **확장 검색** : 확장 검색을 사용하면 키워드와 유사한 문구 및 관련 문안에 대한 광고가 게재된다. 여기에는 복수형, 동의어, 맞춤법 오류 및 관련 검색 및 변형된 형태도 포함된다. 다른 키워드 검색 유형과 달리 확장 검색은 기호를 지정하지 않는다. 확장 검색 키워드가 꽃 배달 서비스인 경우 구글은 다음과 같은 검색어에 대한 광고를 실행한다

- 생일 꽃다발 가격
- 근처에 있는 꽃 배달 서비스
- 꽃 배달 추천
- 카네이션 장미 선물

이렇게 하면 많고 다양한 잠재고객에게 광고를 게재할 수 있지만, 정말로 타깃으로 하고 있는 잠재고객 앞에 광고를 게재하지 못할 수도 있다. 확장 검색은 너무 많이 실행될 수 있으므로 애드워즈에서 처음 시작하는 사용자에게는 확장 검색을 권장하고 싶지는 않다.

» **변형 확장 검색 도구**(broad match modifier, BMM) : 맞춤법 오류(예 : 동의어 제외) 와 같은 유사 키워드가 어떤 순서로든 게재되도록 키워드 유형을 설정하는 방법이다. BMM은 확장 검색과 구문 검색 사이에 있다고 볼 수 있다. 확

장 검색보다는 제어력이 뛰어나지만 구문 검색과 같이 많이 제한적인 것은 아니다. 여러분이 키워드 앞에 더하기 기호(+)를 사용하여 BMM을 지정할 수 있다(예 : +꽃 배달+서비스)

구글은 앞면에 있는 더하기 기호가 있는 키워드가 검색되면 쿼리(데이터베이스에 정보를 요청하는 것-역주)의 어딘가에 그 검색어가 나타나야 하지만 꼭 표시된 순서대로 나타나지 않아도 된다는 것을 인지하고 광고를 보여준다. 다음과 같은 키워드에 광고가 시행될 것이다.

- 생일 꽃배달 서비스
- 꽃배달 전국 서비스
- 24시간 꽃배달 서비스

키워드를 조사하고 캠페인에서 사용할 키워드 검색 유형을 결정한 후 키워드 입찰가를 결정해야 한다. 구글 애드워즈에서 입찰 전략을 선택할 때 다음 도움말을 기억하라.

- 비드클릭 옵션을 선택할 때 자동보다는 수동으로 설정하는 것이 예산 관리하는 데 도움이 된다. 그렇지 않으면 예산이 구글 애드워즈에서 자동으로 조정되게 된다.
- 첫 번째 캠페인을 시작할 때 설정한 키워드가 경쟁력이 있는지 파악할 때까지 기본 입찰가인 2~3달러로 제한하는 것이 좋다.
- 예산 관리를 위해 매일 예산을 설정하는 것이 좋다.

마침내 광고를 작성할 준비가 되었다면 다음 도움말 및 팁에 따라 구글 광고용 카피를 만들어보는 것이 좋다.

» **행동을 유발할 수 있어야 한다.** 사람들이 여러분의 광고를 읽은 후 타깃 고객이 할 수 있는 궁극적인 행동이라고 할 것이 무엇일까? 광고를 통해 여러분이 원하는 것을 직접 전달해주는 것도 좋은 방법이다. 클릭 유도 문안에는 다른 옵션들 중 "지금 전화하십시오", "무료 보고서를 다운로드하십시오." 및 "오늘 주문하십시오."가 포함될 수 있을 것이다.

» **키워드를 사용하라.** 광고문 안에 입찰할 키워드를 포함시켜라. 이는 품질평가 점수(구글이 클릭당 지불하는 금액을 결정하는 데 사용하는 알고리즘)와 함께 도움이 될 뿐만 아니라 사용자의 검색어와 일치하는 키워드를 굵게 표시하

므로 광고가 더 눈에 띄게 될 것이다.

» **질문을 해라.** 질문을 사용하여 청중에게 말을 건네는 것도 고려해볼 필요가 있다. 질문은 단순한 성명서보다 사람들의 관심을 끌기도 한다. 예를 들어, "흰개미를 제거하십시오." 대신 "흰개미 침입?"을 시도해보면 어떨까? 또는 "성실한 배관공을 찾고 계십니까?", "신뢰할 수 있는 세인트루이스 배관공을 찾고 계십니까?"

» **공휴일이나 지역 행사를 참조하라.** 여러분이 게시하려는 광고에 다가오는 이벤트나 공휴일을 언급할 때, 광고가 좀 더 시기적절하고 검색하려는 사람들과 더 관련성이 있는 듯이 보이는 효과를 얻을 수 있다.

» **혜택에 초점을 맞추고 잠재고객이 원하는 부분에 대해서 말하라.** 광고에서 크기, 색상 또는 제품의 기능과 같은 제품 사양을 포함해서는 안 된다. 그렇게 해서는 사람들로부터 클릭을 유도할 수 없다. 오히려 잠재고객들은 제품이 어떻게 자신의 삶을 개선할 수 있는지 알고 싶어 한다. 광고에서 기술 사양이 아니라 제품이 제공하는 감정적 결과에 중점을 둬야 한다(제7장에서 자세히 설명했듯이 판매를 목적으로 하는 페이지의 제품 설명에는 기술 사양이 이미 포함되어 있다).

유튜브

유튜브는 고객 및 잠재고객과의 관계 구축을 위한 훌륭한 트래픽 플랫폼이다. 이 트래픽 플랫폼으로 만들 수 있는 다양한 종류의 광고 덕분에 많은 사람들과 유튜브 플랫폼 내에서 관계를 구축하는 것이 가능하고 콜드 트래픽에서 핫 트래픽인 반복 구매자로 이동시키는 것 또한 가능하다. 예를 들어, 유튜브를 사용하여 여러분이 시장에 가치를 부여할 수 있는 다양한 형태의 콘텐츠를 만들고 리타깃팅한 여러분들의 청취자를 다른 동영상이나 블로그 게시물과 같이 더 많은 콘텐츠를 접할 수 있는 곳으로 보낼 수도 있다. 이 장의 후반부에 리타깃팅에 대해서 좀 더 이야기해볼 것이다. 즉 엔트리 포인트로 비디오 광고를 사용할 수 있다(엔트리 포인트에 대해서는 제3장에서 자세히 이야기했다).

사람들은 유튜브 광고를 건너뛸 수 있음을 알고 있어야 한다. 그림 10-5에 묘사된 고프로 카메라 회사의 동영상과 같이 청취자가 보려고 했던 다른 사람의 동영상보

그림 10-5

건너뛰기 버튼이 있는 고프로 유튜브 광고

다 먼저 광고가 재생될 경우, 사람들이 건너뛰기 버튼을 클릭하기 전에 사람들의 시선을 끌 수 있는 시간은 단 5초밖에 없다.

5초의 시간 이후에 사람들은 광고를 건너뛸 수 있는 기회가 주어지고 원래부터 그들이 보고자 원했던 오리지널 콘텐츠를 볼 수 있게 된다. 즉 사용자가 여러분의 광고를 건너뛰지 않도록 하려면 처음 5초 내에 다음 하나 이상을 수행해야 한다.

» 사람들의 관심을 끌기 위해 청중을 부르라. 예를 들어, 사람들이 살고 있는 곳(시 또는 주)을 기반으로 하거나 그들의 관심 분야를 언급하면서 소비자들의 관심을 끌어야 한다.

» 그들에게 그들이 이야기할 수 있는 질문을 던져라. 예를 들어, 주택 개조 회사는 욕실 수조를 교체하는 영상을 올리고 "여러분들은 욕조를 교체하고 있지 않으십니까?"라는 질문을 비디오 광고로 게재할 수 있다.

» 소비자가 마주한 어려움과 해결방법을 말하라.

» 소비자들을 즐겁게 하라.

» 여러분의 타깃 고객에게 바로 느낄 수 있는 가치 있는 정보를 제공하여 그들이 광고를 봐야 하는 이유를 제시하고 사람들이 여러분의 채널이나 웹사이트로 방문하고 싶게 만들어야 한다.

광고에 타깃 고객의 관심을 끌 수 있는 다른 방법으로는 매력적인 미리보기 이미지 (사용자가 동영상을 재생하기 전에 동영상에 오버레이하는 이미지)와 헤드라인이라고도 하는 강력한 비디오 타이틀을 포함시키는 방법이 있다. 제목과 미리보기 이미지는 동영상의 내용을 설명하고 보여주는 데 중요한 역할을 한다. 미리보기 이미지는 사람들이 보는 첫 번째 이미지 중 하나이므로 첫인상이 매력적이고 눈길을 끌 수 있는지 확인해야 한다. 전문적인 이미지를 만드는 것에 어려움을 느낀다면 피버 또는 캔바와 같은 툴을 사용하여 고품질의 미리보기 이미지를 만들어야 한다. 그리고 매력적인 제목이나 이름으로 이미지를 서포트해야 한다. 제목을 더 잘 지어보고 싶다면 제목 및 동영상 설명에 타깃팅된 키워드를 포함하는 것도 좋은 방법이다.

핀터레스트

이 소셜 네트워크에는 1억 명이 넘는 활성 사용자가 있으며 이 중 4,700만 명도 넘는 사용자가 미국에 거주 중이다. 그러므로 미국에서 광고를 하기에 이상적인 트래픽 플랫폼이라 할 수 있다. 핀터레스트 사용자는 여성이 특히 많은 것이 특징이며, 전체 사용자의 약 85퍼센트가 여성이다. 그중 42퍼센트는 소비력이 있는 성인 여성이다. 현재로서는 핀터레스트가 미국에서 살고 있는 여성을 메인 타깃으로 하기에는 이상적인 플랫폼이지만 국제적으로나 성인 남성 사용자를 대상으로 하기에는 아직 성장 중이라고 할 수 있다. 그렇지만 핀터레스트는 가장 빠르게 성장하는 소셜 네트워크이며, 새로운 계정의 약 1/3은 남성으로 그 타깃이 점차 넓어지고 있다.

핀터레스트 사용자는 주로 소비에 대한 열망을 갖고 있다. 실제로 핀터레스트 사용자의 93퍼센트는 핀터레스트를 사용하여 구매할 의사가 있는 것으로 나타나고 있다. 조사에 따르면 핀터레스트 트래픽이 쇼피파이에 연결되면 쇼피파이에서 평균 50달러를 구매하고 있는 것으로 나타났다. 핀터레스트는 적어도 트래픽 저장소로서는 거대한 잠재력을 가지고 있다고 할 수 있다.

핀터레스트에 광고를 하기 위해 **프로모션 키**로 알려진 광고를 만드는 것으로 시작할 수 있다. 이 핀을 사용하면 사람들의 관심사, 사람들이 사용한 검색어, 인구 통계, 위치 및 기기를 기반으로 시장을 타깃팅할 수 있게 도와준다. 구글과 마찬가지로 핀터레스트는 광고주가 지정할 수 있는 예산으로 클릭당 비용(cost-per-click, CPC)을 기반

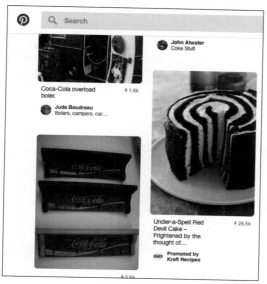

그림 10-6
크래프트의
프로모션 핀

출처 : https://www.pinterest.com/pin

으로 운영되는데, 이는 사용자가 핀을 통해 웹 사이트를 클릭할 때만 비용을 지불하는 구조다. 트위터와 마찬가지로 핀터레스트는 네이티브 광고 시스템이다. 광고가 플랫폼에 있는 다른 콘텐츠의 형태와 기능을 따르도록 플랫폼과 섞여 있는 광고를 만들 수 있다. 그림 10-6은 레시피 보드에서 그림의 오른쪽 절반에 있는 크래프트의 프로모션 키를 보여주고 있다.

프로모션 핀을 만들기 전에 타깃팅하려는 키워드를 조사해야 한다. 핀터레스트는 플랫폼상에서 키워드를 연구할 수 있는 기회를 제공한다. 먼저 핀터레스트 검색 창에 시장의 주요 키워드를 입력하는 것으로 시작한다. 핀터레스트에서 키워드를 입력하면 핀터레스트에서 가장 많이 사용되는 검색어를 추천으로 제공한다. 이 기법을 사용하면 핀터레스트에서 타깃팅할 키워드에 대해 알 수 있고 그 키워드에 집중할 수 있다. 스핀키워즈와 같은 온라인 도구를 사용하여 프로모션 핀과 관련된 키워드를 조사할 수 있다. 각 프로모션 키는 최대 20개의 키워드만 허용되므로 타깃팅하려는 키워드를 선택할 때 가장 관련성이 높은 키워드를 선택해야 한다. 20개 이상의 키워드를 타깃팅하는 경우 프로모션 키는 핀터레스트가 거부할 수도 있다. 따라서 프로모션 핀당 15~20개 정도의 키워드를 목표로 해야 한다.

다음으로 주의해야 할 점은 프로모션 핀을 만들 때 이미지를 신중하게 선택해야 한다는 것이다. 핀터레스트는 모두 크고 아름다운 이미지에 관한 것이고 프로모션 핀이 소비자들의 눈에 띄기 위해서는 눈길을 끌 수 있는 그리고 고품질의 이미지를 사용해야 한다. 이미지에서 헤드라인 역할을 하고 이미지에 컨텍스트를 제공할 수 있는 간단하고 명확한 텍스트 오버레이를 이미지에 추가하는 것을 고려해볼 필요가 있다. 핀터레스트에서 중요한 것은 이미지의 크기와 그 모양에 있다. 수평 이미지를 프로모션 핀용으로 작동할 수 있지만 이 플랫폼은 수직으로 배치되어 있기 때문에 가능한 경우 수직 이미지를 사용하려고 노력해야 한다. 이미지 크기는 60×900 픽셀로 하는 것이 적절하다.

여러분은 아마도 프로모션 핀이 유용하고 아름답고 실용적인 것이 되기를 바랄 것이다. 핀을 만드는 데 도움이 되는 이미지를 선택한 후에는 기업이 속해 있는 마켓의 시장에 가치를 부여하고, 문제를 해결하고, 프로모션 핀에 포함된 제품의 이점을 보여주는 자세한 설명을 작성해야 한다. 이 시점에서 사람들은 제품의 고유 판매 관점(unique selling point, USP)에 신경 쓰지 않는다. 오히려 그들은 제품이 그들에게 어떤 이점을 제공하는지, 어떻게 하면 제품을 더 잘 사용할 수 있는지에 관심을 가진다. 프로모션 핀을 설명할 때 이러한 우려 사항을 잘 설명해야 한다.

핀 설명의 처음 75~100자 내에 제품의 방문 페이지에 대한 링크를 포함해야 한다(방문 페이지에 대한 자세한 내용은 제7장 참조). 텍스트의 초기에 링크를 포함시키면 스크롤 다운 없이 링크가 위에 표시되어 클릭 한 번으로 핀터레스트 플랫폼에서 방문 페이지를 보는 것이 가능해진다.

핀당 4개 이상의 서로 다른 이미지를 사용하지 말라. 1개의 크고 아름다운 이미지를 사용하여 프로모션 핀이 돋보이도록 하는 것이 좋다. 4개 이상의 이미지를 사용하게 되면 이미지도 작아질 뿐 아니라 핀 자체가 너무 꽉 차 보이게 된다. 프로모션 핀에 2개 이상의 이미지가 있는 경우 각 이미지의 초점과 테마가 명확해야 한다. 1개의 핀에 다양한 제품을 판매하려고 하는 것은 좋은 전략이 아니다. 2개 이상의 이미지가 포함된 경우 서로 보완적 관계에 있는 제품이어야 한다.

링크드인

링크드인은 특정 시장을 대상으로 하기 때문에 다른 트래픽 스토어와는 차별화된 모습을 보인다. 링크드인은 B2B를 중심으로 전문화된 트래픽 스토어라고 할 수 있다. 트위터 및 페이스북처럼 리드 생성 및 콜드 트래픽을 대상으로 효과적으로 광고를 할 수 있는 강력한 리소스로 각광을 받고 있다.

링크드인 내에서 연령대, 성별 등의 인구통계를 바탕으로 타깃팅하는 것은 물론 직위, 혹은 '고객 서비스' 또는 '소셜 미디어 마케팅' 등과 같이 사용자들이 프로필에 나열한 기술에 이르기까지 다양한 방식으로 잠재고객을 타깃팅할 수 있다. 링크드인은 4억 5,000만 명 이상의 사용자와 카운팅을 통해 도달할 수 있는 큰 시장을 제공한다.

링크드인에서 트래픽을 실행할 때 잠재고객 규모가 어느 정도면 유용하게 사용할 수 있을까? 일부 마케터들은 30만 명이 가장 좋은 장소라고 주장한다. 그러나 페이스북 사용자와 달리 링크드인의 잠재고객 규모는 문제될 것이 없다. 페이스북이나 트위터와 같은 다른 트래픽 스토어는 훨씬 더 광범위한 청중을 포함하는 반면 링크드인은 타깃이 비즈니스 전문가로 시장 규모가 비교적 작고 특화되어 있다. 주요 관심사는 모든 트래픽 스토어와 마찬가지로 올바른 잠재고객에게 올바른 메시지를 전달하는 것이다. 예를 들어 CEO를 타깃팅하려는 경우 잠재고객 규모에 대해 걱정하지 않고 대신 CEO가 관심을 보일 수 있을 소재로 마케팅 제안을 준비하는 것이 중요하다.

다른 트래픽 저장소와 마찬가지로 링크드인 광고에는 다음과 같은 특징을 고려해야 한다.

> » 잠재고객의 가려운 부분을 긁어줄 수 있는 카피를 만들라.
> » 전문적이고 매력적인 이미지를 사용하라.
> » 잠재고객이 다음 소비 행동으로 갈 수 있도록 행동을 자극하라.

링크드인에서 트래픽을 유도하는 방법 중 하나는 콘텐츠를 스폰서하고 블로그 게시물과 같은 콘텐츠를 사람들에게 보내는 것이다. 효과적이기 위해서는 트래픽을 보내는 콘텐츠가 잠재고객을 교육할 수 있고 가치를 부여할 수 있는 내용이어야 한다. 그런 다음 블로그에서 링크드인 잠재고객이 관련 있는 제안에 대한 클릭 유도 문안 또는 배너 광고를 포함시키면 효과적이다. 이러한 전략은 상대적으로 비싼 플랫폼 중 하나인 링크드인에서 투자 수익(return on investment, ROI)을 얻을 수 있는 한 가지 방법이다.

링크드인은 더 비싼 플랫폼 중 하나이지만 다양한 주제의 메시지를 사용할 수 있는 고품질 리드를 생성할 수 있는 플랫폼이다.

올바른 트래픽 플랫폼 선택

우리에게는 선택할 수 있는 다양한 종류의 트래픽 스토어가 있으며, 각 상점에는 각자 나름대로의 장점과 특징이 있다. 요약하면 다음은 빅 6 중 하나를 사용하는 시나리오 예시다.

» **페이스북** : 이 플랫폼은 페이스북 TOS(terms of service, 서비스 약관)에 의해 승인된 시장이라면 거의 모든 시장에서 활용이 가능하다(https://www.facebook.com/policies/ads/에서 TOS에 대한 자세한 내용은 페이스북의 광고 정책 참조). 페이스북을 사용하면 다음 절에서 설명하고자 하는 리타깃팅이라는 프로세스를 활용하면 유용하다.

» **트위터** : 젊은 시장이나 새로운 기술에 관심이 많은 사람을 타깃으로 할 때 유용한 플랫폼이다. 트위터는 사용자가 많은 대형 플랫폼이므로 거의 모든 시장에서 활용할 수 있다.

» **구글** : 다른 트래픽에서 검증을 끝낸 제안이나 혹은 타깃으로 하고 있는 고객의 관심 분야가 명확하지 않거나 인구통계학적 측면에서 구체화하기가 힘들 경우, 키워드로 타깃팅하는 것이 유리하기 때문에 구글을 사용하는 것이 유용하다. 리타깃팅 또한 구글에서 유용하게 활용될 수 있다.

» **유튜브** : 이 트래픽 스토어 역시 거의 모든 시장에서 활용이 가능하다. 특히 키워드 타깃팅이 필요한 제안이 있는 경우 더욱 다양하게 활용이 가능하다. 이 플랫폼 역시 리타깃팅에 유용하게 사용될 수 있다.

» **핀터레스트** : 특히 여성에게 실제 만질 수 있는 제품을 판매할 때 또는 독창적이거나 큐레이팅된 이미지가 많은 콘텐츠를 판매할 경우 프로모션 핀

이 유용하게 사용될 수 있다.

> » **링크드인** : 고가의 B2B 제품 또는 서비스를 판매할 때 링크드인을 고려해
> 봐야 한다. B2B 고객에게 웨비나를 홍보하거나 혹은 직책에 따라 고객을
> 타깃팅하고자 할 때도 이 플랫폼을 사용하는 것이 유용하다.

부메랑 트래픽 설정

말할 필요도 없이 사이트를 방문하는 모든 사람들이 첫 번째 방문만으로 여러분이
원하는 고객으로 전환되지는 않는다. 실제로 대부분의 사이트에서 웹 트래픽의 2퍼
센트만이 첫 번째 방문에서 기업이 원하는 혹은 여러분이 원하는 고객이 되어 다시
방문을 한다. 그렇다면 다른 98퍼센트를 어떻게 '부메랑'으로 만들고 사이트로 돌아
오게 만들 수 있을까? 광고 리타깃팅이라고 하는 전략을 통해 이를 실현할 수 있다.

예를 들어, 온라인 신발 및 의류 매장 자포스로 이동한다고 가정해보자. 당신은 신발
한 켤레를 보고 구매결정을 내리지 않은 채 자포스를 떠난다. 다음으로 「허핑턴포스
트」를 방문하여 기사를 읽고 자포스에서 방금 고려 중인 것과 동일한 신발 한 쌍에
대한 광고가 눈에 들어왔다. 이러한 것을 두고 리타깃팅되었다고 말한다. 이 절에서
는 리타깃팅이란 것이 무엇을 뜻하는지 좀 더 자세히 알아보고, 어떻게 활용할 수 있
을지 알아보고자 한다.

리타깃팅의 정의

사람들이 여러분이 운영하고 있는 사이트, 판매 페이지 또는 소셜 미디어 페이지를
방문한 후에 그들이 여러분에 대해서 더 많은 것을 배우고 싶어 한다고 가정할 수 있
다. 그들이 구매하지 않고 떠난다고 하더라도, 다른 뜻으로 그들이 당신의 웹사이트
나 물건에 대해서 맘에 안 들어서 떠났다고도 말할 수 없다. 그들은 바로 행동을 취
할 시간이 없었거나 당신의 제안에 대해 생각할 시간이 더 필요했을 수도 있는 것이
다. 사람들이 부메랑처럼 여러분의 사이트로 돌아가도록 프로모션하기 위해 리타깃
팅(또는 리마케팅이라고도 한다)이라는 유료 트래픽 전략을 사용할 수 있다.

리타깃팅의 목표는 사람들을 여러분의 사이트로 다시 돌아오게 하고 여러분의 주고객으로 전환시킬 수 있도록 한 걸음 더 나아가게 하는 전략이라고 볼 수 있다. 이전 방문객을 대상으로 한 광고는 그들이 얼마나 여러분의 사이트에 관심을 보이고 있느냐에 따라 이 전략을 사용할 수 있다. 리타깃팅을 사용해서 이전 방문자의 마음을 바꾸려고 하는 것이 아니다. 그들에게 여러분의 오퍼를 다시 한 번 상기시켜주는 것이다.

다른 유형의 리타깃팅이 있지만, 여기에서는 가장 자주 사용이 되는 사이트 기반 리타깃팅에 대해 초점을 두어 설명하고자 한다. 사이트 기반 리타깃팅은 지금부터 설명하겠지만 픽셀 및 쿠키 추적을 사용하여 이전 사이트 방문자에게 광고를 게재하는 것을 말한다.

쿠키 및 픽셀 설정

추적 픽셀(tracking pixel, 간단히 픽셀이라고 함)은 웹 사이트에서 사용자의 사이트 방문 정보를 저장하는 텍스트 파일인 쿠키를 작동시키는 데 사용하는 코드다. 쿠키는 간단한 자바 스크립트 코드를 사용하여 사용자가 다른 사이트를 방문할 때 광고 네트워크와 트래픽 플랫폼에서 사용자를 식별한 다음 광고주의 환경 설정에 따라 타깃팅된 광고를 게재한다. 간단히 말해 추적 픽셀은 정보를 서버에 전달하고 쿠키는 사용자의 브라우저에 정보를 저장하여 나중에 서버에서 읽을 수 있도록 한다. 쿠키는 사이트 방문을 저장하지만 사이트 방문자의 이름, 주소 또는 방문자를 개인적으로 식별할 수 있는 정보와 같은 중요한 정보는 저장하지 않는 것이 원칙이다.

사람들이 여러분의 사이트를 방문하게 되면 쿠키가 저장되고 다시 그들은 다른 웹을 방문하거나 할 것이다. 쿠키를 사용하면 페이스북이나 구글과 같은 리타깃팅 플랫폼에서 이러한 '쿠키가 있는' 방문자가 방문할 경우 이들이 리타깃팅 광고가 게재 가능한 곳으로 이동하는지 안 하는지에 대해 인지할 수 있고, 광고 공간을 사용할 수 있는 상황이 되면 다시 한 번 리타깃팅 광고가 게재되게 된다. 이 모든 프로세스는 자동화되어 있으며 수 분 내에 실행이 가능하게 프로그램화되어 있다.

올바르게 완료되면 리타깃팅을 통해 특정 잠재고객에게 관련성 있는 오퍼를 다시 한 번 할 수 있고 더 구체적이고 관련성이 높을수록 잠재고객과 공감하고 전환으로 이끌 가능성이 높아진다. 이제 리타깃팅을 설정하는 부분부터 이야기해보자.

콘텐츠로 시장세분화

디지털 마케터가 리타깃팅 캠페인을 진행하는 데 있어 초래할 수 있는 가장 큰 실수는 모든 방문자가 동일하고 모든 방문자에게 동일한 광고를 표시한다고 가정하는 부분이다. 성공적인 목표 조정의 핵심은 잠재고객 시장세분화라고 할 수 있다(제4장의 콘텐츠 분류를 참조할 것). 방문자를 시장세분화하지 못하면 캠페인 실적이 저조하고 노출 수(광고 조회 수) 및 광고 지출이 낭비될 것이다. 예를 들어 스테이크 하우스 레스토랑의 배너 광고로 완전 채식 요리법을 검색해온 사용자를 리타깃팅하고 싶지는 않을 것이다.

잠재고객을 분류함으로써 여러분들은 그들의 의도와 그들이 관심 있는 분야에 대해 파악할 수 있을 것이다, 마켓을 시장세분화시켜가는 과정을 통하면 소비자가 무엇을 원하는지 그들의 관심사가 무엇인지 이해할 수 있게 되고, 이러한 정보를 바탕으로 리타깃팅하고 여러분의 제안을 전송한다면 훨씬 더 매력적인 광고를 할 수 있을 것이다.

잠재고객을 분류하려면 웹 사이트 또는 블로그를 검토하고 콘텐츠를 유사한 카테고리 또는 주제로 나눠야 한다. 예를 들어, 음식 블로그는 채식주의자, 글루텐이 없는 채식주의자 등의 라이프스타일 유형별로 콘텐츠를 분리할 수 있을 것이다. 사람들이 채식 음식에 관심을 보인다면 그들은 채식 음식에 대한 콘텐츠를 접속할 것이고 좀 더 많은 정보를 얻고자 할 것이다. 여러분들은 이러한 채식주의자를 타깃으로 할 만한 제품이나 서비스가 있는가? 그렇다면 그들을 리타깃팅하고 적절하고 구체적인 제안을 하면 된다.

유료 트래픽 캠페인 문제 해결

유료 트래픽 캠페인을 설정한 후 3~5일 동안 운영하면서 데이터를 수집해보자. 모든 데이터들이 모아졌다면 진행해온 캠페인을 평가하고 문제가 있다면 해결을 해야 한다. 문제를 찾거나 목표를 달성하지 못한 이유를 찾고 있지만, 이러한 문제 해결이 반드시 캠페인에 어떤 문제가 있다는 것을 의미하지는 않는다. 캠페인 문제 해결과정의 목표란 캠페인 시작 후 발생할 수 있는 모든 문제를 해결하는 것뿐만 아니라 캠페인을 최적화할 수 있는 방법을 찾거나 그 결과로 확장할 수 있는 방법을 찾는 모든 과정을 말한다.

다음은 유료 트래픽 캠페인의 문제를 해결할 때 집중해야 할 4가지 영역이다.

» 제안 검토
» 타깃팅 검토
» 광고 카피나 창의성 검토
» 광고의 일관성 검토

유료 트래픽의 경우도 많은 시행착오가 필요하다. 아무리 여러분이 일을 제대로 수행했다고 하더라도 항상 좋은 결과가 따라오는 것은 아니다. 우리 회사에서 운영하고 있는 10개의 유료 캠페인 중 단 1~2개만이 수익을 창출하고 있다. 그렇다고 해서 실적이 저조한 캠페인을 버리고 처음부터 다시 시작해야 한다는 의미는 아니다. 잘못을 파악하고 깊게 연구하는 단계에서 캠페인에 문제가 되는 요소들을 발견할 수 있을 것이다.

캠페인의 특정 문제를 파악할 수 있도록 이제부터 이야기할 각 영역을 한 번에 하나씩만 검토해 나가는 과정이 필요하다. 한 번에 모든 영역을 평가하려고 시도하면 근본 원인이나 궁극적으로 캠페인을 수정한 내용을 이해할 수 없으므로 나중에 동일한 문제가 발생할 수도 있다. 한 걸음 더 나아가 광고를 5일 동안 실행하고 더 많은 데이터를 수집한 다음 필요한 경우 다음 단계로 넘어가는 것이 좋다.

문제 해결을 위해 검토가 필요한 영역은 다음과 같다.

제안을 강화하기

캠페인이 예상대로 수행되지 않을 때 가장 먼저 초점을 두어야 할 부분은 여러분의 제안이라고 할 수 있다. 일단 스스로에게 물어보는 단계가 필요하다. 여러분이 타깃으로 하고 있는 사람들은 정말로 여러분이 판매하고 있는 물건을 원하고 있는가? 시장이 실제로 원하거나 필요로 하는 것을 제공하고 있지 않다면 여러분이 원하는 형태의 소비자로의 전환은 일어나지 않을 것이다.

제안이 매력적인지 확인하고 싶다면 다음 3가지 질문에 답해보자.

> » 특정 그룹의 사람들이 가진 문제를 해결하고자 하고 있는가?
> » 당신이 제공하는 것에 특별한 필요성이 있는가?
> » 시장이 원하는 가치를 제공하고 있는가?

이 질문에 대한 대답이 "아니요"이면 이미 문제를 발견했다고 할 수 있다.

방문 페이지의 카피가 얼마나 매력적이든, 이미지가 얼마나 효율적으로 방문자의 관심을 끌고 있는지와 상관없이 제안에 문제가 있다면 어떤 세계 최고의 마케팅을 적용시킨다고 해도 문제를 해결할 수는 없을 것이다. 즉 여러분이 하고 있는 제안이란 것은 많은 가치를 지니며 모든 마케팅 캠페인의 성공과 실패 여부를 지닌 열쇠다. 대중이 원하는 부분을 잘 긁어줄 수 있는 제안이 잘못된 마케팅 전략으로 인해 지금 당장은 빈약한 시장 활동을 보일 수 있으나 결과적으로는 훌륭한 마케팅 전략에 바탕을 둔 대중이 원하지 않는 제안보다는 좋은 결과를 보여줄 것이다. 제대로 갖춰지지 못한 제안이 문제라면, 트래픽을 보내기 전에 새롭고 더 나은 제안을 찾아야 한다. 잘 갖춰진 제안에 대한 내용은 제3장을 참조하라.

타깃팅 조정

다른 큰 원인 중에 하나는 타깃팅이다. 여러분의 제안이 문제가 아니라고 결론을 내리고 그것을 뒷받침할 증거가 충분히 있다면, 다음 단계는 여러분이 적합한 사람들을 목표로 삼고 있는지 검토해야 한다. 최상의 제안 및 마케팅 메시지를 보유하고 있는지 여부와 관계없이 잘못된 고객을 타깃으로 판매를 계획하고 있다면 이는 결국 캠페인의 실패를 의미한다. 실제로 물건을 사려는 사람들을 타깃으로 하고 있는가?

잠재고객을 놓치지 않을까 하는 두려움 때문에 좀 더 많은 범위의 타깃 마켓을 설정했다면 이는 타깃팅 실수를 범하고 있다고 할 수 있다. 캠페인을 시작할 때 가능한한 구체적으로 그 대상을 설정해야 한다. 타깃팅하는 잠재고객의 크기가 의심스러운 경우 조금 더 작은 범위로 이동해야 한다. 그런 다음 캠페인이 소규모 잠재고객에 대한 기대치를 충족하거나 초과하는 경우 캠페인을 확장하면 좀 더 넓은 잠재고객을 목표로 할 수 있다.

타깃팅이 사라졌다고 생각이 된다면 고객 아바타를 재평가해봐야 한다. 청중에 대한 오해가 있을 수 있다. 다시 한 번 처음으로 돌아가서 여러분이 충분히 구체적이고 타당한 청중에 대한 정보가 정확한지 확인해봐야 한다.

타깃팅을 방해할 수 있는 또 다른 큰 문제는 잘못된 트래픽 플랫폼에 광고하는 것이다. 다양한 트래픽 스토어 중에서 어울리지 않는 플랫폼에 광고를 게재할 수 있다. 이 장의 앞부분에 나오는 '올바른 트래픽 플랫폼의 설정' 절로 돌아가면 시장이 활성화된 플랫폼에 광고를 활성화시키는 데 도움되는 내용을 확인할 수 있을 것이다.

광고 카피 및 광고에 대한 면밀한 조사

여러분이 잘 구성된 여러분의 제안을 제대로 된 타깃 마켓에 제시했다면 다음으로 확인해야 할 것은 마케팅 메시지이다. 광고 카피 및 이미지는 제안에서 타깃 마켓을 부드럽게 연결시켜주는 부분이다. 광고 카피 및 광고 소재는 사람들이 여러분의 제안으로부터 얻을 수 있는 것에 초점을 맞추어야 한다. 마케팅 메시지가 타깃 고객의 관심을 끌지 못하고 사람들에게 클릭할 이유를 부여하지 않으면 트래픽은 발생하지 않을 것이고 결국 캠페인은 실패로 끝날 것이다.

여러분이 작성한 광고 카피를 검토할 때 다음과 같은 부분에 유의해야 한다.

> » 청중을 불러내라.
> » 청중이 가려워하는 부분을 긁어주어라.
> » 해결책이나 가치 있는 혜택을 제시하라(클릭해야 하는 이유 제시).

다음은 이미지가 필요로 하는 부분이다.

> » 눈길을 끌 수 있어야 한다.
> » 마케팅 메시지와 일치시켜라.

전반적으로 여러분의 광고 소재와 광고 카피가 다른 것을 말하고 있지는 않은지 확인해야 한다. 둘 사이에 일치성이 떨어진다면 청중은 혼란에 빠질 것이다. 또한 이러한 확인 과정을 통해 광고 카피와 소재를 좀 더 매력적으로 만들 수 있으며 문제 해결을 위해 꼭 필요한 작업이다.

캠페인의 일치성 확인

마지막으로, 잠재고객을 마케팅 깔때기의 다음 단계로 이동하면서 광고의 일치성을 해결해야 한다. 예를 들어 사람들이 여러분의 광고를 클릭하고 방문 페이지를 방문한 후에 그들이 기대한 바를 얻었다고 생각하는가? 방문 페이지의 모양과 느낌이 광고와 다른 경우 사용자는 광고가 잘못된 장소에 도착했다고 생각하거나 광고에서 약속한 혜택을 제공하지 않는다고 믿게 될 것이다. 사이트 방문자는 사이트에 문제가 있다고 느끼고 브라우저의 뒤로가기 버튼을 눌러버릴 것이다.

따라서 지금까지 설명한 제안부터 광고 카피의 단계들이 중요할 뿐 아니라 전체적으로 일관성 있는 캠페인이 유지되도록 해야 한다. 일치성을 유지하려면 캠페인의 모든 경로에서 일관성을 유지하는 것이 좋다.

> » 색 구성
> » 겉보기
> » 형상
> » 글꼴 유형, 크기 및 색상

다음으로 여러분이 광고에서 소비자들이 가려운 부분을 긁어줄 수 있는 혜택을 제공하거나 제안을 한다면 방문 페이지에서 그 부분을 다시 보여줘야 한다. 이러한 중요한 항목들이 빠져 있지는 않은지, 페이지에 쉽게 묻혀 버리지는 않는지, 잠재고객을 잃어버릴 위험성은 없는지 확인해야 한다. 이러한 항목의 중요성을 보장하는 가장 쉬운 방법으로는, 첫째 정확하고 명확한 언어를 방문 페이지의 헤드라인, 부제목, 본문에 사용해야 한다. 또한 광고와 방문 페이지가 동일한 이미지를 사용해야 한다.

여러분이 디자인한 광고와 방문 페이지가 모두 동일한 혜택, 소비자들이 해결하고자 하는 부분, 여러분의 제안 및 디자인을 반영하도록 함으로써 친숙함과 일치성을 유지해야 한다.

chapter

11

이메일 마케팅을 통한 팔로우업

제11장 미리보기

- 이메일 마케팅의 종류를 알아본다.
- 홍보 캘린더를 작성한다.
- 마케팅 이메일을 작성하고 디자인한다.
- 이메일을 전달력 있게 만든다.

화요일 아침 7시라고 상상해보자. 알람 소리가 울리면 침대에서 일어나 부엌으로 비틀거리며 걸어가 어젯밤에 세팅해 놓은 커피가 끓여지기를 기다리고 있을 것이다. 약간의 크림과 설탕을 넣고는 부엌 테이블에 앉아 이메일을 확인할 것이다.

미국에 사는 평범한 성인이라면 이러한 루틴을 잘 알고 있을 것이다. 이메일은 우리의 일과뿐만 아니라 다양한 정보를 얻는 주요 소스 중 하나이다. 이메일이 다른 어떤 채널보다 투자 대비 수익률이 훨씬 높다는 것은 전혀 놀라운 일이 아닐 것이다. 사실이메일은 미국 기업의 평균 투자 대비 수익률이 4,300퍼센트에 이를 정도다.

이메일은 디지털 마케팅에서 있어서 적은 투자로 높은 이익, 특히 소비자가 고객 여

제11장 이메일 마케팅을 통한 팔로우업

269

정 중 다음 단계로 쉽게 이동할 수 있도록 돕는다는 점에서 많은 주목을 받고 있다. 이메일은 비용적으로나 시간적으로 높은 효용을 보이기 때문에, 여러분이 원하는 고객으로 전환시키는 데 있어서 가장 중요한 역할을 할 뿐만 아니라 최상의 결과를 보여준다.

이 장에서는 역동적인 관계 마케팅을 통해 비즈니스를 성장시킬 때 이메일을 어떻게 활용할 수 있는지 어떻게 하면 고객을 몇 번이고 다시 여러분의 사이트로 오게 만들지 그 방법에 대해서 이야기하고자 한다.

마케팅 이메일 이해하기

이메일과 관련된 이야기를 시작하려면 일단 마케팅 이메일의 유형을 이해하는 것이 중요하다. 이메일 마케팅의 성공 열쇠는 올바른 유형의 이메일을 적시에 채택하는 것이다.

그림 11-1은 3가지 다른 형태의 이메일에 대해서 보여주고 있다. 프로모션 이메일, 관계형 이메일, 거래형 이메일 등 크게 3가지 유형이 있다.

프로모션 이메일

프로모션 이메일은 여러분의 이메일 목록에 있는 고객들에게 프로모션 콘텐츠를 제

이메일 유형별 주요 목표

	고객 서비스	브랜드 인지도	리드 생성	유지& 충성도	관여& 육성	판매& 상향 판매
거래형	✔	✔	✔	✔	✔	✔
관계형		✔	✔	✔	✔	✔
프로모션			✔	✔	✔	✔

그림 11-1
각 이메일 유형별 주요 목표

안하는 것을 말한다. 프로모션 콘텐츠로는 화이트페이지나 웨비나와 같은 조건적 제안이나(조건적 제안에 대한 자세한 내용은 제3장 참조), 브랜드 발표, 제품 출시, 이벤트 공지 등을 내용을 보통 제공한다.

프로모션 이메일은 가장 일반적인 마케팅 이메일이라고 할 수 있다. 소비자의 66퍼센트가 이메일 메시지로부터 직접적인 구매로 이어졌다는 조사 결과가 프로모션 이메일의 영향력을 잘 보여준다.

프로모션 이메일은 가치를 제공하고 판매를 자극하는 역할을 한다. 리드 생성, 유지, 충성도, 참여, 육성, 판매, 상향 판매(판매자가 고객에게 더 비싼 품목 업그레이드 또는 기타 추가 기능을 구입하여 더 많은 수익을 창출하도록 하는 판매 기법-역주) 등에 유용하게 사용된다. 이러한 모든 것들이 이메일 마케팅 전략의 일부가 되어야 한다. 문제는 많은 회사들이 이메일 마케팅을 실행하는 데 있어 더 효과적인 다양한 방법이 있음에도 불구하고 고객들과 연결될 수 있는 많은 기회를 놓치고 있다는 점이다.

관계형 이메일

관계형 이메일은 구독자 환영, 뉴스 레터, 블로그 기사, 웨비나 안내, 설문 조사, 소셜 업데이트, 콘테스트 공지 등과 같은 무료 콘텐츠 및 정보를 제공하여 고객에게 가치를 제공하는 역할을 한다.

관계형 이메일은 제품이나 브랜드를 직접 판매하는 것을 목적으로 하지 않지만 다양한 가치 있는 정보를 제공함으로써 고객과의 관계를 맺고 돈독히 하는 데 중요한 역할을 한다. 예를 들어, 이메일 구독자가 이메일 뉴스 레터에서 고품질의 콘텐츠를 수신하면 더 깊고 의미 있는 방식으로 브랜드로부터 정보를 얻을 수 있고 의사를 표시하면서 서로간의 상호 작용을 돕는다.

거래형 이메일

거래형 이메일은 고객이 브랜드와 수행한 작업에 대한 응답으로 전송되는 형태를 말한다. 여기에는 주문 확인, 영수증, 쿠폰 코드, 출하 알림, 계정 생성 및 제품 반환 확인, 지원 티켓, 암호 미리 알림 및 가입 취소 확인과 같은 메시지가 포함된다. 이 이메

【 거래형 이메일의 심리 】

사랑하는 물건을 마지막으로 구입한 때를 상상해보자. 몇 년 동안 원했던 부츠 한 벌, 새로운 스노보드, 멋진 와인 한 병 또는 좋아하는 식당에서의 저녁 식사를 생각해보자. 이제 구매했을 때의 느낌을 생각해보자. 아마도 오랜만에 원하는 물건을 구입해서 매우 기분이 좋았을 것이다.

여러분이 원했던 제품을 구입할 때, 여러분의 뇌는 기분 좋은 엔돌핀으로 넘치게 되고 그 제품에 만족할 것이다. 아마도 한 시간 후에 해당 스노보드의 주요 기능에 대한 정보, 또는 해당 와인과 함께 제공되는 요리에 대한 요리법, 그리고 배송 확인서를 이메일로 받게 될 것이다. 이미 원하는 물건을 구입한 만큼 기분이 좋기 때문에 이 사이를 놓치지 않고 마케팅 담당자가 여러 가지 정보와 관계를 쌓기 위해 노력한다면, 그 소비자와의 여정은 더 멀리까지 바라볼 수 있을 것이다.

일은 여러분의 비즈니스에 어떤 방식으로든 관여한 고객과 다시 연결하고(이 장의 뒷부분에 있는 '재설정 캠페인' 참조) 고객에게 브랜드와 관련된 다양한 형태의 목소리를 제안할 수 있는 기회를 제공한다.

신속하게 후속 조치를 취하고 약속한 것을 제공했는가? 고객에게 진정한 가치를 부여하는 시스템을 갖추고 있는가? 고객이 원하는 것을 존중하고 있는가? 여러분의 이

【 부정적인 견해에서 긍정적인 견해로의 변화 】

많은 비즈니스에서는 고객이 제품 반납 또는 이메일 목록 수신 거부와 같은 부정적 조치를 취한 경우 연락을 최소화하는 경향이 있다. 그러나 우리는 다음 2가지의 이유를 근거로 이러한 부정적인 조치들이 다른 한편으로 거래형 이메일로 후속조치를 취할 수 있는 최고의 타이밍이라고 생각한다.

- **제품 반품** : 예를 들어 노스트롬을 사용하면 고객은 어떤 이유로든 언제든지 물건을 반환할 수 있다. 이 반품 정책은 매우 매력적이며 구매 비용을 덜 위험하게 만드는 효과를 보여준다. 노스트롬은 반품을 한 고객에게 이러한 반품 정책에 대한 의견을 조사한 결과, 고객들이 이러한 반품 정책을 통해 많은 긍정적인 효과를 보여주고 있음을 알았다.

- **구독 취소** : 고객이 여러분의 이메일 목록에서 탈퇴한 경우, 먼저 그들이 원하는 행동에 응답을 해줘야 한다. 그런 다음 소셜 미디어 또는 오프라인 매장의 정보와 같이 브랜드에 참여할 수 있는 다른 방법들이 포함된 수신거부 확인서를 보내주는 것이 필요하다. 이때 고객이 원하는 곳에서 원하는 방식으로 의사소통을 하는 것이 가장 행복한 것이라는 사실을 상기시키는 것 또한 잊어서는 안 된다.

메일 목록에 있는 리드와 고객은 여러분이 진행하고 있는 비즈니스 수행 방식을 관찰하고 있으며, 거래형 이메일은 그중 큰 부분을 차지하고 있다.

거래형 이메일은 마케팅의 모든 주요 목표를 충족시킨다(그림 1-2 참조). 고객에게 서비스 경험을 제공하고, 브랜드에 대해 알리고, 리드를 생성하고, 고객 유지 및 충성도를 높이고, 고객 참여를 유도하고, 판매에 도움을 준다. 그러나 대부분의 기업에서 프로모션 및 관계형 이메일이 더 효과적이라고 단정하고 거래형 이메일을 제대로 활용을 못하는 경우가 많다.

그러나 연구 조사에 따르면 거래형 이메일은 3가지 유형 중 가장 개방률이 높고 표준적으로 사용되는 이메일보다 2~5퍼센트 많은 수익을 창출하고 있다. 우리는 이러한 근거와 더불어 거래형 이메일의 심리학에서 언급한 바와 같이 화학적으로 바라보아도 거래형 이메일이 성공할 가능성이 더 클 것이라는 매혹적인 결론에 도달했다(앞부분의 '거래형 이메일의 심리학' 참조).

브로드캐스트 및 트리거된 이메일 보내기

이메일을 보낼 때 통상적으로 따르는 관행에 따르면 목록에 있는 모든 구독자에게 이메일을 보내서는 안 되며 매일 수동으로 고객에게 이메일을 보내는 것도 불가능하다고 한다. 이러한 이유로 이메일은 브로드캐스트 및 트리거된 2가지 유형으로 구분해 관리되어야 한다.

브로드캐스트 이메일

브로드캐스트 이메일이란 주어진 시간에 수동으로 전체 목록 모두에게 이메일을 보내는 형태를 말한다. 이런 종류의 이메일은 고객 행동에 대한 응답은 아니다. 여러분이 특정한 시간에 특정한 목적에 따라 이메일을 보내는 것을 말한다. 지금부터 하는 말을 들으면 여러분들을 조금 화나게 할 수 있지만 어찌됐던 말은 해야겠다고 생각한다. 과도하게 브로드캐스트 이메일을 보내는 것은 고객과의 관계에 해를 끼치고 고객이 고객 소비를 위한 고객 여정을 중단할 수 있다. 그래서 브로드캐스트 이메일은

3가지 용도로만 사용해야 한다.

> » **뉴스 레터** : 정기적인 일일, 주간 또는 월간 이메일 뉴스 레터를 구독자가 약속한 대로 전체 목록에 보내야 한다.
> » **프로모션** : 모든 프로모션을 전체 잠재고객에게 알려서는 안 된다. 전체 고객 기반에 가치를 부여한다고 생각되는 주요 프로모션만 모든 사람에게 보내야 하며 나머지는 세그먼트 목록으로 보내야 한다(다음 단락 참조).
> » **세분화** : 전체 목록에 브로드캐스트 이메일을 보내 특정 고객의 특정 관심사를 파악한 다음 이메일 목록을 분류해야 한다.

트리거드 이메일

보내는 이메일의 대부분은 완전히 자동화된 **트리거드 이메일**(이메일 수신에 동의한 고객들에게 보내는 이메일-역주)이어야 한다. 콘텐츠를 보낼 준비가 완료되면 이메일 서비스 공급자가 이메일을 보내는 작업을 수행하게 된다.

고객이 특정 행동을 취하게 되면, 트리거드된 이메일은 자동적으로 꺼지게 된다. 그러나 뭔가 트리거드 되었다고(장전이 되었다고) 해서 꼭 실행해야 한다는 뜻은 아니다. 세세하게 디지털 자동화되어 있는 오늘날, 고객이 컴퓨터에 로그온을 하거나 커피 한잔을 마실 때마다 이메일이 보내지도록 할 수 있다. 그러나 그것은 고객을 괴롭히는 것과 다를 바가 없다. 다음 리스트는 소비자들이 어떤 행동을 했을 때 자동화된 이메일을 받으면 괜찮은지 정리한 것이다.

> » 신규 가입자 환영 이메일
> » 조건적 제안(제3장 참조)
> » 등록 확인 이메일
> » 구매 영수증
> » 고객 세분화가 된 프로모션
> » 소비자가 리뷰를 남겼을 때의 참조 요청
> » 장바구니를 포기했을 때
> » 구독자가 특정 기간 동안 브랜드 이메일을 무시했을 때

프로모션 달력 만들기

비즈니스 운영하는 많은 사람이 궁금해하는 첫 번째 질문은 이메일을 보낼 시기에 관한 것이다. 이 질문은 한 번도 프로모션에 참석한 적이 없는 고객에게 적시에 이메일을 발송하는 것으로 여러분이 계획하고 있는 캠페인에 적시에 고객을 초대할 수 있기 때문에 아주 중요한 부분이라고 할 수 있다. 반대로 잘못된 시간에 이메일이 전송되면 효과는 떨어지게 된다.

이메일 매매 전략을 시작하기 위하여 결정한 후에 여러분이 처음으로 해야 하는 일은 프로모션 달력을 작성하는 것이다. 이러한 과정을 통해 고객이 이메일을 받기 원할 때 메시지를 보낼 수 있게 된다.

프로모션 캘린더를 사용하면 행동을 유도할 수 있다. 이러한 프로모션 캘린더를 이용하면 여러분들의 고객에게 무엇인가를 사게 하거나, 정보를 묻거나, 전화를 하게 하거나, 혹은 가게에 오게 하는 등 여러분이 원하는 행동을 하게 할 수 있다. 적시에 전달되는 올바른 메시지는 행동을 이끌어내는 데 도움을 준다.

제품 및 서비스 카탈로그

당연한 말이지만 정확하고 포괄적인 프로모션 캘린더를 만들기 전에 홍보하려는 제품을 정확하게 알아야 한다. 비즈니스에서 제공하는 모든 제품과 서비스를 신중하게 카탈로그화하고 시간을 내어 최상의 홍보 방법을 찾아야 한다. DigitalMarketer에서는 가지고 있는 물건 상태에 대한 상세 기록을 유지하기 위해 프로모셔널 자산 시트 (그림 11-2 참조)를 사용한다. 새로운 자산이 출시될 때마다 자산 시트를 목록에 추가해야 하고 구글은 프로모션 캘린더를 업데이트하거나 이메일 캠페인을 실행할 때마다 이러한 자산 시트를 업데이트하는 시간을 할애해야 한다.

프로모션 자산 시트에는 다음과 같은 정보가 꼭 포함되어야 한다.

> » 제품 또는 서비스의 이름
> » 가격(정가 및 판매 가격 모두)
> » 거래가 발생한 곳

그림 11-2

프로모셔널
자산 시트

```
┌─────────────────────────────────────────────┐
│  ┌───────────────────────────────────────┐  │
│  │ 프로모셔널 자산 시트                    │  │
│  │ 제품/서비스 _____   │  │
│  │ 가격 _____                      │  │
│  │                                        │  │
│  │ 거래 발생                              │  │
│  │ □ 온라인    □ 전화    □ 대면 판매       │  │
│  │ 이메일로 판매된 이전 기록              │  │
│  │ □ 예          □ 아니요                  │  │
│  │ 만약에 판매되었다면 그 결과는?         │  │
│  │ _____   │  │
│  │ _____   │  │
│  │ _____   │  │
│  │ _____   │  │
│  │                                        │  │
│  │ 마지막 이메일 프로모션 : _____ 이메일이 발송된 횟수 : _____ │
│  │ 현재 프로모션이 가능한가?              │  │
│  │ □ 예          □ 아니요                  │  │
│  │ 만약에 아니라면 그 이유는?             │  │
│  │ _____   │  │
│  │ _____   │  │
│  └───────────────────────────────────────┘  │
└─────────────────────────────────────────────┘
```

» 이메일을 통해 이 제품 또는 서비스를 판매했는지 여부

» 과거 마케팅 노력이 효과가 있었는지(그리고 왜 효과가 있었는지 혹은 없었는지)

» 이 제품이나 서비스를 마지막으로 홍보한 시기

» 이 제품이나 서비스에 대한 이메일을 얼마나 많이 보냈는지

» 이 제품을 현재 프로모션이 가능한지 아닌지(왜 혹은 왜 그렇지 못하는지)

왜 그렇게 카탈로그화하는 데 많은 시간을 투자해야 하는지 궁금해할 수도 있다. 카탈로그를 만들 시간에 그 자산에 대한 마케팅 활동을 하는 것이 더 효율적이지 않을까? 신중하게 여러분이 만든 제품 판매뿐만 아니라 판매에 해당하는 마케팅 캠페인을 추적함으로써, 그 자산을 마케팅하는 일이 훨씬 수월해질 것이다. 판매하려고 하는 제품에 대한 과거 프로모션 결과를 알 수 있다면 어떤 프로모션을 실행하면 성공할 수 있을지 혹은 실패를 경험하게 될지 예측을 하고 보다 정확히 판단을 내리는 데 큰 도움을 줄 것이다.

이러한 자산을 분류하고 분석하는 데 소비하는 시간 또한 소중한 마케팅 시간임을

인지해야 한다. 우리는 모든 마케팅 담당자가 제공하는 모든 제품 및 서비스에서 프로모션 자산에 대한 정보를 수집하여 판매할 수 있는 제품, 판매 방법, 판매 대상 및 판매 시기를 정확히 파악해야 한다.

연간 프로모션 계획 수립

자산을 카탈로그화한 후 연간 프로모션 계획을 작성해야 한다. 이 계획은 12개월 수익 목표와 연례 프로모션 및 마케팅 노력을 연계하여 목표를 달성하는 데 도움을 준다. 그림 11-3은 간단한 워크시트를 보여준다.

월	목표	프로모션	매출목표	잠재적 프로모션
1월			목표: $ _____ 기대치: $ _____ 남은 값: $ _____	
2월			목표: $ _____ 기대치: $ _____ 남은 값: $ _____	
3월			목표: $ _____ 기대치: $ _____ 남은 값: $ _____	
4월			목표: $ _____ 기대치: $ _____ 남은 값: $ _____	
5월			목표: $ _____ 기대치: $ _____ 남은 값: $ _____	
6월			목표: $ _____ 기대치: $ _____ 남은 값: $ _____	
7월			목표: $ _____ 기대치: $ _____ 남은 값: $ _____	
8월			목표: $ _____ 기대치: $ _____ 남은 값: $ _____	
9월			목표: $ _____ 기대치: $ _____ 남은 값: $ _____	
10월			목표: $ _____ 기대치: $ _____ 남은 값: $ _____	
11월			목표: $ _____ 기대치: $ _____ 남은 값: $ _____	
12월			목표: $ _____ 기대치: $ _____ 남은 값: $ _____	

그림 11-3
연간 프로모션 계획 워크 시트

http://www.digitalmarketer.com/email-planning에서 12개월 프로모션 계획 워크시트를 다운로드할 수 있다.

마케팅 계획 개발

연간 마케팅 계획을 수립하고 개발하는 데는 다소 시간이 걸리지만 완료 후에는 프로모션 캘린더를 구축할 수 있는 견고한 프레임 워크를 손에 넣을 수 있다. 다음의 순서로 진행을 하면 된다.

1. **12개월 수익 목표를 작성할 것**
   수익 목표를 고려한 뒤에, 매월 목표를 달성하기 위해 어떻게 배분할지를 파악해야 한다.

2. **비수익 목표를 기재할 것**
   이 목록에는 블로그 또는 팟캐스트 출시, 도서 출간 일정 또는 새로운 매장 위치와 같은 수익이 없는 성장 기회가 포함될 수 있다.

3. **적절한 달에 휴일 프로모션을 계획할 것**
   많은 소매업에서는 11월과 12월이 주요 영업 시간이므로 전략적 마케팅이 필요하다. 다른 비즈니스는 주요 회의 이전이나 특정 시즌과 같이 다양한 시간대에 최고 수준의 프로모션을 제공하도록 계획해야 한다.

4. **연례 프로모션을 적절한 달에 계획할 것**
   이러한 프로모션에는 주요 판매, 제품 릴리스 또는 이벤트가 포함된다.

5. **계절성을 고려할 것**
   모든 비즈니스에는 느리고 바쁜 달이 있으므로 계획 기간 중 적절한 시기에 적절한 프로모션을 구축할 수 있도록 해당 달에 메모해야 한다.

6. **적절한 시기에 비수익 목표를 배분**
   3월에 새로운 책을 출시하거나 새로운 블로그를 개설할 계획이라면 이러한 비수익 사업을 위한 공간을 매월 할애한다.

7. **적절한 시기에 수익 목표 배분**
   계절성을 고려한 뒤에 배분(5단계 참조).

8. **표준 수입 예측을 추가할 것**
   프로모션 활동, 주요 이벤트, 계약 및 구독 등이 포함된다.

9. **예상 수익을 목표 수익에서 뺄 것**

이렇게 한 후 필요한 나머지 수익을 채울 수 있는 방법을 고려해야 한다. 이 단계가 마케팅 활동이 시작되는 단계다.

10. **목표 달성에 필요한 수익을 창출할 수 있는 추가적인 프로모션 아이디어를 브레인스토밍**

여러분이 목표로 하고 있는 수익을 달성하기 위해 새로운 제품이나 서비스를 추가해야 되는가? 혹은 이미 보유하고 있는 기존 제품 및 서비스를 제공하는 새로운 방법을 찾아야 하는가?

11. **스팟 체크 및 조정**

자신의 캘린더가 효과적이고 실용적인 방식으로 목표를 달성하는 데 도움이 되는지 스스로에게 질문해본다.

12. **목표를 달성하는 데 필요한 추가 항목의 나열**

예를 들어, 새로운 제품이나 서비스를 시작해야 하는가? 아니면 판매를 위한 프레젠테이션을 준비해야 하는가? 등의 질문을 포함한다.

30일 캘린더 만들기

다음 단계는 앞으로 30일 동안 무엇을 할 것인지에 대한 핵심적인 내용이다.

프로모션 캠페인은 다음 3가지 목표를 추구해야 한다.

> » **수익 창출** : 수익 또는 판매 창출
> » **활성화** : 고객 여정, 즉 소비의 다음 단계로 고객을 이동
> » **세분화** : 고객의 요구와 욕구를 보다 잘 이해하여 세분화를 하고 가치 있는 제공을 추구

30일 동안 매주 이러한 홍보 목표 중 하나를 설정하고 마지막 4주차는 와일드카드 캠페인을 위해 할애하는 것이 좋다. 와일드카드 캠페인을 통해 새로운 것을 시도하거나, 창의력을 발휘하고, 새로운 아이디어를 시험하거나, 아니면 과거에 가장 성공적인 캠페인을 재현해볼 수도 있다. 월간 계획 워크시트(그림 11-4 참조)를 사용하면 실행 중인 프로모션과 실행 방법을 쉽게 추적하는 것이 가능하다. 또한 기본 캠페인이 중단될 경우를 대비하여 각 캠페인에 대한 백업 프로모션을 계획할 수 있으므로

월간 계획

목표 수입 : $ _____

그림 11-4
30일간 프로모션
계획 워크시트

캠페인 수행 방식에 관계없이 수익 목표 달성이 용이하게 된다.

http://www.digitalmarketer.com/email-planning에서 월별 이메일 계획 워크시트를 다운로드할 수 있다.

90일 롤링 일정 생성

30일 프로모션 계획이 수립되고 진행되고 있을 때 90일 롤링 일정으로 사전에 계획하는 것이 가능하다. 이 캘린더는 **롤링 캘린더**(rolling calender)라고 부르는데, 그 이유는 90일간 유사한 프로모션을 반복 진행하게 되기 때문에 소비자에게 반복해서 같은 내용의 정보를 제공하지 않고도 그들의 참여를 유지할 수 있기 때문이다.

구글 캘린더와 같은 캘린더 애플리케이션을 사용하거나 사무실에서 90일 캘린더가 그려진 칠판을 사용하면서 너무 자주 같은 프로모션을 반복하지 않으면서 목표로 하고 있는 수익을 달성하기 위한 계획을 진행할 수 있다. 90일 달력을 볼 때 예를 들어 4월에 3회의 수익 창출 캠페인이 계획되어 있지만 5월에는 수익 창출 캠페인이 없게 된다. 그러나 이때 1~2개의 수익 창출 캠페인을 5월로 변경하면 5월에 수익 목표를 달성할 수 있고 4월에 이메일 목록에 있는 고객에게 보내는 이메일 수를 줄이는 효과가 있다.

이메일 캠페인 만들기

이메일 캠페인을 통해 장기간의 브랜드 참여를 유도하기 위한 이메일을 쓸 때 어떠한 방식으로 쓰고 있는가? 그리고 스팸으로 인식되거나 아니면 고객을 귀찮게 하지 않으려면 어떻게 이메일을 써야 할까? 이 절에서는 5가지 유형의 이메일 캠페인을 살펴보고 비즈니스에 적합한 이메일 캠페인을 만드는 방법에 대해서 알아보고자 한다.

캠페인 구조 페이지(그림 11-5의 캠페인 구조 페이지)는 캠페인의 각 이메일 및 캠페인의 목적을 추적하는 데 도움을 준다.

교화 캠페인

교화 캠페인(indoctrination campaign)이란 트리거 캠페인의 한 종류로 초기에 소비자가 가입한 즉시 보내는 이메일을 뜻한다. 이 캠페인은 여러분 브랜드의 메일링 리스트에 새로 가입한 가입자에게 브랜드에 관한 정보를 알리고 이메일 리스트에 추가된 것이 그리고 더 나아가 지역 사회의 일원이 된 것이 옳은 결정이었음을 다시 한 번 알리고 축하하기 위해 고안된 이메일이다. 교화 이메일의 예는 그림 11-6을 참조하라.

고객은 아무 생각 없이 이메일 리스트에 가입하는 것은 아니다. 대신, 그들은 아마도 여러분의 브랜드에 소개된 다음 여러분들의 메일 리스트에 추가되는 것이 주는 가치

| | | 샘플 캠페인 구조 | |
| | | 예시 비즈니스 : 침대 매트릭스 매장(온/오프 매장) | |
날짜	이메일 유형	이메일 타이틀
1	환영	매트리스 매장에 오신 것을 환영합니다(20% 할인쿠폰)
2	#1	페이스북이 여러분의 잠을 빼앗고 있지 않나요?
3	#2	이것이 여러분을 생각나게 했습니다.

그림 11-5
캠페인
스토리보드의 예

WELCOME TO THE DAILYWORTH COMMUNITY!

Hi, and welcome to DailyWorth—the leading financial media platform for women who want more — more net worth, more self worth, and ultimately, more joy. We're glad you're here to embark on this exciting and fulfilling journey together.

We love money. We use it to take care of our families, our communities and ourselves. It gives us power, freedom and balance. It lets us pursue our passions, whatever they may be.

Ultimately, money touches every corner of your life, and we're here to provide the guidance and community to bring your relationship with money to the next level, no matter where you're starting.

Explore and enjoy!

-The DailyWorth Team

share FORWARD TO A FRIEND

그림 11-6
새로운 구독자를 환영하는 교화 이메일의 예시

에 대해서 생각했을 것이다. 아마도 그들은 조건적 제안을 통해 미리 가치를 얻을 수 있는 기회를 얻은 것이라고 할 수 있다(조건적 제안은 제3장 참조). 아니면 그들이 구매하거나 웹 사이트에 참여하면서 리스트에 등록되었을 것이다. 모든 경우에 교화 캠페인은 긍정적인 행동을 재확인하고 고객이 올바른 선택을 했다는 사실을 보여준다.

그러나 고객이 여러분의 이메일 목록에 참여할 긍정적인 선택을 했다고 하는 사실이 여러분들의 브랜드에 대한 충성도가 높다고 의미하는 것은 아니다. 그들은 여러분이 하는 말 한마디 한마디에 관심을 보일 만큼 여러분을 잘 아는 것이 아니다. 여러분들의 소비자가 여러분이 보낸 이메일을 받은 편지함에서 보았을 때 여러분의 이름이나 브랜드를 인식하고 얼마만큼의 가치를 기대하는지 확인할 수는 없다.

신중하게 만들어진 교화 캠페인은 고객을 다음 단계의 고객 여정으로 안내할 수 있다(고객 여정에 대한 자세한 내용은 제1장 참조). 전체적으로 볼 때, 교화 캠페인은 가입자에게 이메일을 보냈을 때 이메일을 열어 보거나 거기에 있는 웹사이트를 클릭할 확률을 높이는 데 긍정적인 효과가 있다. 교화 캠페인은 일반적으로 1~3개의 이메일을 보내고 고객에게 더 깊은 수준에서 브랜드를 소개한다. 이 캠페인을 통해 여러분이 누구이고 무엇을 의미하는지 소개할 수 있기 때문에 가입자에게 한 발 더 다가갈 수 있게 한다.

교화 캠페인을 실행하는 데 있어, 다음의 5가지를 유의해야 한다.

» 여러분의 브랜드에 새로운 가입자를 환영하고 소개하라.
» 가입자가 되는 것으로부터 얻을 수 있는 이점에 대해서 다시 한 번 강조하라.
» 가입자에게 무엇을 기대할 수 있는지 알려라.
» 가입자가 다음에 해야 할 일을 알려라.
» 가입자에게 브랜드의 개성을 소개하라.

참여 캠페인

참여 캠페인이란 구독자의 행동에 즉시 영향을 받는 관심에 기반을 둔 트리거드 캠페인이다. 어떤 형태든 관련된 제안을 구독자에게 하고 잠재적으로 판매를 목적으로 설계되었다. 참여 캠페인의 역할은 관심 있는 사람들이 무엇을 알고 있는지에 따라 다음 단계를 준비 그리고 제안함으로써 가입자가 브랜드에 호의적으로 바뀌도록 전환시키는 역할을 한다.

참여 캠페인을 준비하기 전에 다음 2가지 질문을 본인에게 해보는 것이 좋다.

» **다음 단계로 고객이 어떤 행동을 보이기를 원하는가?** 여러분은 소비자들이 구매를 하거나, 조건적 제안을 선택하거나, 여러분의 웹사이트에서 여러분의 제품이나 서비스에 관심을 보이고 관여하기를 기대하고 있을 것이다.
» **고객이 다음 단계로 나아갈 준비가 되었다고 생각하는가?** 만약 고객이 다음 단계로 나아갈 준비가 되어 있지 않다면 여러분들이 하고 있는 마케팅 전략이 결국에는 강요나 성가심으로 느낄 것이다.
때때로 이러한 준비가 되지 않은 고객에게 강요하는 행위는 그들에게 상처를 줄 것이다. 특히 귀중한 고객에게 너무 빨리 요청을 할 때 이런 상황과 마주하는 경우가 많다.

참여 캠페인은 다음과 같은 작업을 수행해야 한다.

» 가입자를 물건을 살 수 있는 사람으로 전환하라. 여기서 전환이란 제품이나 서비스를 구매하거나, 약속을 예약하거나, 웨비나에 등록하는 등의 행동을 말한다.

» 고객이 지금 무엇에 관심이 있고 그다음에 무엇에 관심을 가질지 고려해봐야 한다. 고객 여정을 다시 참조하여 참여 캠페인을 설계하고 이메일 구독자들이 고객 여정에 있어서 다음 단계로 나아갈 수 있도록 도와야 한다.

» 사람들이 어떤 상황에서 우리가 원하는 행동을 했는지 참고해야 한다.

» 소비자들이 전환을 하는 데 있어 문제점들을 극복해야 한다.

» 소비자들이 나아가야 하는 다음 단계를 논리적 단계를 규정한다.

» 소비자들이 주문을 하거나 다음 단계로 나아갈 수 있도록 요청한다.

상승 캠페인

상승 캠페인은 일반 구매자를 반복적으로 구매하는 구매자로 전환시키도록 고안된 가치 루프를 시작하기 위해 디자인된 트리거드 캠페인이다.

예를 들어 고객이 방금 텐트와 4개의 침낭을 구입했다면 이 소비자들은 캠프장으로 향하고 있다고 가정을 할 수 있고 이러한 가정을 바탕으로 소비자에게 캠프 스토브용 쿠폰 코드를 보내는 마케팅 전략을 쓸 수 있다. 혹은 소셜 미디어 교육 이벤트를 구독하고 있다면 이메일 마케팅과 관련된 후속 교육을 제안할 수도 있다.

상승 캠페인은 고객을 다음 단계로 이동시키기도 하며 고객에게 끊임없는 가치제안을 실행함으로써 고객과의 장기적인 관계를 구축할 수 있는 좋은 방법이다. 상승 캠페인에서는 고객이 원하는 것을 제공한 다음 조금 더 제공하는 형태를 보인다.

상승 캠페인은 다음과 같은 것들을 고려해야 한다.

» 알려진 이의 제기에 대해 문제를 해결하거나 대안을 제시하라.

» 다음 논리적 단계를 규정하라.

» 고객에게 더 많이 판매함으로써 고객의 평균 가치를 높여라.

» 고객의 신뢰를 높여라.

» 고객에서 팬으로 상승시켜라.

세분화 캠페인

세분화 캠페인은 구독자를 관심 분야별로 분류할 수 있는 프로모션으로, 전체 데이터베이스에 전송되는 수동 캠페인이다.

고액의 논픽션 서적을 교사와 사서에게 판매하는 소규모 출판사를 생각해보자. 그회사는 원예 및 식물 성장에 관한 일련의 과학 서적을 판매할 계획을 가지고 있다. 이 책은 내용이 비슷하지만 조기 학습자, 중학교 학생 및 고등학생을 주 타깃으로 만들어졌다. 이메일 마케팅에 숙련되고 기민한 마케팅 부서는 세분화 캠페인을 하기로 결정을 했다. 부서 직원은 사용 가능한 책 목록을 이메일로 작성하여 각 책의 연령 수준을 명확하게 안내했다. 그런 다음 직원은 브로드캐스트 캠페인으로 회사가 가지고 있는 리스트를 모든 사람들에게 보냈다. 이러한 캠페인을 통해 회사의 전체 목록에 포함되어 있는 사람들은 신제품에 대한 정보를 얻게 되고, 한 단계 더 나아가 이러한 정보에 관심이 있는 고객은 이메일을 클릭할 것이고 이러한 고객의 행동을 통해 회사는 어떤 사람들이 콘텐츠에 관심이 있는지 혹은 없는지 분류하는 것이 가능해진다. 이러한 정보를 바탕으로 마케팅 부서에서는 잠재고객의 세분화를 진행하고 해당 고객의 정확한 관심사를 충족시킬 수 있는 내용을 담은 추가 이메일을 보낼 수 있다. 그림 11-7은 홈디포의 세분화 이메일을 보여준다. 이 이메일에는 구독자가 비용을 절감할 수 있는 6가지 범주가 나열되어 있다. 구독자가 이 카테고리 중 하나를 선택하면 마케팅 팀은 이 사람이 이메일에 포함된 내용을 확인한 후 특정 제품 카테

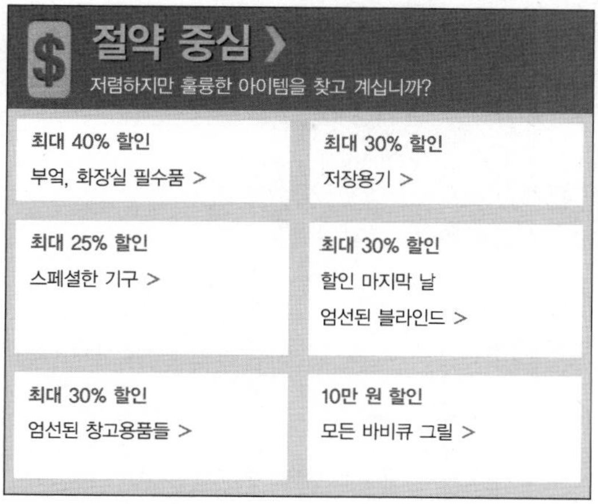

그림 11-7
세분화 캠페인
이메일의 예

고리를 클릭했음을 알게 된다. 이러한 정보를 바탕으로 사람들은 세분화되고 홈디포는 가입자가 선택한 제품에 대한 후속 이메일을 보낼 것이다.

재설정 캠페인

재설정 캠페인은 지난 30~60일 사이에 이메일을 열거나 클릭하지 않은 구독자에게 발송되는 캠페인을 말한다. 이 캠페인은 브랜드로 구독자를 다시 확보할 수 있도록 고안되었다. 여러 가지 이유가 있겠지만 아마 구독자는 매우 바빠서 이메일을 부지런히 확인하지 않았을 수도 있고, 삶의 크나큰 변화로 다른 부분에 관심을 갖고 있을 수도 있다. 혹은 여러분이 여태까지 진행해온 캠페인이나 제품, 서비스에 좌절감을 느끼고 더 이상 방해받기를 원하지 않았을 수도 있다. 재설정 캠페인은 고객이 다시 고객 여정으로 되돌아올 수 있도록 도와준다.

그림 11-8은 효과적인 재설정 캠페인 이메일을 보여준다.

그림 11-8
재설정 캠페인의
예

이메일의 전달력은 연락이 끊어진 사용자에 의해 크게 영향을 받는다. 이메일 목록을 관리할 때 회사의 연락에 전혀 반응을 보이지 않는 고객의 경우 다시 재설정 캠페인을 실행하든지 목록에서 제거해야 한다. 재설정 캠페인을 실행해도 대답이 없는 고객들은 가입을 취소시키고 이메일 목록을 재정비해서 이메일을 전달하는 데 있어 문제가 생기지 않도록 해야 한다.

효과적인 이메일 작성 및 디자인

사람들이 이메일을 읽게 하려면 이메일을 효과적으로 작성하고 디자인해야 한다. 즉, 매일 이메일을 작성하고 보내는 수천 개의 회사 중에서 소비자의 눈에 띄게 만들어야 한다.

이메일을 작성하고 디자인하는 것은 어떠한 공식으로 설명할 수 있는 것이 아니지만 이 절에서는 여러분의 메시지가 돋보이도록 여러분의 카피라이팅 및 이메일 디자인 기술을 연마할 수 있는 몇 가지 팁을 공유하고자 한다.

입증된 이메일 사본을 참고할 것

여러분의 이메일 계정으로 이동하여 여러분이 읽어본 마지막 10개의 메시지의 사본과 디자인을 확인해본 후 다음 질문에 대답을 해보자.

> » 제목이 여러분의 주의를 끌었는가?
> » 카피라이터가 여러분의 관심을 끌기 위해 사용한 카피는 무엇인가?
> » 언급된 제품이나 서비스의 이점은 무엇인가?
> » 어떤 증거나 이야기들이 당신의 주의를 끌었는가?
> » 어떤 내용이 여러분의 행동을 촉구했는가?

관심을 보인 이메일을 읽은 후, 여러분의 비즈니스에서 설정한 목표를 달성하는 데 충족하는지 혹은 이메일의 템플릿으로 사용할 수 있는지 확인해보면 좋다. 이미 당신을 위해 만들어지고 고안된 틀을 다시 만들 필요는 없다(이 책에 포함되어 있는 예제 이메일을 사용하여 마케팅 목표에 맞게 조정하려는 경우 자유롭게 사용해도 좋다).

4가지 질문에 대한 대답

멋진 이메일을 작성하려면 고객이 프로모션에 참여하는 이유를 파악해야 한다. 다음 4가지 질문에 답해보자.

» **왜 지금?** 신규 혹은 이미 판매되고 있는 제품에 프로모션을 제공해야 하는지 생각해보자. 또한 그것이 계절적인지 시기적절한지도 고려해보자. 다시 말해서 고객이 지금 원하거나 필요로 하는 물건인지 아니면 다른 때 다른 것을 원할지 고려해봐야 한다.

» **누가 관심을 가질까?** 여러분이 판매하는 제품을 가지고 있을 때 가장 영향을 받을 만한 사람이 누구인지 결정해야 한다.

» **왜 신경 써야 할까?** 여러분이 제공하고 있는 제품 또는 서비스가 고객의 삶에 어떻게 영향을 미치고 어떻게 그들의 삶이 달라지게 할지 고객에게 알릴 필요가 있다.

» **증명할 수 있는가?** 고객의 삶이 제품이나 서비스에 영향을 받게 되었을 때 어떻게 바뀔 수 있을지를 보여주기 위한 사례 연구, 고객의 후기, 뉴스 기사를 제공해야 한다.

멋진 이메일 카피는 고객에게 프로모션의 가치를 분명히 알려줄 수 있는 방식으로 이메일 본문에 위와 같은 내용의 답을 제시해야 한다.

사람들이 왜 물건을 구매하는지 이해해야 한다

사람들은 항상 어떤 이유 때문에 물건을 구입한다. 이메일을 작성하면서 사람들이 구매를 하는 이유를 고려하여 고객이 구매를 클릭하게 만드는 요소를 보다 효과적으로 만들 수 있다. 사람들은 일반적으로 다음과 같은 4가지 이유로 물품을 구입한다.

» **개인적 이득** : 제품이나 서비스가 개인의 목표나 욕구를 달성하는 데 도움이 될 때

> » **논리 및 연구** : 고객은 제품을 구입하기 전 많은 연구를 하며 이 제품이 특별한 필요를 충족시키기에 적합하다는 논리적인 이유를 발견하면 구입을 한다.
>
> » **사회적 증거 또는 제3자 영향** : 혹시 여러분의 친구들이 어떤 제품 또는 서비스가 훌륭하다고 말했다면, 여러분들은 그 제품 또는 서비스의 일부가 되기를 원하거나 혹은 많은 사람들이 그 물건이나 서비스를 이용해서 무엇인가를 하고 있다는 것을 알았다면 여러분도 그 물건을 사고 싶어질 것이다. 군중만큼 군중을 끌어당길 수 있는 것은 없다.
>
> » **잃는 것에 대한 두려움** : 사람들이 가지고 있는 두려움 중에 하나는 기회를 놓치거나 중요한 것을 놓치고만 유일한 사람이 되는 것이다.

위와 같은 동기를 생각해보고 여러분의 고객들을 움직이게 하는 동기가 무엇인지 생각해보고 여러분이 작성할 이메일에 그 이유를 설명한다면 훌륭한 이메일을 쓰게 될 것이다.

효과적인 이메일 제목 작성

대부분의 사람들은 이메일을 열지 여부를 결정하는 데 3-4초밖에 걸리지 않기 때문에 제목은 이메일을 작성하는 데 있어서 가장 중요한 부분 중 하나다. 좋은 제목은 고객이 관심을 갖고 이메일을 열도록 유도한다. 그런 다음 이메일 본문 내용이 나머지를 수행하여 소비자들의 참여를 유도할 것이다.

어느 회사의 마케팅 팀은 각 이메일에 대해서 25개의 서로 다른 제목을 작성한 뒤 그중에서 가장 매력적인 것을 선택한다. 이 작업은 시간이 오래 걸릴 수 있지만 이 회사는 그 덕분에 업계 평균 이상의 이메일 참여율을 지속적으로 받고 있다. 각 이메일에 25개의 제목을 줄 만한 리소스가 없을 수도 있지만 중요한 것은 다양한 방법을 고려해보는 것이다.

3가지 유형의 제목을 사용하여 사람들에게 이메일을 열어봐야 하는 다른 이유를 부여할 수도 있는 것이다. 다음 절에서 이러한 유형에 대해 설명하고자 한다.

호기심을 유발하는 제목

호기심을 유발하는 제목은 구독자의 관심을 자극하고 더 많은 것을 찾기 위해 클릭하도록 유도할 수 있다. 예를 들어, 의류 소매상인 케이트 스페이드는 "클로즈업할 준비가 됐니?"란 제목으로 가입자들에게 전자 이메일을 보냈다. 그 이메일에는 케이트 스페이드의 보석 제품에 대한 제안이 담겨 있으며 이메일을 여는 사람들의 수를 늘리기 위해 흥미로운 제목을 사용했다.

혜택을 강조하는 제목

혜택을 강조하는 제목에는 가입자가 이메일을 열어야 하는 이유와 이메일을 받는 것에 대한 혜택이 명확히 명시되어 있다. 예를 들어, 관리자가 직원의 참여와 만족도를 측정하는 데 도움이 되는 SaaS(Software as a Service) 회사인 오피스바이브는 '38명의 직원 참여 아이디어'라는 가입자가 얻을 수 있는 혜택을 명확히 설명하는 제목과 함께 직원에게 이메일을 보냈다. 혜택 제목의 반대되는 개념은 경고 제목이다. 예를 들어 오피스바이브는 제목에, '모든 관리자를 놀라게 할 통계 11개'라는 제목으로 이메일을 보냈다. 이 제목 유형은 많이 사용해서는 아니지만 적절할 경우 매우 효과적일 수 있다.

희소성이 강조된 제목

희소성이 강조된 제목은 구독자가 이메일을 열지 않았을 경우 중요한 무엇인가를 놓칠 수 있다고 느끼게 만든다. 예를 들어, 홈디포는 제목에 "서둘러, 노동절 할인은 오늘이 마지막이야."라는 이메일을 구독자에게 보냈다. 오늘 끝나기 전에 가입자가 노동절 할인을 이용하도록 장려하기 위해 보낸 이메일이다.

본문 작성

카피라이팅은 공식이 아니라 예술이다. 또한 일부 공식화된 툴을 이용해 이메일을 빠르고 효과적으로 만들 수 있다는 것도 사실이다.

이러한 것을 청킹(chunking) 방법이라고 부른다. 청킹 방법은 이 장 앞부분의 '4가지 질문에 대한 대답'에서 나열한 질문에 대한 대답을 기반으로 설명하고자 한다. 좋은 이메일을 작성할 때 앞에서 말한 4가지 주요 덩어리(chunk)로 나누고, 각 덩어리가 질문 중 하나에 대답하도록 디자인한다면 이메일 작성하는 데 있어서 꼭 다뤄야 할 요점들을 해결할 수가 있다.

각각의 청크(덩어리)에는 하나의 링크가 포함되어 있어야 한다. 이렇게 하면 고객이 전체 이메일을 읽는 동안 그들이 필요로 하는 모든 정보를 얻을 수가 있고, 하나의 청크를 모두 읽고 난 다음에 그 링크를 클릭함으로써 좀 더 많은 정보를 얻는 것이 가능하다.

지금부터 하나의 예를 보여주고자 한다.

» **서론** : 이 절에서는 고객에게 이 프로모션에 대해 관심을 가져야 하며 이유는 무엇인지에 대한 설명을 통해 "누가 관심을 가질까?"라는 질문에 대답한다.

» **본론** : 다음으로, 제품이나 서비스의 입증된 이익이나 결과를 설명함으로써 독자가 "왜 신경을 써야 할까?"라는 질문에 대한 대답을 들을 수 있다.

» **결론** : 끝맺음 부분은 "왜 지금?"이라는 질문에 대답할 수 있는 좋은 기회다. 고객에게 해당되는 경우 프로모션에 참여할 수 있는 시간이 제한적이라고 알려주는 등의 내용이 이에 해당된다.

» **추신** : 추신은 상품이나 서비스로 인생이 바뀐 고객의 평가, 긍정적인 리뷰 또는 이야기와 같은 사회적 증거를 공유함으로써 "증명할 수 있는가?"라는 질문에 대답할 수 있는 환상적인 부분이라고 할 수 있다.

각 이메일 청크에 언급한 내용과 여러분의 웹 사이트와 관련된 곳을 링크로 연결한 것을 이메일에 포함하면 효과적이다. 여러 개의 링크가 웹 사이트의 한 부분만 가르킨다면? 그런 것은 괜찮다. 그저 고객에게 더 많이 여러분과 관계를 맺을 수 있는 충분한 기회가 주어지고 있는지 확인해야 한다.

클릭 치료

여러분은 멋진 제목을 썼고, 내용도 아름답게 정리했고, 각 청크에는 관련 링크도 포함시켰다. 또한 여러분이 믿음직한 훌륭한 제품이나 서비스를 가지고 있다고 했을 때 여러분들은 이미 여러분들이 원하는 목표를 99.4퍼센트 달성했다고 볼 수 있다. 하지만 여전히 해야 할 일이 하나 더 남아 있다. 사람들에게 매우 명확하게 마우스를 클릭할 수 있도록 이를 자극할 수 있는 클릭 신호를 표시해야 한다.

다음은 몇몇 효과적인 방법이다.

> **혜택에 중심을 둔 질문을 제시하라.** "실내 토마토 재배를 배우시겠습니까? 그 답을 원하신다면 〈링크〉를 클릭하세요."

> **증거를 제품과 연결하라.** "실내 토마토 트렐리스(덩굴나무가 타고 올라가도록 만든 격자 구조물-역주)를 사용한다면 여러분도 겨울 토마토 수확을 20퍼센트 더 늘릴 수 있다! 작동 방식 보기 : 〈링크〉"

> **다음을 보여줘라.** "실내 토마토 트렐리스를 사용한다면 가장 추운 겨울에 도 포도나무에서 채취한 잘 익은 토마토를 맛볼 수 있습니다. 실내 토마토 트렐리스를 얻으려면 여기를 클릭하세요."〈링크〉
마케팅의 '전'과 '후'에 대한 자세한 내용은 제1장을 참조하라.

> **시간이 많지 않음을 알려라.** "실내 토마토 트렐리스를 35퍼센트 할인된 가격에 만날 수 있는 마지막 기회입니다. 기회를 놓치고 싶지 않다면 〈링크〉 클릭하세요."

더 많은 클릭과 오픈하게 만들기

받은 편지함을 살펴볼 때 사실 우리는 몇 안 되는 이메일에만 세심한 주위를 기울일 것이다. 그 수치는 아마도 10퍼센트 정도일 것이다.

여러분이 열어 보지 않는 90퍼센트의 이메일은 무엇이 잘못되었는가? 좋은 카피가 아닐 수도 있고, 디자인이 맘에 들지 않을 수도 있고 발신자의 제품이나 서비스가 마음에 들지 않을 수도 있다. 어쩌면 이메일을 보낸 발신자를 신뢰할 수가 없는 관계이 기 때문에 이메일의 바다 속에서 손실되었을 수도 있다.

앞서 '효과적인 이메일 제목 쓰기'에서 언급했듯이 독자의 관심을 끌기까지 3~4초 정도의 시간만 걸리기 때문에 훌륭한 제목, 완벽한 카피 및 디자인, 멋진 프로모션만으로는 충분하지가 않다.

조금 불공평해 보일 수도 있지만 이 마지막 고비를 잡으려고 할 수 있는 방법은 다음과 같은 것들이 있다.

» **타이밍을 올바르게 잡아라.** 다른 사람들이 이메일을 보내지 않을 때 이메일을 보내라. 그렇다면 이메일은 받는 사람의 눈에 띄고 더 많은 사람이 여러분들의 이메일을 열어볼 것이다. 이메일을 보내는 가장 좋은 시간은 오전 8시 30분부터 10시까지, 오후 2시 30분에서 3시 30분, 오후 8시부터 자정까지라고 할 수 있다.

» **부를 때 이름을 사용하라.** 우리의 조사에 따르면 제목에 이름이 있는 이메일은 23퍼센트 더 높은 공개율을 나타냈다. 놀라운 향상이지만 이 트릭을 너무 자주 사용하면 효과가 없어질 수도 있다.

» **아침에는 긍정적이고 밤에는 부정적으로.** 아침에 우리는 눈을 뜨고 새로운 날을 맞이하게 되어 오늘은 행복한 날로 만들겠다는 기쁨으로 하루를 시작한다. 이런 면을 잘 활용하여 아침 시간에는 긍정적인 이메일 메시지를 보내는 것이 좋다. 반면 저녁에는 부정적인 메시지가 더 잘 받아들여지는 경향을 보인다.

더미를 위한 팁

부정적인 메시지를 보내려는 경우(아마도 시장이 감소하거나 긴급한 도움이 필요할 때) 이메일의 일부로 문제에 대한 해결책을 제공해야 한다. 아무도 절망감을 느끼는 것을 좋아하지 않는다.

» **논쟁의 여지가 있거나 관련성이 있어야 한다.** 논쟁의 여지가 있는 주제(일부 가입자가 동할 수 없는 여지가 있는 내용이라고 할지라도) 또는 관련 콘텐츠를 제기하면 받은 편지함에 눈에 띄게 만들 수 있다.

» **홀수 또는 특정 숫자를 사용하라.** 많은 사람들이 10이란 숫자를 많이 사용하고 있다. 하지만 다른 숫자를 사용하는 것이 좋다. 예를 들어 '오늘 밤에 사업을 바꿀 수 있는 6가지 방법', '자녀의 수학을 가르치는 14가지 간단한 아이디어' 또는 '모든 것을 바꾼 234,423달러 아이디어'와 같은 다른 숫자를 사용해보는 것이 좋다.

번호를 절대로 반올림하지 않아야 한다. 반올림을 하게 되면 거짓말쟁이처럼 생각될 수 있다. 여러분이 휴일을 멋지게 보내기 위한 9개의 굉장한 아이디어가 있는 경우, 여러분은 9개의 굉장한 아이디어가 있다고 말해야 한다. 반올림해서 10개를 가지고 있다고 말하고 9개만 제시한다면 여러분은 이미 거짓말쟁이가 되어 있을 것이다.

» **제목을 짧게 유지하라.** 가장 좋은 제목은 6~10단어 또는 25자 정도라고 할 수 있다. 짧은 제목은 스마트폰에서 학인하고 이해하기 쉽기 때문에 고객의 관심을 끄는 데 유리하다.

» **두 번째 제목을 사용하라.** 대부분의 이메일을 보내는 업체들은 모든 이메일에 표시된 콘텐츠의 두 번째 영역을 가지고 있다. 많은 이메일 시스템에서 이 영역을 설명이라고 부르지만 공백으로 남겨두면 기본적으로 첫 번째 제목이 카피되어 사용이 된다. 공백으로 남겨두어 같은 제목을 두 번 사용되게 둘 것이 아니라 강력한 추가 제목을 작성하고 설명 절에 배치하여 고객에게 이메일의 내용에 대하여 좀 더 자세히 알리는 것이 좋다.

» **제목에 기호를 포함하라.** 제목 줄에 기호를 사용하면 사람들이 이메일을 확인하는 확률이 15퍼센트 증가한다는 연구 결과가 있다. 이러한 기호들은 다양한 것이 사용될 수 있는데 겨울 휴가 홍보 이메일의 눈사람처럼 흥미로운 것부터 전문성을 나타낼 수 있는 기호를 사용하면 좋다. http://emailstuff.org/glyph에서 제목에 사용할 수 있는 다양한 기호를 확인하고 사용할 수 있다. 이 사이트는 예를 들면 판매 종료가 임박한 상황을 상징할 수 있는 시계 등 다양한 기호를 제공한다.

» **재생 버튼을 사용하자.** 링크를 포함하는 대신 상단에 재생 버튼이 겹쳐져 있는 동영상의 정지 이미지를 삽입하는 것도 유용하다. 이 기술을 사용하면 이메일 캠페인의 클릭률을 크게 높일 수 있다.

» **고객에게 의견을 물어보자.** 고객에게 질문을 던지면 고객은 답을 하기 위해 오픈을 하고 이에 따라 클릭률(CTR)을 높일 수가 있다. 이러한 이메일을 반복적으로 보내는 것도 가능하고 그만큼 높은 클릭률을 얻는 것이 가능하다. 이 전략은 질문을 하고 4~5개의 대답 중에 답을 찾게 만들 수 있고 질문 뒤에는 각각의 답을 알려주는 링크가 포함되어 있다(그림 11-9 참조). 모든 링크는 고객이 질문에 대한 답변을 찾을 수 있는 장소로 이동을 시킨다.

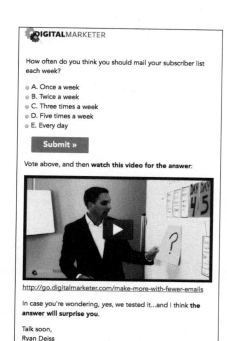

» **비디오와 질문을 결합하라.** 동영상은 지속적으로 높은 클릭률과 높은 고객 참여를 이끌어낸다. 이메일에 비디오 및 고객의 의견을 묻기 위한 질문을 포함시켜서 독자가 비디오를 보면서 답변을 얻어내도록 하는 것도 좋은 방법이다.

많은 마케팅 담당자는 고도로 전문적인 비디오를 제작할 수 있는 카리스마 또는 예산이 없다고 걱정을 한다. 그러나 이러한 것들은 크게 걱정할 사항이 아니다. 이메일은 고객과의 관계를 구축하기 위한 것이기 때문에 간단한 대화 형식의 비디오를 통해 여러분의 진실성과 목소리를 가입자에게 보여줄 수 있으며 이러한 새로운 형식의 대화로도 충분히 원하는 성과를 거둘 수 있다.

» **카운트다운을 추가하라.** "이 판매가 끝날 때까지 4일이 남았습니다!"와 "이와 같은 기회는 다시 오지 않는다!"와 같은 문구는 프로모션 전략의 긴박감을 증가시킨다. 카운트다운 시계 또는 타이머를 추가하여 고객이 보유한 시간을 정확하게 표시하면 긴급성을 더욱 높일 수 있다.

» **애니메이션 GIF를 사용하라.** 수신함에 들어와 있는 재미있고 움직이는 이미지는 사람들의 시선을 사로잡기에 충분한 매력을 가지고 있다. 맞춤 애니메이션 GIF를 만들 수 있는 디자이너에게 액세스 권한이 있는 경우 그 사람에게 대신 GIF를 만들어보도록 해보자. 그렇지 않다면, Giphy(http://giphy.com)와 같은 사이트를 통해 무료로 GIF를 만들 수 있는 서비스를 제공하므로 여러분의 이메일에 사용할 수 있다.

이메일의 확실한 전달

여러분의 이메일이 가입자의 받은 편지함에 도착하지 못했다면 우리가 지금까지 이야기한 내용은 모두 물거품이 되어버릴 것이다. 전 세계 이메일의 21퍼센트가 원하는 수신자에게 도달하지 못한다는 사실을 알고 있는가? 사이버 공간에서 떠다니는 이메일은 그 이메일을 만들기 위해 했던 많은 노력과 시간이 낭비되고 있음을 의미한다.

어떻게 하면 여러분의 노력과 시간이 허비가 되지 않을까? 사실 그것을 해결하는 일은 간단하다. 여러분이 작성한 이메일이 정크메일이 아니고 정크메일로 될 의도도 없다는 것을 보여주면 된다.

안타깝게도 스팸 메일인지 아닌지 결정하는 것은 인터넷 서비스 제공 업체에 대량으로 이메일을 보내는 발송자가 스패머가 아닌 것이 입증될 때까지 유죄로 간주된다. 이러한 인터넷 서비스 제공업체는 일단 발송되는 이메일이 스팸이라고 가정을 하고, 스팸이 아니라는 것이 확인될 때까지 이메일이 무사히 수신자에게 전달될 때까지 영향을 받는다.

다음 절에서는 전달 가능성을 향상시키는 몇 가지 방법에 대해서 이야기하고자 한다. 이 방법의 대부분은 매우 기술적인 부분으로 테크니션이 아니라면 인프라를 구축하여 전달 가능성을 높이는 것이 중요하다. 기술적인 문제에 대한 도움이 필요하면 현지 기술 담당자를 찾거나 이메일 서비스 제공 업체에 전화하여 여러분들의 고객들에게 이메일이 잘 전달될 수 있도록 시스템을 만들어야 한다.

평판에 대한 모니터링

이메일의 전달력을 높이기 위해서는 여러분의 고객들과 잘 관계를 맺고 있는지 추적해야 한다. 이를 위해서 다음과 같은 방법이 좋다

» 여러분이 받고 있는 불만의 비율이 얼마나 되는지 그리고 그 내용은 무엇인지 모니터링하라. 이메일 서비스 제공 업체는 이메일에 접수된 불만이 얼마나 되는지 그 건수와 비율에 대한 정보를 제공해야 한다. 권장 이메일 서비스 공급자는 제16장을 참조하라.

» 적시에 불만 사항에 대응하라.

» 탈퇴한 사람은 정확히 구독을 취소하고 더 이상 이메일을 보내지 말라. 이메일 서비스 제공 업체는 구독이 취소된 이메일은 자동적으로 이메일 리스트에서 제거하는 서비스를 제공해야 한다.

» 보내는 이메일의 볼륨을 일정하게 유지하라. 한 달에 100만 개의 이메일을 보내고 나서 그다음 6개월 동안 아무것도 안 보내는 것은 좋은 전략이 아니다.

» Spamhaus(https://www.spamhaus.org/) 및 Spamcop(https://www.spamcop.net/)을 포함한 주요 블랙리스트 사이트에서 블랙리스트 상태를 확인하라. 이와 같은 주요 블랙리스트 검열 사이트는 구글의 Gmail과 같은 업체가 참고를 하여 여러분이 보낸 이메일이 스팸인지 아닌지 결정을 내린다. 만약 블랙리스트로 올라가 있다면 블랙리스트에서 제거할 수 있는 자체 프로세스가 존재하므로 해당 웹사이트에서 좀 더 자세한 정보를 얻을 수 있다.

가입자 참여를 입증하기

인터넷 서비스 공급자(ISP)가 스패머가 아님을 보장하는 가장 좋은 방법은 보내는 이메일 하나하나마다 구독자가 참여하도록 유도하는 것이다. 사람들이 이메일을 열고, 소통을 하고, 관련 링크를 클릭할 때마다 스패머가 아닌 것이 증명이 된다.

구독자 참여율은 다음과 같은 요소를 기반으로 한다.

» 이메일을 열어 본 비율 : 이 비율은 횟수가 아닌 퍼센트이다.

» **스크롤 비율** : 이는 수신자가 이메일을 얼마만큼 스크롤 다운했는가를 보여준다.

» **반송률** : 반송에는 두 종류가 있다. 첫 번째는 하드 반송으로 이미 여러분의 주소가 나쁜 이메일로 등록이 되어 보내는 즉시 반송이 되는 경우고, 다른 하나는 소프트 반송으로 여러 가지 이유가 있을 수 있다. 예를 들면 받는 사람의 수신함이 꽉 차 있거나 혹은 실수로 스팸메일로 처리되어 반송될 수 있다.

여러분을 거부하는 주소로 계속해서 이메일을 보낼 경우 여러분이 스팸 발송자로 보일 수 있으므로 유의해야 한다.

여러분이 사용하고 있는 수신자 리스트를 추려내어 BriteVerify(www.briteverify.com/)라는 회사에 보내면 여러분이 가지고 있는 목록을 분석하여 어떤 주소가 명확한 것이고 어떤 주소가 불확실한지 정보를 제공해준다. 여러분이 가지고 있는 이메일 주소에서 의심스럽거나 나쁜 이메일을 삭제하면 전달 가능성을 높일 수 있다.

» **구독 취소 및 불만 제기 비율** : 구독 취소율이 높아지거나 구독자의 불만 사항이 많아지면 혹시 구독자들이 불편해하거나 화나게 하는 것이 없는지 캠페인을 검토해봐야 한다.

【 이메일 전달을 보장하는 도구 】

여러 응용 프로그램을 사용하면 이메일 전달 비율을 높일 수 있다. 몇 가지 주로 사용할 수 있는 것들은 다음과 같다.

● **메일 모니터**(http://mailmonitor.com) : 메일 모니터는 IP 주소, 메시지 및 이메일 서비스별로 배달을 구분해준다.

● **리턴 패스**(https://senderscore.org) : 자신의 IP 주소가 있는 경우 리턴 패스를 사용하면 여러분에 대한 고객들의 평판을 모니터링하고 경고 설정을 할 수 있다. 기본 이메일 전달 스코어를 받을 수 있다.

● **이메일리치**(www.emailreach.com) : 이 서비스를 사용하면 도메인 및 IP 블랙리스트에 대한 추적을 설정할 수 있고 블랙리스트를 매일 스캔하여 여러분의 이메일이 추가되었는지 알려주는 기능을 한다.

측정, 분석, 그리고
최적화 캠페인

제4부 미리보기

- 구글 웹 로그 분석과 같은 분석 제품군을 사용하여 데이터 및 분석을 통해 마케팅 캠페인이 건실하고 효과적으로 이루어지고 있는지 평가를 하는 것이 좋다.

- 분할 테스트를 사용하여 디지털 마케팅 캠페인 및 웹 사이트를 최적화하는 방법을 알아본다.

크런칭 넘버스 : 데이터에 기반을 둔 비즈니스 운영

제12장　미리보기

● 하이퍼링크를 통해 사이트 방문자를 추적한다.

● 구글 애널리틱스를 통해 행동을 분석한다.

● 고객의 세분화를 통해 광고를 구체화한다.

● 잠재고객의 조사를 통해 옵트인을 증대시킨다.

일부 마케터는 데이터 수집의 중요성에 대해서 동의하지 않는 사람들도 있다. 그러나 비즈니스가 경쟁력을 유지하려면 단순히 데이터를 집계하는 것이 아니라 더 나아가 진정한 가치를 창출해낼 수 있어야 한다. 단순히 평균을 아는 것이 중요한 것이 아니라 회사는 데이터 분석이라고 하는 프로세스에서 수집한 데이터를 분석할 수 있어야 한다. 진정한 데이터 분석은 계획에 바탕을 둔 분석이다. 구글 애널리틱스와 같은 데이터 수집 도구를 통해 이메일 캠페인, 소셜 미디어 캠페인, 유료 광고 등의 트래픽 투자 수익(ROI)등을 추적할 수 있다.

캠페인의 투자 수익(ROI)을 정확하게 추적할 수 있다면 여러 가지 효율적이지 못한 프로세스를 줄이는 과정을 통해 실제 일하는 것은 두 배 정도 감소시킬 수 있다. 효율성을 높이면 객관적이고 정확한 데이터 중심의 의사결정을 내리는 것이 가능해지고, 어떤 전략이 효과적으로 수행되고 있는지 분석하는 것 또한 가능하게 된다. 이러한 과정을 통해 회사는 시간, 돈, 리소스를 낭비하는 비즈니스에서 벗어날 수 있다.

이 장에서는 데이터 분석의 개념과 회사에서 수행할 수 있는 작업에 대해 설명하고자 한다. 구글 애널리틱스(무료)를 사용하여 데이터를 유용하게 만드는 방법을 검토하고 고객과 회사 모두와 공유할 수 있는 정확하고 유용하게 사용 가능한 보고서를 만들 수 있다.

5가지 구글 애널리틱스 보고서 활용

구글 애널리틱스는 가장 널리 사용되는 웹 사이트 통계 서비스다. 여러분이 분석하고자 하는 사이트에 설치하면 구글 애널리틱스에서 사이트 트래픽에 대한 데이터를 수집하여 지능적인 마케팅 및 비즈니스의 의사결정에 도움을 준다. 이 분석은 검색 엔진, 소셜 네트워크 및 방문자를 추적할 수 있다. 구글 애널리틱스는 무료로 제공되는 기본 서비스와 더불어 프리미엄 버전이 있다. 구글 애널리틱스를 웹 또는 사이트에 설치하는 방법에 대해 자세히 알아보려면 구글 애널리틱스의 도움말 센터를 방문하면 좀 더 자세한 정보를 얻을 수 있다.

구글 애널리틱스에는 데이터를 분류하는 데 사용할 수 있는 5가지 종류의 보고서 모음이 있다.

» **실시간 보고서** : 데이터를 제공하고 여러분의 사이트에서 일어나는 일들을 즉석에서 보여준다. 예를 들어 사이트 방문자의 수, 그들이 접속한 페이지, 그들의 지리적 위치에 대한 정보를 실시간으로 제공한다. 그림 12-1은 구글 애널리틱스의 실시간 개요 보고서에 표시된 일부 정보 내용이다.

» **잠재고객 보고서** : 이 보고서는 여러분의 사이트에 있는 사람들을 중심으로 사용자의 인구 통계, 관심사 및 행동, 사이트에 접근하는 데 사용하는 전자 기기 또는 브라우저 등의 다양한 특성에 대한 정보를 제공한다.

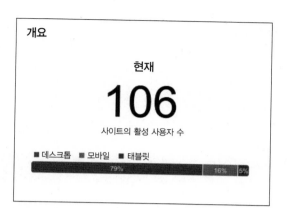

그림 12-1
구글 애널리틱스
의 실시간 보고
서 기능

》 획득 보고서 : 이 보고서는 사용자가 여러분의 사이트에 어떻게 도착했는
지 보여준다. 예를 들어 웹 사이트 사용자가 여러분의 사이트를 방문하기
전에 어떤 웹 사이트를 방문했는지, 또는 여러분의 웹 사이트를 방문하기
위해 검색한 키워드 또는 키워드 문구를 제공한다.

》 방문형태 보고서 : 방문형태 보고서는 사람들이 여러분의 사이트에 도착
했을 때 무엇을 하는지에 초점을 둔다. 이 보고서에는 사용자가 방문한 페
이지, 해당 페이지에 머무르는 기간, 페이지를 종료한 사용자 수 등의 정보
가 표시된다.

》 전환 보고서 : 이 보고서를 사용하면 사용자가 여러분들이 셋팅해 놓은 뉴
스 레터 구독, 제품이나 서비스 구매와 같은 목표를 완료했는지 그 결과를
보여준다.

이와 같이 구글 애널리틱스의 각 종류별 보고서는 위에 설명한 것보다 좀 더 다양한
종류의 보고서가 있으며, 좀 더 자세한 설명을 제공한다. 예를 들어 잠재고객 보고서
에서 모바일 기기 보고서를 보게 되면 사람들이 데스크톱, 모바일 및 태블릿에서 웹
사이트를 방문할 때 방문자들이 다른 행동을 보이고 있는지에 관한 내용을 확인하
는 것이 가능하다. 또한 모바일 기기 보고서에서는 여러 가지 다양한 정보 또한 제공
하고 있다 예를 들면 모바일 서비스를 제공하는 회사의 차이가 행동에 영향을 줄 수
있는지 혹은 OS 시스템의 차이가 행동의 차이를 보이는지 등 다양한 종류의 보고서
를 확인하는 것이 가능하다.

트래픽이 오는 곳에 대한 확인

다양한 경로를 통해 사람들이 여러분의 사이트로 연결될 수 있다. 광고에서 검색, 혹은 여러분의 페이지를 북마크에 추가한 후 다시 재방문하는 사람들까지 그 경로는 다양하다. 다음은 구글 애널리틱스에서 기록한 트래픽의 일반적인 기본 소스이다.

» **이메일** : 이메일 프로모션 및 뉴스 레터에서 링크를 클릭한 사람들의 방문
» **검색** : 사람들이 구글이나 빙과 같은 검색 엔진에 검색어를 입력하여 방문
» **다이렉트** : 펩시닷컴과 같이 사이트의 정확한 도메인을 브라우저에 입력하고 사용자의 사이트로 바로 이동하는 사용자의 트래픽. 다른 사람이 여러분의 페이지를 북마크한 다음 해당 북마크를 통해 여러분의 페이지를 재방문하면 그 방문은 직접 트래픽으로 등록된다.
» **유료 검색** : 유료 검색 트래픽은 유로로 트래픽을 구입한 경우로 검색 엔진에서 볼 수 있는 광고를 클릭해서 들어올 때 발생하는 트래픽을 말한다 (클릭당 지불).
» **추천** : 블로그 및 포럼과 같이 여러분의 웹 사이트가 연결되어 있는 사이트를 통해 방문한 경우
» **소셜** : 트위터 또는 페이스북과 같은 소셜 채널을 통한 방문

구글 애널리틱스에서 가장 눈에 띄는 보고서 중 하나는 '획득'에 있는 '획득 보고서'다. 웹 사이트의 상태 및 성능을 평가할 때 처음으로 보아야 하는 보고서로, 그림

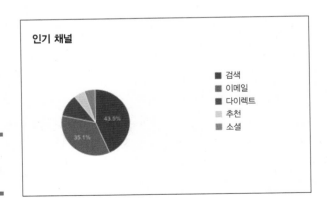

그림 12-2
구글 애널리틱스의 획득 보고서

12-2는 웹 사이트의 다양한 트래픽 수집 방법을 포함하는 '획득 보고서' 원형 차트이다.

사이트 방문자의 출처 추적

구글 애널리틱스와 같은 애널리틱스 프로그램은 기본 설정에 근거하여 사이트 방문자의 출처를 추적하지만 활용성을 고려했을 때 이러한 기본 설정에 근거한 데이터는 너무 광범위할 수 있다. 보다 세분화된(그리고 더 유용한) 데이터를 얻으려면 웹에서 공유하는 링크에 UTM 변수를 추가할 필요가 있다. UTM은 Urchin Tracking Module의 약자이며 URL(uniform resource locator)에 추적 모듈이 추가된 형태이다. UTM 시스템을 사용하면 방문자가 발생한 곳을 추적할 수 있도록 하이퍼링크에 태그를 지정할 수 있다.

예를 들어 페이스북 Fan에 공유된 단일 링크로 생성된 리드의 수를 추적하려는 경우 구글 애널리틱스와 UTM 매개 변수가 있는 링크를 사용하면 리드의 수를 추적할 수가 있다. 간단히 말해 UTM을 하이퍼링크의 끝에 배치하면 사람들이 어떤 경로를 통해 사이트에 접근했는지, 사이트에 도착한 후에 어떤 곳을 둘러보는지, 어떤 행동을 하는지 파악할 수 있다.

여러분의 방문 페이지로 직접 트래픽을 유도하는 블로그, 소셜 미디어 채널 등의 여부와 상관없이 추적하고 싶은 모든 하이퍼링크에 대해 UTM을 추가해보는 것을 고려해보는 것도 좋다. 공유하고 있는 하이퍼링크 주소에 추적 코드를 추가하면 해당 방문의 출처를 추적하는 것이 가능하다.

UTM은 다양한 변수들로 구성이 되어 있고 다음은 가장 대표적인 UTM 변수들이다.

> » 캠페인 소스[campaign source(utm_source)]
> » 캠페인 매체[campaign medium(utm_medium)]
> » 캠페인 콘텐츠[campaign content(utm_content)]
> » 캠페인 이름[campaign name(utm_campaign)]

다음 절에서 각 매개 변수에 대해 설명하고자 한다

캠페인 소스

일반적으로 UTM 소스는 방문자의 출처를 나타낸다. 소스는 링크가 공유된 특정 위치를 알려준다 예를 들면 다음과 같다.

  » 이메일 홍보
  » 소셜 네트워크
  » 추천 웹 사이트

일반적인 출처에는 다음과 같은 것들이 있다.

  » 페이스북
  » 이메일 뉴스 레터
  » 트위터
  » 구글
  » 유튜브

사용자가 이메일, 검색 엔진, 페이스북 광고(또는 기타 소스) 등 다양한 소스 중에서 어느 곳을 통해서 방문을 했는지 추적하는 것이 가능하다. 어느 소스를 통해서 온 사용자가 반응이 좋은지 파악하는 것은 회사에 입장에서 아주 중요한 정보를 제공하기 때문에 트래픽이 어디에서 오고 있는지 파악하는 것은 아주 효과적인 정보가 될 수 있다.

캠페인 매체

이 변수는 이메일과 같이 링크가 사용된 매체 또는 운송 수단을 식별해준다. 매체(medium)는 방문자가 사이트에 어떻게 도착했는지 알려준다. 가장 일반적인 매체 중 일부는 다음과 같은 것들이 있다.

  » 이메일
  » 페이퍼 클릭(PPC)

> » 배너 광고
> » 직접(사이트 주소에 직접 입력한 사용자)

캠페인 콘텐츠

캠페인 콘텐츠는 링크를 공유하는 데 사용된 특정 광고, 배너 또는 이메일을 추적해준다. A/B 테스트 또는 콘텐츠 타깃 광고와 함께 사용할 추가 정보를 제공할 뿐만 아니라 광고를 홍보하거나 콘텐츠를 배포할 때 어떤 광고 소재가 가장 효과적인지 판단하는 데 도움을 준다.

이 매개 변수의 이름 구조를 가능한 자세히 설명해두면 UTM이 어떤 이메일 또는 광고를 통했는지 쉽게 기억할 수 있다.

캠페인 이름

이 변수는 봄 세일과 같은 특정 프로모션 캠페인이나 제품을 구별해내는 데 도움을 준다. 캠페인 이름의 기본 목적은 프로모션 코드 또는 콘텐츠 배포 전략을 구분해내어 시간과 플랫폼에 따른 이들의 실적을 쉽게 비교할 수 있도록 돕는 것이다.

전체 캠페인을 쉽게 분석할 수 있도록 모든 프로모션에 대해 소스 및 미디어에서 캠페인 링크가 일관되어야 한다.

UTM 해부

이전 절에서는 UTM을 구성하는 가장 중요한 매개 변수를 살펴보고 지금부터 UTM의 구조를 살펴보자. 예를 들어 DigitalMarketer의 제품인 Content Engine에 대한 플래시 판매에 대한 UTM의 모습은 다음과 같다.

```
http://www.digitalmarketer.com/lp/the-content-engine?utm_
source=house-list-email-boradcast&utm_medium=email&utm_
content=content-engine-flash-mail-1&utm_campaign=content-engine-
flash-sale-1-1-16
```

여러분이 흔히 보는 UTM은 이와 유사할 것이다. 이제 절별로 UTM을 사용하여 이 URL을 분석해보자.

- » http://www.digitalmarketer.com/lp/the-content-engine : 하이퍼링크
- » &utm_source = house-list-email-broadcast : 캠페인 소스를 나타낸다. 트래픽의 참조 소스로 이 경우 'house'이메일 목록에 대한 이메일을 나타낸다.
- » &utm_medium = email : 캠페인 매체를 나타낸다. 사용자가 어떻게 접근 하게 되었는지를 나타낸다. 이 경우 이메일을 통해 이루어졌다.
- » &utm_content=content-engine-flash-mail-1 : 캠페인 콘텐츠를 나타낸 다. 이 경우 Content Engine flash sale promotion을 위한 첫 번째 이메일 을 뜻한다.
- » &utm_campaign=content-engine-flash-sale-1-1-16 : 특정 프로모션 또 는 전략인 캠페인 이름을 뜻한다. 이 경우 캠페인은 2016년 1월 1일부터 시작되는 Content Engine flash promotion이다.

URL에 UTM 매개 변수 만들기

구글은 구글 애널리틱스 UTM Builder라고 불리는 무료 프로그램을 배포하고 있다. 이를 사용하면 UTM 링크를 쉽게 만들 수 있다. 해당 페이지를 방문하여 가이드라인 에 따라 단계별로 정보를 넣어 연결하면 UTM 변수가 포함된 하이퍼링크를 자동으 로 생성할 수 있고 구글 애널리틱스를 사용하여 추적 분석할 수 있다. 즉, 아직 사용 해보지 않았다면 구글 애널리틱스 도움말 센터를 방문하면 좀 더 자세한 정보를 얻 을 수 있다. 각기 다른 UTM 매개 변수를 사용하는 방법에 대한 추가 정보들을 얻을 수 있을 것이다.

구성요소들이 적절하게 잘 포함된 하이퍼링크를 만드는 작업이 익숙해지기까지 약 간의 시간이 걸리지만 UTM이 제공하는 데이터는 그 정도 노력을 감수할 만큼의 가 치가 있다. 분석을 위해서는 일관성을 유지하는 게 중요한데, 이를 위해서 사용하는 모든 하이퍼링크를 통합 문서로 만들어 나중에 분석할 때 다시 참조하면 편리하다.

UTM 변수는 대소문자를 구분하므로 일부 링크에서는 utm_campaign 태그에 *abc*를 사용하고 다른 링크에서는 utm_campaign 태그에 대해 *ABC*를 사용하면 구글 애널리틱스는 이 둘을 별도의 캠페인으로 표시한다.

누가 행동을 취하고 있는지 확인하기 위한 목표 만들기

앞에서 설명한대로 UTM 태그를 만든 후 구글 애널리틱스에서 목표를 설정할 수 있다. 목표는 사용자들의 특정 행동을 집계하여 사람들이 여러분의 사이트에서 어떤 행동을 보이는지 추적할 수 있는 방법을 제공하는 데 있다. 목표를 실제로 유용하게 만드는 것은 단순히 행동을 취한 횟수를 추적하는 것이 아니라, 어떤 그룹의 사람들이 어떤 행동을 취했는지 확인하는 것이다. 구글 애널리틱스에서 사용자의 이름이나 이메일 주소와 같은 개인 식별 정보로 동작을 추적하는 것은 허용되지 않지만 사용 중인 기기, 그들이 살고 있는 나라 혹은 여러분의 웹 사이트 중 어디를 둘러보았는지 등의 내용은 추적할 수 있다. UTM 매개 변수 덕분에 실제로 개인이나 그룹이 사이트에 도착했을 때 어떤 행동을 보이고 작업을 수행했는지 확인하는 것이 가능하다.

구글 애널리틱스에서 설정하려는 가장 기본적인 목표는 리드를 생성하는 옵트인(optin)이다. 방문자가 양식을 작성하고 나면 확인 페이지로 이동을 하게 된다. 옵트인 수를 측정하기 위해서는 단순히 구글 애널리틱스의 확인 페이지에 몇 명이나 방문했는지 측정하도록 세팅을 하기만 하면 된다.

구글 애널리틱스에서 양식 채우기를 설정하려면 다음 단계를 따라하면 된다.

1. **구글 애널리틱스의 '관리'를 클릭**
   관리자 메뉴가 나타난다.
2. **전체 웹 사이트 데이터에서 '목표'를 클릭**
   목표 대화 상자가 나타난다.
3. **새 목표를 만들려면 새 목표 버튼을 클릭**
   목표 설정 페이지가 나타난다.

4. **아래로 스크롤하여 가입 목표 유형을 선택. 그런 다음 계속 단추를 클릭**

가입 목표 유형 설명 페이지가 나타난다. 구글은 특정 요구 사항에 맞는 다양한 목표 템플릿을 제공하며 이 중에서 선택이 가능하다(맞춤 템플릿도 만들 수 있다). 옵트인을 추적하기를 원한다면 가입은 꼭 해야 한다.

5. **목표 이름을 지정한 후 다음 유형 필드에서 대상을 선택하고 계속 버튼을 클릭**

목표 설정 페이지인 최종 설정 페이지가 나타난다.

6. **목표 세부정보 설정**

최종 목표 필드에서 규칙을 시작값으로 변경하고 Thank You 페이지의 URL 문자열을 추가하면 사람들이 여기서 옵트인을 설정한다. 시작값을 사용하면 모든 옵트인을 적절하게 설정할 수 있다. Thank you 페이지에서 보통 옵트인의 숫자를 추적하지만 실제 수신 동의를 추적하는 또 다른 방법은 유입 경로를 만드는 것이다(그림 12-3 참조). 유입 경로를 설정하려면 유입 경로

그림 12-3
목표를 위한 구체적인 설정

옵트인 페이지 URL 문자열

출처 : www.digitalmarketer.com

옵션을 '설정'으로 하고 도착 페이지 앞에 URL을 포함하여 페이지 입력란에 단계를 추가해야 한다. 이 단계를 필수로 설정하고 추가 버튼을 누르게 되면 모든 세팅이 끝이다. 완료되면 목표를 올바르게 설정했는지 확인을 하는 것도 잊어서는 안 된다.

7. 저장 버튼 클릭

이제 구글 애널리틱스에서 첫 번째 목표를 달성했다.

URL 문자열의 경우 전체 URL이 아닌 도메인 이름 뒤에 항상 텍스트를 사용하자. 구글은 이미 루트 도메인을 알고 있기 때문에 전체 URL을 사용하지 않아도 된다.

구글 애널리틱스에서 목표를 달성하기 위해 며칠 동안 데이터를 수집한 후 수집된 데이터를 검토할 수 있다. UTM을 사용해 설정한 목표는 고객의 행동을 이해할 수 있는 통찰력을 제공한다. 또한 UTM에서 설정한 목표는 페이스북, 이메일 및 블로그와 같이 다양한 채널 중에서 가장 많이 사람이 사용하고 방문하는 데 이용하는 채널을 파악할 수 있는 유용한 정보를 제공한다. 이러한 통계를 살펴보려면 구글 애널리틱스의 '보고서' 절로 이동하여 왼쪽 메뉴에서 '전환'을 선택하면 된다. 그런 다음 '목표' 드롭다운 메뉴를 클릭하고 '개요'를 선택하게 되면 개요 창이 열리고 설정한 목표가 어떻게 수행되고 있는지 확인할 수 있다. 이 보고서는 여러분이 설정한 모든 목표에 대해 집계된 데이터를 보여준다. 특정 목표 하나를 검토하려면 '목표 옵션' 아래 '전체 목표'를 클릭하고 하나의 개별 목표를 선택하면 목표 보고서가 열린다. 이 보고서는 총 목표 달성 횟수 및 목표에 대한 전환율을 알려준다.

약간의 노하우와 적절한 태그를 사용하면 구글 애널리틱스 캠페인을 사용하여 사용자를 추적하고 고객에 대해 많은 정보를 얻을 수 있다. 이 분석 방법을 사용하면 여러분의 노력의 성공 여부를 올바르게 추적할 수 있는 토대가 마련되어 작업 내용에 좀 더 집중을 할 수 있게 되고, 여러분의 생각대로 움직이지 못한 작업에 대해서는 제거를 하면서 좀 더 효과적으로 관리하는 것이 가능하다. 이러한 유형의 평가는 모든 사업에 필수적이므로 여러분이 성장을 거듭함에 있어 훌륭한 결정을 내릴 수 있게 도와줄 것이다.

구글 애널리틱스로 고객 세분화하기

이 장의 이전 절에서는 성공을 어떻게 추적하고 성공을 이끄는 채널을 결정하는 데 필요한 기본 지식에 대한 설명을 위주로 진행했다면, 다음으로 알아야 할 것은 이 모든 지식을 어떻게 활용할 수 있을까 하는 근본적인 질문이다. 이에 대한 답은 고객을 분류하는 것에 바탕을 둔 마케팅 전략인데 제4, 10장에서 이미 논의를 했다. UTM을 사용하여 얻을 수 있는 강력한 정보와 구글 애널리틱스 분석에서 목표를 설정했다면 다음과 같은 내용으로 고객을 세분화(또는 세그먼트)할 수 있다.

- » 채널
- » 트래픽 소스
- » 완료된 고객의 행동
- » 전환 수

분석적인 맥락에서 이야기하면 세분화라고 하는 것은 어느 특징적인 행동을 혹은 고객의 특성을 공유하는 방문자 그룹을 나타낸다. 구글 애널리틱스에서 고객을 세분화하면 다음과 같은 것이 가능해진다.

- » 누가 여러분이 보내는 메시지에 더 매력을 느끼는지 확인하는 것이 가능하기 때문에 좀 더 많은 정보를 그 고객층에 보내는 것이 가능하다.
- » 광고 카피를 개선하고 후속 캠페인을 구체화하는 데 많은 도움을 준다.

세분화라는 것이 단순하게 들릴 수 있다 하지만 세분화 작업은 예산을 최대한 활용하거나 새로운 고객을 유치하기 위해 시간과 에너지를 어디에 사용해야 하는지를 가장 잘 설명해줄 수 있는 방법을 제공한다. 고객을 세분화하면 여러분이 계획하고 있는 전략이 효과적인지 아닌지 더 정확히 이해할 수 있기 때문에 적절한 계획을 세울 수 있다. 다음 절에서는 유용한 세그먼트를 만드는 방법과 여러분이 타깃으로 하는 세그먼트를 더 자세히 파악하여 그들이 원하는 것이 무엇인지 파악하는 방법에 대해서 이야기해보자.

고객 세그먼트

고객 세그먼트 전략을 사용하면 다양한 고객 중 누가 가장 여러분이 원하는 행동으로의 전환율이 높은지 그리고 어떻게 그들에게 집중할 수 있을지 그 방법을 알게 된다. 이를 통해 무엇이 그들이 원하는 정보인지 파악할 수 있다. 그 자세한 내용을 이야기하기 전에 고객의 정보를 파헤치는 데 사용하는 세그먼트를 만드는 방법에 대해 이야기해보자.

세그먼트를 만드는 작업은 빠르고 쉽다. 특정 사용자를 포함하거나 제외하는 일련의 규칙을 만들면 그 규칙에 따라 여러 가지 서브 그룹을 만들어낼 수가 있다. 세그먼트를 만든 후에는 여러분을 방문한 고객들의 이런 다양한 서브 그룹에 속해 있는 사람들이 어떤 행동적 특징을 보이는지, 이런 서브 그룹에 속해 있는 사람들의 특징은 무엇인지 분석하여 그들이 원하는 정보, 그들이 무엇보다 가치를 주는 정보에 대한 통찰력을 얻을 수 있다. 자신만의 세그먼트를 만들려면 다음과 같은 단계를 따르면 된다.

1. 구글 애널리틱스에서 보고서로 이동한다.
    보고서가 나타난다.

2. '잠재고객'을 클릭하고 '개요' 탭을 선택한다.
    '잠재고객 개요 보고서' 확인이 가능하다.

3. 페이지 상단의 ' + 새 세그먼트' 부분을 클릭한다.
    세그먼트 메뉴가 나타난다.

4. '새 세그먼트' 버튼을 클릭하여 새 세그먼트를 생성한다(그림 12-4 참조).
    세그먼트 메뉴가 열리면 여러분이 시장을 세분화 하는 데 있어 포함시키고 싶은 요소와 배제시킬 요소를 설정할 수 있다. 예를 들어 연령 또는 운영 체제 조건을 설정하는 것이 가능하다.

5. 다음에 나오는 여러 요건 중 여러분이 원하는 내용에 따라 세그먼트의 조건을 정할 수 있다.
    - 인구 통계 : 연령, 성별, 위치 및 기타 세부 정보와 같은 인구통계학적 정보로 사용자를 분류. 이는 인구통계 카테고리의 옵션에서 체크박스를 통해 설정 가능.

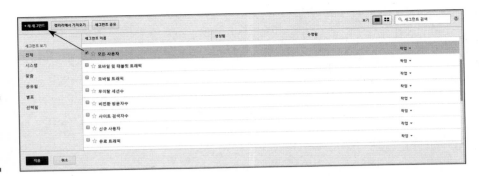

그림 12-4
구글 애널리틱스
에서 새 세그먼
트 만들기

- **기술** : 브라우저, 디바이스 및 화면 해상도와 같은 웹 및 모바일 기술로 사용자를 분류. 기술 범주 내의 옵션에 따라 설정 가능
- **행동** : 방문 빈도(세션)에 따라 사용자를 분류. 예를 들어 얼마나 자주 방문했는지, 마지막 방문이 언제인지, 마지막 방문 이후 얼마나 시간이 흘렀는지 등의 정보에 따라 컨디션 설정이 가능. 양식 필드로 설정 가능
- **첫 번째 세션 날짜** : 처음으로 사이트를 방문했을 때를 기준으로 사용자 분류(집단 생성). 양식 필드로 설정 가능
- **트래픽 소스** : 사용자가 사용한 키워드(예 : 키워드, 광고 캠페인 및 사용한 매체)에 따라 분류. 양식 필드로 설정 가능
- **조건** : 시간, 목표 전환 혹은 맞춤화된 조건과 같이 하나 혹은 다양한 세션 조건에 따라 사용자 그리고 세션에 따라 분류. 양식 필드로 설정 가능
- **순서** : 사이트에 도달하는 데 걸린 단계와 같은 순차 조건에 따라 사용자 그리고 세션에 따라 분류. 양식 필드로 설정 가능

6. 세그먼트에 대한 조건을 설정한 후 세그먼트의 이름을 작성한다.

7. 세그먼트를 완료하려면 저장 버튼을 클릭
   새 세그먼트가 완성이 되면 나중에 데이터 연구 및 분석을 할 때 이 세그먼트로 돌아가는 것이 가능

새 세그먼트가 로드되면 세그먼트에 대한 데이터가 표시되어 그 세그먼트에 대한 평가가 가능하다. 예를 들어 세그먼트를 구성하는 사용자 수와 다른 여러 가지 데이터를 보여준다. 그림 12-5의 완성된 세그먼트 예를 참조하라. 이 세그먼트는 모바일 사용자를 보여주며 122,263명의 사용자로 구성되어 있다.

세션	사용자	페이지뷰	페이지/세션	■ 새 방문자 ■ 재방문자
모바일 트래픽	모바일 트래픽	모바일 트래픽	모바일 트래픽	
192,150	122,263	303,067	1.58	
평균 세션 시간	이탈률	새로운 세션		44.5% 55.5%
모바일 트래픽	모바일 트래픽	모바일 트래픽		
00:01:11	69.74%	55.45%		

그림 12-5

모바일 사용자를 위한 세그먼트

일반적으로 고객의 세그먼트에 최소 3,000명의 사용자를 목표로 삼아 그룹화에 대한 믿음을 가질 수 있는 충분한 서브그룹을 확보해야 한다. 적은 수의 사용자로 실험할 수는 있지만 세그먼트 카테고리가 클수록 데이터의 신뢰도가 높아지고 건전한 비즈니스 의사 결정을 내릴 수 있게 된다.

세그먼트는 '잠재고객'에서만 해당되는 것은 아니다. '잠재고객', '획득', '행동', '전환'에 따라서도 세그먼트를 만들 수 있다. 이 세그먼트를 만드는 데 가장 적합한 제품군을 선택하고 선택한 제품군에서 개요를 선택하면 된다. 다른 보고서를 선택했다면 위에서 언급한 예제와 측정방법에 있어서 다를 수 있으나, 세그먼트를 해 나아가는 단계는 같으므로 비슷한 형태로 세그먼트를 진행하면 된다.

청중에게 호소

고객을 세분화하고 나면 그 고객에 대해서 좀 더 세부적인 정보를 얻을 수 있다. 이제는 여러분이 원하는 행동을 해주고 있는지에 대해서 알아볼 차례이다 예를 들어 누가 옵트인이고 누가 아닌지, 어떤 전략이 통할지 파악할 수 있다. 보고서를 통해 고객에 대한 이해를 높이고 그들을 이해하면 광고비용을 줄이거나 좀 더 많은 리드를 발생시킬 수 있는 더 나은 전략을 찾아낼 수 있다. 2가지 주요 유형의 데이터를 찾아야 한다.

» 인구통계학
» 심리학

인구통계 데이터는 사람들에 대한 정보를 준다. 일반적으로 이 데이터에는 연령 및

고객을 이해하기			
유형	인구통계학 데이터	심리통계학 데이터	
목적	타깃팅	메시지	
포함	나이 성별 장소 접속기기	취미 소비 패턴 소득	

그림 12-6

인구통계 및 심리학 데이터에 가장 적합한 용도

출처 : https://analytics.google.com/analytics/web/?authuser=
1#report/visitors-overview/a54278530w87158541
p110653994/%3F_.useg%3Dbuiltin28/

성별과 같은 통계 세부 정보가 포함되어 있지만 사용 중인 기기 유형과 위치도 포함될 수 있다. 인구통계학적 정보는 여러분이 대상으로 하고 있는 사람들을 정확하게 이해하고 누구를 타깃으로 할지 보여주는 훌륭한 가이드라인 역할을 한다.

대조적으로, 심리학 데이터는 사람들이 좋아하는 것을 설명한다. 이 데이터는 모두 관심사, 취미 및 좋아하는 것으로 청중의 개성에 대해 더 많은 정보를 준다. 심리학적 정보는 메시지를 전달할 때 가장 활용도가 높다.

그림 12-6은 데이터 유형과 가장 잘 사용된 데이터 유형을 보여준다.

다음 절에서는 인구통계 데이터를 보는 보고서와 심리학 데이터를 보는 보고서 작성에 대해 이야기하려고 한다. 이 2가지 형식의 보고서를 익혀두면 다양한 유형의 고객 세그먼트에 대해 익숙해질 것이다.

인구통계 조사

인구통계학적 데이터에 대한 보고서의 데이터는 일반적으로 상당히 단순하고 건조해 보이지만 매우 흥미로운 정보를 제공한다. 구글 애널리틱스의 '잠재고객' 탭에서 인구통계 보고서를 쉽게 접할 수 있다. 그러나 이 보고서의 핵심 측정 항목은 세션(방문 수)에 초점을 두고 있다. 세션을 넘어 사용자에게 도움을 주기 위해서는 소비자에 따라 다양한 형태의 보고서를 만들어야 한다.

인구통계에 소비자의 니즈에 맞춘 고객맞춤형 보고서를 만들려면 다음 단계를 따르면 된다.

1. 구글 애널리틱스의 '맞춤 설정' 섹션으로 이동하여 '새 맞춤 보고서' 버튼을 선택한다.

   사용자 정의 보고서 작성 페이지가 열리면 원하는 인구통계학의 항목별 보고서를 작성하자. 우리 회사의 경우 연령, 성별, 위치 및 기기 유형별로 인구통계를 분석할 때 4가지 보고서를 작성하고 있다.

2. '맞춤 보고서 만들기' 페이지에 있는 '보고서 내용' 섹션에서 보고서 탭을 생성한다.

   드릴 다운을 통해 볼 수 있는 인구통계학적 요소 중에 측정하고 싶은 요소를 선택 이름으로 지정하자. 예를 들어, 나이를 측정하는 경우 나이 이름을 지정하면 된다. 이 보고서에서 여러 인구 통계를 측정하려는 경우 1단계에서 제안하는 것처럼 보고서 내용 절 아래에 있는 '+보고서 탭 추가' 단추를 클릭하여 새 보고서 탭을 만들 수 있다. 측정하고자 하는 인구통계 요인에 맞춰 각 탭의 이름을 지정하면 된다.

3. 같은 페이지에서 측정항목 추가 버튼을 클릭하여 측정항목 그룹을 추가한다. 추가 후 '사용자'를 선택하여 드롭다운 메뉴에서 적절한 '사용자'를 설정하면 된다.

   이제 '사용자'라는 단어가 측정항목 그룹 차원에 표시되며 사용자는 모든 탭에서 동일하게 표시된다.

4. 동일한 페이지의 '측정항목 드릴다운' 메뉴에서 '측정기준' 추가 단추를 클릭하여 각 보고서 탭의 인구 통계를 설정한다.

   나이의 경우 '측정기준 드릴다운'은 연령을 메뉴에서 선택하면 된다. 성별은 성별이고 디바이스는 기기 카테고리로 표시된다. 선택을 하면 이제 해당 인구 통계학적 정보가 '측정기준 드릴다운' 차원에 나타나게 된다. 위치는 독특한 정보를 제공한다. 다른 인구통계적 정보의 경우 미리 선택된 탐색 탭에 타입(Metric Groups 차원 위에 위치)을 유지할 수 있다. 그러나 위치의 경우 유형을 지도 중첩 탭으로 설정하면 위치 데이터가 지리적 지도에 표시되어 드릴다운 항목이 필요가 없다.

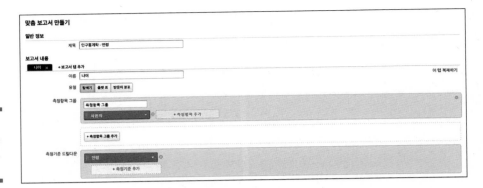

그림 12-7
나이에 대한 사
용자 정의 보고
서 작성

그림 12-7은 나이 보고서를 만들기 위한 설정을 보여준다.

5. 완료 후 저장 버튼을 클릭한다.
작성한 보고서가 로드되고 이제 반복적으로 사용할 수 있는 인구통계 보고
서의 설정이 완료되었다.

다음 절에서는 인구통계 보고서에서 우리가 얻을 수 있는 내용이 무엇인지 알아보
고 여러분의 캠페인에 사용할 수 있는 통찰력을 얻기를 기대해본다.

나이

먼저 캠페인에 응답하는 사람들의 나이를 확인하자. 누가 옵트인할까? 예를 들어, 고
객 아바타를 만들기로 결정을 했을 때 타깃으로 삼은 연령대가 있는가?(고객 아바타 만
들기에 대한 자세한 내용은 제1장 참조). 그렇지 않은 경우 나이 정보에 따라서 그들 연령대
의 렌즈를 통해 캠페인의 광고 카피를 재평가해봐야 한다. 이 보고서를 통해 보다 소
비자가 원하는 캠페인을 만들 수 있으므로 광고를 선택하는 경우가 늘어나고 이는
결국 클릭당 비용(CPC)을 낮출 것이다.

성별

다음으로 캠페인에 옵트인한 사용자의 성별 비율은 어떤가? 만약 옵트인의 결과, 특
정 성별에 대한 가중치가 다른 쪽보다 너무 높다면, 그 성별을 대상으로 하는 두 번
째 캠페인을 만들어보는 것이 좋다. 이는 클릭률 및 광고 관련성을 높이는 데 큰 역
할을 하며 동시에 CPC 또한 떨어뜨릴 것이다.

위치

위치는 강력한 데이터 세트가 될 수 있다. 특히 새로운 지리적 시장에 침입하거나 다른 영역에서 확장하려는 경우에 특히 유용하게 사용될 수 있다. 예를 들어 위치 보고서에서 이전에 고려하지 않은 특정 도시, 주 또는 국가에서 캠페인 실적이 특히 우수하다는 정보가 생긴다면 이전에 고려하지 않은 이 위치를 타깃팅하기 위해 더 많은 광고 예산을 할당하는 등 정보에 입각한 결정을 내릴 수 있다. 그 지역의 이익도 활용할 수 있게 된다.

기기

기기 보고서를 통해 사람들이 어떤 기기를 통해 캠페인에 참석했는지 확인할 수 있다. 휴대 기기였나?, 태블릿? 또는 데스크톱이었는가? 사람들이 캠페인에 참여하는 데 사용하는 기기를 알면 이를 설계하는 방법에 활용할 수 있다. 예를 들어, 쿠폰과 같은 조건적 제안이(제공하는 프로모션에 대한 자세한 내용은 제3, 4장 참조) 모바일 사용자에게 특히 잘 활용된 경우 모바일 사용자를 주 대상으로 전환 깔때기를 설계하는 것이 중요하다.

심리학 조사

앞에서는 고객의 객관적인 특징을 인구통계학적 데이터를 통해 알아보는 방법에 대해 알았다. 이러한 객관적이고 유용한 정보는 여러분들의 고객을 최적화시키는 단계에서 활용 타깃을 정하는 데 많은 도움을 준다. 그렇다면 어떠한 메시지를 주어야 하나? 어떤 후속 전략이 필요할까? 이러한 질문에 답하는 최선의 전략을 파악하기 위해 이제부터 심리학 데이터를 가지고 이야기해보려고 한다.

다시 한 번 보고서로 돌아가 이야기해보자. 이번에는 관심도 카테고리(affinity category) 및 구매고객(in-market) 세그먼트를 살펴보자. 관심도 카테고리는 사용자의 흥미나 관심 분야를 많이 보여주는 반면 구매고객 세그먼트는 고객이 구매하고자 하는 것을(또는 방금 구입했을 수도 있음) 나타낸다. 이 프로세스는 맞춤화 인구통계 보고서를 만들 때와 동일하게 여러 단계의 과정을 통해서 만들어진다.

1. 구글 애널리틱스에서 '맞춤 설정'으로 이동하여 '맞춤 보고서'를 클릭, '+새

춤 보고서'를 클릭하여 시작한다.

'맞춤 보고서' 작성 페이지가 실행된다.

2. '맞춤 보고서 만들기' 페이지의 '보고서 내용'에서 '구매고객 세그먼트'나 '관심 분야'용 보고서 탭을 생성한다.

'보고서 내용' 밑에 위치한 '+보고서 탭 추가' 버튼을 이용해서 탭을 추가. '이름'에는 구매고객 세그먼트 또는 관심 분야라고 지정한다.

3. 같은 페이지에서 '측정항목 추가' 버튼을 클릭한 다음 하단의 드롭다운 메뉴에서 '사용자'를 선택하여 '측정항목' 그룹 측정 기준을 사용자로 설정한다.

이제 사용자라는 단어가 '측정항목' 그룹 차원에 표시가 되며. 모든 탭에서 사용자가 표시된다.

4. 동일한 페이지의 '측정기준 드릴다운' 메뉴에서 '측정기준 추가' 버튼을 클릭하여 만들었던 각 보고서 탭의 인구 통계를 설정한다.

선택하는 측정기준 드릴다운은 각각 '관심 분야 및 구매고객 측정기준 세그먼트'이다.

그림 12-8은 구매고객 세그먼트 보고서 작성을 위한 설정을 나타내고 있다.

5. 모든 과정이 끝나면 저장 버튼을 클릭한다.

생성한 보고서가 로드되고 나면 옵트인한 사용자들의 관심 분야를 연구하기 위해 언제든지 반복적으로 들어와서 보고서를 받을 수 있다.

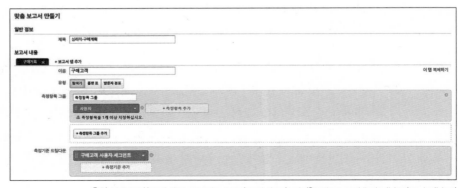

그림 12-8
구매고객에 대한
사용자 정의 보
고서 작성

출처 : https://analytics.google.com/analytics/web/?authuser=1#crbuilder/cr-builder/
a54278530w87158541p90451453//CREATE/

관심 분야 보고서

관심 분야 보고서는 사용자가 좋아하고 관심이 있는 정보를 수집한다. 이 정보를 통해 특정 관심 분야를 타깃팅하여 그들에 맞는 캠페인을 만들 수 있다. 이 보고서에서 데이터를 볼 때 보기 유형을 비교로 설정하는 것이 가장 좋다(페이지의 오른쪽에 있는 비교 보기 단추를 클릭하면 화면에 표시됨). 이 기능을 사용하게 되면 단순히 숫자를 보는 것보다 소비자들이 관심 있는 부분을 강조하여 표시가 된다. 관심 분야는 그림 12-9와 12-10에서 보이는 것처럼 관심이 많은 것부터 적은 것까지 순서대로 표시가 된다.

관심 분야 보고서를 통해 마케팅 메시지를 좀 더 효과적으로 만들 수 있다. 예를 들어, 그림 12-9에 묘사된 관객은 영화, TV 및 엔터테인먼트 및 유명 인사 뉴스에 분명한 관심을 보이고 있다. 이러한 지식을 바탕으로 캠페인을 최적화할 때 광고를 어떻게 디자인해야 할지 좀 더 구체적인 아이디어를 얻을 수 있다. 예를 들어 "여러분의 비즈니스 소셜 미디어 스코어와 킴카사디안의 광고는 어떻게 다른가요?"라는 질문

	Affinity Category (reach)	Users	Users (compared to site average)
		335,809 % of Total: 100.00% (335,809)	335,809 % of Total: 100.00% (335,809)
1.	Movie Lovers	153,838	299.09%
2.	Technophiles	150,969	291.64%
3.	TV Lovers	144,745	275.50%
4.	Shutterbugs	140,926	265.59%
5.	News Junkies/Entertainment & Celebrity News Junkies	128,533	233.44%
6.	Social Media Enthusiasts	114,992	198.31%
7.	Travel Buffs	114,426	196.84%
8.	Business Professionals	103,436	168.33%
9.	Shoppers/Shopaholics	101,030	162.09%
10.	News Junkies	99,770	158.82%

그림 12-9 청중의 관심 분야를 보여주는 관심 분야 보고서

출처 : https://analytics.google.com/analytics/web/?authuser=1#crbuilder/cr-builder/a54278530w87158541p90451453//CREATE/

96.	Sports Fans/Rugby Enthusiasts	5,079	-86.82%
97.	News Junkies/Women's Media Fans	2,961	-92.32%
98.	Gamers/Sports Game Fans	2,708	-92.97%
99.	Sports Fans/Skiing Enthusiasts	2,608	-93.23%
100.	Gamers/Driving & Racing Game Fans	2,545	-93.40%
101.	Music Lovers/Blues Fans	2,163	-94.39%
102.	TV Lovers/Documentary & Nonfiction TV Fans	1,792	-95.35%
103.	News Junkies/World News Junkies	1,711	-95.56%
104.	Sports Fans/Swimming Enthusiasts	1,561	-95.95%
105.	Sports Fans/Australian Football Fans	863	-97.76%
106.	News Junkies/Men's Media Fans	611	-98.41%

그림 12-10 청중의 관심이 적은 것을 보여주는 관심 분야 보고서

출처 : https://analytics.google.com

을 던진 광고라면 그림 12-9에 나타나 있는 고객에게 큰 인기를 얻을 수 있을 것이다. 반면에 데이터가 그림 12-10에 나와 있듯이 스포츠를 주제로 한 광고는 대부분 실패할 것이다. 따라서 고객에 대한 아무런 정보도 없이 광고 캠페인으로 스포츠 테마를 시도한다면 실패를 맛보게 될 것이다.

특정 메시지를 생각할 때 카테고리를 'TV Lovers'와 같은 너무 방대한 카테고리 대신 'TV/Lovers/Game, Reality' & 'Talk Show Fans'와 같이 좀 더 구체적인 특정 틈새 카테고리로 분류하는 것이 효과적이다.

구매고객 보고서

이 장의 앞부분에서 언급했듯이 구매고객 세그먼트는 고객이 마켓에서 소비를 하고 있는 것이나(또는 방금 구입한 것)에 대한 몇 가지 중요한 정보를 제공한다. 이것은 매우 강력한 정보로 검색하는 제품 및 서비스를 기반으로 시장을 타깃팅할 수 있다. 선호도 보고서와 마찬가지로 데이터를 볼 때 데이터 보기 유형을 비교로 설정하는 것이 가장 효율적이다. 이 설정을 사용하면 단순히 숫자를 보여주는 것이 아니라 소비자들이 관심이 있는 분야를 강조해서 보기 쉽게 해준다, 그림 12-11은 구매고객 보고서의 샘플을 보여준다.

그림 12-11에서 볼 수 있듯이 이 캠페인에 참여한 고객(옵트인한 고객)은 취업, 여행 및 호텔 숙박, 비즈니스 및 광고 서비스 시장에 대하여 조사를 하고 있다. 따라서 여행 또는 광고 서비스와 관련된 언어를 사용하면 광고는 성공을 할 가능성이 높아질 것이다.

구매고객 보고서를 사용하면 사용자의 소득 범위를 파악할 수 있는 몇 가지 조사 방

구매고객 보고서	Users ⬇	Users (compared to site average)
	335,809 % of Total: 100.00% (335,809)	335,809 % of Total: 100.00% (335,809)
1. Travel/Hotels & Accommodations	72,394	1,383.96%
2. Employment	69,978	1,334.44%
3. Business Services/Advertising & Marketing Services	56,824	1,064.80%
4. Dating Services	48,428	892.70%
5. Business Services/Business Technology/Web Services/Web Design & Development	47,665	877.06%
6. Software/Business & Productivity Software	46,970	862.81%
7. Financial Services/Investment Services	44,670	815.66%
8. Education/Post-Secondary Education	43,436	790.37%
9. Travel/Air Travel	40,943	739.27%
10. Consumer Electronics/Mobile Phones	39,596	711.65%

그림 12-11
구매고객 보고서의 데이터 결과

출처 : https://analytics.google.com

법이 있다. 여러분이 타깃으로 삼고 있는 사람들이 럭셔리 제품에 관심이 있는지 여부를 근거로 타깃 소비자들이 소득을 추론할 수 있는 감각을 길러야 한다. 이를 위해 부, 즉 사치품을 나타내는 범주에서 높은 관심을 보이는지 찾아봐야 한다. 다음은 이 분석에 사용할 수 있는 일반 카테고리들이다.

> » 고급 물건에 관심이 많은 카테고리
> » 고급 물건을 많이 소비하는 소비자들
> » 자동차에 대한 높은 관심/고급차에 많은 관심을 보이는 사람들
> » 럭셔리 여행자
> » 럭셔리 마켓 잠재고객
> » 의류 및 액세서리/쥬얼리/시계
> » 의류 및 액세서리/쥬얼리/시계/파인 쥬얼리
> » 자동차/자동차 브랜드/아우디
> » 자동차/자동차 브랜드/BMW
> » 자동차/자동차 브랜드/럭셔리 차량(신차)
> » 자동차/자동차 브랜드/스포츠카(신차)
> » 자동차/자동차 브랜드/포르쉐

이 전략을 사용하면 사용자의 수입을 이해하고 관심을 가질 만한 제품을 파악할 수 있다. 예를 들어, 보고서를 실행할 결과 이 캠페인의 고객 중 약 3퍼센트만이 위에 리스트한 카테고리에 관심을 보인다면, 여러분들이 이 타깃에 비싼 물건에 대해서 조건적 제안을 한다고 해도 결과적으로 많은 사람들이 관심을 보이지 않을 것이라고 쉽게 결론을 내릴 수 있을 것이다. 따라서 특히 비싼 품목에 대한 캠페인을 실행하는 것보다 보통의 플래시 판매 스타일의 제안을 하는 것이 훨씬 더 성공적인 결과를 갖게 될 것이다.

모든 것을 하나로 하자

이제 인구통계학적 데이터 그리고 심리학적 데이터를 모두 합친 맞춤화된 보고서를

바탕으로 마케팅 캠페인에 참여한다면 여러분의 고객을 더 잘 이해할 수 있고 누가 여러분의 캠페인에 이상적인 타깃인지 이해할 수 있을 것이다. 주관적인 추측을 하는 대신 캠페인 최적화 및 확장을 위해 입증된 개관적인 데이터를 얻었기 때문에 고객들의 옵트인이나, 광고 관심도, 혹은 CPC가 향상될 수 있을 것이다. 이것이 숫자를 계산하고 데이터 기반 비즈니스를 운영하는 힘이라고 할 수 있다. 다음은 고객에게 수집한 모든 데이터 요소를 결합한 후 고객의 아바타 프로필을 보여주는 예이다.

성별 : 여성

나이 : 20대 후반, 30대 초반

기본 설정 장치 : 스마트폰

예상 평균 소득 : 연간 10만 달러 미만

직장에서의 역할 : 사원

선호 및 관심도 : 영화, 연예/오락 뉴스, 팝 음악, 교육, 경력 컨설팅, 데이트 서비스, 홈 장식 및 정원 관리 서비스

싫어하는 것 : 스포츠, 공포 영화, 보드 게임, 비디오 게임, 자동차 액세서리

지금까지 공부해온 내용을 바탕으로 이제는 여러분이 무엇이 효과가 있었는지, 객관적인 정보에 따라 이상적인 잠재고객의 프로필을 작성하고 보다 명확한 타깃을 대상으로 캠페인을 만들거나 다른 트래픽 플랫폼으로 확장할 수 있을 것이다. 이제 캠페인을 더욱 구체적으로 만들고 새로운 각도에서 캠페인을 실행하고 타깃 고객에게 직접 이야기할 수 있을 것이다. 여러분의 회사의 유료 트래픽 팀이 이러한 데이터를 바탕으로 한다면 그들의 설정해놓은 목표를 달성하기 위해 참 많은 일들을 할 수 있을 것이다.

이 장에서 다루는 데이터 전략은 옵트인 고객뿐만 아니라 구매자 또는 신중한 타깃팅을 통해 사이트 사용자 등 다양한 잠재고객들에게 적용할 수 있을 것이다. 또한 충분한 트래픽 량을 발생시키는 모든 플랫폼에서도 이 전략을 활용할 수 있을 것이다.

ROI 극대화를 위한 캠페인 최적화

카리브 크루즈 관광 상품을 판매하기 위한 웹 페이지를 만들었다고 가정해보자. 이 페이지의 상단에는 "카리브 크루즈를 싸게 다녀오는 법! 아무도 우리 가격을 이기지 못할 것이다!"라는 헤드라인을 설정했다고 가정하자. 아마 몇몇 비즈니스 파트너들이 고객에게 좀 더 효과적일 것이라고 생각하는 헤드라인에 대한 개선 방안과 함께 여러분에게 연락을 해올 것이다. 이런 상황에서 여러분은 어떻게 하는 것이 최선일까? 그들의 직감을 믿고 헤드라인을 바꾸는 게 맞다고 생각하는가? 아니면 여러분이 생각대로 기존의 헤드라인으로 캠페인을 시작해야 하는가? 정답은 여러분의 의문점을 테스트하는 것이다. 제12장에서 논의했듯이, 데이터를 기반으로 하는 비즈니스는 주관적인 직감과 추측을 기반으로 마케팅적 의사결정을 하는 것이 아니다. 캠페인 ROI(투자 수익률)를 극대화하려면 데이터를 수집하고 테스트를 실행하여 캠페인의 효력을 높여야 한다. 그렇지 않으면 무엇이 달라붙는지 일단 벽에 스파게티를 던지고 보는 것과 다르지 않을 것이다.

이 장에서는 캠페인 최적화를 위한 헌신적이고 반복 가능한 프로세스를 검토해보자. 이 과정은 지나치게 복잡하지만 쉽게 이해할 수 있도록 부분으로 나누어 하나씩 알아보고 테스트를 위해 필요한 툴부터 최종 테스트 분석에 이르기까지 성공적인 최적화 캠페인을 실행하는 데 필요한 전체적인 아웃라인에 대해서 알아보자.

스플릿 테스트를 이해하기

웹 사이트를 최적화하기 위한 초석은 클릭 테스트, 옵트인 또는 판매와 같은 웹 사이트의 다양한 측정 항목을 개선하기 위해 통제된 무작위 실험을 수행하는 스플릿 테스트(split test)이다. 스플릿 테스트는 A/B 테스트(페이지의 두 버전을 성능 비교를 통해 비교할 수 있는 기술), 변수 조합을 한 번에 테스트하는 방법인 다변수 테스트의 2가지 형태를 주로 볼 수 있다.

스플릿 테스트를 하는 동안 들어오는 웹 사이트 트래픽을 원래(제어) 페이지와 다른 변형 페이지 간에 분할해야 한다. 그런 다음 측정하는 목표(예 : 리드, 판매 또는 참여)가 어느 경우 가장 향상되어 실적이 좋은 버전인지 비교를 통해 확인할 수 있다. 스플릿 테스트를 사용하면 온라인 체크아웃 프로세스와 같이 측정 가능한 목표를 향상시킬 수 있는 영역을 테스트할 수 있다. 이 테스트를 통해 어떤 요소가 전환율을 높이고 어떤 요소가 전환을 억제하며, 어떤 요인이 주문 증가로 이어질 수 있는지를 파악할 수 있다.

스플릿 테스트를 실행하는 데 필요한 툴

스플릿 테스트를 실행하려면 효과적인 툴이 필요하다. 이 절에서는 캠페인의 최대한의 결과를 얻기 위해 스플릿 테스트를 실행하는 데 필요한 기술에 대해 우선 이야기해보자.

분석 제품군

웹 사이트에서 테스트할 올바른 페이지를 선택하려면 웹 사이트 분석 도구에 크게 의존해야 한다. 이 장에서는 구글에서 제공하는 웹 사이트 분석 솔루션인 구글 애널리틱스에 기반을 두어 이야기해보자. 이 툴은 다양한 웹 사이트, 앱, 디지털 및 오프라인 데이터를 측정하는 과정을 통해 고객에 대한 다양한 정보를 통해 통찰력을 준다. 구글 애널리틱스는 무료 및 프리미엄의 2가지 종류가 있다. 대부분의 비즈니스에서는 무료 버전의 구글 애널리틱스만으로도 충분한 분석이 가능하다. 구글 애널리틱스의 프리미엄 버전 가격은 보통 1년에 1억 원 이상부터 시작한다. 이 유료 프로그램은 더 높은 데이터 한도, 고객 맞춤 변수, 전용 지원 팀 및 기타 기능을 제공한다. 구글 애널리틱스 작업에 대한 소개는 제12장을 참조하거나 https://www.google.com/analytics/를 참조하라.

테스트 기술

스플릿 테스트에는 변형을 편집하고, 테스트 변형을 분할하고, 변환율을 추적할 수 있는 기술이 필요하다. 다음과 같은 여러 서비스 중에서 선택할 수 있다.

» **비주얼 웹 사이트 최적화 도구** : 사용하기 쉬운 스플릿 테스트 툴이다. 이를 통해 A/B 테스트 및 다변수 테스트를 실행할 수 있으며 웹 사이트를 최적화하여 전환율 및 매출을 높이는 데 유용하게 사용된다. 이 유료 툴은 개인부터 큰 회사까지 선택할 수 있는 몇 가지 종류의 패키기 상품이 있다. 자세한 내용은 https://vwo.com/에서 얻을 수 있다.

» **언바운스** : 마케팅 담당자에게 방문 페이지를 작성, 게시 및 테스트할 수 있는 권한을 부여한다. 또한 A/B 테스트도 제공할 수 있으며. 기업가 및 엔터프라이즈급 비즈니스를 위해 선택할 수 있는 여러 가격대의 패키지가 있다. http://unbounce.com/에서 좀 더 많은 정보를 얻을 수 있다.

» **옵티마이즐리** : 웹 사이트, 모바일 앱 및 연결 장치를 위한 세계 최고의 실험 플랫폼 중 하나다. 옵티마이즐리를 사용하면 기업은 A/B 및 다변수 테스트를 수행할 수 있고 고객에 따른 최적화 프로그램도 제작하는 곳이다. 이 회사는 3가지 가격 책정 등급을 제공하며, https://www.optimizely.com/에서 확인 가능하다.

테스트 기술 도구를 구글 애널리틱스와 통합하여 구글 애널리틱스 보고서가 좀 더 정확한 데이터를 바탕으로 분석할 수 있게 돕는다.

테스트 기간 계산기

테스트 기간 계산기는 신뢰할 수 있는 테스트 결과를 얻기 위해 스플릿 테스트를 실행해야 하는 기간을 결정할 때 유용한 계산기이다. 기존 전환율, 테스트의 변형 수, 사이트에 도착한 트래픽 양 등의 데이터를 입력하면 계산기는 신뢰할 수 있는 결과를 얻기 위한 테스트를 실행할 기간을 결정한다. 그림 13-1은 Visual Website Optimizer에서 제공하는 무료 테스트 기간 계산기를 보여준다.

웹 사이트의 모든 페이지가 테스트되야 하거나 최적화가 필요한 것은 아니다 다음 절에서는 테스트를 받아야 할 페이지와 아닌 페이지를 분리하여 투자 수익(ROI)을 극대화할 수 있는 방법에 대해 이야기해보자.

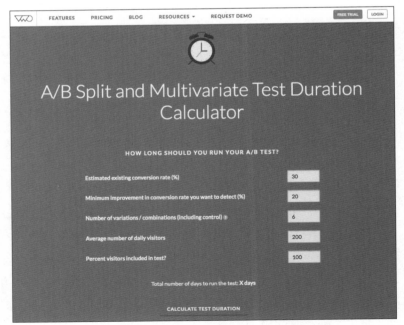

그림 13-1

Visual Web Optimizer의 테스트 기간 계산기

출처 : https://vwo.com/ab-split-test-duration/

스플릿 테스트의 가이드라인 따라하기

만약 여러분이 스플릿 테스트를 하기 위한 페이지를 찾고 있다면, 다음에 나오는 가이드라인에 따라서 테스트할 페이지의 가치를 결정하는 것부터 시작해보자. 첫째, 테스트하지 말아야 할 페이지다.

» 최악의 실적을 기록한 페이지(직관적인 것으로 들리지만 그 이유를 설명하겠다)
» 장기적인 비즈니스 목표에 영향을 주지 않는 페이지(예 : 404 페이지)
» 스플릿 테스트를 실행할 만큼 충분히 트래픽이 없는 페이지

그렇다면 왜 실적이 가장 저조한 페이지를 테스트하지 않아도 되는 걸까? 최적화할 페이지를 찾을 때, 여러분이 해야 할 일은 여러분의 목표에 가장 큰 영향을 줄 수 있는 기회 페이지에 집중하는 것이다. 예를 들어 전환으로 인해 전환 수가 10퍼센트 증가할 것으로 예상되는 경우 한 페이지에서는 50퍼센트가 전환되고 다른 페이지에서 5퍼센트가 전환율을 보일 때 50퍼센트의 전환율을 보이는 페이지를 기회 페이지라고 한다.

또한 최악의 실적을 보이는 페이지에는 테스트 캠페인이 필요하지 않다. 오히려 그런 페이지들은 정밀한 검사가 필요하다. 배가 가라앉고 있을 때 그다음에 무엇을 할지에 대한 가설을 세우려고 한다면 그럴 만한 시간이 충분하지 않다.

테스트할 필요가 없는 페이지는 과감하게 변경을 진행해야 한다. 최악의 성능을 내는 페이지를 테스트하지 않는 것과 같은 이유로, 변환되지 않은 페이지도 테스트할 필요가 없다. 이러한 비변환 페이지에는 About Us 페이지 또는 'dead end' 404 페이지가 포함된다.

그러나 404 페이지를 최적화하는 것이 마케팅에 유용하다는 입증이 되어 있기도 하다. 해당 페이지에서도 사용자가 계속 참여하도록 하기 위해 제안, 클릭 유도 문안 또는 몇 가지 추가 단계를 포함해야 한다. 그러나 이러한 모든 요소를 페이지에 추가하여 테스트할 필요는 없다. 목표에 부합하는 콘텐츠를 추가한 다음 전환에 영향을 미치는 더 중요한 페이지로 이동하도록 만들어야 한다. 그림 13-2에 나와 있는 아마존의 404 페이지는 이 페이지를 방문한 사람들을 아마존 홈페이지로 안내하거나 계속적인 검색을 하도록 제안한다.

출처 : https://www.amazon.com/pizza

그림 13-2
아마존과 마찬가지로 404 페이지는 사용자에게 다음 단계를 제공해야 하지만 스플릿 테스트가 필요하지는 않다.

스플릿 테스트를 할지 말지 결정할 때 따라야 할 마지막 지침은 페이지를 방문하는 트래픽이다. 여러분의 페이지에서 테스트 기간 동안 방문한 사람 중 몇 명이 여러분의 사이트에 관심을 보이는 사람들로 바뀌었는지 그 전환율을 확인해보자. 어디서 트래픽이 줄었는지 확인해봐야 한다.

구글 애널리틱스를 사용하면 페이지에 방문한 트래픽 수를 쉽게 알아낼 수 있다. 스플릿 테스트를 고려 중인 페이지의 순수한 페이지 뷰 수를 확인해보자. 구글 애널리틱스에서 이 작업에 가장 적합한 보고서는 제12장에서 자세히 설명한 '행동'이라고 할 수 있다. 구글 애널리틱스에서 보고서 절로 이동한 다음 방문 형태 ⇒ 사이트 콘텐츠 ⇒ 모든 페이지를 선택하면 보고서를 확인할 수 있다. 여기에서 구글 애널리틱스 분석의 필터 도구를 사용하여 스플릿 테스트를 실행하려고 고려 중인 특정 페이지를 검색하면 된다.

페이지 보고서에서 데이터를 수집한 후에 페이지를 분류해야 한다. 홈페이지 다음에 페이지 뷰(사용자가 본 총 페이지 수, 한 페이지의 반복 보기 수)에 항상 많은 수의 드랍오프 페이지들이 존재한다. 그러나 홈페이지는 소비자들이 주로 행동을 보이는 페이지와 너무 떨어져 있어서 테스트하기에 적합하지 않다. 이제 상품 페이지에서 결제 페이지 사이에 많은 양의 드랍오프 페이지들이 있다면 제품 페이지에 문제가 있는 것으로 최적화가 필요하냐는 것이며 이는 스플릿 테스트에 사용해야 한다.

이 절에 있는 가이드라인에 따라 여러분이 시간과 노력을 투자해 테스트를 진행할 만한 가치가 있는 페이지를 알게 될 것이다. 가이드라인에 따라 테스트하기에 적합한 페이지가 있다면 다음 4가지 질문을 해보는 것이 좋다.

1. 페이지에 고유한 방문자가 충분한가?
2. 페이지에 충분한 순수 전환이 발생하는가?
3. 이 페이지가 설정한 목표에 직접적인 영향을 주는가? 간접적인 경우라면 페이지의 전환 액션에서 얼마나 떨어져 있는가?
4. 판매 또는 리드와 같은 목표에 미치는 잠재적 영향은 무엇인가?

페이지를 테스트하기 전에 이 4가지 질문에 대답하면 다음과 같은 정보를 얻을 수 있다.

> » 페이지의 리소스가 테스트할 만한 가치가 있는가?
> » 실제로 테스트가 유용한가?

스플릿 테스트를 할 가치가 없는 페이지를 결정하고 나면 테스트를 실행해야 할 페이지도 찾을 수 있다,

최적화할 페이지 요소의 선택

최적화할 페이지를 찾고 스플릿 테스트를 실행할 테스트도 찾았다면 다음 단계는 무엇일까? 그 페이지에서 특별히 무엇을 테스트해야 할까? 페이지에서 테스트하는 기능을 결정할 때 고려해야 할 몇 가지 요소가 있다.

이 요소는 스플릿 테스트 실험을 시작하기 위해 페이지의 새 버전 또는 변형 방법을 고민할 때 도움을 줄 것이다. 어떻게 바꿀까를 고민할 때 처음으로 시도하기에 좋은

방법은 다음에 설명하는 질적 데이터를 사용하는 것이다.

질적 데이터를 고려하기

질적 데이터는 사람들이 관찰할 수는 있지만 측정할 수는 없는 정보를 말한다. 디지털 마케팅 측면에서 질적 데이터는 사용자의 행동을 생각하면 된다. 질적 데이터를 수집하는 것은 상대적으로 쉽고 저렴하며 페이지에 최적화할 수 있는 올바른 요소를 선택하는 데 매우 유용하다.

질적 데이터의 가장 기본적인 유형 중 하나는 클릭 추적, 마우스 이동 및 스크롤링을 고려할 수 있다. 이 데이터의 상당 부분은 히트 맵(heat map)으로 보고된다. 히트 맵은 사이트에서 상호 작용하는 사용자의 시각적 표현이다. 사용자가 여러분의 사이트에 집중하는 위치를 나타내준다. 그림 13-3은 일반적인 히트 맵을 보여주고 있다.

스플릿 테스트에서 히트 맵을 실행하는 것은 좋은 생각 중 하나이다. 비주얼 웹 사이트 최적화 툴과 같은 우수한 테스트 기술 툴에는 히트 맵 기술이 포함되어 있다. 열기 및 스크롤 지도 보고서는 클릭 유도 문안(CTA)에 클릭이 발생하는지 또는 사람들이 여러분의 콘텐츠를 소비하는지 여부를 관찰할 수가 있다. 다른 유형의 질적 데이

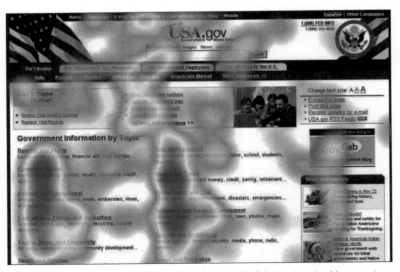

그림 13-3

히트 맵은 사용자와 페이지의 상호 작용을 보여준다.

출처 : http://webmaxformance.com/attention-scroll-click-heatmaptracking-services

터 및 수집 방법은 다음과 같다.

> **사용자 설문 조사** : TruConversion(https://www.truconversion.com/)과 같은 도구를 사용하면 사이트 방문자를 조사하고 분석할 질적 데이터를 얻을 수 있다.

> **세션 녹음** : TruConversion을 사용하여 방문자 세션을 기록하고 녹음 내용을 분석하여 페이지에서 테스트할 요소를 찾을 수 있다..

> **고객 서비스 질문** : 고객과 상담을 담당하는 사람들은 중요한 소비자의 경향을 읽을 수 있는 질적 데이터의 중요한 소스이다.

질적 툴 사용

질적 데이터는 매우 중요하고 다방면으로 사용이 되고 있다. 이를 위한 몇 가지 훌륭한 툴을 사용할 수 있다. 사용하는 데 있어서 지식이 부족하다면 하나부터 천천히 사용하여 점차 다른 툴을 사용할 수 있게 하면 된다.

> **TruConversion**(https://www.truconversion.com/) : 이 툴은 히트 맵, 세션 기록, 사용자 설문 조사, 마케팅 깔때기 분석 및 양식 필드 분석이 갖추어져 있다.

> **Crazy Egg**(https://www.crazyegg.com/) : 주로 히트 맵, 클릭 추적, 마우스 이동 및 스크롤에 중점을 둔다.

> **UsabilityHub**(https://usabilityhub.com/) : 이 사이트에는 5가지 스타일의 사용자 테스트가 가능하다.
> - 환경 설정 테스트
> - 5초 테스트
> - 클릭 테스트
> - 질문 테스트
> - Navflow 테스트

UsabilityHub의 5초 테스트를 비롯한 여러 가지 테스트는 매우 강력한 정보를 제공한다. 5초 테스트는 사람들의 사이트에 대한 첫인상을 주로 측정할 때 사용된다. 여러분의 사이트를 방문한 사람들이 자신들이 왜 여기에 와 있는지 모르고, 5초 내에 사이트가 제공하는 목적을 달성할 수가 없다면 페이지를 다시 생각해봐야 한다.

테스트 준비

테스트할 페이지를 결정하고 적절한 변형을 선택했다면 테스트를 구현해보자. 그러나 시험을 시작하기 전에 몇 가지 요소를 명심해야 한다. 강력한 스플릿 테스트를 실행하고 싶다면 다음에서 설명하고 있는 요소에 주목해야 한다.

최적화 가설 개발

여러분이 테스트를 진행하기 위해서는 가설을 세워야 한다. 테스트가 의미 있고 실행 가능하도록 하려면 계획을 수립해야 하며 통계를 활용해야 한다. 그저 테스트만을 위한 또는 특정 직감을 위한 테스트는 비즈니스의 시간과 리소스를 낭비할 뿐이다. 분명한 가설이 있다면 이러한 임시적인 테스트를 진행할 이유가 없다.

다음 형식을 기반으로 가설을 세워보자.

> 우리는 [A]와 피드백 [B]를 관찰했기 때문에 방문자 [D]의 [C]를 변경하면 [E]가 일어날 것이라고 믿고 있다. 우리가 [F]를 보고 [G]를 얻을 때 이것을 알게 될 것이다.

위와 같은 기본적인 가설 형식에 따라 테스트 범위, 세그먼트 및 성공 기준이 설정된다. 가설이 없다는 것은 결국 여러분의 추측인 것이다. 캠페인의 성공 또는 실패 여부를 추측으로 결정하고 싶지는 않을 것이다.

추적할 매트릭스 선택

스플릿 테스트를 위한 페이지와 테스트를 위해 변형시킬 내용을 선택한 후에는 스플릿 테스트를 평가하는 데 사용할 핵심 성과 지표(key performance inficator, KPI)를 결정해야 한다. KPI는 중요한 요소를 측정하고 테스트의 성공 여부를 판단하는 데 도움이 되는 매트릭스이다. 예를 들어 클릭과 같은 상위 유입 경로에 중심을 둔 측정 항목을 테스트하게 되면 전체적인 실제 영향을 완전히 이해하기 힘들다. 따라서 KPI

를 선택하고 비즈니스 목표에 미치는 영향을 파악해야 한다.

KPI를 정의하려면 모든 테스트에 대해 캠페인 목표는 물론 페이지 목표 또한 명확하게 설정해야 한다. 스플릿 테스트의 목표는 보통 다음과 같다.

» 페이지 목표 : 생성된 리드
» 캠페인 목표 : 특정 제품 판매

페이지 및 캠페인 목표는 단기적으로 페이지에서 발생하고 있는 일들을 알 수 있게 해주고 장기적으로 봤을 때 이는 페이지에서 일어난 일이 전체 캠페인에 어떤 영향을 주었는지를 보여준다. 때때로 페이지 수준에서 실적이 향상되고 있음에도 불구하고 캠페인 수준에서 실적이 저하되는 현상을 볼 수 있다. 위의 예에서는 페이지 수준에서 더 많은 리드를 생성하지만 실제로는 캠페인 수준에서 구매한 제품 수를 줄이는 테스트와 같은 것을 실행할 수 있다.

KPI 전반에 공통된 스레드(프로세스 내에서 실행되는 흐름의 단위-역주)를 유지하고 추가할 카트에 물건을 넣는 비율과 판매 비율과 같은 관련 매트릭스를 측정하게 하는 것이 좋다.

테스트 타임라인 계산

모든 테스트는 명확한 타임라인에 따라 디자인되어야 한다. 타임라인 없이 계속해서 테스트한다고 한다면 변종 간에 변화가 일어나지 않을 가능성을 무시하는 것이다. 테스트를 시작하기 전에 명확하게 시간을 작성한 후 그 스케줄에 맞게 실험을 진행해야 한다.

이 장 앞부분의 '스플릿 테스트를 실행하는 데 필요한 툴' 절에서 언급한 시간 계산기를 사용하고 계산된 시간을 한 주 반올림해서 진행해야 한다. 예를 들어 기간 계산기에서 10일 후에 의미 있는 결과를 얻을 수 있다는 계산이 나왔을 경우, 14일 동안 테스트를 실행하는 것이 좋다. 사람들은 요일에 따라 다르게 행동하며 이러한 행동의 차이를 고려해야 한다. 이 작은 트릭은 더 완벽한 데이터를 수집하는 데 도움을 줄 것이다.

시작 준비

여러분의 손에 가설, 테스트하고 싶은 변인, KPI 및 테스트 일정이 확정되었다면 이제는 스플릿 테스트를 시작할 준비가 거의 끝난 것이다. 테스트 준비를 위한 다음 단계들이 완료된다면 테스트 툴에서 시작 버튼을 클릭할 준비가 된 것이다.

구글 애널리틱스에서 목표 정의하기

여러분의 사이트에서 구글 애널리틱스만를 설치했다고 해서 충분하다고 할 수 없다, 목표를 수립해야 한다. 구글 애널리틱스에서 목표를 설정하는 방법에 대해서는 제12장을 참조하기 바란다. 예를 들어 맞춤화된 이벤트 혹은 전자 상거래를 추적한다고 설정을 하면 측정할 항목이 필요하다.

구글 애널리틱스에서 적절한 전자 상거래 또는 목표가 있을 때 테스트 결과는 주관적 의견이 아닌 객관적인 수치로 결정되기 때문에 측정 가능한 목표를 갖는 것이 중요하다. 구글 애널리틱스에서 목표를 설정하는 것은 매우 강력하며 효과를 가져오며, 단일 플랫폼에서 캠페인의 효과를 보여주기 시작한다.

모든 브라우저에서 페이지가 올바르게 렌더링되는지 확인하기

페이지가 제대로 작동하지 않는다면 데이터는 손상될 것이다. 가설이 잘못되었기 때문에 테스트 중인 콘텐츠가 실패했다고 생각할 수도 있지만 실제로는 브라우저와 같은 기술적인 문제일 수도 있다. 예를 들어 테스트 중인 페이지 중 하나에서 깨진 이미지가 표시되는 경우 해당 페이지의 전환 상승률(또는 실패)은 변경된 변수 때문이 아닌 페이지의 기능적인 문제에 의해 발생했을 수도 있다. 이 경우 테스트는 의미가 없게 된다. 테스트를 시작하기 전에 VisualStudio Optimizer의 BrowserStack 또는 미리보기 옵션과 같은 도구를 사용하여 버그 페이지를 다시 확인하자.

테스트 충돌이 없는지 확인하기

여러분이 테스트를 진행한다고 하면 테스트가 중복되는 것을 바라지는 않을 것이다,

따라서 동일한 페이지에서 동시에 여러 테스트를 실행해서는 안 된다. 예를 들어 페이지에 대해 두 번째 별도 테스트를 실행하는 동안 다른 테스트가 이미 동일한 페이지에서 수행되고 있는 경우 충돌 데이터가 발생하게 된다. 동시에 여러 페이지에서 테스트를 실행할 수 있으나 동시에 여러 페이지에서 테스트를 실행하는 경우 한 테스트에 포함된 트래픽이 다른 테스트에도 포함된 것은 아닌지 확인해야 한다.

링크 확인

페이지가 작동하는지 확인해야 할 때와 마찬가지로 링크가 제대로 작동하는지 확인하고 올바른 페이지로 이동시켜야 한다. 링크가 있는 페이지와 링크가 제대로 작동하지 않는 페이지 간의 스플릿 테스트는 분명히 치명적인 결함으로 테스트의 결과를 신뢰할 수 없게 된다.

로드 타임의 최적화

최적화시키는 데 있어 로드 타임도 항상 염두에 두어야 한다. 좀 더 나은 로드 타임을 보여주는 변형 요소가 있다면 이는 여러분이 가지고 있는 테스트 결과에도 영향을 줄 수가 있다. PageSpeed(https://developers.google.com/speed/pagespeed/)와 같은 도구를 사용하여 변형 로드 시간이 가능한 한 가깝도록 분석하고 확인해야 한다.

테스트 끝내기

위에서 언급한 것과 같이 테스트를 무기한 진행하는 것은 좋은 생각이 아니다. 데이터를 분석하고 충분한 정보를 바탕으로 의사 결정을 내릴 수 있도록 테스트 타임라인을 설정하고 그 타임라인을 준수해야 한다. 테스트를 끝낼 때는 다음과 같이 하면 된다.

> » **테스트 타임라인이 일정과 일치해야 한다.** 테스트를 진행하는 데 있어서 실제로 테스트를 계획한 시간 동안 실행해야 한다. 테스트 결과가 좋아 보인다고 해서 테스트를 일찍 끝내서는 안 된다. 마찬가지로 원하는 결과를

얻지 못했다고 해서 테스트를 계속 진행해서도 안 된다. 예정된 종료일에 도달하면 테스트를 끝내야 한다.

» **일주일 동안 테스트 완료** : 테스트 기간 계산기에 의해 테스트 기간이 달리 지정되지 않는 한, 테스트는 7일 동안 실행되어야 한다. 즉 화요일에 시작하는 테스트는 정확한 데이터를 바탕으로 결정을 내리기 위해, 최소한의 데이터를 수집했는지 확인 후 다음 주 화요일에 끝이 나야 한다.

테스트 실행 방법을 이해하기

일부 테스트의 경우, 데이터가 압도적으로 여러분이 테스트한 요소가 '중요하다' 혹은 '의미없다'라는 것을 보여준다면 쉽게 결론을 지을 수 있다. 그러나 테스트 결과를 결정하는 데 있어서 문제가 있을 경우 다음의 가이드라인을 따르는 것이 도움이 된다.

» 다음과 같은 경우 여러분이 테스트한 콘텐츠가 성공했다는 것을 나타내므로 실제로 구현해보는 것이 좋다.
- 리프트가 통계적으로 유의할 때
- 테스트한 콘텐츠당 최소 100회의 전환을 보일 때

» 다음과 같은 경우 여러분이 테스트한 콘텐츠가 실패했다는 것을 나타내므로, 실제로 구현하지 않는 것이 좋다.
- 여러분의 손실이 통계적으로 유의할 때
- 테스트한 콘텐츠당 전환수가 100회 미만일 때

» 여러분이 테스트한 콘텐츠가 'null(데이터 값이 존재하지 않는 것-역주)'로 나오는 경우는 다음과 같다.
- 통계학적으로 유의한 차이가 보이지 않을 때
- 숫자들이 정규분포되었을 때
- 테스트는 전체 테스트 일정에 따랐을 때

테스트 분석

위에서 성공적인 케이스, 실패한 케이스 또는 null한 테스트 결과가 있다는 것을 공부했다. 테스트를 마친 후에는 데이터를 좀 더 세심히 분석하여 테스트 기간 동안 발생한 결과를 분석하고 다음 단계를 결정할 수 있다. 스플릿 테스트 데이터를 분석하려면 다음과 같이 진행하면 된다.

1. **모든 결과를 보고하라.**
    테스트 데이터를 수집하여 글로 보고하여야 한다. 테스트 리포터 시트 또는 파워포인트를 사용할 수 있다. 보고서를 작성하는 데 있어 다음과 같은 절로 나누는 것을 고려해보자.
    - 슬라이드 1 : 테스트 제목, URL, 타임라인 및 측정 항목
    - 슬라이드 2 : 가설
    - 슬라이드 3 : 테스트한 모든 변형
    - 슬라이드 4 : 심층 결과
    - 슬라이드 5 : 결과 페이지로 유효한 테스트를 보여주는 변수, 전환상승률, 신뢰도
    - 슬라이드 6 : 분석
    - 슬라이드 7 : 다른 의견
    - 슬라이드 8 : 제안사항

2. **전환 범위를 보고하라.**
    전환 범위는 가장 낮은 전환율과 가장 높은 전환율 사이의 범위를 나타내는 값이다. 이 범위는 30퍼센트 상승 ± 3퍼센트와 같이 수식 형태로 작성되거나 전환율의 기대치는 27~33퍼센트 사이라고 보고할 수 있다. 전환율은 항상 범위로 보고해야 한다. 전환율을 40퍼센트라고 보고했지만 실제로는 35~43퍼센트의 범위를 보여준다면, 여러분이 제안한 결과에 대해 혹은 추천에 대한 기대치가 설정되지 않아서 혼란을 줄 것이다.
    상사나 고객이 전환율이 항상 일정하다고 생각하게 해서는 안 된다. 전환율은 항상 범위로 보고를 하면서 적절한 기대치를 설정하도록 해야 한다. Visual Website Optimizer와 같은 웹사이트 최적화 툴이 이와 같은 범위를

설정할 때 도움을 줄 것이다.

3. **각 변수에 대한 히트 맵도 확인하라.**

   각 변인에 대한 히트 맵을 관찰하다 보면 최적화할 부분이나 테스트해볼 수 있는 새로운 것을 찾을 수 있을 것이다. 이러한 발견 사항은 보고서에서 '기타 관찰' 부분에 추가하면 된다.

4. **구글 애널리틱스의 주요 세그먼트를 분석하라.**

   여기에서는 특정 유형의 방문자에 대해 테스트에서 더 높거나 낮은 전환율이 표시되는지 여부를 확인할 수 있다.

5. **성공적인 변인을 구현하라.**

   스플릿 테스트의 결과를 바탕으로 어떤 변인이 결과의 차이를 보였는지 알 수가 있다. 이러한 지식을 바탕으로 여러분의 페이지에서 어떤 부분을 수정하고 변경/추가할지에 대한 현명한 결정을 내릴 수 있다.

6. **스플릿 테스트의 결과가 null인 경우 원하는 변인을 선택하라.**

   결과가 나온 시점에서 두 테스트 중 명확한 하나의 승자가 없다고 한다면 여러분이 원하는 테스트를 선택할 수가 있다. 그리고 모은 데이터를 이용하여 새로운 가설을 개발하고 새로운 테스트를 진행하면 된다.

7. **새로운 가설을 세우고 미래의 계획을 세우기 위해서 결과를 사용하라.**

   최적화는 하나의 과정이다. 여러분의 조사 결과는 미래 사업에 도움을 줄 것이다. 세그먼트, 히트 맵 등은 행동 패턴에 관한 테스트 또는 새로운 페이지의 테스트에 대해 배울 수 있는 것이다.

8. **발견한 것을 공유하라.**

   적어도 상사, 의뢰인, 그리고 테스트에 관심이 있는 동료에게 보고서를 보내야 한다. 여러분이 원한다면 하나의 1차적인 연구로서 여러분의 발견을 아카데믹 저널에 실을 수도 있는 것이다. 사례 연구는 여러분의 회사를 시장의 권위자로 만들고 시장에서 리드를 창출할 수 있는 귀중한 리소스 중 하나이다. 기본 연구의 가치와 구현 방법에 대한 자세한 내용은 제3, 4, 6장을 참조하라.

수십 가지 중 하나

제5부 **미리보기**

- 성장을 제한하는 가장 일반적인 10가지 디지털 마케팅에서의 실수와 이를 피하는 요령에 대해서 이야기한다.

- -

- 직책, 직무 기술 및 급여 정보를 포함한 10가지 주요 디지털 마케팅 기술을 통해 이력서에 추가하는 법을 이야기한다.

- -

- 웹 사이트 구축, 호스팅에서 지불 프로세서 사용, 소셜 미디어 프로파일 관리에 이르기까지 디지털 마케팅 캠페인을 효과적으로 수행하는 데 필요한 10가지 유형의 도구를 이해한다.

- -

가장 일반적인 10가지
디지털 마케팅 실수

제14장 미리보기

● 웹 사이트의 트래픽이 왜 마지막 걱정인가?

● 제안을 설명하는 올바른 방법과 잘못된 방법을 설명한다.

● 모든 비즈니스가 추적해야 하는 2가지 매트릭스를 설명한다.

● 디지털 마케팅에서 중요한 문제에 집중할 수 있는 방법을 설명한다.

디지털 마케팅은 빠르게 발전하고 있으며 나날이 새로운 도구가 소개되고 새로운 전술이 시도되고 있다. 끊임없이 미지의 영역으로 모험을 떠나다보면 실수를 할 수 밖에 없다. 하지만 그런 실수로 인해 걱정할 필요는 없다. 실수하는 것으로부터 우리는 많은 것을 배우게 된다.

즉, 모든 실수가 똑같은 것은 아니다. 이 장에서 나열하는 실수는 링크를 테스트하지 않고 이메일을 보내는 것과 같은 전술적 오류에 대한 것이라기보다는 여러분이 가지고 있는 사고방식에 대한 것이라고 보면 된다. 만약 여러분이 설정한 마케팅에서 전술적인 실수를 저지른다면 이는 필연적으로 다시 원하는 상태로 되돌아오게 될 것이다. 그러나 이 장에서 이야기하고자 하는 실수를 저지른다면 성장이 제한되고, 이를 피한다면 마케팅 결과에 있어 많은 긍정적 효과를 보게 될 것이다.

제안 대신 트래픽에 중점

이것은 당신에게 충격을 줄지 모르지만 웹 사이트에 트래픽 문제란 없다. 여러분이 판매를 하지 않을 때, 해결책은 페이지에 더 많은 트래픽을 얻는 것이 아니다. 트래픽을 구입할 수 있지만, 여러분이 타깃으로 하고 있는 고객들에게 전달하는 메시지와 제안이 가장 큰 차이점을 만드는 요소라는 것을 알아야 한다.

일이 정말로 잘못되었다고 해서 구글 방문 수를 최적화하고 더 많은 구글 트래픽을 유도하려고 하거나 제안에 대한 더 많은 트윗을 예약하려고 노력해서는 안 된다. 대신, 시장의 욕구를 충족시키기 위해 여러분이 제안하는 것을 변경해보자. 첫째, 제안이 얼마나 좋은 것인지 증명을 하자. 그런 다음 트래픽을 유도하게 되면 훨씬 더 효과적인 결과를 얻게 될 것이다. 보다 자세한 내용은 제3장을 참조해주길 바란다.

고객(및 문제)에 대한 대화 실패

사람들은 여러분의 제품에 관심이 없다. 오히려 그들은 제품이 어떻게 자신의 삶을 개선할 수 있는지에 대해 많은 관심을 가지고 있다. 제품 기능에 대해 이야기하는 대신 제품이 어떻게 고객을 변화시킬 수 있는지 그 방법에 대해서 설명을 해야 한다. 사업은 매우 간단한 영역이다.

우리는 '전(before)' 상태에서 원하는 '후(after)' 상태로 사람들을 이동시키기 위해 돈을 받는다. '전' 상태에서는 고객이란 어떤 식으로든 불만을 가지기 마련이다. 여러가지 많은 이유와 함께 통증, 지루함, 두려움 또는 불행에 처할 수 있다.

'후' 상태에서는 삶이 훨씬 더 만족스럽다. 그들은 이전에 그들을 괴롭힌 고통, 즐거움, 또는 두려움과 같은 감정이 없다고 볼 수 있다. 사람들은 제품이나 서비스를 구매하는 것이 아니다. 그들은 변화를 산다. 즉, 그들은 '후' 상태에 대한 동경을 구입한다고 할 수 있다. 훌륭한 제안은 진정으로 고객을 '후' 상태로 이동시킬 수 있고 훌륭한 마케팅은 단순히 '전' 상태에서 '후' 상태로 이동을 하게 돕는다.

특히 처음 일을 시작할 때 또는 새로운 시장 진입 시 실패한 대부분의 비즈니스는 '후' 상태(오퍼가 좋지 않음)를 제공하지 못하거나 '전'에서 '후'로의 이동을 명확히 하지 못하기 때문에(마케팅이 좋지 않음) 실패를 하게 된다.

말할 필요도 없이, 여러분의 제안이 제공하는, 그리고 희망하는 성과에 대해 명확하게 파악하는 것이 마케팅 성공의 기본이라고 할 수 있다. '전' 및 '후' 상태에 대한 자세한 내용은 제1장을 참조하고 제안을 만드는 과정에 대해서는 제3장을 참조하길 바란다.

잠재고객에게 너무 많은 것을 너무 빨리 하는 요청

멋지고, 잘생기고, 성공한 사람이 술집에 들어서자마자 그가 보는 첫 번째 싱글 여성과의 결혼을 즉시 제안한다고 상상해보자. 그녀는 언젠가 결혼하기를 원할 수도 있고, 순수한 능력적인 관점에서 그는 훌륭한 선택지라고 말할 수 있지만 그렇다고 해서 그녀가 그와 만날 준비가 되어 있는 것을 뜻하지는 않는다. 그리고 더더욱 그녀가 지금 결혼하기를 원한다는 의미는 아니다.

여기서 말하는 우리의 실수를 인간관계의 관점에서 표현하면 아주 명백하게 이해할 수 있다. 그러나 어떤 이유로 마케팅을 할 때 너무 일찍 "우리는 종종 결혼을 제안한다"(잠재고객에서 많은 관심을 요구한다). 여러분의 비즈니스는 B2C(Business to Consumer) 또는 B2B(Business to Business)를 마케팅할 수 있지만 모든 비즈니스는 실제로 H2H(Human to Human)를 마케팅한다고 말할 수 있다.

결과적으로 잠재고객 및 기존 고객에게 제공하는 제안은 사람들 사이에서 정상적이고 건강한 인간관계를 맺는 것과 같은 방식으로 발전해야 한다. 인간관계가 친해지는 과정을 거치며 발전해나가는 것처럼 기업과 고객에게도 마찬가지이다. 잠재고객

에게 제공하는 제안과 새로운 리드를 관계를 통해 발전시키기 위해서는 어떠한 방법
이 있을까?

트래픽에 돈을 지불할 의사가 없다

검색 엔진 최적화(SEO) 및 소셜 미디어는 사용하기가 쉬워졌고, 구글 및 페이스북 등
의 무료 트래픽은 안정적이며 풍부해졌다. 검색 및 소셜 미디어 마케팅이 여전히 중
요하지만 안타깝게도 자유롭고 쉬운 트래픽의 날은 끝났다고 할 수 있다.

오늘날 신뢰할 수 있고 고품질의 웹 사이트 트래픽은 곡물이나 가솔린처럼 사고 팔
리고 있다. 믿을 만한 가솔린 공급원을 원하면 주유소에 가서 구입을 해야 한다. 마
찬가지로 안정적인 웹 사이트 트래픽은 필수품이며, 대규모로 시장에 내놓고 싶다면
트래픽 저장소에 가서 구입을 해야 한다. 웹에는 고품질의 웹 사이트 트래픽을 공정
한 가격에 판매하고 있는 트래픽 스토어(구글, 빙, 페이스북, 핀터레스트, 유튜브 등)가 풍부
하다. 유료 트래픽에 대한 자세한 내용은 제10장에서 확인할 수 있다.

제품 중심

대부분의 비즈니스가 마케팅을 할 때, 그들은 제품에 중점을 둔다. 그러나 지속적으
로 성장하는 비즈니스들을 보면 판매하는 제품으로 자신들을 정의하지 않는다. 대
신 그들은 그들이 속해 있는, 그리고 물건을 파는 시장에 의해 스스로를 정의한다.

예를 들어, 1920년대에 프랑스의 패션 디자이너와 사업가가 보그 잡지에 간단한 검
은 드레스 사진을 게시했다. 이때만 해도 검은색은 애도의 기간 동안 입는 옷이었다.
그러나 1세기 전에 등장한 이래로 '리틀 블랙 드레스'는 많은 여성에게 지속적으로
사랑받는 옷이 되었다. 모든 사람들에게 사랑을 받는 그 사진을 게재한 프랑스 유행
디자이너는 코코 샤넬은 샤넬 상표의 창시자였다.

당시 샤넬은 '리틀 블랙 드레스'를 많이 팔았지만, 이 아이콘적인 제품조차도 이 회사 자체를 정의하지는 못했다. 대신, 샤넬은 의류와 보석에서부터 향수와 스킨케어 제품까지 모든 것을 판매하고 있으며 이를 통해 모든 여성들은 훌륭한 패션을 경험할 수 있게 되었다.

제품은 사업용 제품이 아니다. 고객이 원하고 필요로 하는 제품과 서비스를 만들어 해당 시장을 위해 봉사하고 옹호하는 사람으로 여러분을 정의해야 한다.

잘못된 매트릭스 트랙킹

디지털 마케팅은 트랙킹이 가능하지만 결함 역시 존재한다. 예를 들어 구글 애널리틱스(무료 프로그램)를 사용하여 오하이오에서 화요일에 웹 사이트를 방문한 사용자의 매출을 확인할 수 있다. 비록 해당 데이터가 비즈니스와 절대적으로 관련이 있지만 모든 비즈니스는 2가지 중요한 매트릭스, 즉 COA(cost of acquisition) 및 ACV(average customer value)를 추적할 수 있어야 한다.

인수 비용은 단일 고객을 확보하기 위해 지출해야 하는 금액을 말한다. 예를 들어, 남성용 드레스 셔츠를 판매하고 페이스북 광고를 사용하여 신규 고객을 확보한다고 가정해보자. 각 신규 고객을 확보하기 위해 광고비로 40달러를 소비하기로 했을 때 이 제안에 대한 COA는 40달러가 된다.

이제 동일한 셔츠 제안에 대해 평균 고객 가치 또는 ACV를 계산해보자. 여러 가지 방법으로 이를 계산할 수 있지만, 우리가 선호하는 측정 기준은 신규 고객의 즉각적인 가치를 계산하는 방법이다. 이 예에서 새 셔츠 판매는 순 이익(매출에서 비용을 뺀 금액)으로 20달러를 창출하고, 새로운 고객이 평균 2개의 셔츠를 구입한다고 하면 각각의 새로운 고객으로부터 이 비즈니스는 40달러의 이익을 내게 된다. 회사에게 이것은 아마도 좋은 소식일 것이다. 왜냐하면 이것은 비즈니스가 손익분기점에서 이 오퍼 및 마케팅 캠페인을 통해 신규 고객을 창출할 수 있다는 것을 의미하기 때문이다. 이렇게 새로 형성된 고객층을 통해 늘어나게 되는 추가 판매는 비즈니스의 추가 수익을 늘려줄 것이다.

숫자를 자세히 파악할 수 있는 시간과 장소가 있지만 항상 고객을 확보하는 데 드는 비용과 신규 고객이 비즈니스에 제공하는 평균 가치를 추적하는 것이 가장 중요하다. 데이터 분석 및 캠페인 최적화에 대한 자세한 내용은 제12, 13장을 참조하라.

다른 사람들의 토지에 자산을 구축하라

페이스북, 트위터, 유튜브와 같은 네트워크를 통해 수십억 명의 사람들에게 접근할 수 있지만, 이러한 플랫폼에서 100퍼센트 잠재고객을 창출하려고 하는 것은 위험하다. 이러한 플랫폼은 수시로 규칙을 변경할 수 있으며, 이러한 변화들이 여러분이 하고자 하는 비즈니스에 적합하지 않을 수도 있다.

대신 소유하고 있는 미디어 자산, 특히 이메일 목록을 만드는 데 집중해야 한다. 물론 페이스북, 트위터, 유튜브와 같은 주요 네트워크에서 연결을 구축해야 하지만 더 많은 것을 제어할 수 있는 여러분이 가지고 있는 자산으로 소비자의 연결을 추구하는 것이 바람직하다. 이메일 캠페인 작성에 대한 자세한 내용은 제11장을 참조하기 바란다.

콘텐츠의 질보다 양에 초점을 두는 경향

사실 인터넷에 다른 블로그 게시물, 팟캐스트 또는 유튜브 비디오가 필요하지는 않다. 웹 사이트에 매일 추가되는 콘텐츠의 양만 해도 어마어마한 양이다. 여러분의 소셜 미디어 피드 및 이메일 수신함에도 콘텐츠가 가득할 것이다.

즉, 인터넷에는 눈에 띄는 콘텐츠가 부족하지만 여러분이 할 수 있다면 제공할 수 있다면 고객으로부터 많은 관심을 받을 수 있을 것이다. 다음 달에 10개의 새로운 블로그 게시물을 작성하는 대신 10가지의 노력을 기울여 하나의 주목할 만한 게시물을 작성해보자. 그런 다음 제10장에서 이야기한 것과 같이 트래픽을 구매하여 여러분이 만들어낸 작품을 고객들의 눈에 밀어 넣고 그들이 관심을 보이게끔 만들어보자.

판매 목표와 마케팅 목표의 불일치

영업 및 마케팅 부서가 있는 조직을 소유하거나 근무한다면 이 두 팀이 항상 눈을 마주치지 못한다는 것을 알고 있을 것이다. 마케팅과 영업은 서로 다른 목표를 가지고 있기 때문에 서로 경쟁을 할 수 밖에 없는 구조이다. 마케팅은 경쟁이 '인식'의 차이에서 오는 것이라고 생각하지만, 세일이라고 하는 것은 판매와 관련이 있을 뿐이다. 마케팅은 과도한 영업팀의 판매 부족으로 인해 짜증을 내며, 영업팀은 '판매 준비'가 충분하지 않기 때문이라며 마케팅에 대해서 불만을 가지게 된다.

이 상황을 해결하는 열쇠는 같은 페이지에서 마케팅과 영업을 하는 것이다.

말 그대로 두 부서 모두 동일한 팀의 다른 직책을 맡고 있음을 이해해야 하며, 목표는 인식이나 판매가 아닌 행복하고 성공적인 고객을 목표로 해야 한다. 이러한 목표를 달성하기 위해서는 마케팅에서 인지도와 리드를 창출해야 하며 영업에서는 이러한 리드를 통해 많은 판매를 올려야 하겠지만 고객이 좋은 경험을 하지 못한다면 모두 실패로 끝날 것이다.

'빛나는 물건'으로 인한 산만함

이 실수는 다른 어떤 기업보다 온라인으로 마케팅하는 비즈니스에게서 종종 실망스러운 결과를 초래하게 된다. 새로운 채널, 도구 및 전술은 빠르게 변화하는 업계에서 매일 매일 발생하고 있으나 이를 무시하는 것이 가장 바람직하다. 제1장에서 언급했듯이, 디지털 마케팅은 '디지털'이란 것이 중요한 것이 아니라 '마케팅'에 대한 것이 중요한 것이다.

새로운 것에 정신을 잃지 않고, 항상 효과가 있었던 것에 집중해야 한다. 훌륭한 제안을 통해 신규 고객을 확보하고 고품질 콘텐츠 및 건전한 트래픽을 이용하여 좀 더 전략적으로 접근할 필요가 있다. 이메일을 트랙킹하거나(제11장) 측정하거나(제12장) 혹은 캠페인의 최적화(제13장)시키는 데 좀 더 초점을 맞춰야 한다.

무엇을 하든지 지체하지는 말자. 이 책에서 배웠던 기초를 연습하고 배우면서 시작해보자. 디지털 환경에서의 보이는 마케팅이라는 아름다움은 결코 영구적이지 않다는 사실을 알아야 한다. 사실상 모든 캠페인은 몇 번의 마우스 클릭만으로 변경할 수 있다. 가장 기초적인 것에 초점을 맞추면서 경쟁을 통해 '다음에 다가올 큰 일'에 집중해야 한다.

이력서를 위한 10가지 디지털 마케팅 기술

제15장 미리보기

- 오늘날 디지털 마케팅에서 가장 핫한 기술
- 디지털 마케팅 분야와 관련된 직책 및 직무
- 디지털 마케팅의 평균 급여

끊임없는 혁신, 진화하는 플랫폼 및 최첨단 전략으로 무장된 현 마케팅 시장에서, 디지털 마케팅은 고유한 고급스러움을 가지고 마켓을 리드하고 있다. 어쩌면 여러분이 관심 있어 하는 이 분야는 구식이 되어 금방 사라질 위험성이 적은 새로운 직업 분야라고 할 수 있을 것이다. 어쩌면 여러분은 이미 디지털 마케팅에 종사하고 있으며 여러분의 직업이 앞으로 어떻게 발전할 것인지, 또는 여러분은 이러한 디지털 마케팅이 주는 성장의 기회가 여러분의 경력에 어떤 기회를 줄 수 있을지 궁금해할 것이다. 아마 다른 어떤 산업보다 디지털 마케팅 분야에서의 경력은 직무보다 여러분이 할 수 있는 기술에 더 많은 관심을 갖고 있다. 기술이 있는 경우(또는 최소한 배우려는 의지), 이력서에 포함할 자산이 부족하지는 않을 것이다. 이 장에서는 디지털 마케팅에 요구되는 기술과 그와 함께 할 수 있는 일자리와 급여에 대해 중점적으로 이야기해보자.

콘텐츠 마케팅

콘텐츠 마케팅의 기원은 언제일까? 존 디어가 1895년에 발행한 「The Furrow」라는 잡지를 통해서 그 기원을 추적하는 것이 가능하다. 그 잡지는 농부들을 교육시키는 데 그 목적을 두고 농부들의 이익을 증가시키는 방법과 이를 위해 필요한 최신식 농기구의 사진들이 포함되어 있다. 오늘날까지도 발행되고 있는 이 잡지는 콘텐츠라는 것이 하나의 기술로서 그 지속력을 잘 보여주고 있다.

디지털 마케팅 전략으로 콘텐츠를 사용하는 것은 경력 개발에 도움을 주는 아주 중요한 방법이다. 다양한 플랫폼에서 매력적인 콘텐츠를 만들고 배포하는 데 필요한 기술이 있을 뿐만 아니라, 콘텐츠라고 하는 것은 특정 대상 고객을 끌어들이고 그들이 여러분이 측정 가능한 행동(예 : 트랙터 구매)을 하도록 유도하는 중요한 역할을 한다. 디지털 마케팅 공간에는 다양한 종류의 콘텐츠가 존재한다. 다양한 잠재고객을 분류할 수 있는 블로그 게시물, 브랜드를 만들고 인지도를 높일 수 있는 팟캐스트, 다양한 소셜 미디어 업데이트, 인포그래픽스, 여러분의 제안이나 회사를 소개하는 전자책 등 다양하게 존재한다. 그뿐만 아니라 콘텐츠 제작자는 잠재고객을 선택하고 평가하는 데 도움이 되는 교육 자료, 설문 조사 및 웨비나 등을 제작하여 소비자들의 선택을 돕고 있다. 또한 잠재고객들의 구매 결정을 돕기 위해 다양한 고객의 사례와 상품 사양서를 파악하고 널리 알리고 있다.

이제 여러분의 고객에게 제품에 대해 소개하고 그들이 소비 결정을 내리기까지 사용할 수 있는 다양한 콘텐츠를 상상해보자. 이런 하나하나의 노력은 모두 콘텐츠 마케팅 영역에 포함되며, 전략적으로 여러분의 회사 또는 제품에 대한 지식이 전혀 없는 잠재고객들을 충성고객으로 바꾸고 여러분의 제품 혹은 회사를 널리 알릴 수 있는 브랜드 전도사로 전환시키는 전략적 자원을 창출한다. 콘텐츠 마케팅을 하나의 중요한 기술로 유지할 수 있다면 디지털 마케팅이 만들어내는 다양한 여러분의 기술을 적용시킬 수 있는 기회도 덩달아 커질 것이다.

브랜드 저널리스트

브랜드 저널리스트(때로는 기업 리포터라고도 함)는 회사의 고객에게 브랜드 가치를 전달

352

하는 다양한 멀티미디어를 제작하는 것을 전문으로 하는 사람들이다. 그들이 찾아내고 만들어내는 뉴스는 리드와 판매를 창출하는 또 다른 방법으로 사용되기도 한다. 예를 들어 브랜드 저널리스트는 고객이 여러분의 회사 제품을 어떻게 사용하는지 소비자 입장에서의 사용 방법에 대한 이야기를 찾아 리드를 구매자로 전환시키는 방법에 대해서 이야기하기도 한다.

몇몇 개인적인 특성은 성공적인 브랜드 언론인에게 많이 찾아볼 수 있다. 이들은 일반적으로 매우 전략적이다. 이들은 회사에서 추구하고 있는 전반적인 콘텐츠를 정확히 파악하고 자신이 가지고 있는 콘텐츠를 맞추어 가는 능력이 탁월하며 이를 잘 활용하여 전략적인 접근을 한다. 그들은 또한 다양하고 매력적인 플랫폼(블로그, 비디오, 팟캐스트 등)을 통해 다양한 이야기를 전할 수 있어야 한다. 이들이 수행해야 하는 과제는 보통 최종 기한이 정해져 있기 때문에 브랜드 저널리스트는 조직화가 잘되어 있다. 전형적인 브랜드 저널리스트들의 급여는 연간 5만 달러에서 7만 달러이다..

편집 에디터

편집 에디터는 콘텐츠 마케팅 담당자에게 또 다른 인기 있는 직업 옵션이다. 브랜드 저널리스트와 마찬가지로 편집 에디터는 회사의 일상적 스토리텔링을 관리한다. 편집 에디터가 회사에서 제작되는 모든 콘텐츠를 담당하는 것은 아니지만 회사의 콘텐츠 마케팅 작업에 필요한 일정 관리, 게시 및 전반적인 콘텐츠 제작과 관련된 일들을 처리하고 있다. 블로그 게시물 작성자를 찾아다니거나 팟캐스트 인터뷰를 위한 게스트 확보 등과 같은 업무도 모두 포함이 된다.

즉, 편집 에디터는 잘 조직화되어 있다. 이들은 프로젝트, 사람, 기한 이 중요한 세 가지를 모두 관리/처리할 수 있는 사람이어야 한다. 편집 에디터에게 요구되는 또 다른 능력은 높은 수준의 적응력이다. 때로는 작가들이 마감 시간을 놓칠 때도 있고 그들이 작성한 내용이 마음에 들지 않을 수도 있다. 훌륭한 편집 에디터는 마지막에 돌변상황에 잘 대처할 수 있어야 한다. 또한 직업적 특성상 콘텐츠 마케터는 종종 조직 외부의 다른 콘텐츠 제작자와도 거래하므로 회사의 콘텐츠 목표를 외부 담당 제작자에게 명확하게 전달하는 능력 또한 필수적이라고 할 수 있다. 편집 에디터는 연간 5만 5,000~10만 2,000달러 정도의 급여를 받는다.

콘텐츠 마케팅 관리자

콘텐츠 마케팅 관리자는 회사 콘텐츠 마케팅 팀의 리더 역할을 하고 모든 콘텐츠 자산이 전반적인 마케팅 전략과 일치하는지 확인하는 작업을 한다. 콘텐츠 관리, 디자인 승인, 개발 리소스 및 잠재고객 개발을 담당하며 이러한 콘텐츠 마케팅 담당자는 업무의 특성상 매우 창의성을 요구하는 자리이다.

콘텐츠 마케팅이 주는 효과에만 집중하는 것이 아니라 콘텐츠들 간의 격차를 줄이고 성공적인 콘텐츠를 새로운 플랫폼에 맞추어 재적용시키는 등의 창의적인 사고를 한다. 리더로서 회사의 콘텐츠 팀을 이끌고 여러 역할과 직책에 걸쳐 업무를 위임하고 일 처리의 우선순위를 정하게 된다. 콘텐츠 마케팅은 일반적으로 시작 날짜와 종료 날짜가 포함되기 때문에 이 역할을 성공적으로 수행하려면 많은 프로젝트 관리 경험이 필요하다. 콘텐츠 마케팅 관리자는 일반적으로 연간 7만 2,000~13만 3,000 달러의 연봉을 받는다.

미디어 구매 및 트래픽 수집

유료 트래픽은 신뢰할 수 있고 풍부한 트래픽 소스로 기업의 상황에 맞는 트래픽을 구매하는 것이 마케팅 전략의 핵심이다. 비즈니스를 수익성 있게 만드는 방법을 알고 있다면 디지털 마케팅에서 기술이 매우 중요하다는 것을 알 수 있다. 간단히 말해서 미디어 구매자는 광고를 협상하고, 구매하고, 모니터링하며 디지털 마케팅 공간에서 많은 리드와 판매를 가장 최상의 가격으로 생성하는 방법을 알고 있어야 한다.

숙련된 미디어 구매자라면 유료 트래픽이 판매로 직접적으로 이어지기 전에 소비자와 관계를 형성해야 하는 시스템이라는 것을 잘 알고 있을 것이다. 심층적인 마케팅 조사 기술에 익숙하다면 미디어 구매자는 그들이 원하는 잠재고객에게 적합한 플랫폼에 광고를 게재할 수 있어야 한다. 이러한 마케팅 전문가는 검색, 디스플레이, 웹 시스템의 기본 원리, 모바일, 비디오 및 서드 파티와 같은 다양한 유형의 광고에 능숙해야 한다. 그들은 광고 캠페인에서 픽셀을 언제 어떻게 사용해야 하는지 알고 있으며 다양한 원본 데이터를 사용하여 평균 고객 가치, 획득당 비용 등과 같은 유용한 측정 요소로 전환하는 데 능숙해야 한다.

미디어 구매자는 회사의 콘텐츠 마케팅 노력과 함께 작동하는 광고 캠페인을 디자인하는 방법을 또한 알고 있어야 한다. 미디어 구매는 트래픽 전략의 중요한 부분이므로 회사는 이 분야에서 많은 투자를 하고 있다. 성공적인 유료 광고 전략은 전자 상거래를 주도하는 열쇠라고 할 수 있다.

미디어 인수 업무는 미디어 구매자 또는 디지털 미디어 플래너를 비롯한 많은 사람들이 할 수 있지만 취업에 필요한 기술은 동일하다. 유료 광고 전략을 개발하고 다양한 디지털 채널에서 이를 성공적으로 구현해야 한다. 미디어 구매자는 캠페인을 처음부터 끝까지 계획하고 예산 및 고객 관리를 담당한다. 그들은 캠페인 활동을 최대한 활용할 수 있는 새롭고 나은 방법을 지속적으로 모색한다.

성공적인 트래픽 습득 전문가는 변화하는 디지털 광고 플랫폼의 뉘앙스를 이해하므로 최신 광고 채널 및 서비스 약관을 최신 상태로 유지하고 있어야 한다. 예산, ROI(투자 수익), CPC(클릭당 비용) 및 PPC(클릭당 지불) 등의 데이터는 모든 결정 과정에 있어 영향을 주기 때문에 미디어 구매자는 모든 데이터를 항상 주시하고 있어야 한다. 트래픽 구매에 있어서는 확실한 전략이 필요하며, 인수 전문가는 비즈니스 목표에 부합하는 광고 캠페인의 수익 구조와 구현에 정통해 있어야 한다. 트래픽 습득 전문가의 연봉은 4만 9,000~7만 5,000달러이다.

검색 마케팅

검색 엔진 최적화(SEO)가 예전만큼의 명성은 없으나 많은 변화가 있었다. 구글의 판다 및 펭귄 알고리즘 업데이트 덕분에 이전 SEO 규칙이 더 이상 적용되지 않게 되었다. 오늘날 검색 엔진에서 검색되는 순위를 높이려면 사이트 소유자는 링크 및 키워드와 같은 기존 변수보다 사용자 경험을 강조해야 한다.

SEO 전문 마케팅 담당자는 회사의 수익을 늘릴 수 있는 검색 마케팅 캠페인을 만들고 구현하는 방법을 알고 있어야 한다. 그들은 검색이 모바일 사용과 관련하여 최적화되어야 하며 구글, 빙, 유튜브 및 구글 맵에 이르기까지 다양한 검색 엔진에 맞게 콘텐츠를 최적화하는 방법을 알고 있어야 한다. 그들은 마케팅의 기술적 부분과 검색 엔진의 서비스 약관에서 채택하고 있는 기술을 통합하여 검색 전략을 통한 투자 수익(ROI)을 향상시키는 데 중요한 역할을 한다.

이 직책은 SEO(SEO 전문가라고도 함)라고 부르며 SEO는 글로벌한 검색 전략을 추진하고 웹 사이트의 가시성을 개선하며, 대상 고객으로부터 웹 사이트의 트래픽을 올리고 리드 및 판매를 촉진할 책임이 있다. 그들은 구글, 빙과 같은 주요 검색 엔진의 서비스 약관(TOS)과 일치하는 방법을 사용하여 블로그 게시물부터 팟캐스트, 유튜브 비디오에 이르기까지 다양한 콘텐츠를 확인하는 방법을 알고 있어야 한다. 소셜 공유, 페이지 로드 속도 및 검색 마케팅과 관련된 기타 기술적 문제를 비롯하여 사이트 성능 문제를 해결하고 추적하는 역할 또한 수행한다.

이 역할을 성공적으로 수행한 마케팅 담당자는 분석을 기반으로 하는 콘텐츠 및 제품에 대한 검색 트래픽 증가 기회를 파악하기 위한 사고방식을 가지고 있어야 한다, 이들은 보통 연구원으로서의 역할과 함께 검색 엔진의 최신 지침을 지속적으로 조사하여 필요에 따라 전략을 조정해야 한다. SEO는 또한 검색 통계를 모니터하고 보고하며 SEO 전략의 지속인 개선을 진행해야 한다. 현대 비즈니스에서는 데이터가 많은 의사 결정을 유도하기 때문에 SEO의 역할은 매우 중요하다. SEO의 연간 소득은 보통 3만 8,000달러에서 6만 달러 정도로 책정된다,

소셜 미디어 마케팅

소셜 미디어 마케팅은 디지털 마케팅 전략을 구현하고자 하는 조직에서 가장 요구되는 기술 중 하나이다. 2000년대 초 인기가 급상승한 이후로 소셜 미디어는 브랜드 인지도 및 웹 사이트 트래픽을 유도하고 리드 및 판매를 유도하며 고객 및 커뮤니티와 직접 소통할 수 있는 다양한 기능을 바탕으로 끊임없이 진화해왔다. 소셜 미디어의 강자가 새로 나타날 수도 있고 기존의 강자가 떨어질 수 있지만, 합리적인 소비자라면 소셜 미디어가 항상 우리 옆에서 머물 것이라는 것을 알고 있을 것이다. 이는

소셜 미디어 마케팅 전략 또한 항상 우리 옆에서 구현되고 있다는 것을 의미한다.

유능한 소셜 미디어 마케팅 담당자는 플랫폼에 관계없이 콘텐츠를 배치하는 가장 좋은 방법을 알고 있다. 즉, 올바른 잠재고객 앞에 놓을 수 있는 적절한 요소가 무엇인지 이해하고 있는 것이다. 그들은 또한 일반적으로 쇼트 리스트를 관리하고 소셜 미디어 채널을 사용하여 회사의 이익을 움직일 수 있는 다른 업계 리더와 네트워크를 형성하는 업무를 담당한다. 숙련된 청취자인 소셜 미디어 관리자는 고객의 요구 사항과 문제점을 이해하고 해당 요구 사항을 충족하는 관련 콘텐츠 및 제품을 만들 수 있는 사람들에게 그 내용을 전달하는 역할을 한다. 그들은 회사가 제안하는 내용을 소비자가 잘 인지하도록 도우며 지나치게 판매를 자극하거나 그러한 느낌이 들도록 하지 않는다. 소셜 웹에서 강력한 존재감을 창출하기 위해 소셜 미디어 관리자는 잠재고객과 역동적으로 연결되어 브랜드를 중심으로 고객층을 만들어가는 역할을 한다.

소셜 미디어 마케팅은 듣기, 네트워킹, 영향력, 판매에 관한 것이라고 할 수 있다. 이는 회사의 콘텐츠 자산을 가져와서 메시지가 다른 소셜 미디어 채널에 액세스하고 참여하며 그 내용을 이해할 수 있도록 하는 것이다. 원본 데이터를 보고 다음에 무엇을 해야 할지 계산할 수 있어야 한다. 연간 급여는 3만~7만 6,312달러 사이에서 보통 책정이 된다.

커뮤니티 관리

많은 기업들이 고객과의 관계가 단순히 구매자와 판매자가 아닌 그 이상의 관계를 구축하는 방법으로 커뮤니티 관리를 채택하고 있다. 온라인 커뮤니티는 사람들이 공통 관심사, 즉 브랜드, 제품, 사람 또는 회사와 관련하여 서로 관계를 쌓는 곳이다. 인터넷 덕분에 비슷한 관심사를 가진 사람들을 쉽게 찾고 연결할 수 있게 되었다. 커뮤니티 관리는 열정적인 사람들이 서로 연결되어 이러한 관계를 촉진하고 강화하며 이를 장려할 수 있는 건강한 환경을 조성하는 성장 기술이라고 할 수 있다.

커뮤니티 관리 기술은 행동 및 사회 심리에 깊은 뿌리를 두고 있으며 그룹 행동을 유도하고 그룹원의 행동에 영향을 미치고 상호 간의 관계 개발을 시작하는 데 중점을 두고 있다. 이 디지털 마케팅 분야의 전문가는 공동체라는 관계를 구축하는 것이 많은 시간과 노력을 필요로 하며 수익률을 높이는 데 적게는 수개월에서 수년까지 걸리는 장기적인 게임이 될 것이라는 것을 인지하고 장기적 안목에서 진행을 해야 한다. 이 게임에서 중요한 것은 '관계 구축'이라고 할 수 있다. 단순히 회사와 고객 간의 관계뿐 아니라 고객과 고객 간의 관계도 인지하고 있어야 한다. 관계는 발전시키는 데는 많은 시간이 걸리고 이러한 관계 구축을 위한 안전한 공간을 필요로 한다, 온라인 커뮤니티는 이용자 증가부터 고객 지원, 제품 및 콘텐츠의 문제 파악에 이르기까지 다양한 목적을 달성하지만 가장 중요한 목표는 브랜드 충성도 및 고객의 만족도 증대 등 고객의 경험에 대한 긍정적인 영향을 미치는 데 있다.

커뮤니티 관리자는 이 분야에서 회사와 고객 간의 틈을 메우는 일을 한다, 소셜 미디어 마케터들이 다양한 플랫폼에서 브랜드를 매력적이고 참여적으로 만들기 위해 노력하는 반면, 커뮤니티 관리자는 소셜 미디어 커뮤니케이션에 숨겨진 인간관계를 구축하고 육성하는 데 목적이 있다. 회사 및 제품을 중심으로 한 소셜 '청취' 및 '온라인' 부족의 통제는 이 직책에 대한 공통된 책임이라고 할 수 있다. 커뮤니티 관리자는 브랜드를 지지하면서 고객을 대신하여 옹호하는 데 탁월해야 한다.

그렇다면 이 위치에서 성공하기 위해서는 어떤 개인적 특성이 필요할까? 커뮤니티 관리자의 첫 번째 슈퍼 파워는 공감이다. 브랜드 커뮤니티에서 무엇보다 중요한 것은 소비자들과의 공감이다. 소셜 미디어에는 많은 시간이 소요될 수 있기 때문에 커뮤니티 관리자는 효과적으로 시간을 관리하고 작업의 우선순위를 정해야 한다. 커뮤니티 관리자는 고객을 효과적으로 옹호하기 위해 커뮤니티 구성원 및 회사 내부의 팀원들과 의미 있는 관계를 구축해야 한다. 커뮤니티 관리자는 매년 3만 8,000~7만 5,000달러를 받고 있다.

비디오 마케팅 및 제작

비디오 마케팅은 콘텐츠 마케팅 전략의 틈새시장의 하나지만 명심해야 할 것은 비디오처럼 이야기를 잘 전달할 수 있는 수단도 없다는 것이다. 회사 역시 그 사실을 잘 알고 있다. 이것이 비디오 마케팅이 사랑받고 있는 전문 기술 중에 하나인 이유이다. 스토리를 보여주는 것만큼 효과적인 것도 없다. 유튜브 및 페이스북 동영상과 같은 새로운 기능을 통해 동영상을 더욱 매력 있고 접근성 있게 사용할 수 있다. 디지털 마케팅에 대한 전략을 이해하려면 비디오를 둘러싼 전략을 반드시 이해해야 한다.

비디오 마케팅 담당자는 대상 고객의 요구에 맞게 인터뷰, 고객 평가, 데모 및 기타 스토리텔링 스타일을 활용하는 방법을 잘 알고 있어야 한다. 전략적으로 사용 가능한 플랫폼과 앱을 검토하여 콘텐츠가 올바른 채널에 있는지 확인해야 한다. 또한 풍부한 설명과 태그를 사용하여 검색 엔진용 비디오를 최적화하는 방법과 가장 흥미로운 방식으로 이야기를 전달할 수 있는 비디오 편집, 제작 및 애니메이션에 대한 깊은 지식을 보유하고 있어야 한다.

비디오 마케팅은 존재하는 가장 강력한 디지털 마케팅 전략 중 하나이며 기술적, 분석적, 창조적 노하우가 요구되는 분야이다. 시각적 스토리텔링을 활용하여 감정적인 연결 고리 그리고 기업 혹은 제품에 대한 소비자의 관여도를 강화하고 콘텐츠 마케팅에 적용하는 방법을 이해하는 것이 기업에서 추구하고 있는 비디오와 관련된 기술이다.

비디오 제작 전문가

여러분이 비디오 프로덕션 전문가로서 일하게 된다면 비디오 마케팅을 실행하는 데 있어서 기술적 측면에서의 입지를 기대할 수 있다. 프로덕션 전문가는 회사의 비디오 이니셔티브를 감독, 조직, 촉진하는 역할을 한다. 작업에는 콘텐츠 계획, 촬영, 편집, 믹싱, 압축 및 물리적으로 콘텐츠를 준비하고 대중에게 배포하는 등 모든 프로세스에 관여한다. 제작 전문가는 제시된 아이디어를 매력적인 비주얼 스토리로 전환할 수 있어야 한다. 또한 이와 관련된 많은 일은 마감 기간이 정해져 있고 이를 위해선 효과적으로 프로젝트를 진행할 수 있는 조직적인 관리가 요구된다. 또한 대체로 훌륭한 비디오 프로덕션 전문가에게 있어 친절함도 필요하다. 때때로 친절함은 고객들의 까다로운 부분도 무장해제시킬 수 있는 효과를 주기도 한다. 대체적으로 비디오 제작 전문가는 4만 9,000~7만 3,000달러의 수입을 올린다.

비디오 마케팅 관리자

프로덕션 전문가와 마찬가지로 비디오 마케팅 관리자는 종종 콘텐츠의 고유 가치를 대상 고객과의 의사소통에 바탕을 둔 콘텐츠 작성의 기술적 측면을 담당한다. 이들은 빈도 및 분석을 통해 콘텐츠 마케팅 프로세스에서 동영상 콘텐츠를 활용해야 할 부분에 대한 판단에도 중요한 역할을 한다.

훌륭한 비디오 마케팅 관리자는 전술적이고 연구 지향적이며 최첨단에 대한 지식을 갖추고 있어야 한다. 이들은 전략적으로 동영상 콘텐츠 제작에 접근하여 콘텐츠 유입 경로의 어느 부분에서 정보를 얻을 수 있는지 또한 파악하고 있어야 한다. 비디오 마케팅은 또한 적절한 메시지가 올바른 청중 앞에서 전달이 되고 있는지에 관한 조사를 실시, 그 결과를 바탕으로 결정을 내려야 한다. 최신 도구, 기술, 플랫폼 및 기능에 대한 지속적인 관심을 통해 비디오와 관련된 콘텐츠가 항상 최신 그리고 최상의 방법으로 유지되도록 해야 한다. 비디오 마케팅 관리자의 연간 급여 범위는 4만 2,000~8만 달러 수준이다.

웹 디자인 및 개발

웹 사이트는 여러분들의 비즈니스에 대한 첫인상을 결정하기도 한다. 특히 회사의 웹 사이트는 브랜드의 첫인상이 발생하는 곳이며, 그 중요성이 점점 더 높아지고 있다. 전문적으로 잘 만들어진 웹 사이트는 잘못 설계된 웹 사이트보다 더 빠른 속도로 리드와 판매를 창출한다는 결과가 연구를 통해 많이 보고되고 있다. 휴대 기기 및 태블릿에서 웹에 액세스하는 사람들이 날로 증가함에 따라 모바일 기술이 웹 브라우징에 어떻게 영향을 미치는지 정확히 이해하고 있는 잘 훈련된 전문 웹 디자이너 및 개발자에 대한 수요가 증가하고 있다.

프런트 엔드 개발자

프런트 엔드(front-end) 개발자는 웹 사이트 및 기타 소유 디지털 자산이 최종 사용자에게 원활하게 작동하는지 확인하는 역할을 한다. 그들은 웹 사이트의 디자인 요소를 분석하고 이론화된 프로젝트 계획에 기술적 솔루션을 추천하며 만약 문제가 생길 경우 코드 및 디버그 시스템을 분석하여 문제를 해결해 나간다. 간단히 말해, 프런트 엔드 개발자는 사용자와 웹 페이지를 만들고 유지, 관리하며 문제를 해결하여 고객이 브랜드에 대한 훌륭한 경험을 가질 수 있도록 한다. 프런트 엔드 개발자에게는 기술적인 우수성이 필수적이다. 프런트 엔드 개발자는 프로그래밍 언어에 대한 깊은 이해와 함께 HTML, CSS 및 자바스크립트 등을 이해하고 있어야 한다.

개발자에게 있어 또 하나 중요한 것은 새로운 기술에 대한 적응력이다. 개발자는 새로운 버전의 소프트웨어를 사용하고 이를 상황에 맞게 잘 활용할 수 있어야 한다. 프런트 엔드 개발자는 일정 및 품질에 대한 목표를 충족시키면서 소비자가 원하는 요구 사항을 적절히 구현할 수 있어야 하기 때문에 프로젝트 전반에 걸친 이해와 관리도 요구된다. 프런트 엔드 개발자는 매년 4만 2,000~10만 7,000달러를 벌고 있다.

백 엔드 개발자

백 엔드(back-end) 개발자는 회사 웹 사이트 및 기타 디지털 자산의 구조를 프로그래밍하고 유지 관리를 담당한다. 그들은 회사 웹 사이트의 비공개 빌더라고 할 수 있다. 이러한 개발자는 페이지, 양식, 함수 및 데이터베이스를 조정하고 모든 것이 원활하게 실행되고 있는지 확인하는 역할을 한다.

백 엔드 개발자는 PHP, 루비 또는 파이손과 같은 서버 언어를 유창하게 사용할 줄 알아야 한다. 이들은 워드프레스나 드루팔과 같은 자바스크립트와 프레임 워크의 전문가이며 웹 서버 구성에 대한 기본적인 지식을 갖추고 있어야 한다. 이들은 종종 프로젝트 체인의 마지막 링크이기 때문에 백 엔드 개발자는 창의적인 사고 방식을 가지고 예기치 않은 개발 문제를 해결할 준비가 되어 있어야 한다. 백 엔드 개발자의 급여 범위는 연간 3만 9,000~18만 8,000달러 사이로 그 범위가 꽤 넓다고 할 수 있다. 이러한 급여의 차이는 중급 수준의 개발자와 숙련된 백 엔드 개발자 간의 막대한 책임 차이에서 비롯된다고 보면 된다.

이메일 마케팅

이메일 마케팅은 새로운 것이 아니지만 오랫동안 사용된 이메일은 장기간에 걸쳐 큰 영향력을 보이고 있다. 이메일은 여전히 디지털 마케팅에서 가장 수익성 있는 방식으로 판매되고 있다. 즉 마케팅 담당자의 숙련도가 높을수록 미래의 경력 또한 보장된다고 할 수 있다. 이메일 마케팅 담당자는 이메일 자동화의 전략과 그 뒤에 있는 구조적인 이해 능력을 가지고 있어야 하며 이메일 작성에 있어 헤드라인과 후크의 중요성을 잘 이해하고 있어야 한다. 성공적인 이메일 마케팅 담당자는 클릭률, 오픈 요금, 전환 수, 게재 가능성, 참여도, 동향 등을 측정하고 분석할 수 있어야 한다. 그들은 이메일 일정과 그래픽 및 복사와 같은 캠페인에 있어 중요한 자산을 잘 활용할 줄 알아야 한다.

직접 응답 카피라이터

여러분은 여러분의 고객이 바로 행동의 변화를 보일 수 있는 독창적이고 설득력 있는 콘텐츠를 작성할 수 있는지 생각해보자. 직접 응답 카피라이터는 잠재고객이 마케팅 이메일을 읽고 즉각적인 반응을 보일 수 있는 방법론을 이해하고 적절한 헤드라인을 통해 고객이 이메일을 열고 싶게 만드는 방법을 알고 있어야 한다.

카피라이터가 작성하는 이메일은 소비자의 행동에 영향을 주기 위해 작성되었기 때문에 강력한 설득력을 가지고 있다. 성공적인 광고 카피 작성자는 그들의 타깃에 대하여 매우 잘 알고, 무엇이 그들을 움직이게 만드는지 충분한 이해를 통해 파악하고 있어야 한다. 카피라이터들은 사실적인 내용을 바탕으로 강력한 이야기를 만들어내는 훌륭한 스토리텔러라고 할 수 있다. 직접 응답 카피라이터는 보통 연간 4만~8만 5천 달러를 벌고 있다.

이메일 마케팅 분석가

마케팅 분석가(이메일 마케팅 전문가라고도 함)는 시작부터 끝까지 이메일 마케팅 캠페인을 담당하며 프로모션 일정, 계획 및 실행에 이르기까지 진행되는 모든 과정에서 문제가 생겼을 경우 이를 해결하는 등의 일상적인 캠페인 조정을 수행한다.

이메일 마케팅 전문가는 여러 캠페인을 동시에 관리하는 경우가 많기 때문에 일을 체계적으로 수행하는 능력이 필요하다. 또한 이메일 내용을 검토하는 데 있어 요점을 정확히 파악하는 것이 중요하기 때문에 세심함 또한 필요한 능력이라고 할 수 있다. 이 분석가들은 많은 숫자를 보고 체계적이고 정보에 입각한 데이터 기반 결정을 내려야 한다. 이메일 마케팅 분석가는 보통 연간 6만 1,000~8만 5,000달러의 수입을 올린다.

데이터 분석

이 마케팅 담당자는 데이터 기반 의사 결정을 전문으로 한다. 이들은 개인의 생각이나 직감에 따라 결정을 내리는 것을 선호하지 않는다. 브랜드가 추적해야 하는 주요 지표를 결정하고 수집 및 분석을 진행하고 그 결과가 나타내는 수치를 기반으로 캠페인을 변경 및 조정하는 것은 업계에서 필수 불가결한 기술로 중요한 역할을 담당하고 있다.

많은 마케터들이 데이터를 검토하고 이해할 필요성을 인지하고는 있지만, 수치가 주는 어려움 때문에 데이터 분석을 꺼리는 경향이 있다. 애널리스트는 통계에 뛰어들 뿐만 아니라 정보를 올바르게 해석하기 위해 어떤 질문을 해야 하는지 충분히 이해하고 있어야 한다. 이를 바탕으로 고용주, 이해 관계자 및 고객이 쉽게 이해할 수 있는 정확한 보고서를 작성해야 한다. 숫자를 찾는 것이 중요한 것이 아니라 그 숫자들이 의미하는 바를 알아야 한다. 데이터를 정확하게 해석하면 회사의 확장 능력이 향상되고 자세한 통찰력을 얻을 수 있으며 '최선의 추측'에 의존할 필요가 없어진다.

데이터 분석가

데이터 분석가는 회사의 다양한 데이터를 분석하고 집계하며 해석하는 일을 담당한다. 데이터를 수집하고 정보를 분석하며 결론을 이끌어내는 새로운 방법을 연구하며 새로운 데이터 소스를 확인하고 새로운 수집, 분석 및 보고 방법을 개발하거나 향상시키는 역할을 한다. 분석에는 대개 마케팅 결정에 영향을 줄 수 있는 관계 및 행동 패턴을 파악하고 분석하는 데 주목적이 있다.

주로 프로그램에서 생성한 데이터 및 보고서를 사용한다. 데이터 분석가는 액셀, 어세스, 쉐어포인트 및 SQL 데이터베이스뿐만 아니라 CRM, 구글 애널리틱스, 전자상거래 플랫폼 등과 같은 회사별 데이터 분석 툴과 같은 프로그램에 숙련되어 있어야한다. 성공적인 애널리스트는 측정 항목의 분석 결과를 회사가 가지고 있는 특별한이벤트나 회사의 계획과 관련시킬 수 있는 세부 사항을 예리한 눈으로 파악할 수 있어야 한다. 데이터 분석가는 연간 3만 9,000~8만 달러를 보통 벌어들인다.

데이터 엔지니어

데이터 엔지니어(때로는 정보 기술자라고 함)는 원시 데이터(raw data)를 수집 및 분석하고데이터를 추적하고 디스플레이하는 시스템을 구축해야 하는 책임을 가지고 있다. 이들은 데이터베이스와 데이터 처리 시스템을 개발, 구성, 테스트 및 유지 관리하며 많은 경우 자체 알고리즘과 예측 모델을 적용하고 분석을 위한 정보 필터링을 수행한다. 원시 데이터로 작업하는 데이터 엔지니어는 활용 가능한 정보를 파악하고 해당정보를 이해하기 쉬운 형식으로 표시하기 위해 노력을 기울인다.

지금까지의 설명이 너무 기술적으로 보인다면 제대로 본 것이다. 데이터 엔지니어는 종종 회사의 IT 팀과 공동 작업하지만 이들이 주로 하는 일은 스크립팅, 언어 기술, 소비자를 위한 소프트웨어 개발 및 새로운 기술을 찾고 이에 적응해 나가는 것이다. 또한 데이터 엔지니어들은 종종 비정형 데이터 및 통합되지 않은 데이터베이스를 사용 분석을 해야 하는 경우가 있기 때문에 데이터를 순서에 따라 정리할 수있는 코딩 능력 또한 많이 요구된다. 데이터 엔지니어는 매년 6만 2,000~12만 5,000달러를 벌어들이고 있다.

데이터 과학자

데이터 과학자들은 가설을 세우는 것뿐만 아니라 다양한 출처와 데이터 세트로부터데이터를 수집하고 분석하는 것을 전문으로 한다. 이들은 기업이 불완전한 데이터를기반으로 의사 결정을 내리지 않고 서로 다른 채널의 데이터 세트를 비교함으로써보다 정확한 관점에서 소비자와의 관계를 파악하고 행동 패턴을 식별하도록 돕는다.

데이터 과학자는 전문가 수준의 데이터 복잡성을 이해할 수 있는 능력을 가져야 하며 예리하고 분석적인 사고방식이 필요하다. 또한 데이터 과학자는 코드를 사용하여 매우 큰 데이터 세트를 쉽게 탐색할 수 있어야 하기 때문에 고도의 기술 능력이 필요하다. 데이터 과학자로서 연봉은 6만 2,000~13만 8,000달러 사이에서 결정된다.

테스트 및 최적화

마케팅 담당자는 사회과학자이다. 그들은 무언가를 시도하고, 결과를 얻고, 그 결과가 의미하는 것을 결정한 다음, 필요에 따라 변경을 주도한다. 현명한 디지털 비즈니스는 이미 보유하고 있는 것을 최대한 활용하는 데 중점을 두고 있으며, 전환율 최적화(conversion rate optimization, CRO)라는 원칙을 기본으로 한다. 이 사실은 업계에서 왜 테스트 및 최적화 분야의 전문성의 중요성이 높아지고 있는지 잘 보여준다.

CRO가 인기를 얻으면서 테스트 대상, 테스트 방법 및 결과를 분석하는 가장 좋은 방법을 이해하는 마케터에 대한 강한 수요가 일고 있다. 최적화란 가능한 한 완벽하게 기능적으로 효과적인 웹 사이트 및 방문 페이지를 만드는 방법으로, 이러한 특징은 왜 최적화가 많은 회사들이 갈망하는 기술인지 보여준다.

테스트 및 최적화의 기술에는 방문 페이지, 웹 사이트 등의 웹 자산에 다변량 조사 및 A/B 테스트 기능을 구현하는 기술뿐만 아니라 웹 사이트 최적화에 대한 최고의 또한 최신 정보를 항상 유지하는 것이 포함된다. 최적화 전문가는 웹 사이트 전환의 인과 관계를 깊이 이해하고 있으며 마케팅 담당자가 마케팅 경로의 각 단계에서 어떤 측정 항목을 추적해야 하는지 이해하고 있어야 한다. 테스트 및 최적화 전문가는 웹 페이지가 전환되고 이러한 전환이 잠재고객의 행동에 영향을 주는지 파악하고 있어야 한다. 전환 수의 증가는 기업이 원하는 하나의 중요한 요소이다. 전자상거래상에는 높은 경쟁을 보이고 있기 때문에 웹 사이트의 최적화 상태가 최고 수준인지 항상 확인하고 있어야 한다. 이 분야의 또 다른 업무는 항상 웹 사이트의 로드 시간이 빠른지, 사용 편리성이 보장되고 있는지 항상 확인/보장할 수 있어야 한다.

성공적인 전문가는 일의 진행 상태에 대한 타고난 호기심을 가지고, 문제가 생겼을 경우 창조적인 해결책을 다양한 방향에서 파악할 수 있는 날카로운 시선을 가지고 있어야 한다. 또한 최적화 전문가는 전환율을 높이고 웹 사이트 유용성을 높이기 위한 새롭고 창조적인 방법을 항상 추구해야 하기 때문에 혁신적인 마음을 가지고 있는 것이 필요하다. 중간 수준의 웹 사이트 최적화 전문가는 연간 7만 1,000~9만 5,000달러의 수익을 올린다.

성공적인 디지털 마케팅을 위한 10가지 필수 도구

제16장 미리보기

- 디지털 마케팅 캠페인을 실행하는 데 필요한 도구의 유형을 이해한다.
- 작업에 적합한 도구를 선택한다.

적시에 적절한 도구를 사용하여 올바른 업무를 수행하면 좀 더 효과적으로 디지털 마케팅 노력의 결과를 얻을 수 있다. 디지털 마케팅 담당자가 인터넷과 컴퓨터에서 하는 일 중 상당 부분이 소프트웨어 및 응용 프로그램의 선택이 적절치 않았기 때문에 겪어야 하는 어려움도 있다. 여러분이 선택할 수 있는 많은 양의 툴들은 축복이자 저주라고 말할 수 있지만 확실한 것은 너무 과다한 선택지가 여러분을 힘들게 할 수 있다는 것이다.

DigitalMarketer에서 우리는 많은 툴을 테스트하고 있다. 우리는 사업을 성장시키기 위하여 어떤 툴이 도움을 줄 수 있을지 알기 위해 노력하고 있다. 이 장에서는 디지털 마케팅 캠페인을 실행하는 데 필요한 10가지 유형의 도구(툴)와 관련하여 좀 더 구체적으로 각 작업별로 사용할 수 있는 도구에 대해 이야기하고자 한다.

웹 사이트 구축

초기 인터넷에서는 사용자가 처음부터 웹 사이트의 구성 요소를 모두 하나하나 설정해야 했다. 하지만 지금은 대부분의 기술이 없는 사람조차도 웹 사이트의 디지털 콘텐츠 및 디자인을 관리하는 데 큰 어려움을 느끼지 않는다. 다양한 소프트웨어 응용 프로그램인 **콘텐츠 관리 시스템**(content management system, CMS)을 사용하여 웹에 텍스트, 이미지, 비디오 및 오디오를 올리는 작업을 쉽게 처리할 수 있다. 웹 사이트를 구축할 때 가장 중요하게 생각되는 기능들은 모두 CMS를 통해서 사용할 수 있는 것들이다.

최고의 CMS는

- **》 직관적이어야 한다** : 무엇보다도 CMS는 비기술적인 사람이라도 쉽게 사용할 수 있어야 한다.
- **》 검색 엔진에 친화적이어야 한다** : CMS는 검색 엔진에 액세스하기 쉬운 방식으로 웹 사이트를 구성해야 한다.
- **》 모바일 친화적이어야 한다** : 고객 및 잠재고객이 모바일 장치에서 웹에 점점 더 많이 액세스하고 있기 때문에 CMS는 모바일 친화적인 디자인으로 표시해야 한다.
- **》 모듈형이어야 한다** : CMS는 이벤트 캘린더 또는 소셜 공유 버튼과 같은 기능을 추가할 수 있어야 한다.
- **》 멀티 사용자가 사용 가능해야 한다** : 사용자를 추가하고 웹 사이트를 변경하는 데 필요한 권한 수준을 제어할 수 있어야 한다.
- **》 보안** : 보안 보장은 없지만 CMS는 가능한 한 웹 사이트 해킹 및 멀웨어에 내성이 있어야 한다.

다음은 권장할 만한 CMS이다.

WordPress.org

www.wordpress.org

이 무료 오픈 소스 플랫폼은 블로깅 플랫폼으로 시작하여 본격적인 CMS로 발전했다. 이 플랫폼은 모듈화되어 있고 검색 엔진 친화적이며 여러 수준의 권한을 가진 여러 사용자가 같이 사용할 수 있다. WordPress.com과 WordPress.org의 차이점은 WordPress.org는 자체 호스팅 플랫폼이며 WordPress.com은 WordPress의 서버에서 호스팅된다는 것이다. 비즈니스 소유자는 자체 호스팅 WordPress.org CMS를 사용하여 웹 사이트의 완전한 소유권을 갖기를 원하는 반면 저비용의 유연한 CMS를 원한다면 WordPress.org를 선택하는 것이 좋다.

쇼피파이

www.shopify.com

실제 제품을 온라인으로 판매하거나 온라인 매장을 시작하고자 하는 소매 업체라면 쇼피파이를 고려해볼 가치가 있다. 쇼피파이는 상점의 디자인과 레이아웃뿐만 아니라 지불, 배송, 재고, 관리 등도 관리가 가능하다.

웹 사이트 호스팅

웹 호스트는 웹 사이트에 파일을 저장하고 인터넷에서 여러분의 웹 사이트를 액세스할 수 있게 만드는 비즈니스다. 웹 사이트를 전달하기 위해 웹 서버를 직접 설정할 수도 있지만 대부분의 회사는 웹 호스팅 회사를 사용하는 것을 선호한다. 최고의 웹 호스트는 다음과 같은 특성을 가지고 있다.

> » **가동 시간의 중요성** : 웹 사이트가 오프라인 상태가 되면 비용이 발생하게 되므로 웹 호스트의 가동 시간은 99퍼센트 이상이어야 한다.
> » **지원** : 전화 및 라이브 채팅을 통해 24시간 연중무휴로 고객 지원을 제공하는 호스트를 찾아야 한다.
> » **속도** : 여러분의 사이트를 방문하는 고객과 잠재고객 모두 여러분의 웹 사이트가 빨리 로딩될 것으로 기대하며 방문을 한다. 로딩 시간이 너무 오래 걸리면 사람들의 방문은 줄어들게 될 것이다. 웹 사이트 호스트는 페이지

로드 속도를 결정하는 중요 요소이다.

> » **보안** : 비즈니스를 운영하고 있는 사람으로서 또는 마케팅 담당자로서 걱 정하는 마지막 단계는 해킹과 관련된 문제이다. 웹 호스트는 보안을 중요 하게 생각하는 곳이어야 한다.

> » **중복성** : 매일 웹 사이트를 백업하는 호스트 또한 중요하다. 이러한 호스트 라면 여러분이 노력해서 만든 것을 잃어버릴 염려가 없을 것이다.

다음의 웹 사이트 호스트가 좋은 선택지가 될 것이다.

WP 엔진

wpengine.com

워드프레스를 CMS로 사용하도록 선택한 경우 WP 엔진은 웹 호스트로 가장 적합하 다고 할 수 있다. 이 회사는 예외적으로 긴 가동 시간, 빠른 페이지 로드 속도 및 전 례 없는 보안으로 유명하다.

랙 스페이스

www.rackspace.com

웹에서 제공하고자 하는 것이 무엇이든 관계없이 랙 스페이스는 이를 처리할 수 있 다. 랙 스페이스는 업계에서 탁월한 명성과 함께 오랜 경험을 보유한 회사이다.

이메일 마케팅 소프트웨어 선택
- -

이 책의 앞부분에서 설명했듯이(제11장 참조) 이메일 마케팅은 대부분의 디지털 마케 팅 캠페인의 성공에 있어 매우 중요한 역할을 한다. 선택할 수 있는 수백 가지의 이 메일 마케팅 도구가 있지만 몇 가지 눈에 띄는 것들이 있다.

최고의 이메일 응용 프로그램에는 다음과 같은 특징을 가지고 있다.

» **전달 능력** : 이메일이 잠재고객의 받은 편지함에 도달하지 못한다면 이메일이라는 것 자체가 아무런 의미가 없게 된다. 여러분의 이메일이 스팸 폴더에 들어가지 않기 위해서는 명성 있는 이메일 서비스 제공업체를 찾아야 한다.

» **자동화** : 잠자고 있을 때나 휴가 중인 경우에도 이메일 마케팅을 원한다면 고객이나 잠재고객의 행동에 의해서 자동화가 실행되는 시스템을 구축할 수 있는 이메일 서비스 제공 업체를 찾아야 한다.

» **보고** : 아마도 여러분이 이메일을 보낸다면 여러분의 고객들이 그 이메일을 얼마나 오픈했는지, 클릭률은 얼마나 되는지 모니터링하고 싶을 것이다. 이러한 시스템을 갖춘 이메일 서비스 제공 업체를 찾아야 한다.

» **모바일 친화** : 최근 들어 작은 화면에서 이메일을 사용하는 경우가 점점 더 많아지고 있다. 이메일 서비스 제공 업체는 휴대 전화 및 기기에서 읽고 전송할 수 있어야 한다.

다음은 권장할 만한 이메일 서비스 제공 업체들이다

Maropost

www.maropost.com

Maropost는 복잡한 이메일 자동화 캠페인 및 고급 이메일 세분화 기능을 처리할 수 있는 엔터프라이즈 수준의 이메일 마케팅 소프트웨어를 제공한다.

AWeber

www.aweber.com

저렴한 비용에도 불구하고, AWeber는 전달 능력에 대한 명성이 높으며 소프트웨어는 워드프레스와 같은 다른 인기 있는 도구와 원활하게 작동한다. 예산이 부족한 경우 AWeber는 탁월한 선택일 것이다.

Klaviyo

www.klaviyo.com

Klaviyo는 물리적 제품을 판매하는 기업을 타깃으로 견고한 이메일 마케팅 소프트웨어를 제공한다. 이 소프트웨어는 쇼핑 카트, 지불 플랫폼, 고객 관계 관리(CRM) 등과 통합 관리가 가능하다.

고객 관계 관리 소프트웨어 고려

비즈니스가 성장함에 따라 고객 관계 관리(CRM) 소프트웨어에 대한 수요 또한 증가하고 있다. 경우에 따라 CRM이 이메일 소프트웨어를 대신하지만 CRM은 이메일 서비스 공급자 이상의 역할을 한다. 실제로 CRM의 역할은 솔루션에 따라서 매우 다양하기 때문에 정확한 역할을 파악한다는 것이 쉽지는 않다. 즉, 모든 CRM은 고객 및 잠재고객과의 관계는 물론 해당 관계와 관련된 데이터를 관리하도록 설계되어 있다.

최상의 CRM은 다음과 같은 특성을 가지고 있다.

» **중앙집중화된 데이터** : 여러분이 CRM을 선택해야 하는 숙제를 갖고 있다면 여러분이 모으고자 하는 데이터가 중앙에 저장이 되고 있는지 확인해봐야 한다.

» **지원 및 교육** : CRM과 함께 제공되는 기능이 많을수록 더 많은 교육과 지원이 필요하다. 지원, 교육, 훈련으로 잘 알려진 회사를 선택해야 한다.

» **보고** : 여러분이 고객이나 잠재고객으로부터 데이터를 얻고 그 데이터를 바탕으로 올바른 결정을 내리는 과정을 통해 여러분은 좀 더 비즈니스에서 성공을 거둘 수 있을 것이다. 이를 위해 CRM에는 강력하고 직관적인 보고 제품군이 있어야 한다.

우리가 권장하는 CRM 소프트웨어는 다음과 같은 것이 있다.

Infusionsoft

www.infusionsoft.com

이 CRM 소프트웨어를 사용하면 제품을 관리하고 고객 및 잠재고객의 데이터를 기록하며 지불 및 처리 그리고 이메일 등을 한 시스템에서 보낼 수 있다.

Salesforce

www.salesforce.com

Salesforce는 소규모 사업부터 엔터프라이즈 수준까지 모든 비즈니스에 솔루션을 제공하는 클라우드 기반 CRM이다. Salesforce는 QuickBooks에서 Evernote에 이르는 수천 가지 응용 프로그램과의 강력한 통합으로 잘 알려져 있다.

지불 솔루션 추가

결제 처리 프로세서는 지불과 관련된 일을 처리하는 가장 중요한 도구 중 하나일 것이다. 지불 프로세서는 다양한 채널을 통한 신용카드 및 직불카드 등의 모든 거래를 처리하는 기능을 한다.

최고의 지불 프로세서는 다음과 같은 것이 있다.

- » **보안** : 신용카드 정보 처리와 관련된 모든 사람들은 신용카드 업계의 보안 표준을 준수해야 한다. 지불 프로세서가 PCI(payment card industry) 준수를 중요하게 생각하는지 확인해야 한다.
- » **직관성** : 주문 양식 설정이나 인보이스 발행 소프트웨어와 통합할 수 있는 지불 프로세서를 찾아야 한다.
- » **반복 청구 가능** : 고객으로부터 반복 지불이 발생하는 경우 지불 프로세스에서 해당 유형의 청구를 처리할 수 있는지 확인해봐야 한다.

다음 지불 프로세서들이 이에 해당하는 것들이다.

스트라이프

stripe.com

풍부한 기능 제공을 통해 신뢰할 수 있고 쉬운 지불 처리가 가능하다. 스트라이프는 반복 청구를 포함 워드프레스, 쇼피파이, 프레시북스와 같은 응용 프로그램과 활용이 가능하다.

스퀘어업

squareup.com

고객이 상점 내에서 혹은 이동 중에 신용카드 또는 직불카드를 사용할 수 있게 하고 싶다면 스퀘어업을 고려해볼 만하다. 스퀘어업 앱을 사용하면 스마트폰 또는 태블릿을 통해 신용카드 처리가 가능하다.

방문 페이지 소프트웨어

방문 페이지 소프트웨어 툴에는 보통 효과적인 방문 페이지를 만들기 위한 템플릿이 포함되어 있으며 일부 프로그램은 분할 테스트 기능 또한 제공한다. 방문 페이지에 대한 자세한 내용은 제7장에서 이야기했고 제13장에서는 이와 관련된 테스트 최적화 및 분할에 대해 자세히 알아보았다.

가장 좋은 방문 페이지 소프트웨어는 다음과 같다.

- » **직관성** : 페이지를 빠르게 설정한다.
- » **모바일과 연동** : 방문 페이지는 모바일 친화적이어야 한다. 그렇지 못할 경우 모바일 장치에서의 옵트인을 잃을 수도 있다.
- » **통합성** : 방문 페이지는 리드를 모으고, 판매할 제품과 서비스를 제공하도록 설계되어 있다. 새로운 리드를 자동으로 이메일 소프트웨어로 전송하고 결제 프로세서와 원활하게 작동하는 방문 페이지 소프트웨어를 찾아야 한다.

다음은 방문 페이지와 관련된 사이트이다.

Instapage

instapage.com

instapage를 사용하면 코드 한 줄 건드리지 않아도 멋진 방문 페이지를 만들 수 있다. AWeber(이메일 서비스 제공 업체), Infusionsoft 및 Salesforce(CRM), GoToWebinar(웨비나 전달 플랫폼) 등과 같은 다른 도구와 사용이 가능하다.

Unbounce

unbounce.com

좀 더 기술적인 방문 페이지를 깔끔한 코드를 사용하여 제작할 수 있고 다양하고 아름다운 템플릿 및 플랫폼 내에서 A/B 스플릿 테스트 등의 서비스도 함께 제공한다. 멋진 디자인을 좋아한다면 Unbounce도 고려해볼 만하다.

이미지 소싱 및 편집

시간이 지날수록 웹에서의 시각적 효과는 중요하게 느껴진다. 핀터레스트 및 인스타그램과 같은 소셜 플랫폼의 등장으로 트위터와 같은 텍스트 기반 플랫폼에서도 이미지의 힘을 수용하는 분위기로 바뀌고 있다. 디지털 마케팅 담당자라면 페이스북 광고부터 이메일 홍보에 이르기까지 모든 프로세스에서 이미지를 만들어야 할 필요성을 느낄 것이다. 이미지 제작에 가장 많이 사용되는 응용 프로그램이라고 하면 어도비 포토샵일 것이다. 기술과 의향이 있다면 포토샵은 유용한 프로그램일 것이다. 하지만 보다 저렴한 비용으로 사용할 수 있는 프로그램에서 선택을 해도 마케팅 담장자의 요구를 충분히 충족시킬 수 있다. 최고의 이미지 생성 응용 프로그램은 다음과 같다.

» **클라우드 기반** : 온라인에서 쉽게 액세스할 수 있는 이미지 편집 소프트웨어 찾아볼 수 있다.

» **직관성** : 가벼운 용량의 이미지 편집을 원한다면 간단하고 사용하기 쉬운 인터페이스로 응용 프로그램을 찾아볼 수 있다.

» **저렴한 비용** : 이미지는 디지털 마케팅 캠페인에 중요하지만, 이미지를 만드는 데 사용하는 도구를 위해서 다른 예산을 낮출 필요는 없다.

다음은 우리가 권장하는 이미지 편집 도구들이다

캔바

www.canva.com

캔바는 수백만 개의 이미지, 레이아웃, 아이콘, 모양 및 글꼴 중에서 선택할 수 있는 클라우드 기반 디자인 응용 프로그램이다.

SnagIt

www.techsmith.com/snagit.html

컴퓨터 화면에서 모든 유형의 이미지를 캡처하고 SnagIt의 동적 편집기를 사용하여 자르기, 크기 조정, 콜 아웃 및 텍스트 추가 등의 작업을 수행할 수 있다.

Pixlr Express

pixlr.com/express/

이 응용 프로그램 역시 클라우드 기반 편집기로서 이미지를 회전시키거나 자르거나 크기를 조정하여 이미지를 열고 쉽게 변경할 수 있다. 이 무료 이미지 편집기로 효과, 오버레이, 스티커 등의 추가 기능을 실행할 수 있다.

소셜 미디어 관리

수천 개의 응용 프로그램은 소셜 웹을 모니터링하고 게시할 수 있는 기능을 제공한다. 가격은 조직의 규모와 필요한 기능에 따라 다르지만 큰 가격표 없이 소셜 미디어의 존재를 관리하기 위한 저렴한 비용의 다양한 옵션을 사용할 수 있다.

최고의 소셜 미디어 응용 프로그램은 다음과 같다.

> » **클라우드 기반** : 휴대 전화를 비롯한 모든 장치에서 소셜 미디어를 관리할 수 있는 소셜 미디어 마케팅 응용 프로그램이어야 한다.
>
> » **다중 사용자** : 대부분의 소셜 미디어 마케팅 캠페인에는 한 명 이상의 직원이 참여해야 하기 때문에 계정에 팀 구성원을 쉽게 추가할 수 있는 응용 프로그램이어야 한다.
>
> » **보고** : 트위터 및 페이스북과 같은 소셜 미디어 채널에는 자체 보고 및 분석 기능이 있지만 올바른 소셜 미디어 응용 프로그램을 사용하면 효과적인지 아닌지에 대한 통찰력을 높일 수 있기 때문에 보고 기능 또한 고려해야 한다.

다음과 같은 소셜 미디어 도구를 사용하는 것이 좋다.

훗스위트 프로

hootsuite.com

트위터를 관리하기 위한 클라우드 기반의 저비용 애플리케이션은 훗스위트이다. 이 도구는 페이스북 및 링크드인도 관리하지만 트위터 활동을 구성하는 데 가장 유용하게 디자인되었다. 무료 버전을 사용할 수 있지만 훗스위트 프로는 보다 견고한 보고 기능과 UTM(urchin 추적 모듈) 매개 변수를 링크에 쉽게 추가할 수 있는 기능을 추가하였다(UTM에 대한 자세한 내용은 제12장 참조).

에드거

meetedgar.com

에드거 응용 프로그램을 사용하면 상태 업데이트를 페이스북 및 트위터에 자동으로 게시할 수 있다. 에드거는 자동 조종 장치(autopilot)를 통해 여러분의 콘텐츠를 공유하며 최고의 콘텐츠에 새로운 삶을 불어 넣는다.

Mention

mention.com

합리적인 가격의 소셜 청취 및 평판 관리 애플리케이션으로 브랜드, 사람, 경쟁자 등에 관한 대화를 찾는 데 도움을 준다.

실적 측정 : 데이터 및 분석

많은 공급 업체가 모든 데이터 및 분석 문제를 끝낼 수 있는 응용 프로그램을 보유하고 있다고 주장을 한다. 다행인 것은 최고의 도구는 대부분 구글에서 무료로 제공하는 솔루션이다. 이러한 도구는 사용하기 어렵지 않고 대부분의 비즈니스의 요구사항을 충족시킬 수준의 기능을 제공한다(데이터 분석에 대한 자세한 내용은 제12장 참조). 최상의 데이터 도구는 다음과 같은 특징이 있다.

» **간편한 사용** : 적시에 적절한 보고서를 작성하면 비즈니스에 큰 변화를 줄 수 있다. 직관적인 인터페이스에서 필요한 것을 찾을 수 있는 분석 및 데이터 솔루션을 찾아보자.

» **무료** : 대기업은 분석 솔루션에 큰 돈을 지출해야 하지만, 대부분은 구글 애널리틱스와 같은 저가 또는 무료 솔루션으로 충분하다.

» **안정성** : 광범위한 분야에서 사용 가능한 데이터가 포함된 분석 응용 프로그램을 선택해야 한다. 오늘 당장 모든 내용이나 분석을 사용하지는 않겠지만 여러분이 필요할 때 원하는 데이터를 사용할 때가 올 것이다.

다음과 같은 데이터 분석 응용 프로그램을 사용해보자.

구글 애널리틱스

www.google.com/analytics/

제12장에서 설명한 것처럼 구글 애널리틱스는 웹 사이트 트래픽을 추적하고 보고하는 기능을 한다. 우리는 일을 하면서 더 비싼 프로그램을 여러 가지 사용해봤지만 결국 구글 애널리틱스로 다시 돌아왔다.

구글 데이터 스튜디오

datastudio.google.com/

이 응용 프로그램을 사용하면 다른 사람들과 공유할 수 있는 놀랄 만큼 아름답고 유익한 대화형 보고서 및 그래프를 만들 수 있다. 데이터는 구글 애널리틱스, 구글 애드워즈 및 구글 문서 도구와 같은 소스에서 가져올 수 있다.

구글 태그 매니저

www.google.com/analytics/tag-manager/

태그 매니저를 사용하면 여러분이 코드를 짜는 데 익숙하지 않더라도 웹 사이트에 태그를 업데이트하고 웹 사이트에 스크립트를 추가할 수 있다. 구글 태그 매니저는 약간의 학습이 필요하지만 여러분이 조금 익숙해지고 나면, 지금까지 이 프로그램 없이 어떻게 살았을까 싶을 것이다.

마케팅 최적화

- - - - - - - - - - - - - -

이미 가지고 있는 트래픽에서 리드, 판매 및 관여도를 높이는 데 도움이 되는 몇 가지 인상적인 도구가 시장에 나와 있다. 이러한 도구의 대부분은 합리적인 가격으로 제공되거나 무료 평가판을 제공하므로 큰 금전적 지출 없이 활용이 가능하다(마케팅 캠페인을 최적화하는 방법에 대한 자세한 내용은 제13장 참조).

최상의 최적화 응용 프로그램은 다음과 같다.

> **지원이 충분하다** : 전환율을 높이기 위한 최적화 도구를 선택하는 것이 약간 어려울 수도 있다. 서포트가 충분히 되고 있는지, 그에 대한 평판이 좋은 도구를 선택하고 이를 실행하는 데 도움이 될 수 있는 다양한 자료를 찾아보는 것이 좋다.

> **다양한 기능을 가져야 한다** : 방문객 행동을 기록 측정부터 분할 테스트에 이르기까지 다양한 최적화 활동을 처리할 수 있는 도구가 필요하다.

우리가 권장하는 최적화 응용 프로그램은 다음과 같다.

Visual Website Optimizer

vwo.com/

직관적인 셋업과 다변수/스플릿 테스트에 관심이 있다면 Visual Website Optimizer 를 사용해보는 것이 좋다. 포인트 앤 클릭(point & click interface : 커서를 포인팅 장치로 사용하여 디스플레이의 묘사 위에 놓아서 작업을 선택하고 클릭하여 시작하는 사용자 인터페이스-역주) 인터페이스와 다양하게 지원되는 문서를 통해 테스트를 쉽게 시작할 수 있게 돕는다.

TruConversion

truconversion.com

TruConversation은 히트 맵, 세션 기록, 사용자 설문 조사 등을 하나의 도구로 제공하는 다목적 최적화 도구이다.

지은이

라이언 다이스(Ryan Deiss)

중소기업을 대상으로 디지털 마케팅 교육 및 인증을 제공하는 선도 업체인 DigitalMarketer.com의 공동 창립자 겸 CEO다. 또한 마케팅 커뮤니케이션 컨퍼런스인 Traffic & Conversion Summit의 창립자이자 호스트이며, 고객 가치 최적화(Customer Value Optimization) 기술의 창시자이기도하다.

러스 헨베리(Russ Henneberry)

DigitalMarketer의 편집 이사이다. DigitalMarketer에 합류하기 전에는 Salesforce.com의 콘텐츠 마케팅 팀에 있었고, 잘 알려진 마케팅 SaaS를 위한 블로그를 시작하는 데 큰 도움을 주었다. 그는 검색 엔진 최적화 및 클릭당 지불 마케팅, 20명의 개발자 관리 및 중소기업을 위한 600개 이상의 디지털 마케팅 프로젝트에서 큰 역할을 했다.

옮긴이

고동우

일본 아오모리공립대학교 졸업 후 미국 퍼듀대학교에서 석사, 아이오와주립대학교에서 마케팅 박사를 취득하였다. 미국 피츠버그대학교에서 2년간 재직 후 현재 한국외국어대학교 경영대학교에서 조교수로 재직 중이다.

박아름

경희대학교 경영대학을 졸업한 후 동 대학원에서 박사학위를 취득하였다. 현재는 경희대학교 빅데이터 연구센터 연구교수로 있으며, 경희사이버대학교 미디어커뮤니케이션학과 겸임교수로 재직 중이다.